Das große Buch der Porträtmalerei

Dem größten Schöpfer

Izabela Marcinek

# Das große Buch der PORTRÄT-MALEREI

## Gesichter skizzieren und colorieren wie die Profis

CV

# Inhalt

# Liebe Leserin, lieber Leser!

Mit diesem umfassenden Anleitungsbuch möchte ich Menschen ansprechen, die künstlerisch interessiert sind, schon ein wenig Malerfahrungen haben und sich mit der Porträtmalerei beschäftigen möchten.

Ich möchte Ihnen ein solides Wissen über die klassischen Grundlagen der Zeichen- und Malschule vermitteln, indem ich zunächst Hinweise gebe zu den Materialien und Hilfsmitteln und dann die einzelnen Maltechniken sowie Perspektive, Komposition und Farbgebung vorstelle.

Darauf aufbauend geht es bei den Grundlagen der Porträtmalerei zunächst um das Studium der Proportionen eines Gesichts, die bei Frauen, Männern und Kindern unterschiedlich sind, und um die Anatomie des Kopfes sowie die Beschäftigung mit der Form von Augen, Mund, Nase, Ohr und Haaren.

Die anschließend gezeigten Porträts sind Originalwerke, die ich in den gängigsten Techniken angefertigt habe, mit Bleistift, in Öl, Acryl, Trocken- und Ölpastell, als Aquarell-, Tempera- und Lasurmalerei. Die Porträts werden detailliert in einzelnen Arbeitsschritten und mit ausführlichen Beschreibungen gezeigt. So können Sie die Bilder selbst als Übung nachmalen und mit dem so Erlernten dann Ihre eigenen Porträtbilder gestalten.

Dabei wünsche ich Ihnen viel Freude und Erfolg!

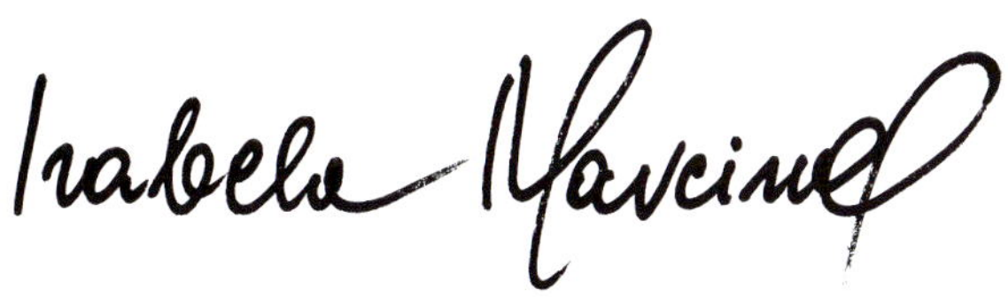

# Die Arbeit mit dem Handbuch

Dieses Buch besteht aus vier Teilen. Im ersten finden Sie allgemeine Informationen zum Thema Porträt sowie die historische Entwicklung. Im zweiten Teil gebe ich einen detaillierteren Einblick in die Technik des Zeichnens und Malens, indem ich die gesamte künstlerische Ausstattung und die plastischen Ausdrucksmittel vorstelle. Der dritte Teil befasst sich mit den theoretischen Grundlagen der Bildkomposition sowie den wichtigsten Fragestellungen, die die Praxis des Porträts angehen, einschließlich anatomischer Kenntnisse. Im umfangreichsten vierten Kapitel gehe ich zur Praxis über und leite durch die Entstehungsphasen eines Porträts in verschiedenen Zeichen- und Maltechniken, von den einfachsten zu den anspruchsvollsten Beispielen.

Die Lektionen sind so aufgebaut, dass jeder Abschnitt auf dem Inhalt des vorhergehenden beruht und gleichzeitig dessen Fortschritt darstellt. Deshalb ist es wichtig, dass das Buch aufmerksam, Abschnitt für Abschnitt, gelesen wird. Die solide Beherrschung der Grundlagen ist ausschlaggebend für die späteren Ergebnisse beim Porträtmalen.

Der Prozess erfordert Zeit und Geduld; deshalb sollte das Studium der im Handbuch vorgestellten Themenfelder an den eigenen, natürlichen Arbeitsrhythmus angepasst werden. Außerdem sollte man sich von Misserfolgen nicht entmutigen lassen, denn „Übung macht den Meister", und auf dem Weg zur Meisterschaft dürfen Fehler passieren.

Das Porträtieren ist kein leichtes Thema. Einerseits besteht die Faszination darin, eine getreue Ähnlichkeit mit der abgebildeten Person zu erreichen, andererseits wird das Streben nach Realismus zu einer ernsthaften Einschränkung für Menschen, die die künstlerische Freiheit spüren wollen. Auf diese Schwierigkeit haben mich die Studierenden der Universität Hamburg aufmerksam gemacht, an der ich Kurse zum Porträtzeichnen gegeben habe. Sie stellten fest, dass man dieses Thema mögen muss, um mit seinen Einschränkungen umzugehen. Ich persönlich bin auch der Meinung, dass Künstler*innen oder zukünftige Künstler*innen für diese Art von Arbeit eine gewisse Leidenschaft mitbringen müssen. Was auch immer gesagt wird – die Erschaffung eines Porträts ist ein außergewöhnliches künstlerisches Erlebnis. Ich hoffe, dass dieses Handbuch mit den Übungen zum Porträtieren für Sie, liebe Leserin, lieber Leser, zu einer richtigen Leidenschaft wird.

# Die Definition des Porträts

Das Porträt (franz. *portrait*, engl. *portrait*, ital. *ritratto, effigie*) – ist die Darstellung einer Person als Gemälde, Zeichnung, Skulptur oder eine andere plastische Form, sodass das entstandene Bild Ähnlichkeit mit dem Modell hat. Die Ähnlichkeit bezieht sich auf das Aussehen der jeweiligen Person, kann aber auch Persönlichkeitsmerkmale, eine Stimmung, ein Gefühl, Gedanken oder einen Zustand einfließen lassen. Alle herausragenden Werke dieser Art in der Kunstgeschichte sind durch ein weiteres Merkmal gekennzeichnet – sie haben Tiefgang.

Das Porträt kann das Modell auf unterschiedliche Art und Weise erfassen: indem das Gesicht dargestellt wird, die Büste, der Oberkörper oder der ganze Körper (sog. *en pied*). Das Modell kann frontal dargestellt werden (*en face*), aus dem Profil oder aus der Dreiviertelansicht (*en trois quarts*). Auch eine „doppelte" oder „dreifache" Darstellung kann vorkommen, wenn auch eher selten; dabei wird dieselbe Figur in verschiedenen Ansichten auf einem Gemälde porträtiert (z.B. *Porträt Karl I. und Anthony van Dyck*).

Im 19. Jahrhundert waren Porträts modern und in jedem „richtigen" Haushalt hing ein Familienporträt.

# Die Arten von Porträts

Porträts lassen sich nach unterschiedlichen, meist heterogenen Kriterien, kategorisieren. Ohne ins Detail zu gehen, werden im Folgenden die berühmtesten Vertreter dieses Genres vorgestellt, die sich in der Darstellungsweise sowie der Art des Modells unterscheiden:

# Ein Überblick zur Geschichte des Porträts

Matilde Battisini hat ihr Buch zur Geschichte des Porträts *Durch die Kunst zur Ewigkeit* benannt – es ist schwer, die Rolle dieser Art von Kunstwerk für die „Verewigung" sowohl des Modells als auch der Künstler*innen einzuschätzen. Die Mode, die Stile, die Techniken verändern sich, das Verständnis des Kunstwerks verändert sich. Porträts entstehen weiterhin und locken mit dem Versprechen, ein Lächeln oder einen bestimmten Blick der Porträtierten für immer festzuhalten.
Von den über die Zeit entstandenen Porträts blicken Herrscherfiguren und Ritter, flämische Kaufleute, spanische Infanteristen oder schließlich einfache, gewöhnliche Menschen auf uns, die Künstler*innen – aus irgendeinem Grund – interessierten. Viele von ihnen wurden geradezu zu ikonischen Darstellungen, immerhin ist das berühmteste Gemälde der Welt – die *Mona Lisa* – auch ein Porträt, und über den geheimnisvollen Gesichtsausdruck des Modells sind hundertseitige mehr oder weniger wissenschaftliche Arbeiten verfasst worden.
Zudem vertrauen wir Künstler*innen und glauben etwa, dass Heinrich VIII. oder seine zahlreichen Ehefrauen genauso ausgesehen haben wie sie Holbein dargestellt hat – obwohl wir doch gar keine Garantie haben, dass der jeweilige Schöpfer nicht – wie Michelangelo – ein Befürworter der psychischen und nicht physischen Ähnlichkeit war.
Auf der anderen Seite kennt man die Einstellung von Künstler*innen, die – so wie Ingres – nicht als „Porträtisten" betrachtet werden wollten und reklamierten, dass das Gesicht auf dem Porträt „die Wahrheit" abbilden und das Kunstwerk etwas mehr zeigen sollte.
Anstatt in die Tiefe der unmöglichen kurzen Darstellung der Geschichte des Porträts zu gehen, richten wir unseren Blick auf die vielen Beispiele aus den verschiedenen Epochen, die unterschiedlichen Stile und Konzepte – von der Antike bis zum hierarchischen goldenen Mittelalter.

Die Revolution in der Renaissance lobte das Porträt als eines der Hauptthemen in der Kunst mit den vielleicht bekanntesten Beispielen, wie dem Profil des Herzogs Federico da Montefeltro auf dem großen Gemälde von Piero della Francesca, durch die Meisterwerke nachfolgender Künstler – Dürer und den bereits erwähnten Leonardo da Vinci, Holbein, Tizian oder El Greco. Die nächste Revolution brachte Rembrandt, das Genie des Selbstporträts.
Jede nachfolgende Epoche brachte neue Lösungen – und eine weitere Faszination mit sich: Reynolds Ruhe, den erstaunlichen Mut von Goya oder schließlich das impressionistische und psychologische Porträt, bis zur dekonstruierenden Avantgarde, in der das Porträt eine neue Form annahm, siehe Beispiele auf den folgenden Seiten.
Und noch immer zieht uns das Porträt an und fasziniert uns. Selbst heute noch, in der Zeit der Fotografie, bleibt das Porträt ein Spiegel des Geistes, der Spiegel unserer Gedanken.

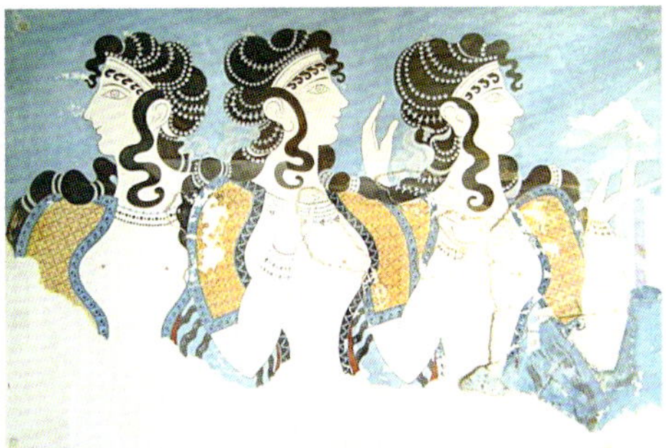

*Hofdamen* aus Knossos

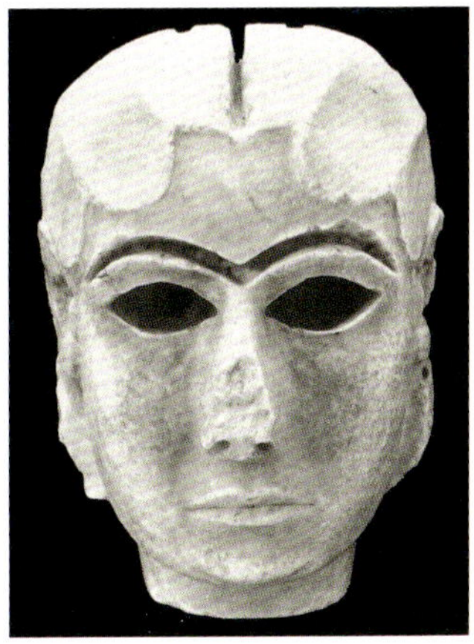

*Frauenmaske* aus Uruk

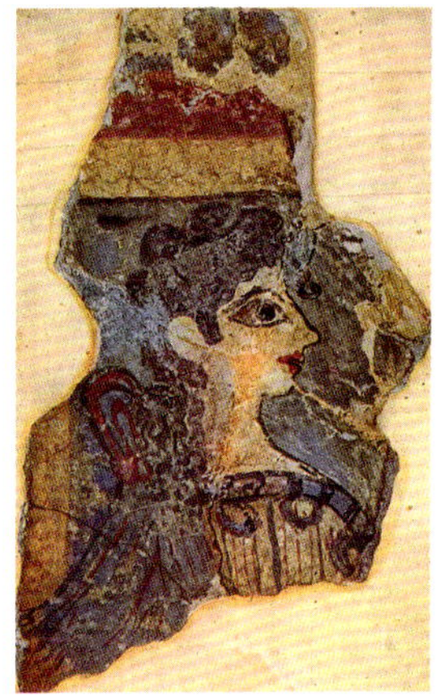

*Die Pariserin* aus Kreta

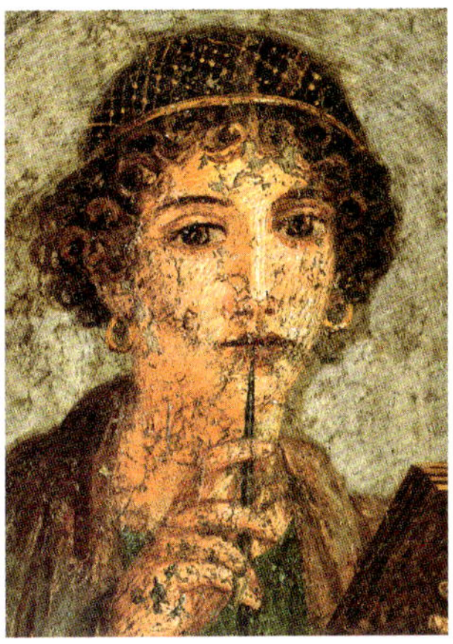

*Porträt Poetin* von Pompei

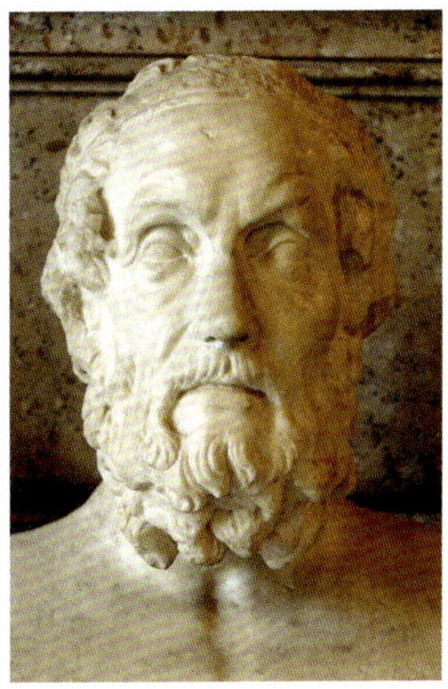

Die Büste von Homer

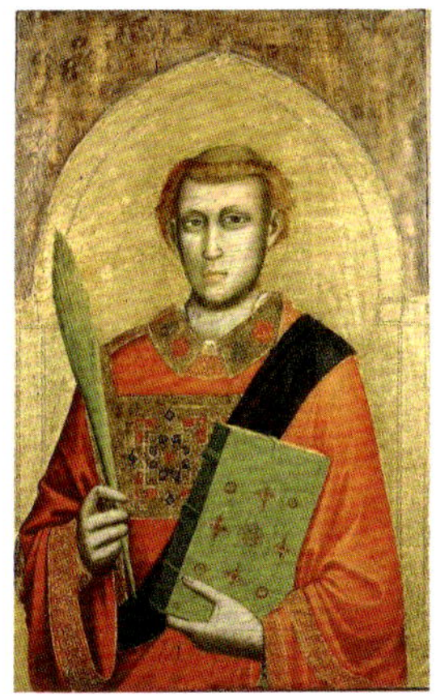

Giotto di Bondone,
*Der Heilige Laurentius*,
1303–1305

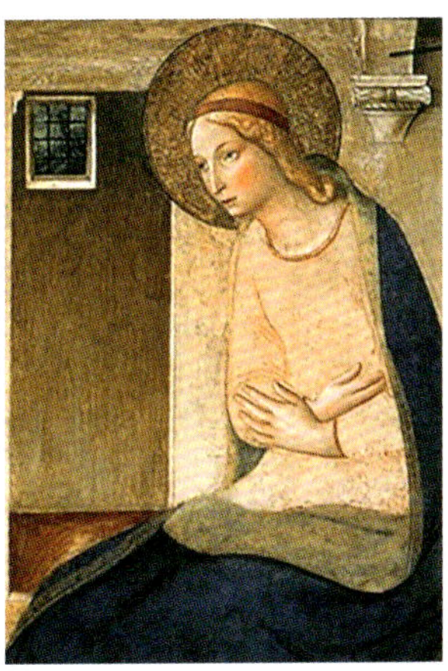

Fra Angelico, *Die Verkündigung*,
1450

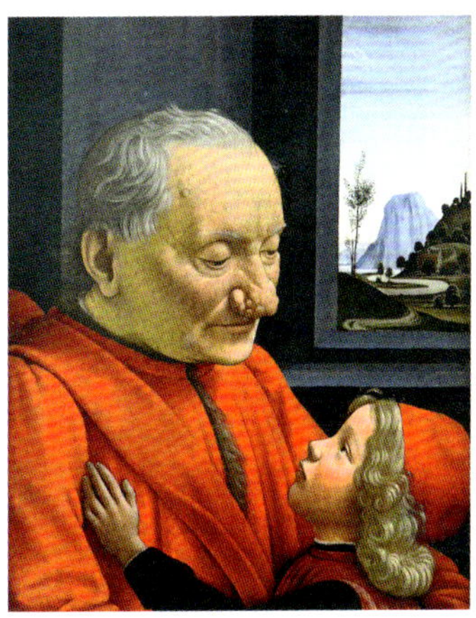

Domenico Ghirlandaio,
*Alter Mann mit seinem Enkel*, 1490

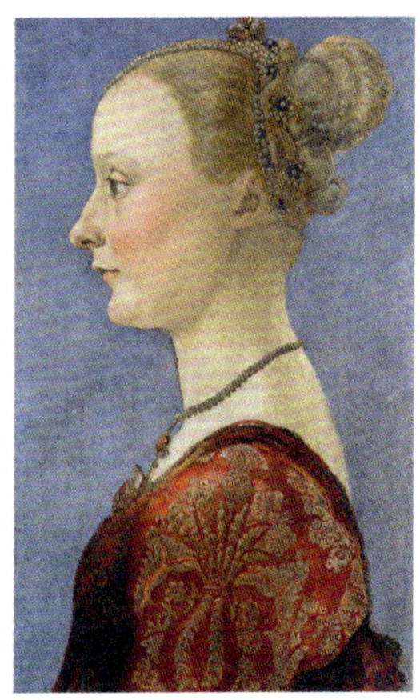

Antonio del Pollaiuolo,
*Porträt einer jungen Frau*,
1472

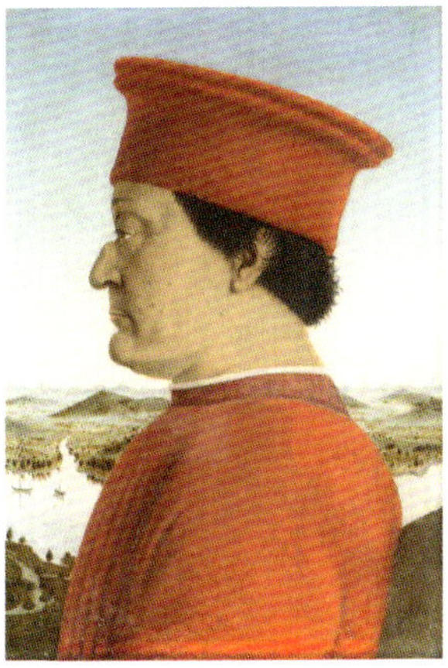

Piero della Francesca,
*Porträt Federico da Montefeltro*,
1465–1470

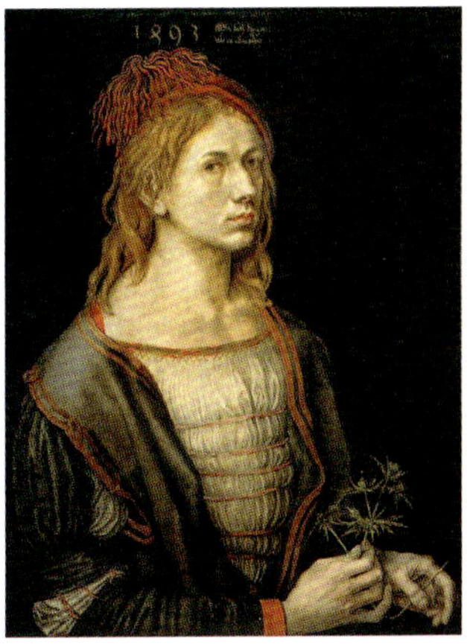

Albrecht Dürer,
*Selbstporträt*, 1493

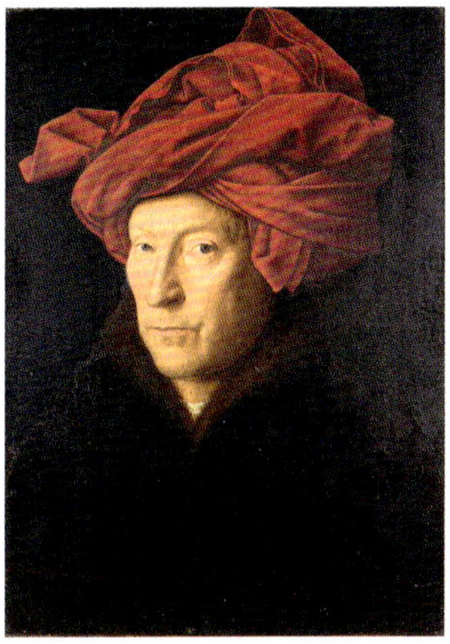

Jan van Eyck,
*Porträt Mann mit rotem Turban*,
1433

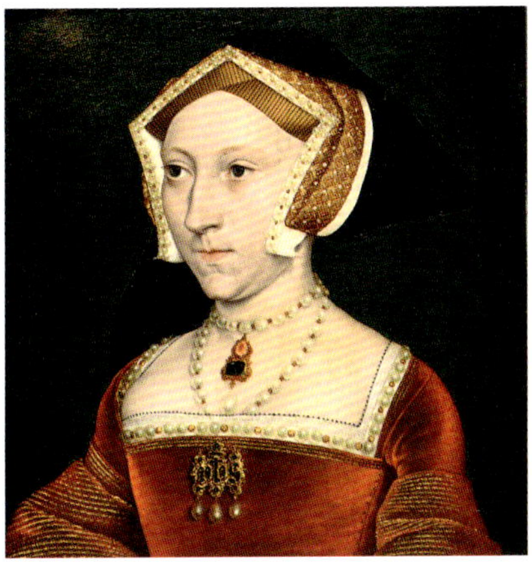

Hans Holbein (d.J.),
*Porträt Jane Seymour*, der Königin
von England, 1536–1537

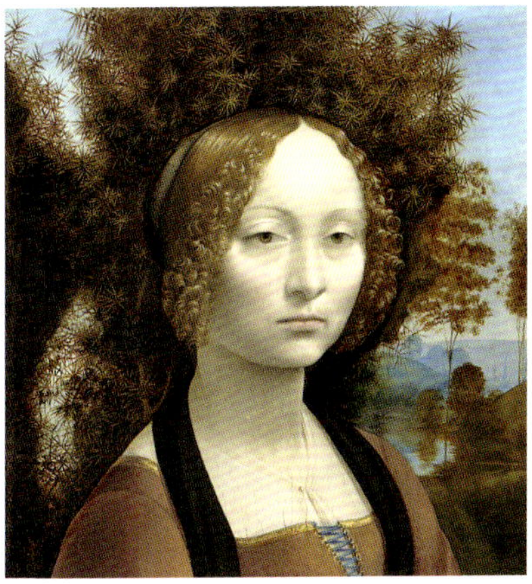

Leonardo da Vinci,
*Porträt Ginevra Benci*, 1478–1480

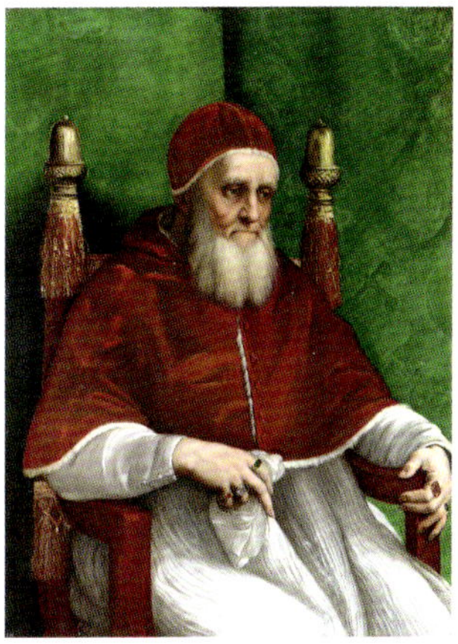

Rafael Santi,
*Papst Julius II*, 1511–1512

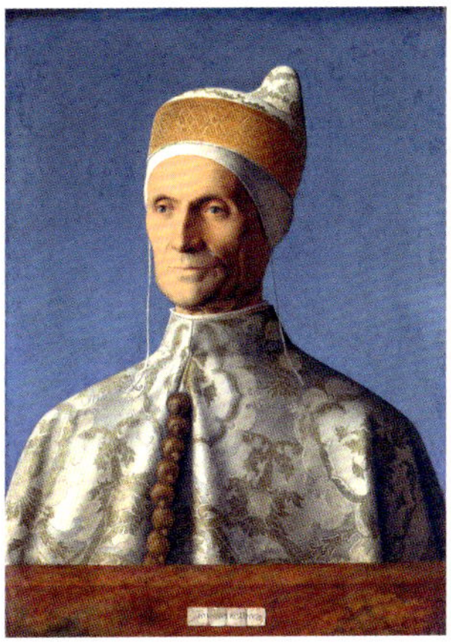

Giovanni Bellini,
*Porträt des Dogen Leonardo
Loredano*, 1501

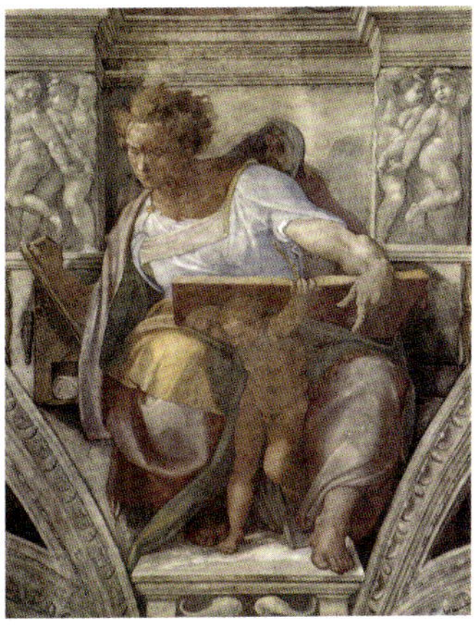

Michelangelo Buonarroti,
*Der Prophet Daniel*, 1508–1512

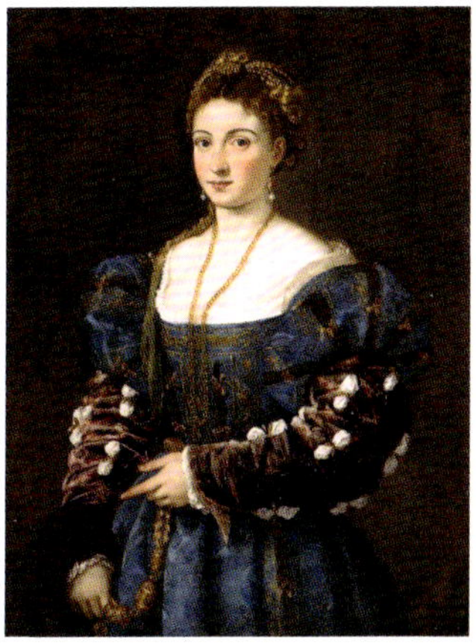

Tizian,
*Porträt einer Frau*, 1536

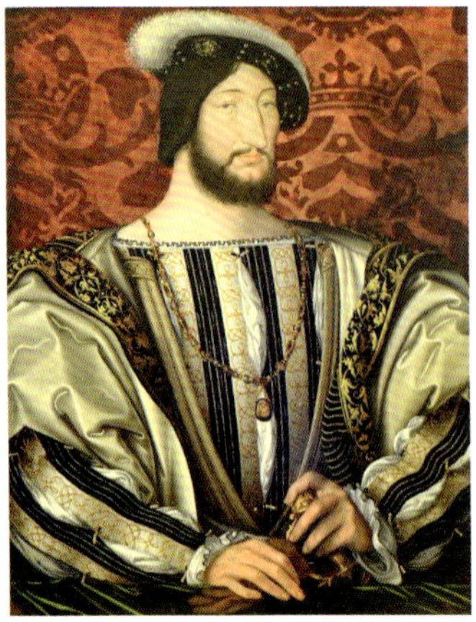

Jean Clouet,
*Porträt Franz I.*, 1530

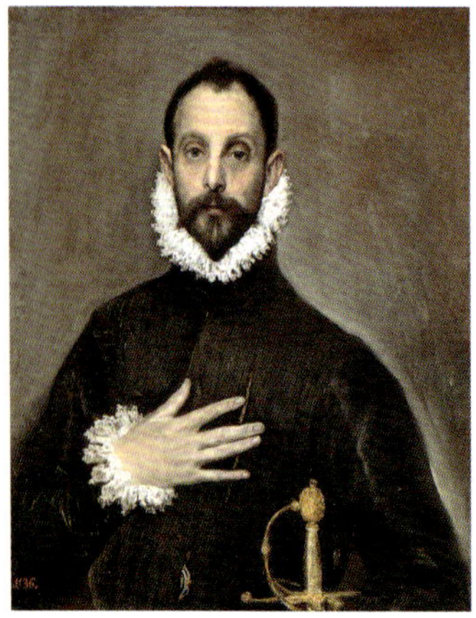

El Greco,
*Porträt eines Edelmannes mit der Hand auf der Brust*, 1583–1585

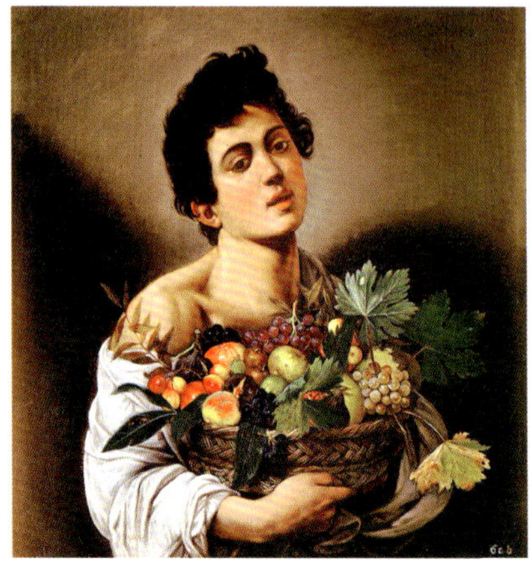

Caravaggio,
*Junge mit einem Obstkorb*, 1593–1594

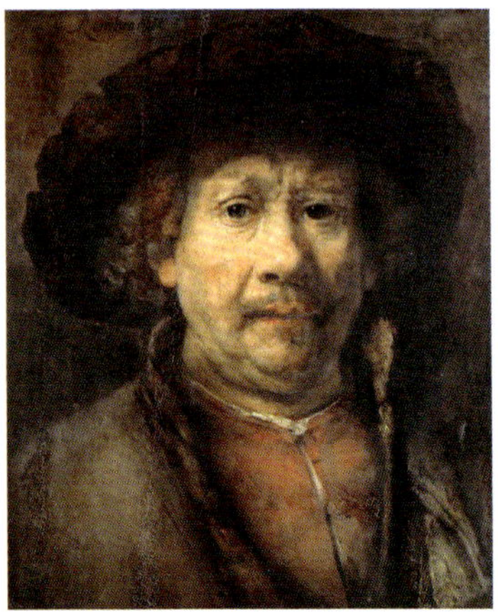

Rembrandt,
*Selbstporträt*, 1657

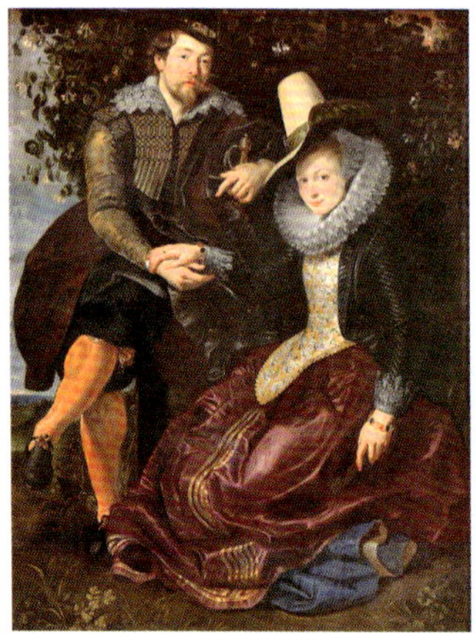

Peter Paul Rubens,
*Doppelporträt mit Isabela Brant*, 1609–1610

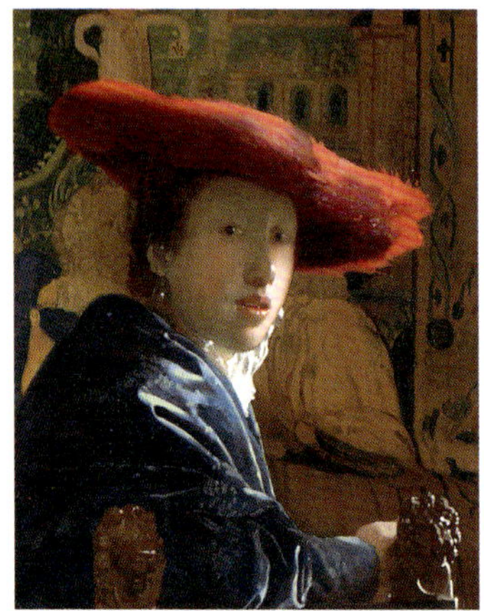

Jan Vermeer van Delft,
*Das Mädchen mit rotem Hut*, 1665–1667

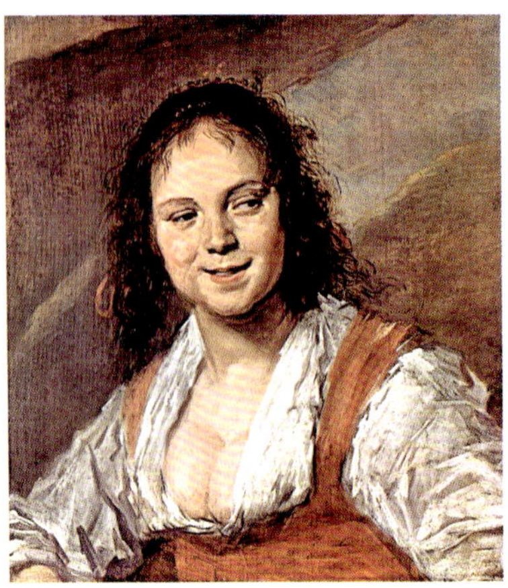

Frans Hals,
*Die Zigeunerin*, 1628–1630

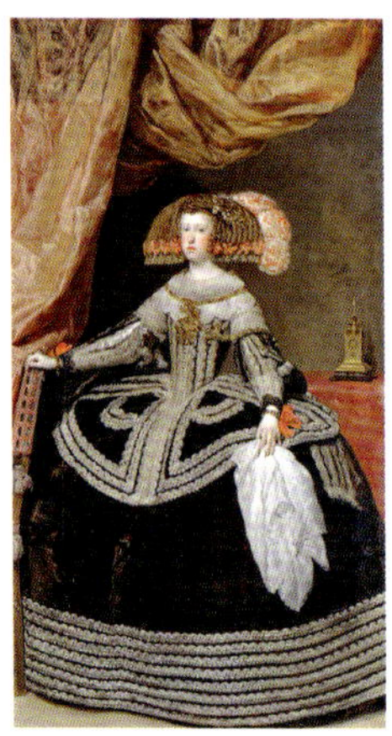

Diego Velázquez,
*Maria Anna von Österreich*, 1652–1653

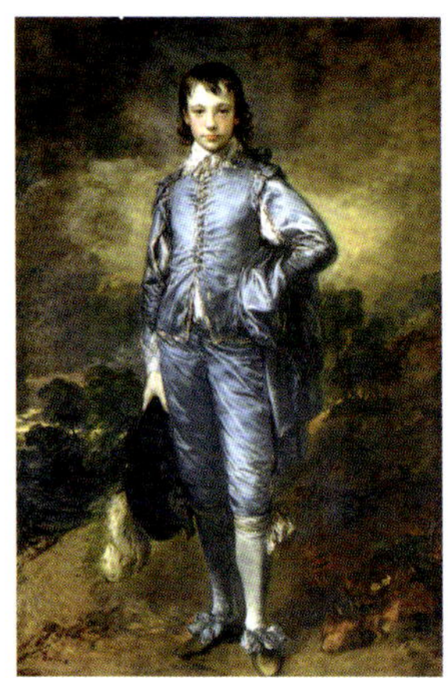

Thomas Gainsborough,
*Der blaue Junge*, 1770

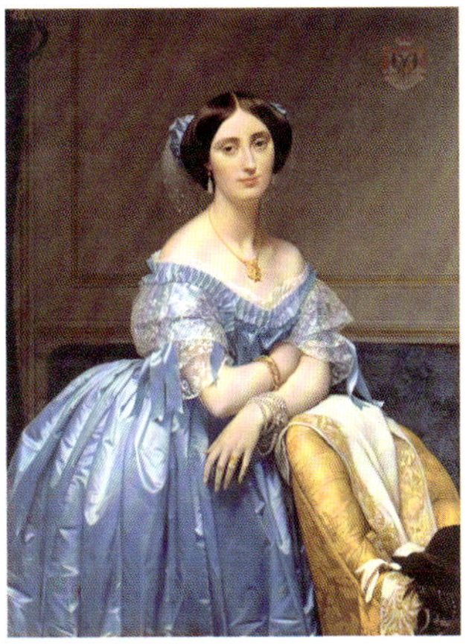

Jean Auguste Dominique Ingres,
*Porträt der Prinzessin von Broglie*,
1853

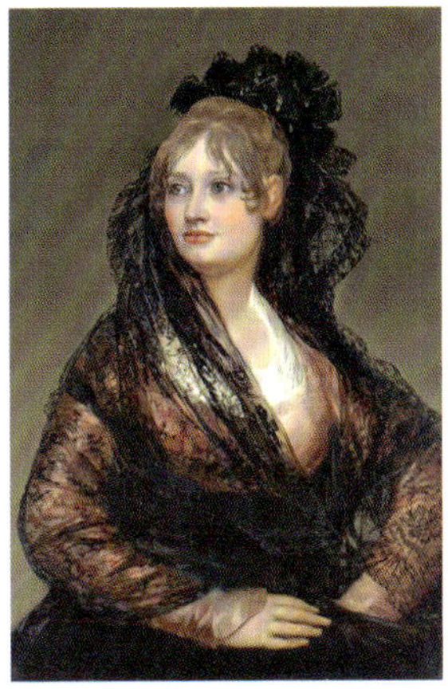

Francisco Goya,
*Porträt der Doña Isabel de Porcel*,
1805

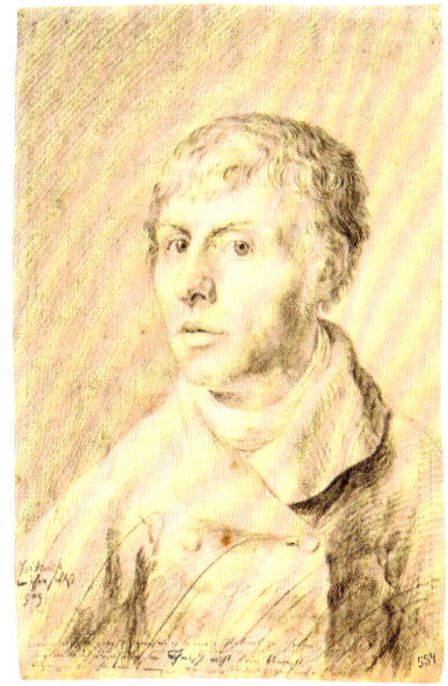

Caspar David Friedrich,
*Selbstporträt*, 1800

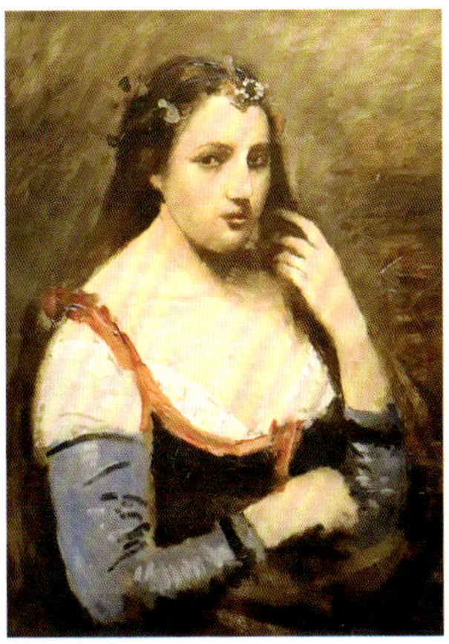

Jean-Baptiste Camille Corot,
*Frau mit Gänseblümchen*, 1870

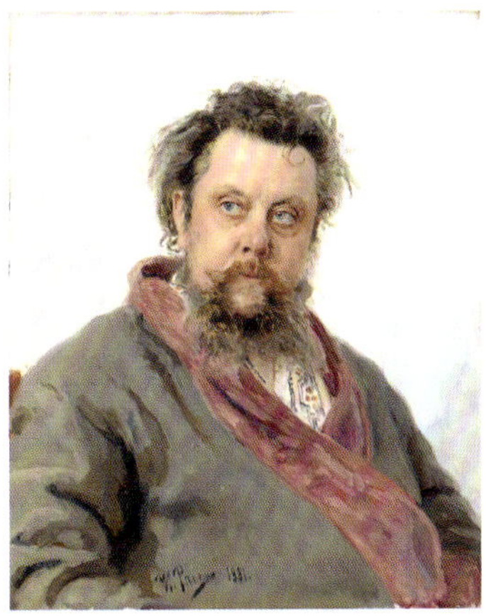

Ilja Riepin,
*Porträt des Komponisten Modest
Petrowitsch Mussorgski*, 1881

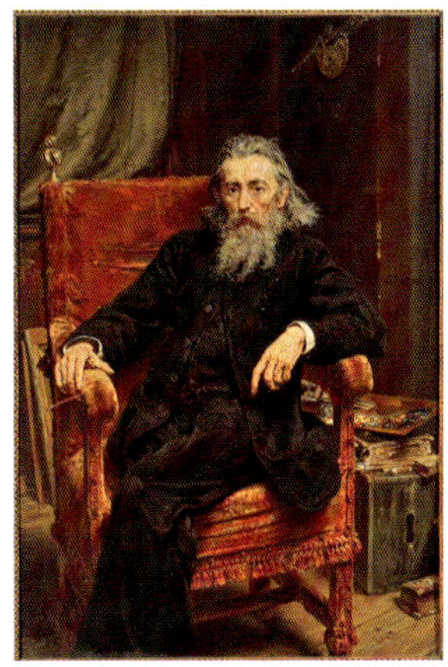

Jan Matejko,
*Selbstporträt*, 1892

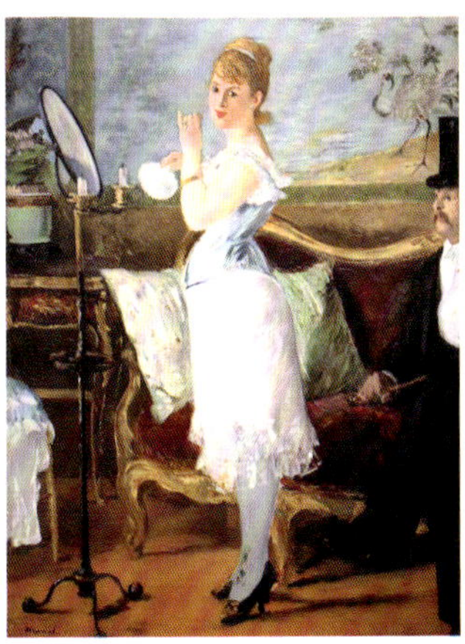

Edouard Manet,
*Nana*, 1877

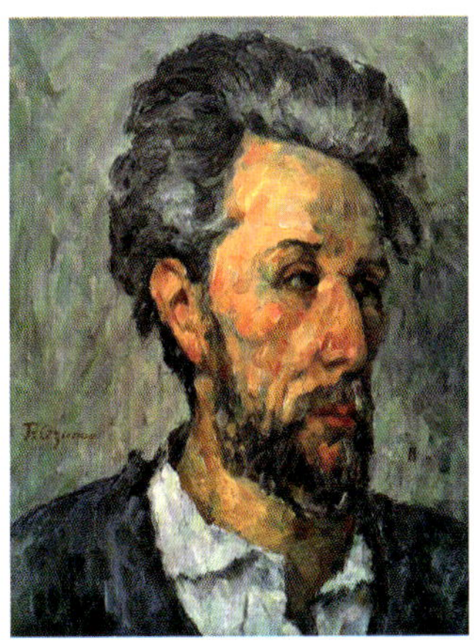

Paul Cézanne,
*Porträt Victor Choquet*, 1876–1877

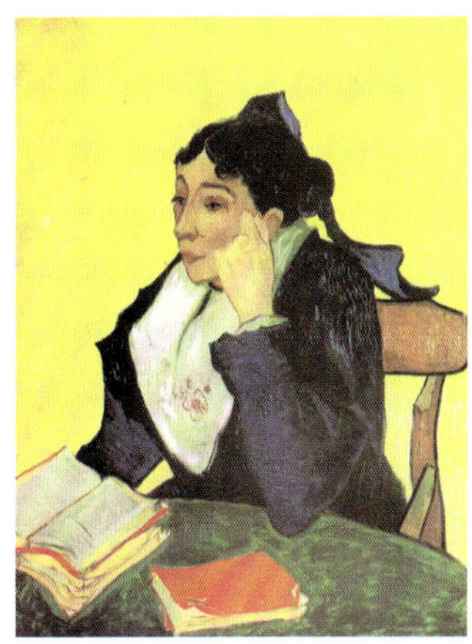

Vincent van Gogh,
*Porträt Madame Ginoux mit
Büchern*, 1888 (oder 1889)

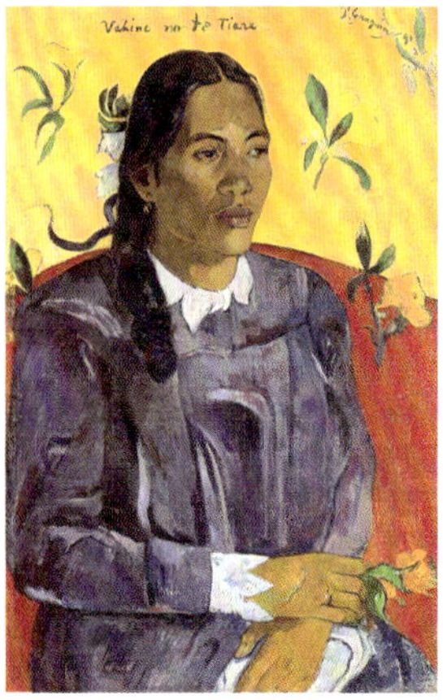

Paul Gauguin,
*Die Frau mit der Blume*, 1891

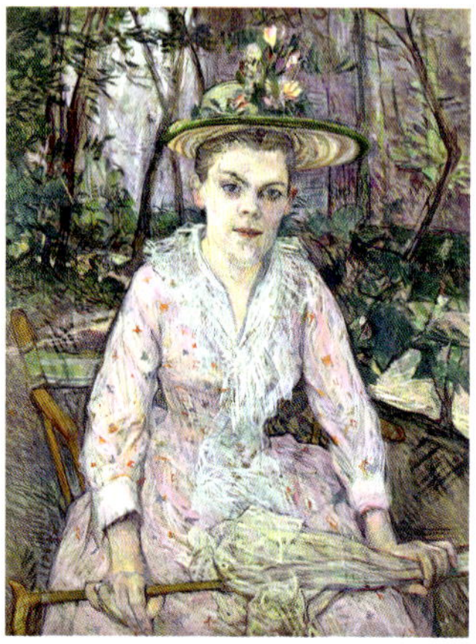

Henri de Toulouse-Lautrec,
*Frau mit Regenschirm*, 1889

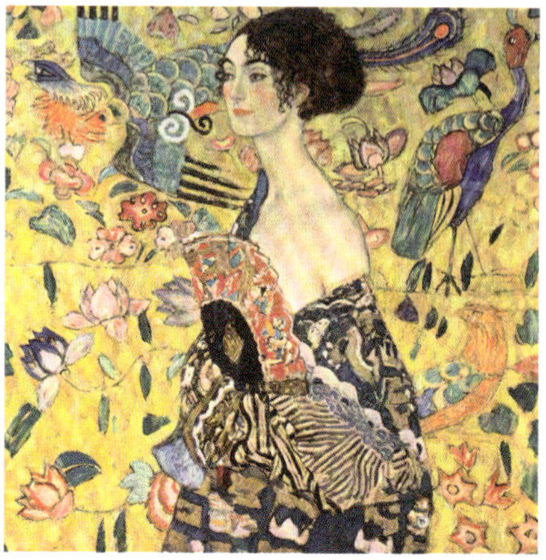

Gustav Klimt,
*Dame mit Fächer*, 1917–1918

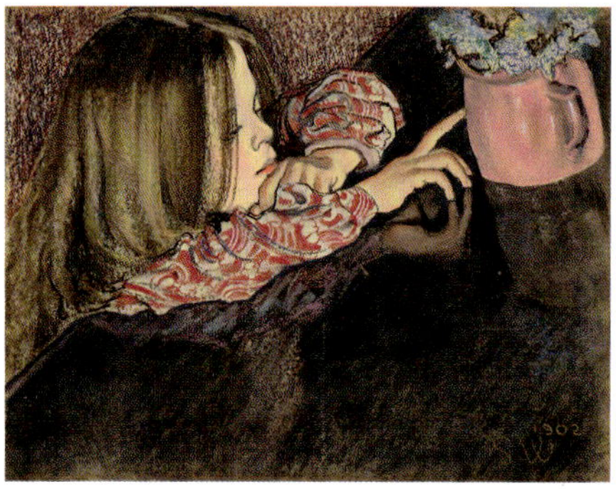

Stanisław Wyspiański,
*Kleine Helena mit Vase*, 1902

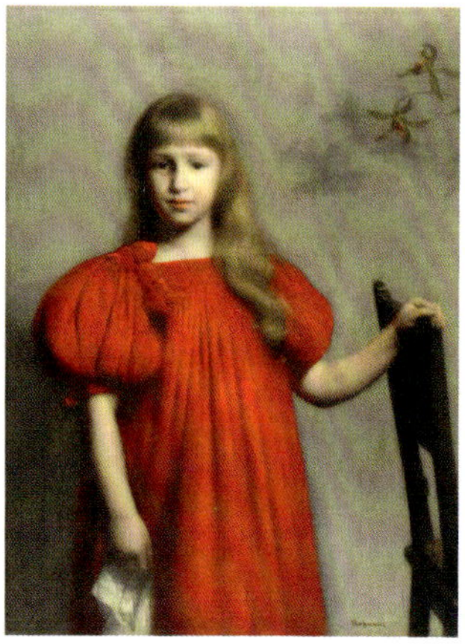

Jósef Pankiewicz,
*Das Mädchen mit dem roten Kleid*, 1897

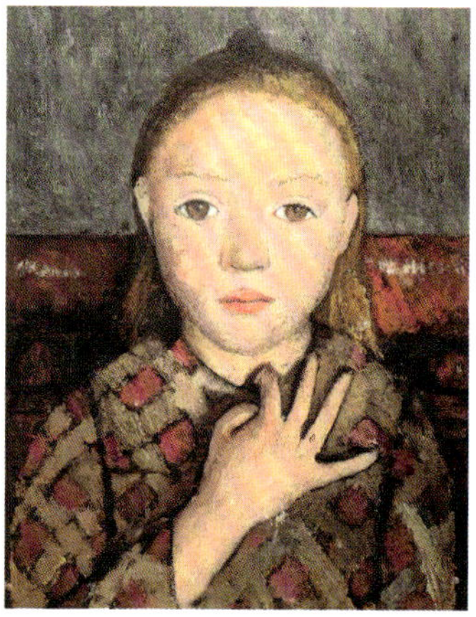

Paula Modersohn-Becker,
*Mädchenbildnis*, ca. 1905

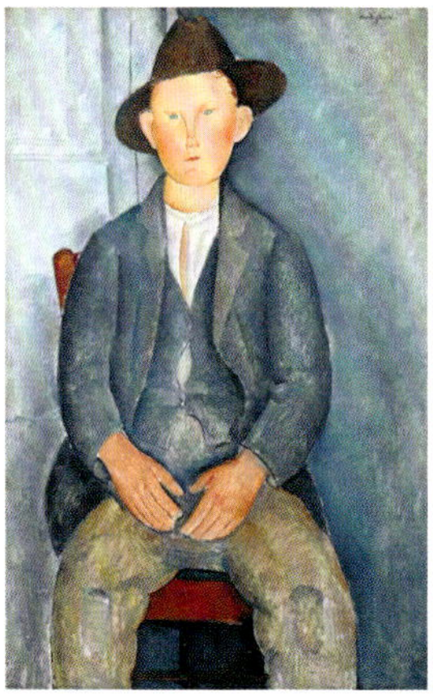

Amadeo Modigliani,
*Der Knabe*, 1918

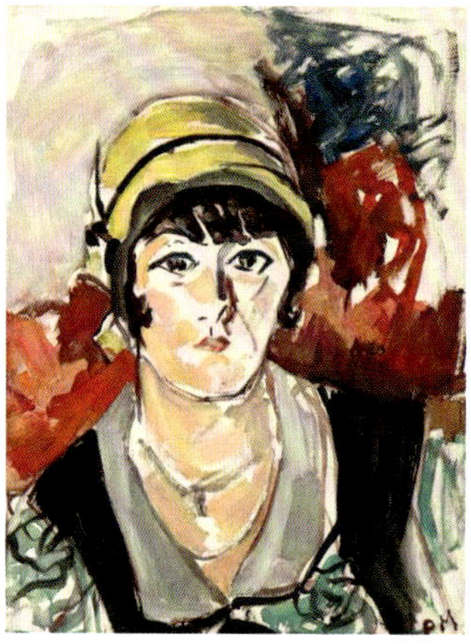

Piet Mondrian,
*Mädchen mit gelbem Hut*, ca. 1910

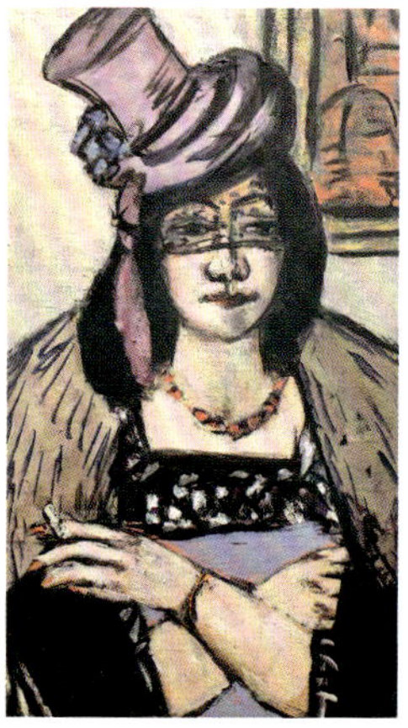

Max Beckmann,
*Dame mit Hut und Schleier*, 1941

# Die Vorbereitung des Ateliers

# Die Technik des Zeichnens – Material und Ausstattung

Die **Technik des Zeichnens** besteht aus dem Zeichnen mit einem Bleistift (Graphit) oder anderen Stiften unmittelbar auf Papier. Es ist eine trockene Methode, ohne Zusatz von Wasser oder einem anderen Mittel. Der Bleistift hinterlässt auf weißem Untergrund einen stahlgrauen bis fast schwarzen Abdruck, weiße Stifte (z.B. weiße Kreide) hinterlassen auf dunklem Papier einen hellen Abdruck. Die Technik des Zeichnens ist die unmittelbarste Wiedergabe einer gestalterischen Idee, ein einzigartiger Abdruck des Künstlers/der Künstlerin und Zeugnis seines/ihres Talentes. Die Zeichnung ist sowohl sehr wertvoll als schnelle Skizze als auch als alleinstehendes, vollständiges Kunstwerk.

## Der Bleistift

Der Bleistift ist ein dünner Graphitstab, der meist in einen Holzschaft eingebettet ist. Graphit fühlt sich weich und fettig an und ist widerstandsfähig gegen Wasser und chemische Substanzen.

Man unterscheidet bei Bleistiften zwischen verschiedenen Härtegraden. Für das künstlerische Zeichnen empfiehlt sich die ganze Palette an weichen und sehr weichen Bleistiften von 1B bis 9B. Die Bleistifte der Stärke H sind hingegen für technische Zeichnungen geeignet, da sie hart oder sehr hart sind. Dazwischen gibt es noch Bleistifte der Stärke HB, mit denen man sehr präzise Stellen von Studiozeichnungen erarbeiten kann.

**Abkürzungen für die verschiedenen Härtegrade von Bleistiften:**

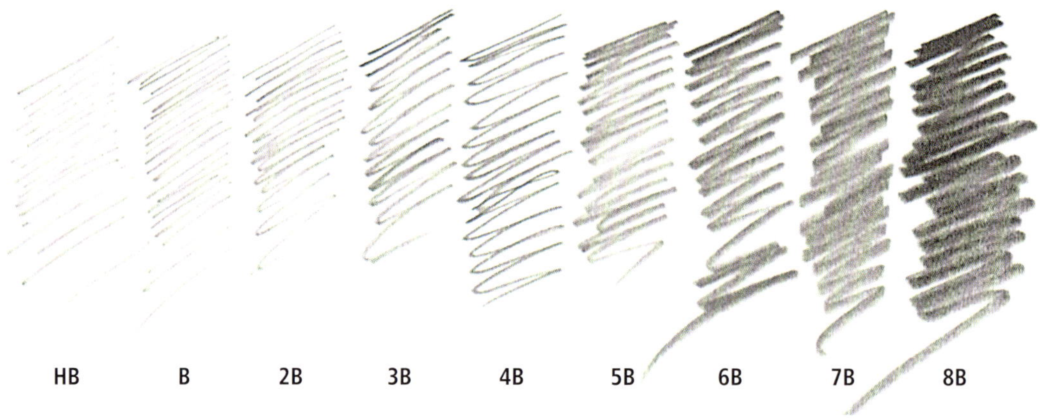


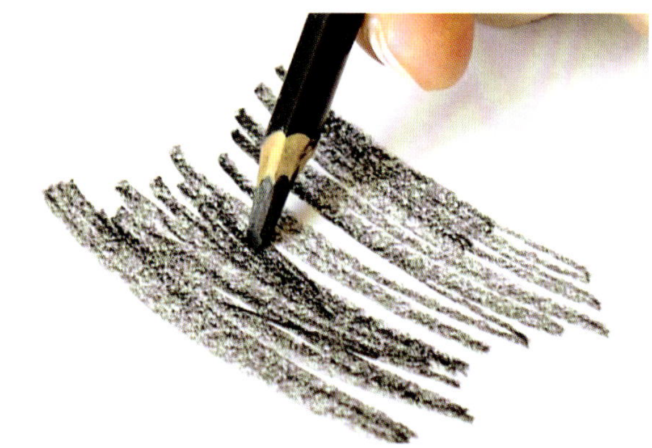

**Das Zeichnen mit dem dicksten Bleistift**

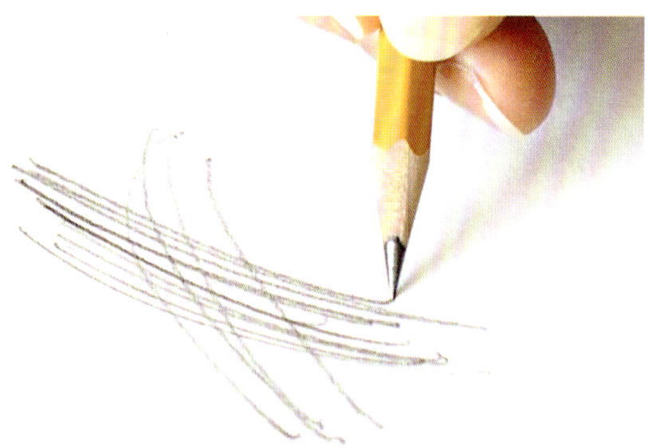

**Das Zeichnen mit dem dünnsten Bleistift**

a

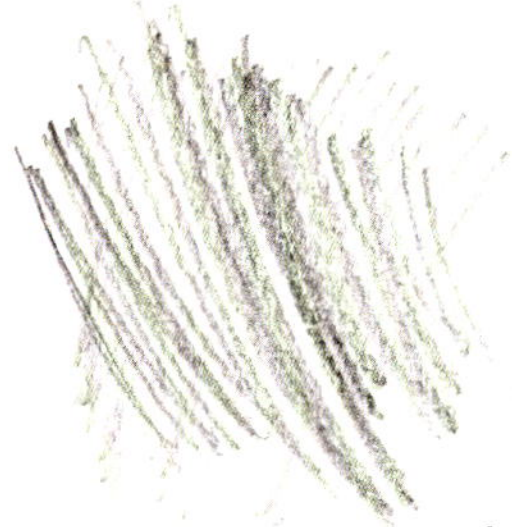

b

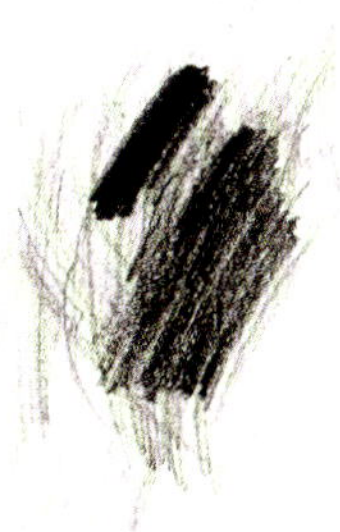

c

d

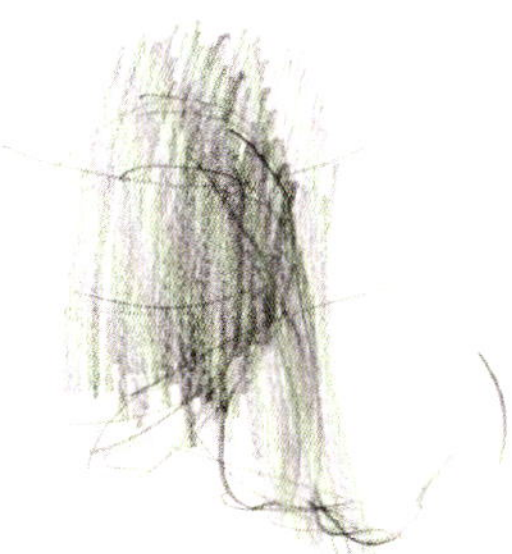

e

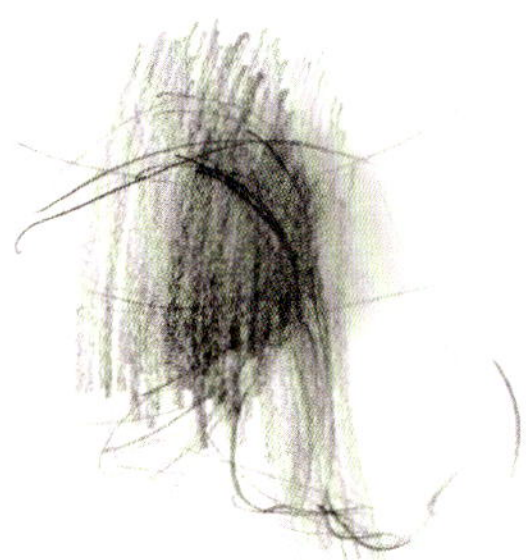

f

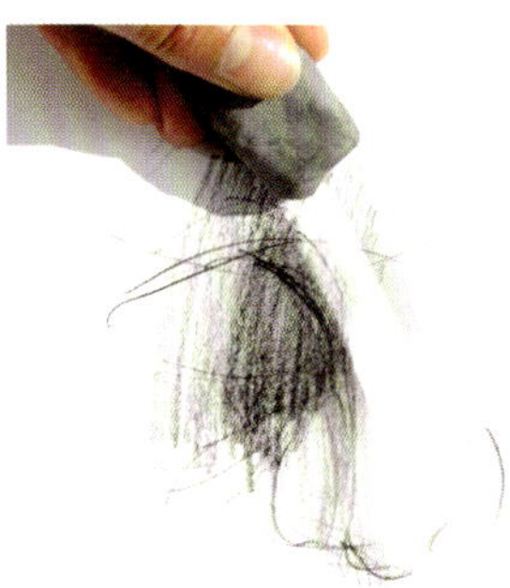

g

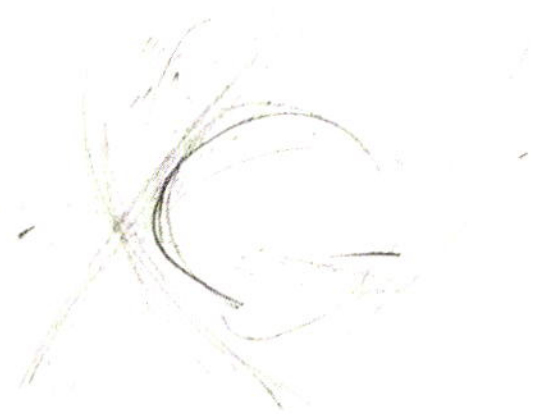

h

Den Bleistift kann man auf unterschiedliche Weise benutzen:

a) indem man mit einem Bleistift Striche zeichnet
b) indem man mit verschiedenen Bleistiftsorten Striche zeichnet
c) indem man schraffiert (den Untergrund schattiert) oder weitere Striche darüber zeichnet
d) indem man freie Striche zeichnet
e) indem man weich skizziert
f) indem man mit dem Finger wischt
g) indem man mit einem Gummi radiert
h) indem man dünne, spontane Konstruktionslinien zeichnet

Graphit gibt es auch in Pulverform. In dieser Form dient er zur gleichmäßigen Überdeckung größerer Zeichenflächen.

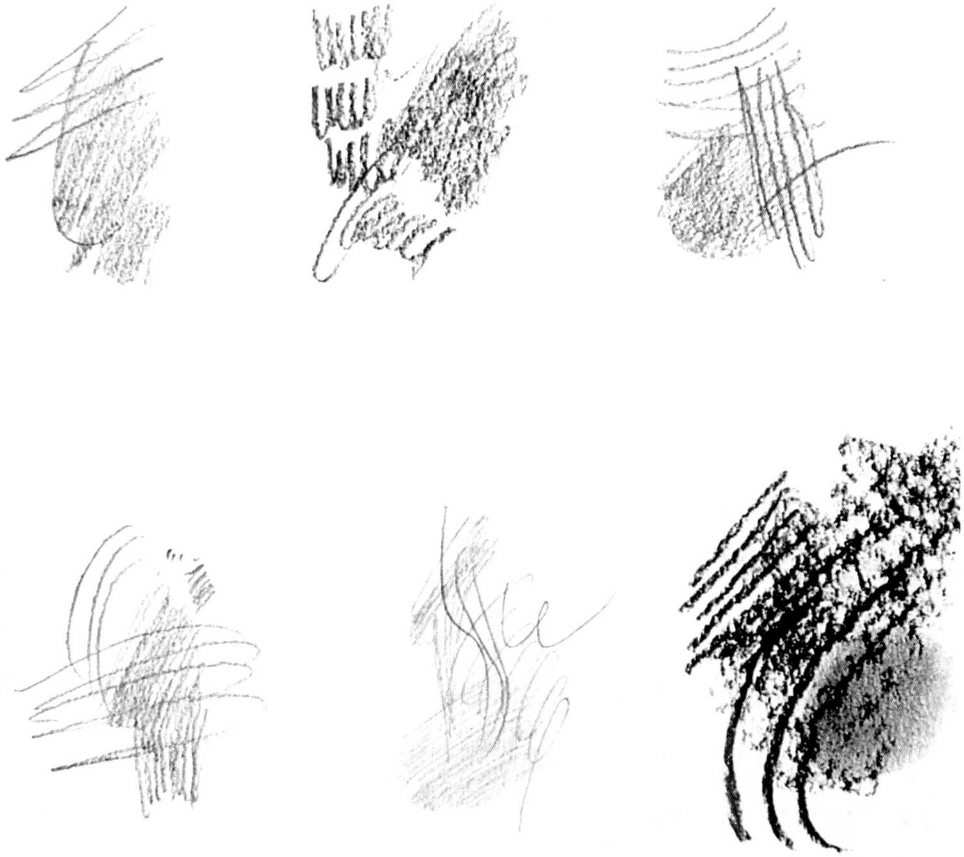

**So sehen die Bleistiftschraffuren auf Aquarellpapier oder körnigem Untergrund aus.**

## Kreidestifte

Eine andere Art von Zeichenwerkzeug sind Kreidestifte aus Erdpigmenten und Mineralien. Sie sind erdfarben, von rötlichem Braun (Sepia) bis zu dunklem Braun. Sie werden durch das Pressen unter großem Druck hergestellt und können eine ovale, sechseckige oder viereckige Form haben. Zur Sicherheit sind sie mit einer dünnen Schicht Lack umgeben, die beim Zeichnen nicht stört.

Auch Weißkreide besteht aus Pulverpigmenten und wird für Zeichnungen mit dem gegenteiligen Effekt verwendet (hell auf dunkel).
Im Gegensatz zu Graphitstiften ist die Sepia-Kreide trocken und enthält kein Fett, weshalb sie auch ganz leicht weggewischt werden kann und haltbar gemacht werden muss.
Zu den bekannten Herstellern dieser Kreidestifte gehören Koh-I-Noor, Conté à Paris und Faber-Castell.

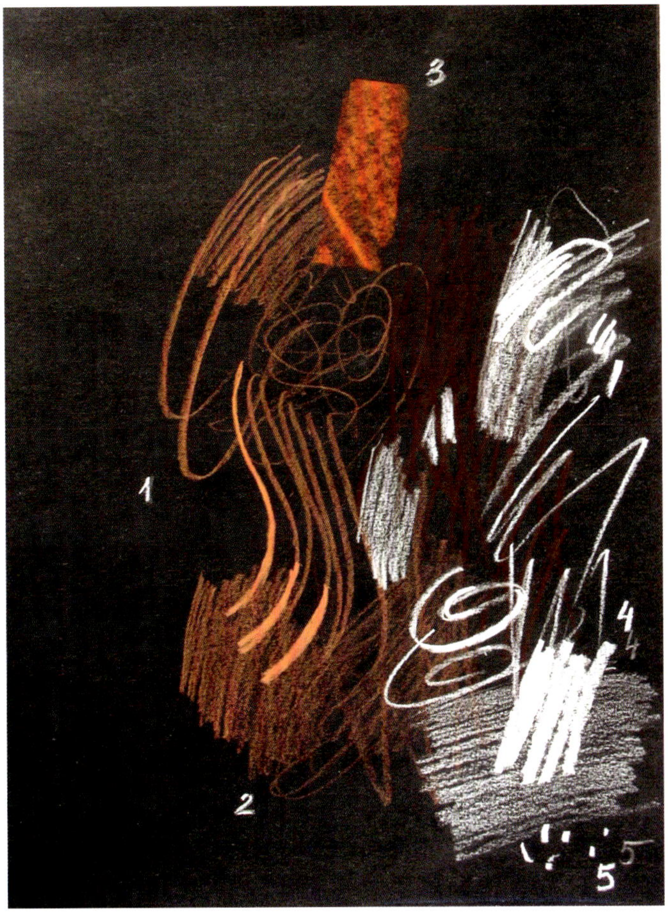


So sehen derartige Kreiden in verschiedensten Brauntönen auf schwarzem Papier aus. Daneben: Abdruck von Weißkreide.
Es gibt unzählige Möglichkeiten, wie Linien gezeichnet werden können: gestrichelt, ovalförmig, schraffiert, gepunktet, verschiedene Schichten übereinander, gezeichnet mit der breiten Seite der Kreide

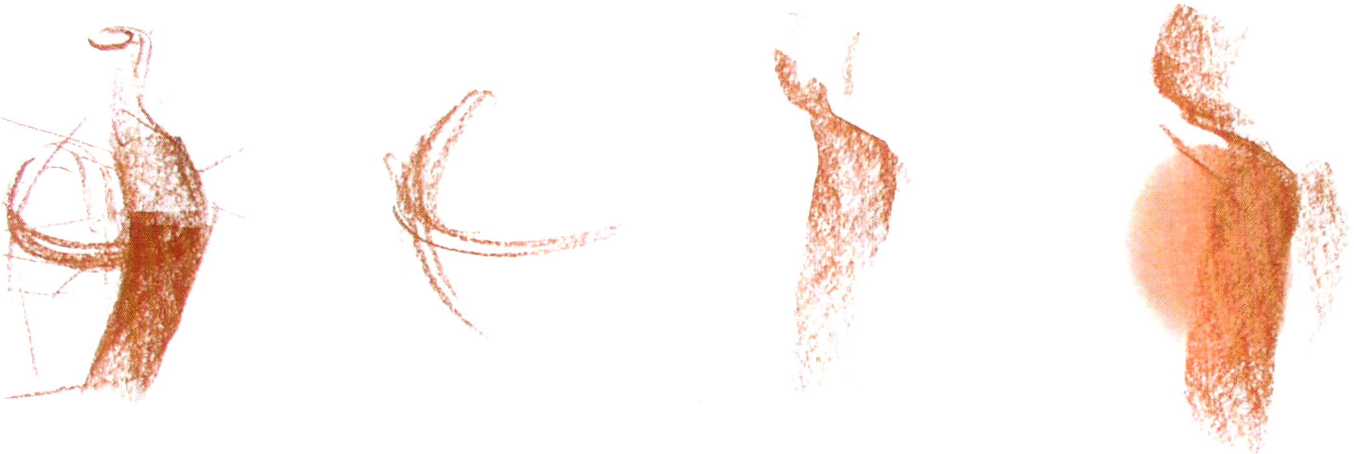

Muster aus Rötelkreide. Man kann mit ihr Striche ziehen, größere Flächen mit der breiten Seite der Kreide ausmalen, weichzeichnen.

## Zeichenkohle

Schwarze Zeichenkohle (auch: Holzkohle) wird hauptsächlich aus Ästen von Weidenbäumen gewonnen, anschließend in unterschiedlichen Dicken gepresst und dann gebrannt. Man kann sie als Stab, in runder oder quadratischer Form oder aber in einer Halterung kaufen, ähnlich einem Bleistift.

Kohle ist ein trockenes Werkzeug. Sie lässt sich gut mit einem Radiergummi entfernen, wodurch ein sehr interessanter Übergangseffekt zwischen den Tönen entsteht. Sie lässt die größten Kontraste zwischen schwarz und weiß entstehen. Zeichenkohle muss am Ende fixiert werden.

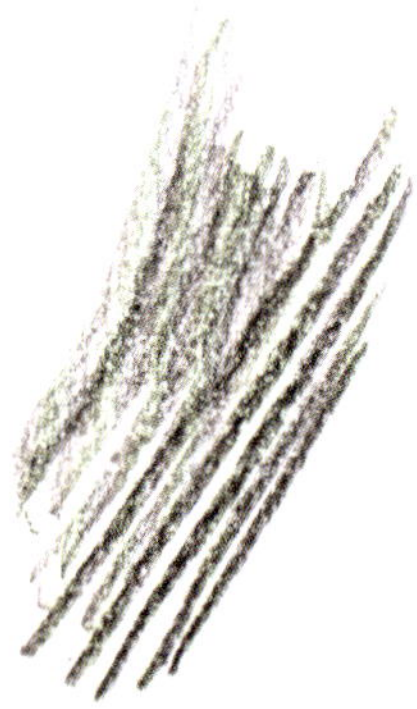

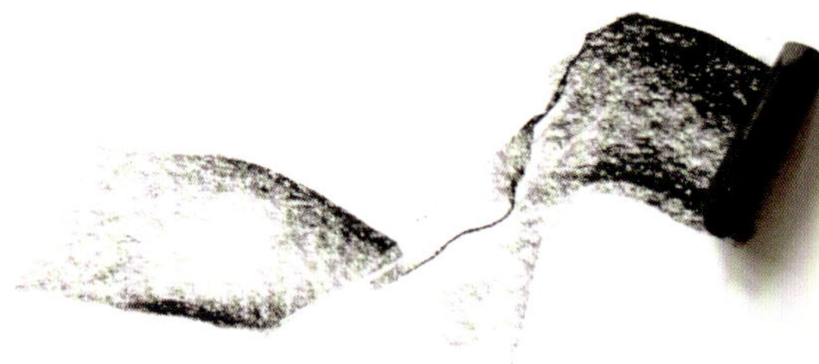

**Techniken des Kohlezeichnens**

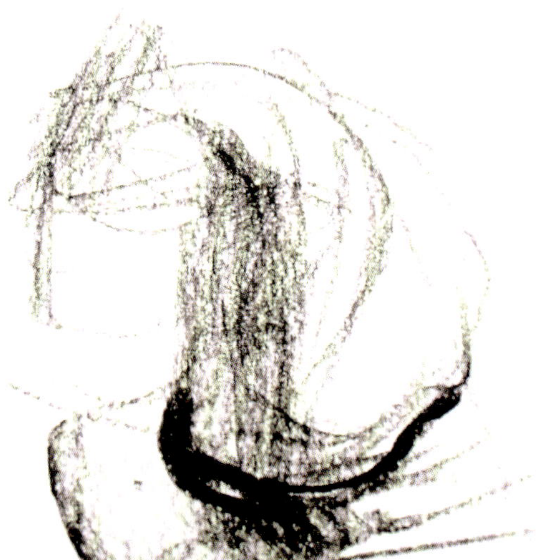

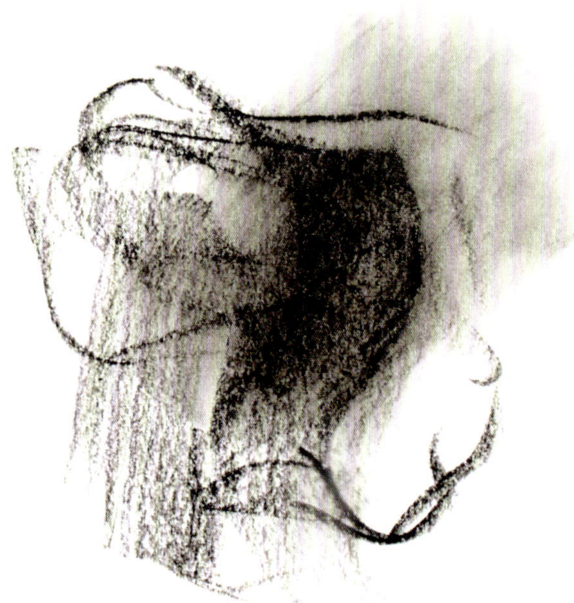

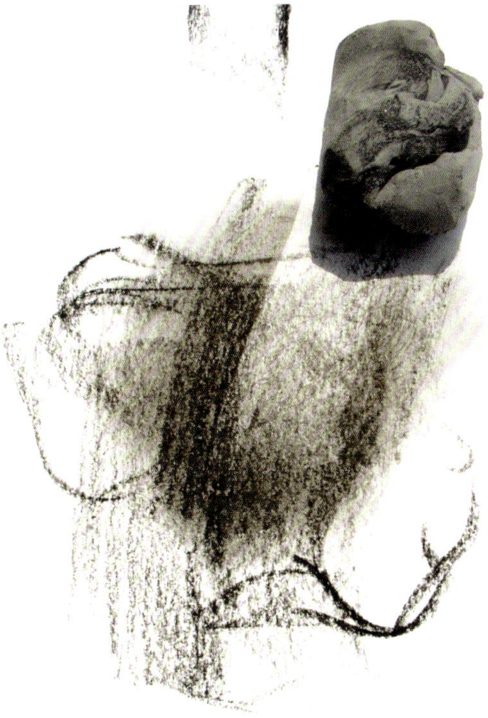

Der Kohleabdruck kann weichgemacht werden, indem man die Stelle mit dem Finger oder einem Radiergummi verwischt.

## Der Knetradiergummi

Ein Knetradiergummi wird benutzt, um Abdrücke von Bleistiften, Kohle oder Kreide abzutragen. Es ist eine spezielle Plastikmasse, die durch Pressen bei bestimmten Temperaturen gewonnen wird. Die Masse hat eine ähnliche Konsistenz wie Knete, vor dem Gebrauch muss sie mit den Händen weich gemacht werden.

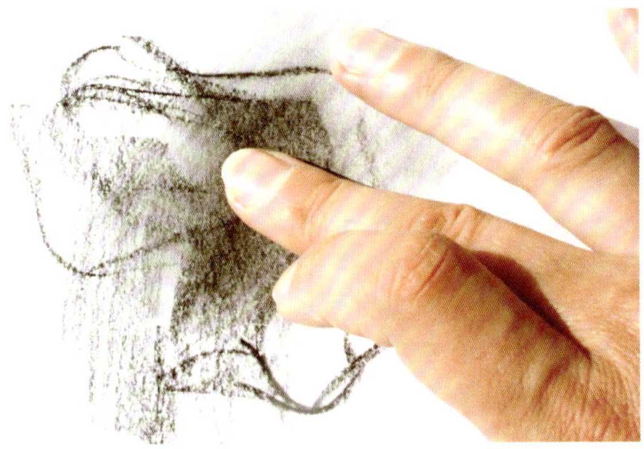

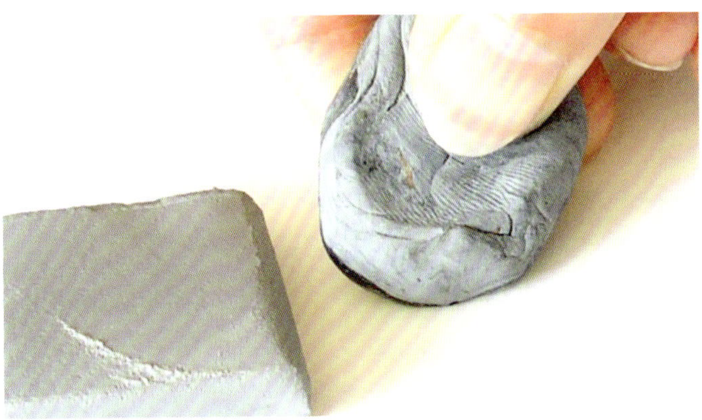

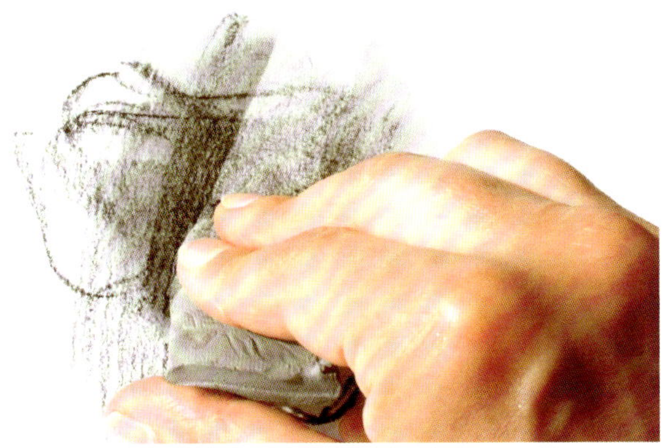

## Zeichenpapier

Dieses Papier wird zum Schreiben, Drucken und Zeichnen verwendet. Es entsteht aus Zellulose, die sich in Pflanzen (z.B. Baumwolle, Eukalyptus und Bambus) befindet. Die zellulosehaltige Masse besteht aus Wasser, Zellulose, Färbemitteln, Aromen und Imprägnierstoffen.

Was die Dicke, Dichte und Struktur angeht, unterscheidet man verschiedene Papiersorten, u.a. Zeichen-, Aquarell-, Pastell-, Bütten-, Pergament- und Kartonpapier.

Zeichenpapier gibt es in unterschiedlicher Dicke, also Grammatur, die in Gramm pro Quadratmeter gemessen wird (ab 70 g/m$^2$ aufwärts); je höher die Zahl, z.B. 300g/m$^2$, desto dicker das Papier. Auch die Oberfläche des Papiers kann unterschiedlich sein: glatt, matt, grob (z.B. bei Aquarellpapier). Die Standardgrößen des Papiers sind DIN A4 (21 x 29,7 cm) oder für Künstler*innen DIN A0 (84,1 x 118,9 cm), DIN A2 (42 x 59,4 cm), DIN A3 (29,7 x 42 cm).

Ein besonderes Papier ist Velourpapier für Pastellfarben. Es hat eine samtige, leicht haarige Oberfläche, weshalb Pastellfarben in Pulverform zwischen die Härchen dringen kann. So hält sich die Pastellfarbe nicht „auf", sondern „im" Papier. Glattes Pastellpapier mit leichter Struktur ist hochwertiges Ingres-Papier.

**Bütten-Papier**

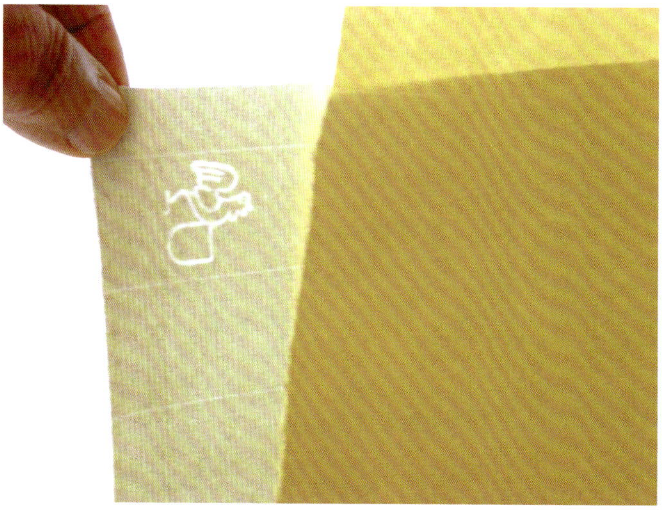

**Wasserzeichen auf dem Bütten-Papier**

**Canson-Papier**

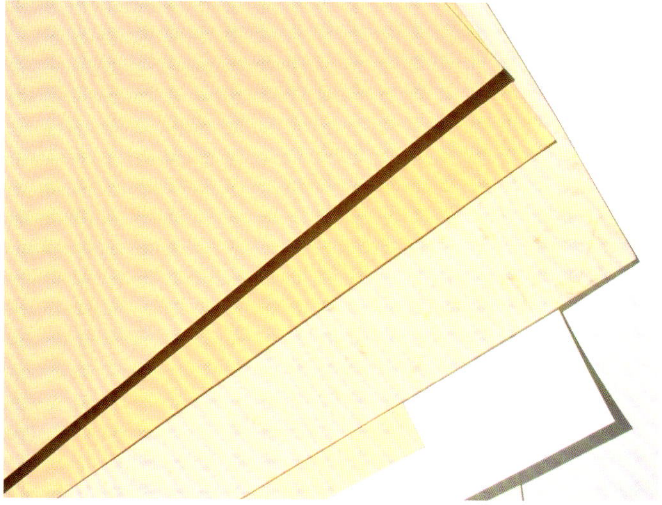

**Ingres-Papier**

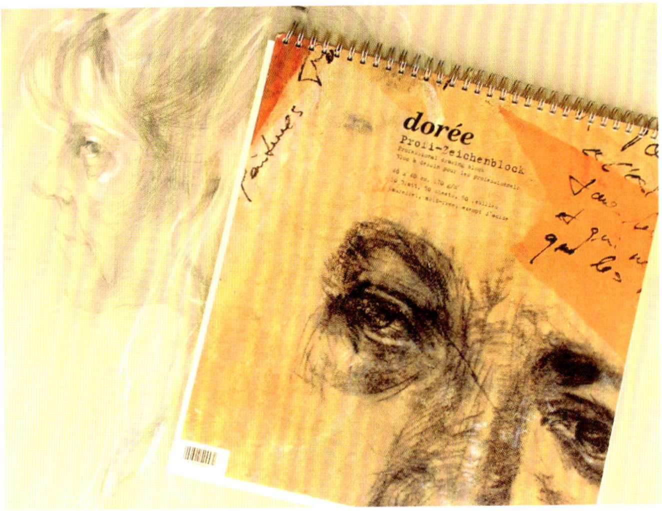


**Papier kann man auch in Form von Zeichenblöcken bekommen.**

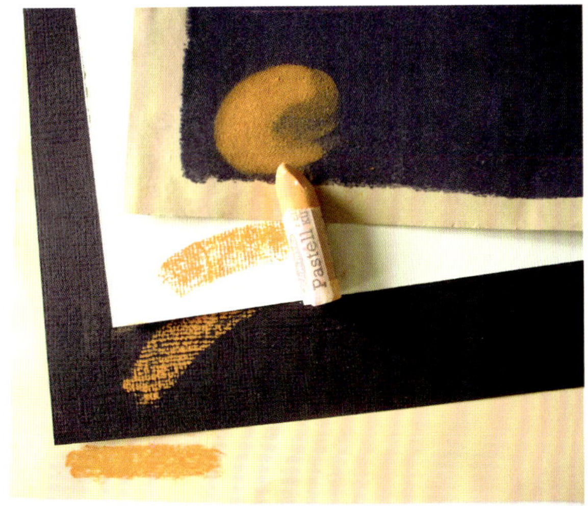


**Velourpapier für trockene Pastellkreiden**

Ganz wichtig ist die richtige Lagerung des Papiers. Dafür gibt es Mappen oder Standregale mit mehreren Schubladen. Die Mappen sind sehr praktisch, da man sie auch transportieren kann. Es gibt sie in großer Auswahl in verschiedensten Materialien (aus dünnem Astralon, Pappe u.a.).

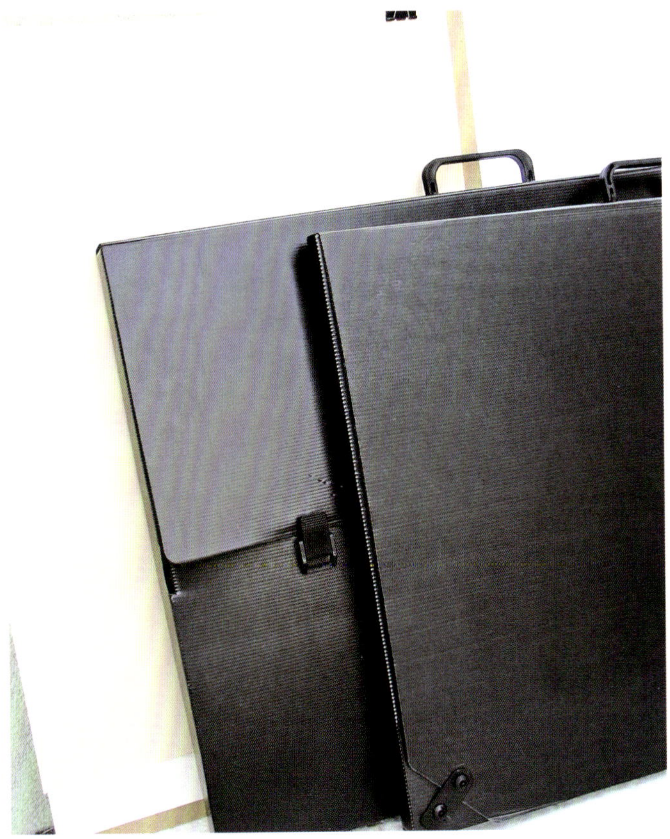

**Mappen für Zeichnungen**

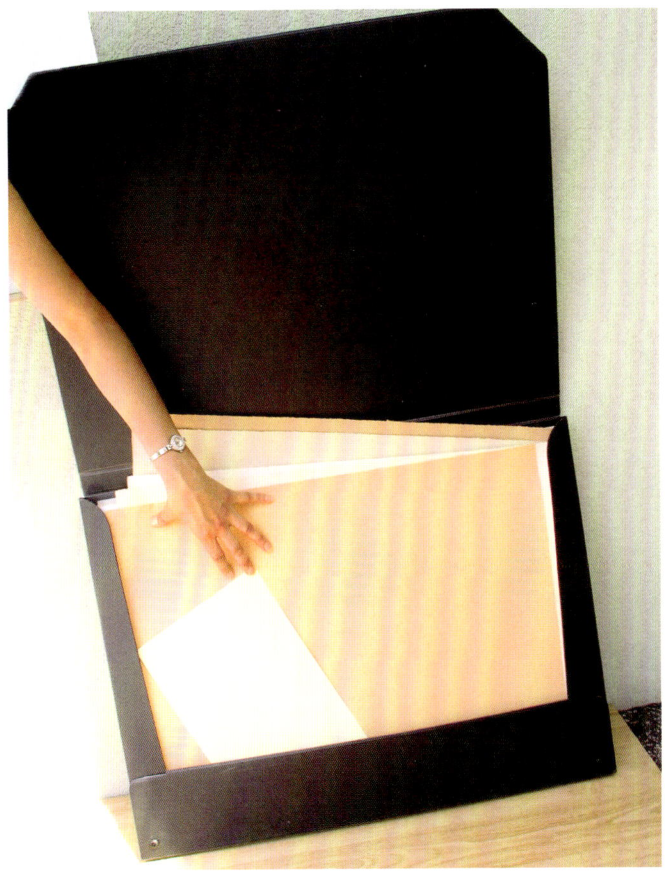

## Zeichenfeder und Tusche

Diese Werkzeuge werden in der Zeichentechnik der Lavierung (vom ital. *lavare*, waschen, wischen) verwendet. Die Tusche ist eine spezielle Art von Tinte; im 17. Jahrhundert wurde die Tinte Tusche genannt (vom franz. *toucher* – anfassen). Es ist eine Flüssigkeit, die aus Pigmenten, Wasser und einem Bindemittel (z.B. Schellack, also Harz, das sich in Wasser auflöst) besteht. Aquarellfarben wurden früher als „bunte Tusche" bezeichnet.

Tusche wird mithilfe einer Schreibfeder, Stahlfeder, einem angespitzten Stäbchen oder eines Pinsels auf glatte Papierflächen aufgetragen. Wenn man weiche Tonübergänge erhalten möchte, mischt man die Tusche mit Wasser. Diese Zeichentechnik nennt sich Lavieren. Lavieren kann man in einer grau-schwarzen oder braunen Tönung.

Schon allein der Gebrauch einer **Feder** erzeugt einen wunderschönen graphischen Effekt, z.B. bei Dürer oder Rembrandt. Die Feder ist ausdrucksstärker als ein Bleistift und bringt die schwarze Farbe besser zur Geltung. Während man eine Bleistiftzeichnung mithilfe eines Radiergummis korrigieren kann, ist der Abdruck einer Feder einmalig und nicht zu beseitigen; man kann nur Korrekturen vornehmen. Zeichnungen mit der Feder sind eine sehr gute Technik für Studien, Konstruktionsskizzen, Lebendmotive oder Landschaften.

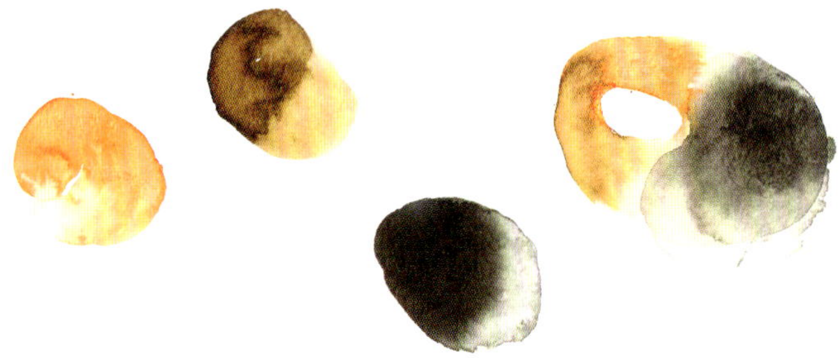

**Effekte der Anwendung von Tusche**

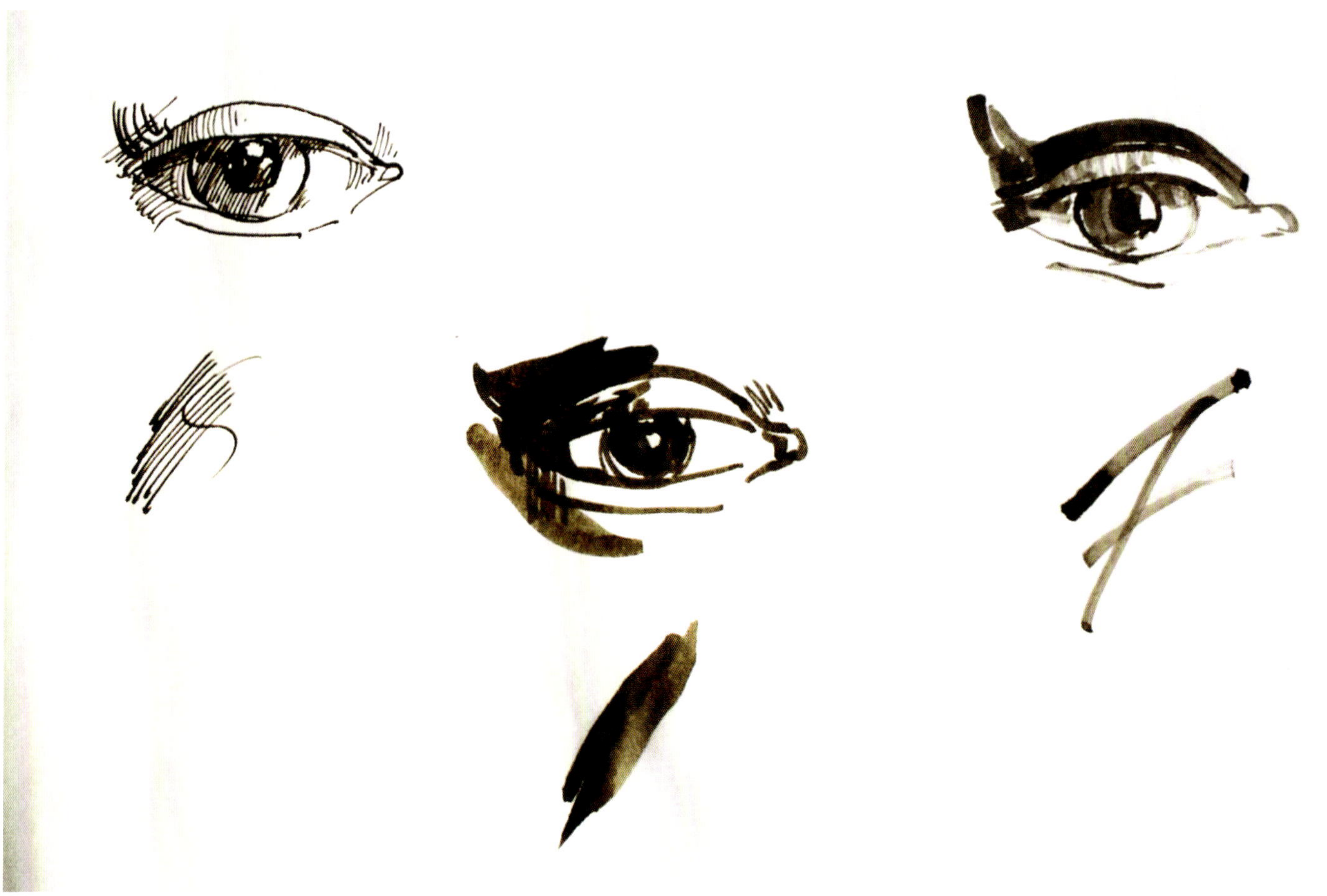

**Unterschiedliche Werkzeugstriche mit Tusche und Feder und Pinsel**

## Fixiermittel zum Zeichnen

Man benutzt sie zum Fixieren von Abdrücken trockener Werkzeuge, also bunter Kreide, Kohle oder Pastellfarben. Es ist eine natürlich oder synthetisch hergestellte klebrige Substanz, die das Trockenpulver des Zeichenwerkzeugs mit dem Untergrund verbindet. Fixiermittel sind als Spray erhältlich und heißen auch Fixative.

## Zubehör

Zu dem wichtigsten Zubehör für technisches Zeichnen gehören: ein Zeichenbrett, Klammern zum Befestigen des Papiers auf dem Brett, ein Messer zum Schneiden des Papiers, Bleistiftminen, Spitzer, Bleistiftbox und Kreide, Tücher, um Graphit oder Kohle wegzuwischen, sowie ein Knetradiergummi.

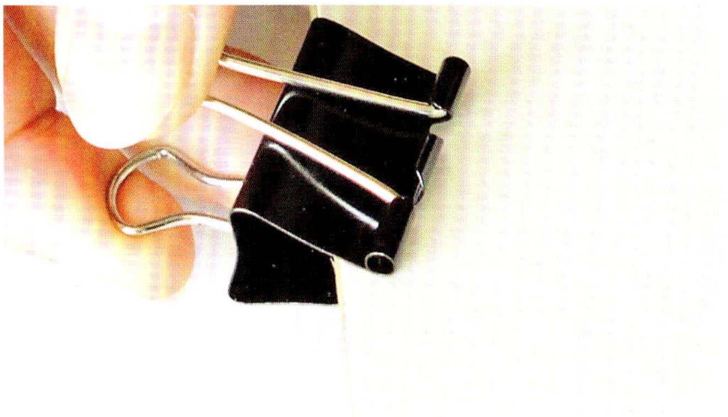

**Klammer zum Befestigen des Papiers**

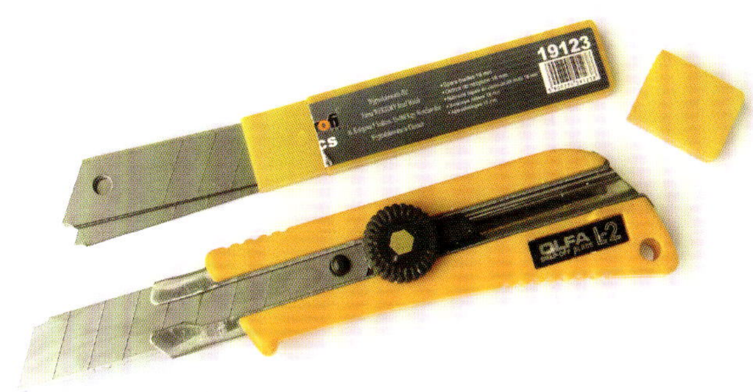


**Cutter-Messer zum Schneiden von Papier**

**Zeichenbrett**

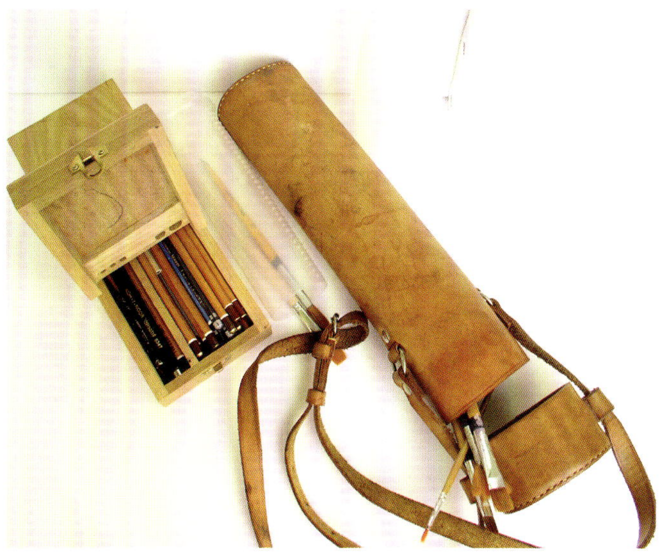

**Behälter zum Aufbewahren von Zeichenwerkzeug**

# Die Technik der Malerei – Material und Ausstattung

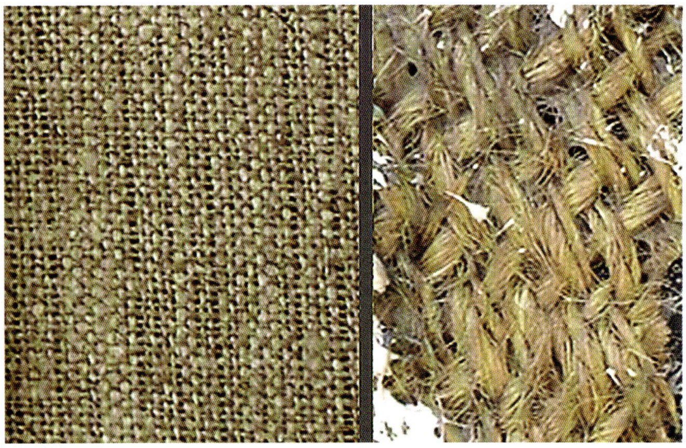

Hanfleinen und Yucca

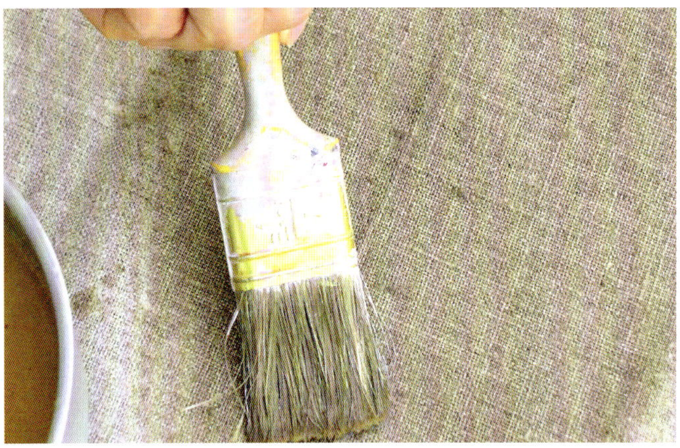

Bestreichen der Leinwand mit Leimwasser

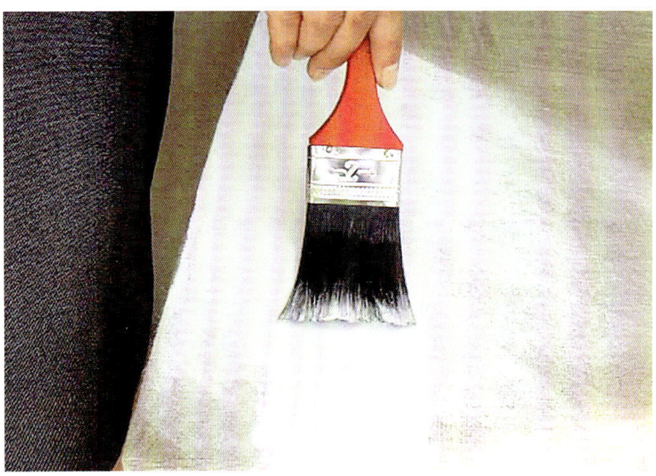

Schichtweise wird in alle Richtungen grundiert.

## Maluntergründe

Ein traditioneller Maluntergrund ist ein Material, das auf einen Tragebügel gespannt (Malwebstuhl) und mit Holzkleber oder einem Malermörtel grundiert wird.

**Keilrahmen** sind Rahmen in meist quadratischer oder rechteckiger Form mit Leisten, die ca. 3,5–4,5 cm breit und ca. 2 cm dick sind, mit Schlitzen an den beweglichen Keilen. Das Material besteht am häufigsten aus Leinen oder Baumwolle und bei Gemälden mit Struktur oder in einem Großformat aus Hanfleinen in dickerem Geflecht oder Jute. Leinenfasern sind empfindlich, weshalb die Oberfläche des Gemäldes elastisch ist. Die Leinwand muss technisch korrekt vorbereitet und das Material entsprechend grundiert werden, um zu verhindern, dass der Untergrund saugt.

Die erste Schicht der Grundierung ist Leimwasser, also im Wasser aufgelöster Holz- oder Knochenleim. Dieser so entstandene Klebstoff besteht aus kleinen Körnern, die nach dem Auflösen im Wasser im Verhältnis 1:6 oder 1:7 die beste und elastischste Schicht zum Aufziehen und Abdichten der Leinwand ergeben. Am besten lässt man den Klebstoff ein paar Stunden im Wasser, damit er quillt, und wärmt ihn anschließend unter Rühren auf, bis er sich auflöst (nicht kochen, sonst verliert der Klebstoff die Bindeeigenschaft!). Mit dieser Flüssigkeit bedeckt man die auf den Keilrahmen gezogene Leinwand – dadurch erhält diese zusätzliche Elastizität.

Bei **Mörtel** unterscheidet man zwischen dünnem und dickem Mörtel. Dünner Untergrund absorbiert in höherem Maße Öl aus der Farbe, weshalb die Farbe nach dem Trocknen matt ist. Dicker Untergrund hat einen höheren Gehalt an Zink als Kreide, weshalb er nur schwach Bindemittel aus der Farbe absorbiert und die fettige Konsistenz behält. Die Untergründe sind weiße Emulsionen.

Diese Emulsion besteht aus: einem Teil Kreide, 3 Teilen Zinkfarbe, zugesetzter Gelatine, die im Wasser im Verhältnis 1:20 gelöst ist, oder Leinöl gemischt mit ¼ Dammarharz. So eine Mischung bedeckt die Klebeleinwand, die auf den Keilrahmen aufgezogen und mit Wasser abgedichtet wurde.

Malermörtel ist in Künstlerbedarfsläden unter dem Namen *Gesso* erhältlich. Zusätzlich zu Gesso wird ein vorbereitendes, isolierendes Mittel oder Medium auf den Untergrund gestrichen (bevor die Farbe draufkommt). Das ist z.B. eine Paste gegen das Zusammenziehen der Leinwandoberfläche oder Kasein für die Temperafarbe (falls sich die Temperafarbe mit der Ölfarbe verbinden soll).
Der älteste Untergrund, der bis zum 15. Jahrhundert in der Malerei verwendet wurde, ist das Holzbrett aus Eichen- oder Mahagoniholz. Beide sind sehr widerstandsfähig gegenüber Verformungen.

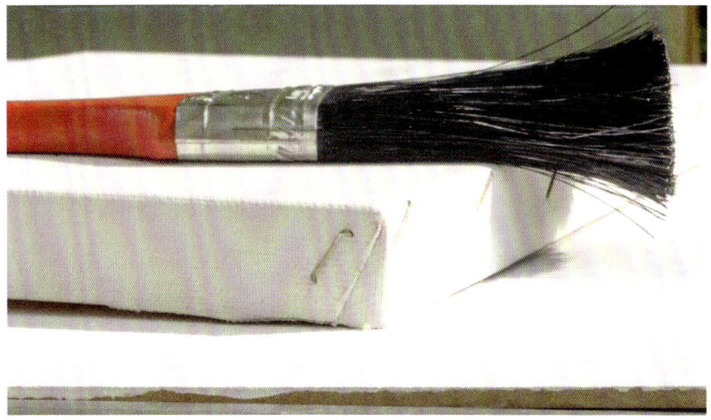

**So sollte eine Ecke des gespannten Keilrahmens aussehen.**

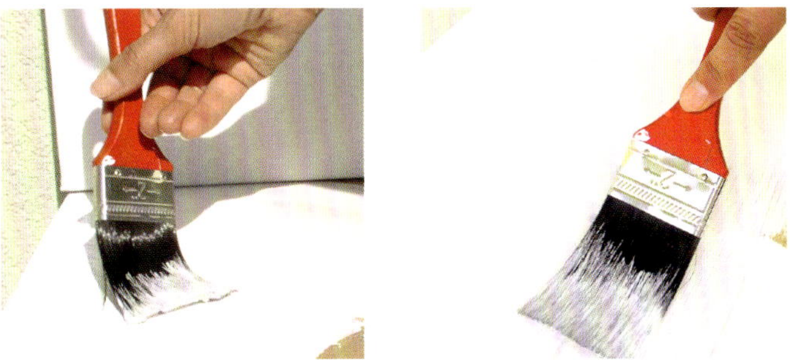

**Grundieren eines Keilrahmens und einer Hartfaserplatte**

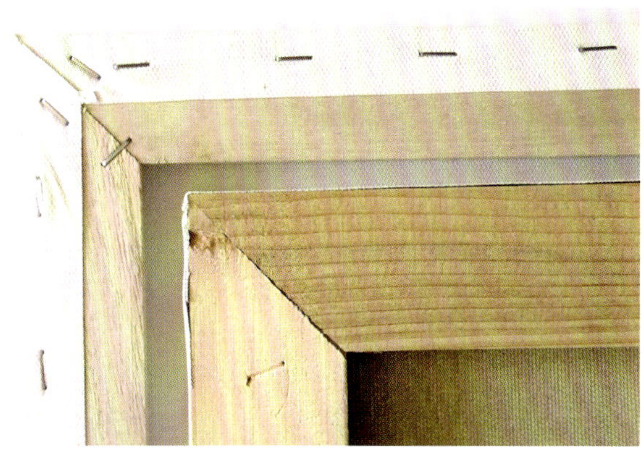

**Die Rückseite des Keilrahmens: Die Leinwand kann man auf der Rückseite oder an der Kante des Rahmens spannen.**

## Künstlerpinsel

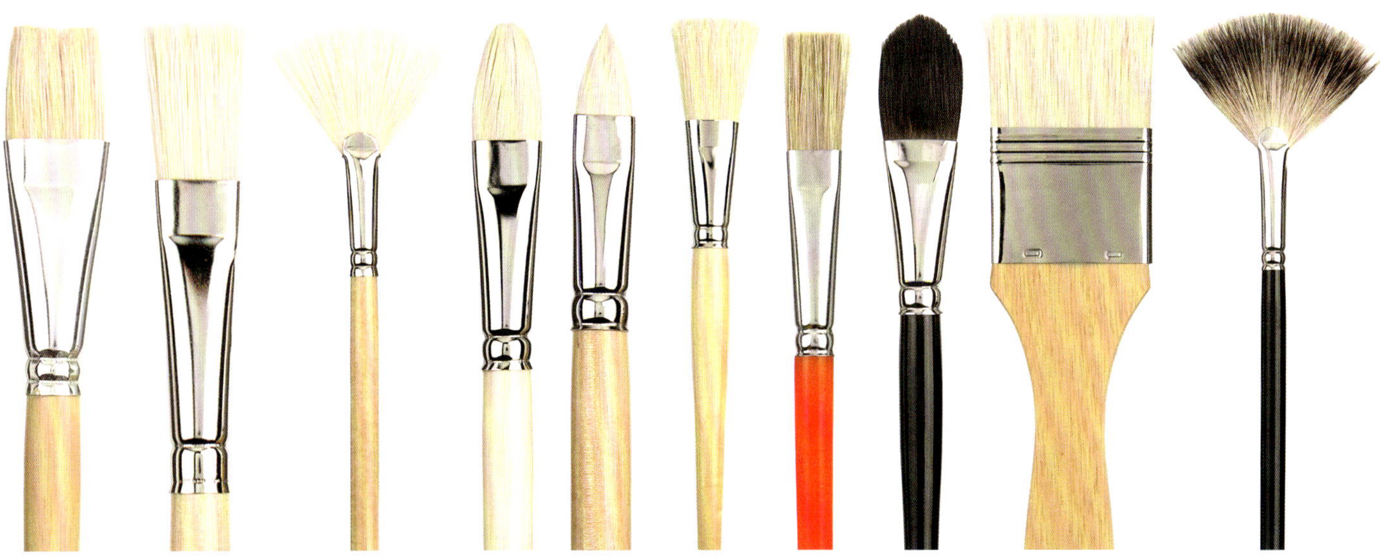

**Verschiedene Pinselarten**

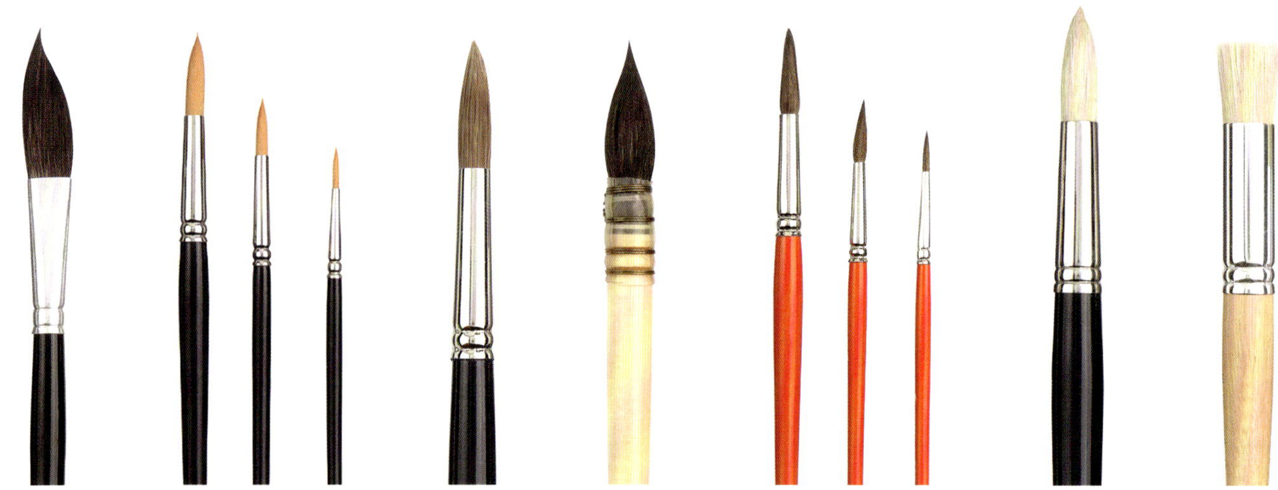

**Runde Pinsel**

## Pinsel

Der Pinsel ist ein Grundwerkzeug der Malerei. Was die Borsten angeht, unterscheidet man zwischen harten (z.B. aus Schweinehaar) und weichen (z.B. Haare von Kälbern, Mardern, Eichhörnchen, Zobeln oder aus synthetischem Haar) Borsten. Harte Pinsel werden für Öl oder Acryl verwendet, weiche Pinsel für Acryl und Wasserfarben wie Aquarell-, Gouache-, Temperafarben. Es werden auch synthetische Pinsel hergestellt, die sowohl für Öl- als auch Acrylfarben verwendet werden können. Je nachdem, wie die Haare im Halter stehen, unterscheidet man flache oder runde Pinsel oder Pinsel mit gekrümmtem Ende, sogenannte Katzenzungenpinsel.

Runde Pinsel eignen sich am besten für die Ausführung von einfachen Linien, flache hingegen zum Malen von Flecken und Flächen. Wir unterscheiden Dutzende von Größen bei Pinseln: von 00 (für Details) bis zu 16 (für große Formate).

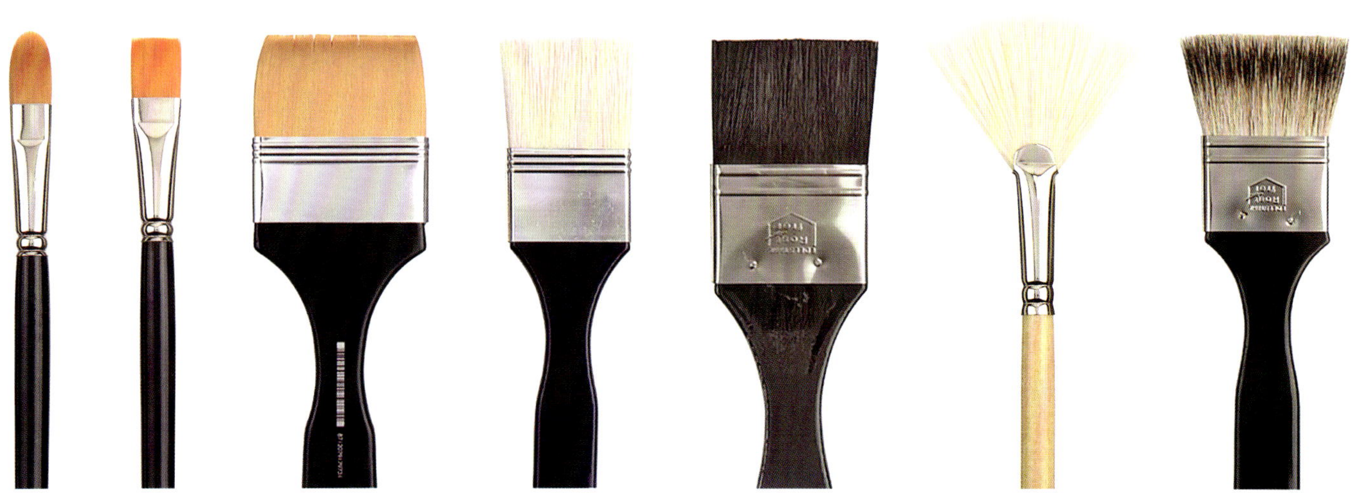

**Flache Pinsel**

Ganz wichtig ist es, die Pinsel nach Beendigung der Arbeit zu schützen, sodass sie weiterhin verwendet werden können. Pinsel, die zur Acrylmalerei eingesetzt wurden, müssen gründlich mit Wasser ausgewaschen werden. Pinsel, die zur Ölmalerei verwendet wurden, müssen mit klarem Spiritus oder Terpentin (oder einem sicheren Verdünner) gereinigt werden. Man kann sie auch kurzzeitig „sichern", indem man sie in Wasser mit Spülmittel stellt. Vor dem nächsten Gebrauch muss das Wasser von ihnen abgeschüttelt werden, um technische Fehler auf dem Untergrund zu vermeiden.

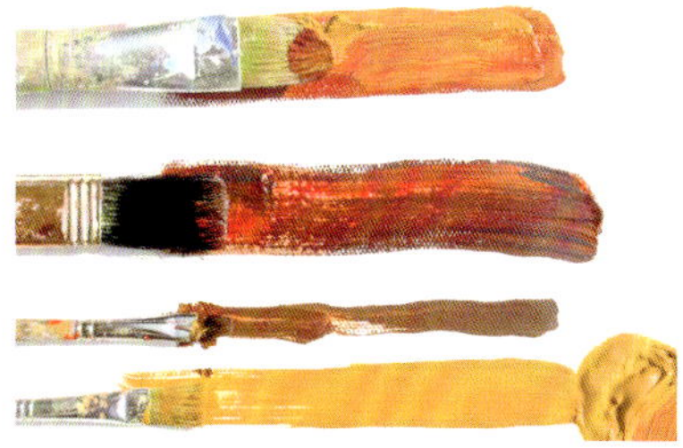

**Pinselspuren mit Ölfarbe**

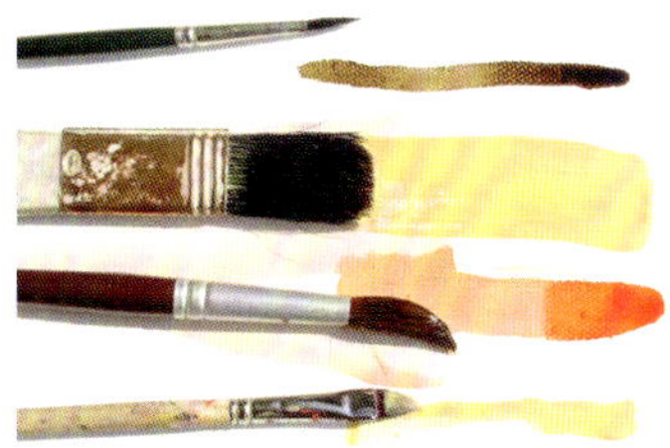

**Pinselspuren mit Wasserfarbe**

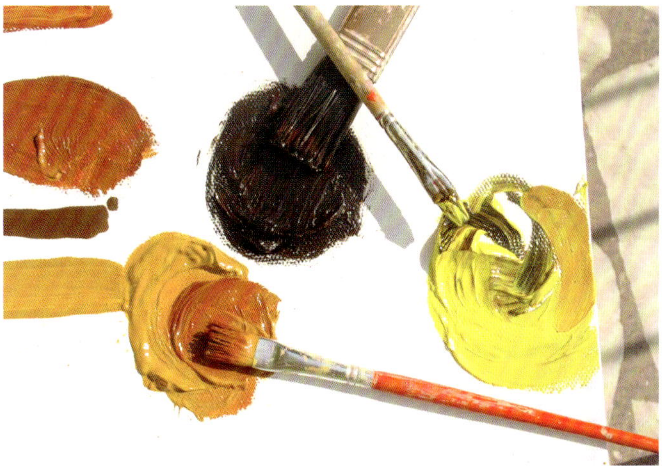

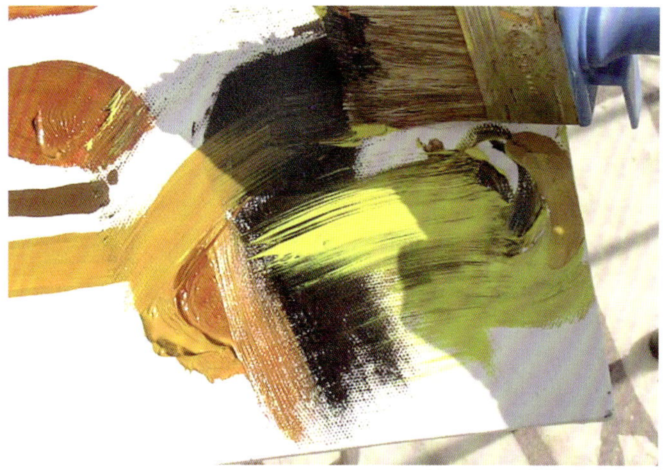

Fangen wir mit der ersten Malübung mit Ölfarbe an. Wir beschäftigen uns noch nicht mit einem Thema, sondern suchen einfach drei Farben aus, drücken sie aus der Tube und fangen an zu mischen.
Wir benutzen die harten Pinsel – einen dünnen, einen mittleren und einen sehr dicken. Wir mischen die Farbflecken miteinander. Als Nächstes tragen wir, z.B. mit einem Spachtel, die nächste – orangefarbene und gelbe – Farbschicht auf.

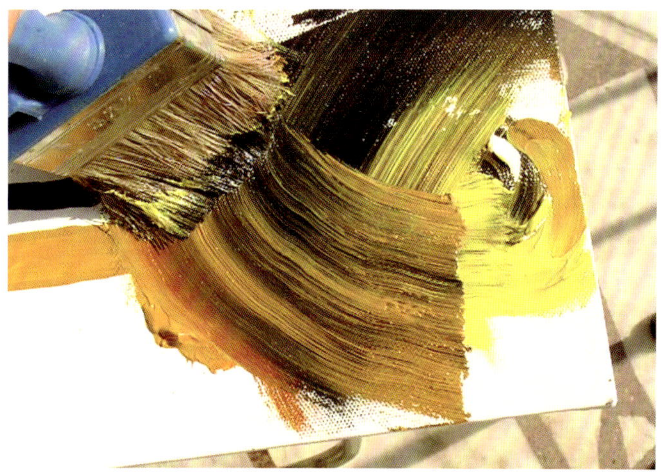

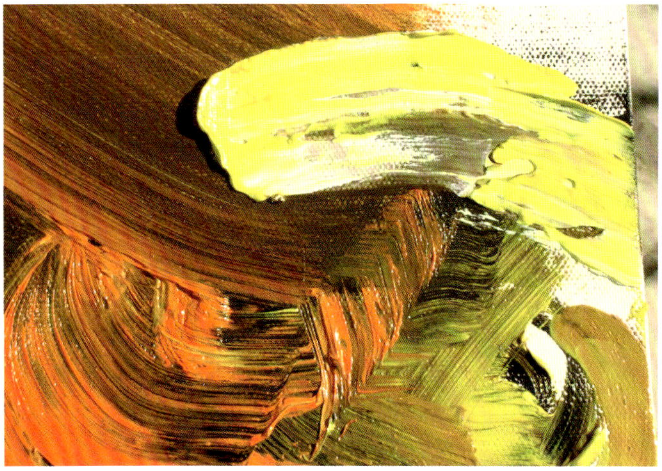

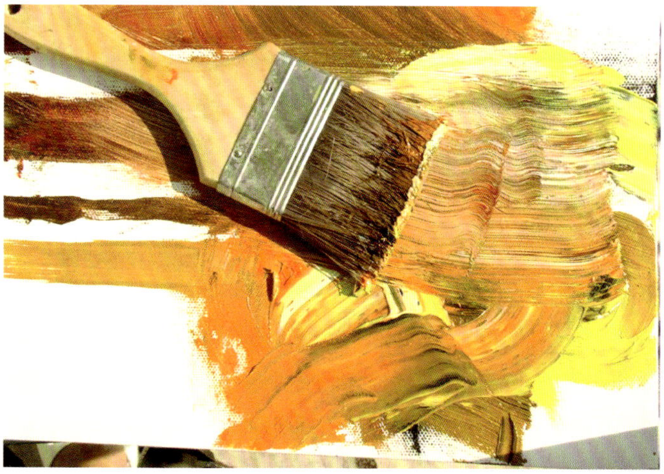

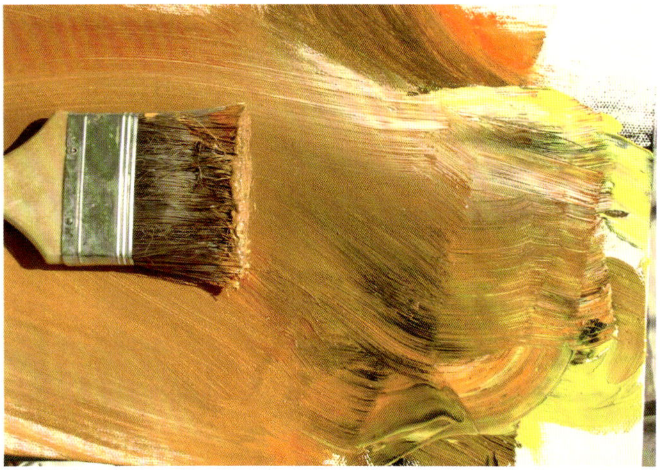

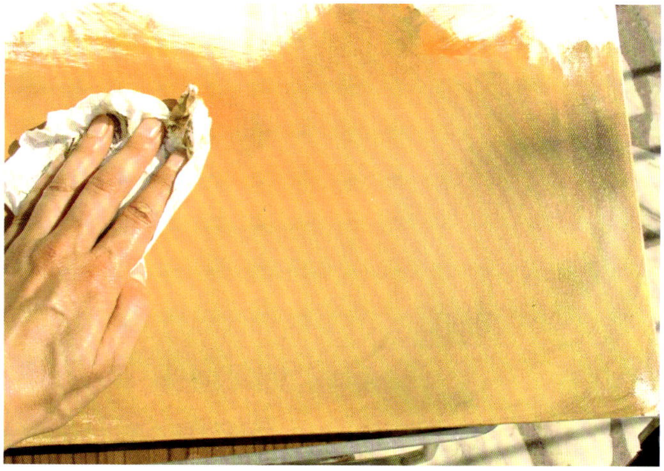

Erneut mischen wir die Farben mit dem breiten Pinsel. Einen Teil der bunten Farbe weichen wir auf und verstreichen sie. Zum Schluss verstreichen wir die Farbe auf der gesamten Leinwand mit einem Tuch (kein Papiertuch).

Auf diese Weise erkennt man den Fettgehalt der Ölfarbe; durch den Widerstand, den sie auf der Leinwand herstellt, finden wir heraus, wie wir die Farben vermischen und was für einen Abrieb die Farbe hat.

## Malspachtel

Der Spachtel ist ein Malwerkzeug, mit dem man einen Effekt in der Impasto-Technik erzielt, in der es auf eine dicke, texturierte Art der Malerei ankommt. Das Bedienen eines Spachtels bietet viele Möglichkeiten und ist eine Art selbstbewusster und ausdrucksstarker Malerei.

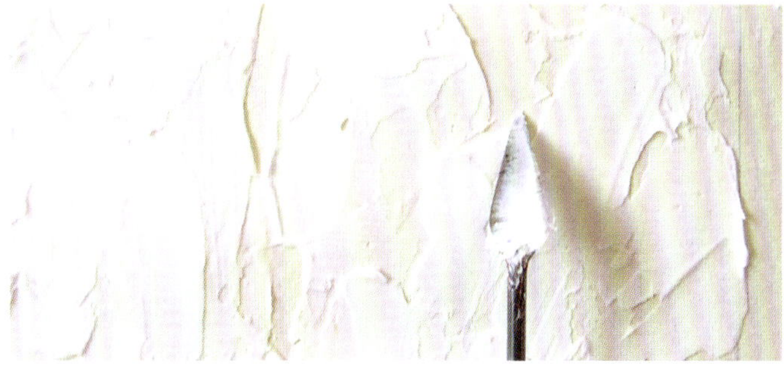

So sieht die Masse aus, die mit dem Spachtel auf den Untergrund aufgetragen wurde.

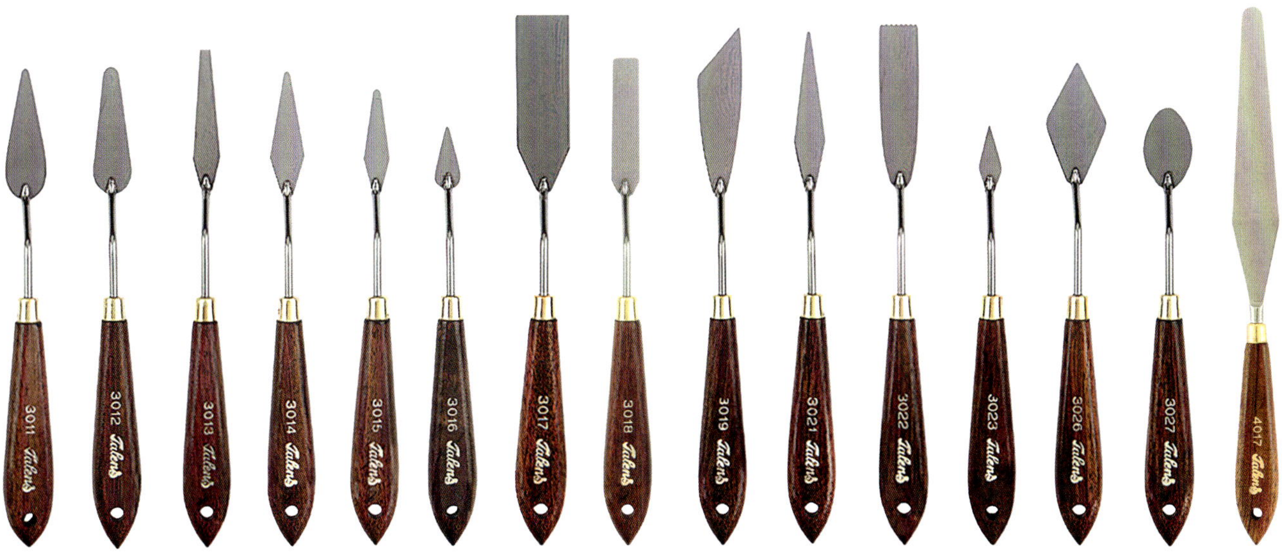


Verschiedene Malspachtel

## Firnis, Medien, Bindemittel

Firnis ist ein natürliches (meist aus Holz) oder synthetisches Harz, vermischt mit Lösungsmitteln. Die bekanntesten Firnisse sind: Dammar, Mastix, Schellack, Lack, Myrrhe, Bernstein, Sandarak. Das gängigste Lösungsmittel ist natürlich Wasser, dann kommt Alkohol, Säure, Ether, Terpentinöl. Nach dem Auftragen auf das Gemälde erzeugt der Firnis eine dünne, durchsichtige Schicht, die sich mit der trocknenden Farbe mischt und deren Farbeigenschaften verstärkt und fixiert. Firnis erfüllt auch eine Schutzfunktion – es schützt die Farbe vor Feuchtigkeit, Staub und den schädlichen Auswirkungen von Sauerstoff.

Die wichtigsten Firnisse, die wir bei den Malübungen benutzen werden, sind Dammarfirnis, Firnis aus Leinöl, Retuschierfirnis, Schlussfirnis, Matt-Firnis und Glanzfirnis als Spray.

Firnis wird von Malmedien ergänzt, also Bindemitteln, die dabei helfen, den optimalen Effekt in der Öl- oder Acrylmalerei zu erzeugen. Die wichtigsten sind: Medien zur Untermalung, zur Verzögerung oder Beschleunigung der Trocknung, zur Verleihung von Glanz, zur Verdickung der Farbe bis zur Konsistenz einer Paste, für Wasser-Öl-Farben, zur Vorbeugung von Mattheit, Schlussfirnis, Matt-Firnis und Glanzfirnis als Spray.

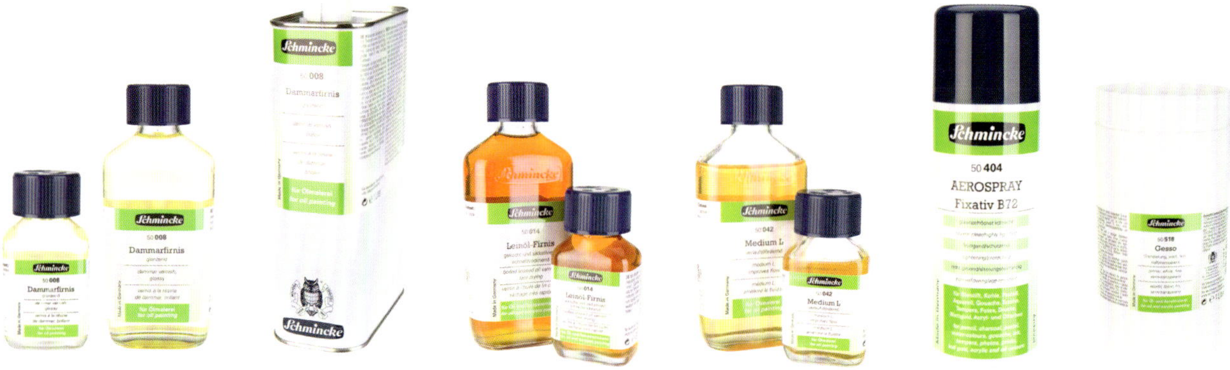


**Verschiedene Arten von Medien und Firnissen**

Pasten verstärken oder reduzieren die Intensität des Pigments in einer Farbe und eignen sich auch für Reliefflächen. Bei den Bindemitteln unterscheidet man: Leinöle, Öle für helle Farben, venezianisches Terpentin, rektifiziertes Terpentin, Zitrusterpentin, weißen Spiritus, Sikkative für Ölfarben. Die ganze Palette an Firnissen und Medien für Ölfarben bietet grenzenlose Möglichkeiten für das Experimentieren und Vertiefen dieser Technik.

## Staffeleien

Eine praktische Stütze für die Leinwand während der Arbeit ist eine Staffelei. Man unterscheidet zwei Arten: Studio- und Feldstaffeleien. Studiostaffeleien sind ortsgebunden, dadurch stabil und massiv. In der Form ähneln sie einem H, haben zwei bewegliche Teile, zwischen denen die Leinwand befestigt werden kann, was eine angenehme Arbeit mit verschiedenen Schattierungen ermöglicht; auch sind sie mit einem Fach für Malutensilien ausgestattet.
Eine Feldstaffelei kann zusammengeklappt werden und besteht aus leichtem Holz, was ihre Mobilität sicherstellt. Sie hat die Form eines Dreiecks.

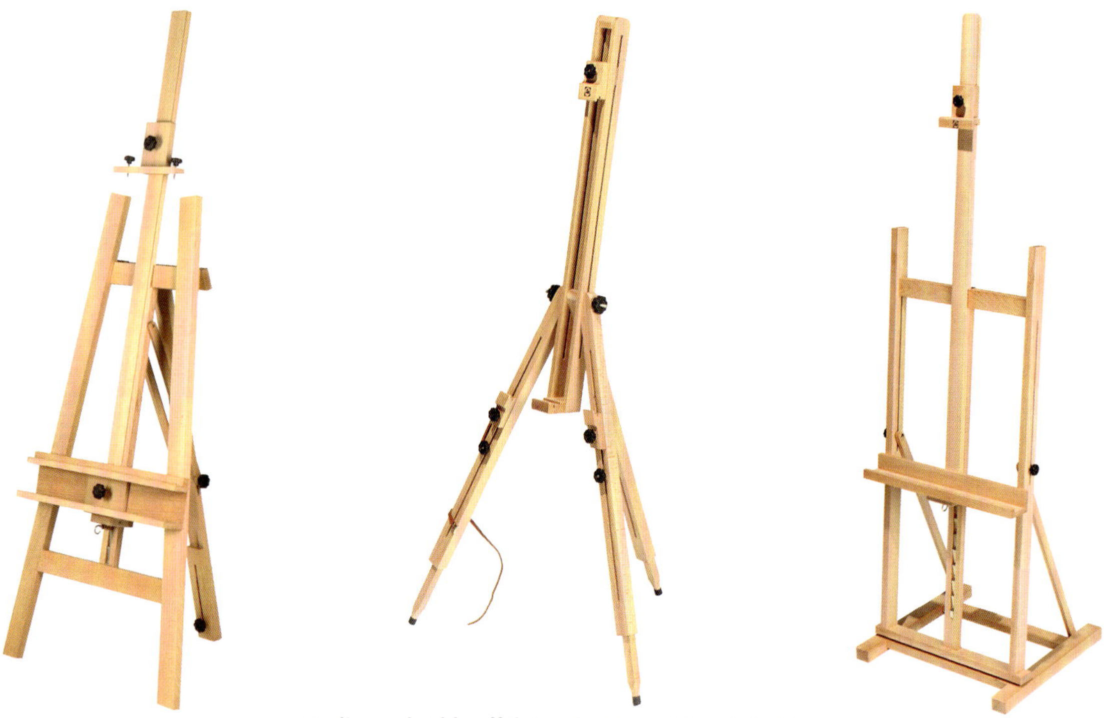

**Studio- und Feldstaffeleien der Firma Adam Pałacki**

## Zubehör

Mit das wichtigste Malzubehör ist die Malerpalette. Ihre Form passt sich der Hand des Malers an und hat ein ausgeschnittenes Daumenloch.

Auf ihr wird Farbe ausgedrückt und vermischt. Paletten werden meistens aus leichtem Sperrholz oder einem anderen holzähnlichen Material hergestellt, aber auch Plastik, Porzellan und Metall werden dafür verwendet. Am besten schützt man die Palette vor Gebrauch mit einem Politurfirnis oder Zelluloselack, evtl. mit Leinkleber (mit dem man die Leinwand überzieht); so wird verhindert, dass das Leinöl der Farbe einsickert.

Zum Zubehör gehören auch ein Behälter für das Bindemittel und den Firnis, Tücher zum Abtrocknen der Pinsel und Spachtel, Papiertücher, ein Arbeitskittel und eine Schutzfolie für den Boden.

Ein sehr hilfreiches Zubehör ist die Farbpresse, vor allem bei größeren Tuben, in denen sich viel Farbe am Ende der Verpackung festsetzt. Mithilfe der Presse kann die Farbe in der Tube gänzlich aufgebraucht werden.

Auch eine selbstgemachte Presse kann hilfreich sein. Pappteller, Plastikspachtel und andere untypische Accessoires können sich ebenso als hilfreich herausstellen. Man muss nur vorsichtig sein, wenn es um die Reaktion dieses Zubehörs mit Terpentin oder Firnissen geht.

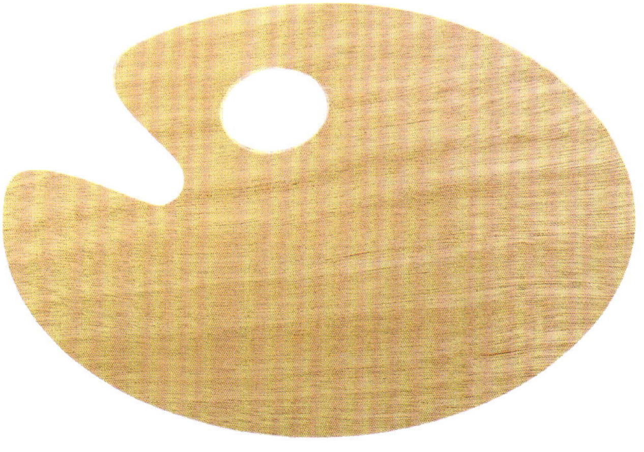

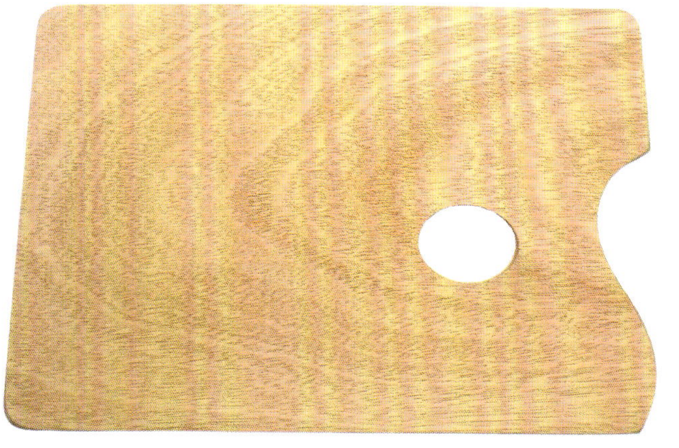

**Holzpaletten: oval und rechteckig**

# Pastellmalerei

Die **Pastellmalerei** liegt an der Grenze zwischen der Technik des Zeichnens und Malens. Durch das Zeichnen mit bunter Kreide entsteht ein farbenfroher Effekt wie beim Malen. Man unterscheidet zwei Arten von Pastellfarben: trockene und fettige (auch als Ölpastellkreiden bekannt).

## Trockene Pastellkreiden

Pastellfarben sind aus Pigment, Bindemittel und ggf. Kreide gepresste Sticks. Trockene Pastellkreiden wirken weich – dieses Merkmal unterscheidet sie von anderen Techniken. Pastellfarben wirken frisch und intensiv. Mit Pastellfarben kann man auf speziellem Velourpapier, aber auch auf anderem Papier zeichnen, das eine grobe Oberfläche bzw. Textur hat, z.B. auf Pergament- und Leinenpapier. Wichtig ist, dass die Leinwand großporig ist, wodurch die Pigmente an dem Untergrund haften bleiben. Trockene Pastellfarben sind sehr brüchig und anfällig für mechanische Beschädigungen, weshalb man zum Zeichnen diese Eigenschaft berücksichtigen sollte.
Doch wenn sie in die Struktur des Untergrunds eindringen und fixiert werden, ist es eine sehr haltbare Technik.
Jede Farbe besitzt eine große Bandbreite an Tönen, je nach Hersteller, Set usw. Die Kreide kann man im Set oder einzeln kaufen.

Die Technik der Pastellmalerei gibt es bereits seit der Renaissance. Zu den Meistern dieser Technik gehören: Maurice Quentin de La Tour, Jean-Baptiste Chardin, Henri de Toulouse-Lautrec, Edgar Degas, Stanisław Wyspiański.

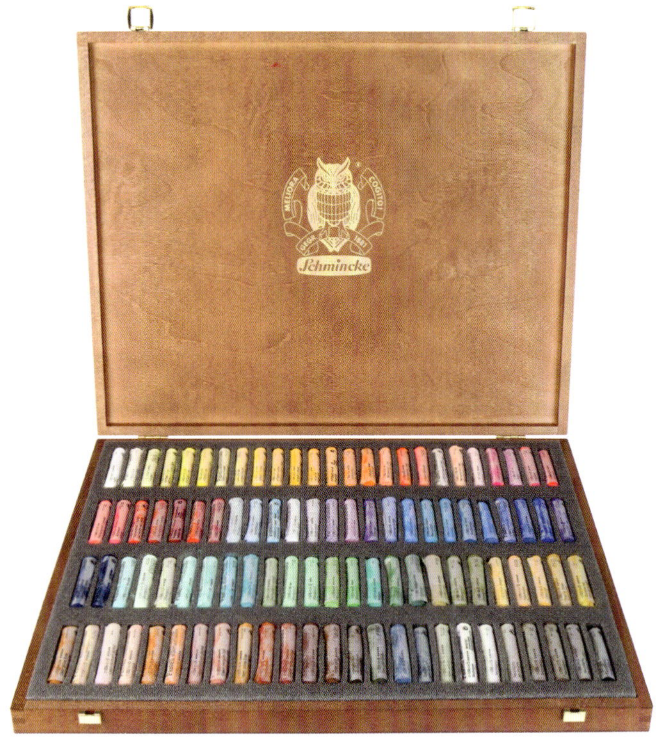


Trockene Pastellfarben der Firma Schmincke

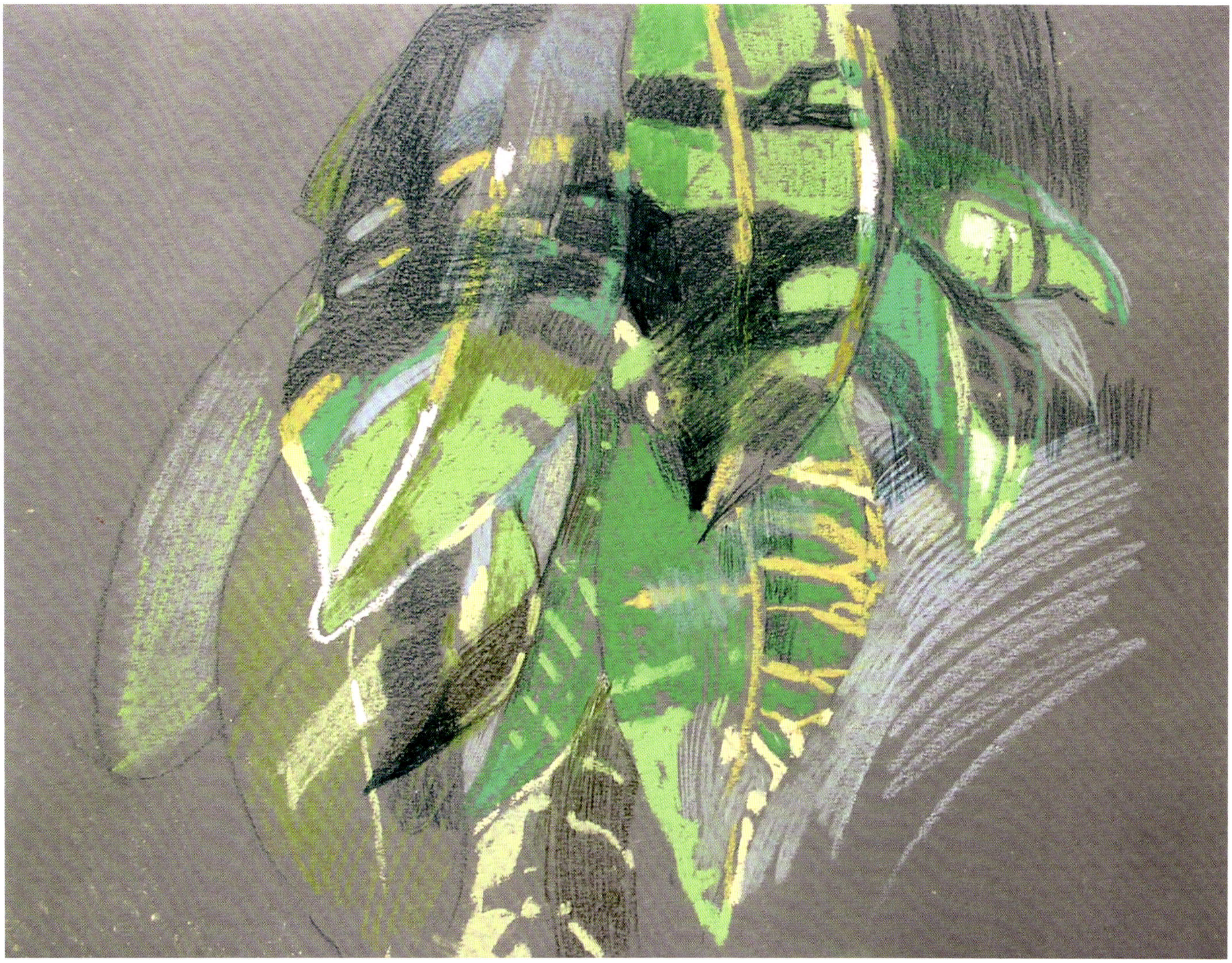

Eine Zeichnung, die mit trockenen Pastellkreiden angefertigt wurde

## Pastellfixiermittel (Fixative)

Sie werden als Aerosole und als Flüssigkeit hergestellt. Das auf den Untergrund gesprühte Mittel, das Harz enthält, fixiert das Pigment am Untergrund und schützt die Farbe, die dadurch nicht oder nur leicht verändert wird. Die meisten Fixiermittel für Pastellfarben kann man auch für andere technische Zeichnungen verwenden. Nach dem Gebrauch (Sprühen aus einer Entfernung von ca. 30 cm) wird die Zeichnung dunkler, aber später kommt die Farbe in ihrer Intensität wieder zum Vorschein. Bekannte Hersteller von Fixiermitteln sind: Royal Talens, Koh-I-Noor, Lukas, Schmincke, Lascaux.

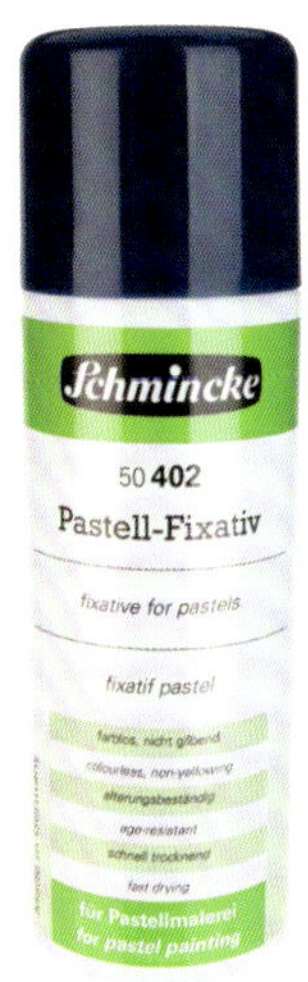


Pastell-Fixativ der Firma Schmincke

## Fette Pastellkreiden

Sie werden auch Ölpastellkreiden genannt (weil sie Öl enthalten); im Vergleich zu trockenen Pastellkreiden sind sie widerstandsfähiger gegenüber Beschädigungen und haften besser am Untergrund. Man kann sie mit Terpentin verdünnen und mit ihnen Ebenen zeichnen, wodurch sich Strukturen ergeben. Fettige Pastellkreiden erinnern sehr an die Technik der Ölmalerei. Übrigens kann man sie auch mit Ölfarben mischen und herumexperimentieren.

Zwei Beispiele eines ähnlichen Motivs mit Blättern zeigen den Unterschied zwischen einer Zeichnung mit trockenen und mit fettigen Pastellfarben: Die trockenen sind weicher, flüchtiger; fettige erzeugen einen kontrastierenden Effekt, ähnlich wie beim Ölmalen. Keine dieser Techniken ist objektiv gesehen besser, es kann sich nur herausstellen, dass einem eine der beiden Techniken besser liegt bzw. der eigenen Arbeitsweise besser entspricht.

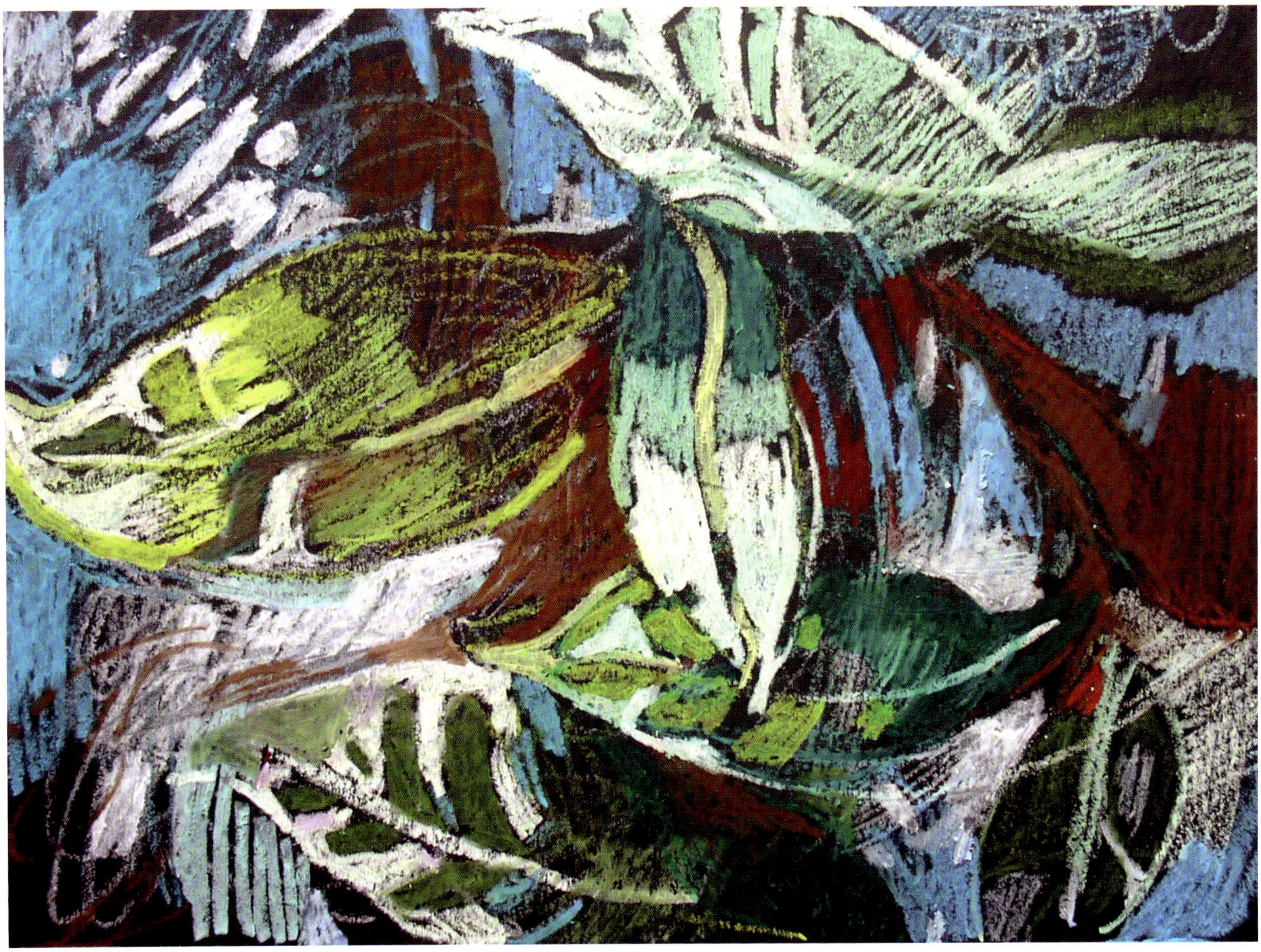

**Eine Zeichnung, die mit fettigen Pastellkreiden angefertigt wurde**

# Ölmalerei

Die **Technik der Malerei** beruht auf dem Auftragen von Farbe auf einen Untergrund (Leinwand, Papier, Wand, Keramik u.ä.) mithilfe von Pinseln, Spachteln oder anderen Werkzeugen. Je nach Farbsorte und dem darin enthaltenen Bindemittel unterscheidet man verschiedene Techniken: Öl-, Acryl-, Tempera-, Aquarell-, Gouachemalerei und gemischte (experimentelle) Techniken.

Die Ölmalerei, eine seit Jahrhunderten angewandte Maltechnik, ist charakteristisch für die zeitgenössische Kunst. Zum ersten Mal wurde sie von Jan van Eyck angewandt, der den weißen Lack entdeckte, der dem heutigen Terpentin entspricht. Bis dahin (ca. bis zum Jahr 1410) haben Künstler mit Temperafarben (Eigelb + Pigment + Wasser) auf Holzbrettern gemalt und zum Schluss das Gemälde mit Leinöl bestrichen. Van Eyck fand heraus, dass, wenn man weißen Lack mit Leinöl und Pigment mischt, die Farbe schneller trocknet und sie Glanz und Tiefe erhält. Das Bindemittel – Terpentin gemischt mit Öl – und Pigment ergaben eine Ölfarbe.

Leonardo da Vinci hat als einer der ersten italienischen Künstler mit der Öltechnik experimentiert, indem er das Wandgemälde *Das Abendmahl* schuf und Ölfarbe mit Temperafarbe an der Wand mischte. Erst im Barock sprach man Ölfarben eine führende Rolle als wesentliche Technik des Malens auf Leinwänden zu (Tizian, Rubens, Rembrandt). Künstler vermischten Pigmente mit Bindemitteln und erzielten damit ganz eigene Farbtöne. Von daher kennt man z.B. das Veroneser Grün oder das Van Dyck Braun. Ölfarben gibt es in verschiedenen Qualitäten, je nach der Qualität der verwendeten Rohstoffe und der Menge der Pigmente.

Die Hauptthersteller von Ölfarben sind: Royal Talens, Daler-Rowney, Lukas, Schmincke, Sennelier, Mussini, Winsor & Newton, Goya, Koh-I-Noor.

## Ölfarben

Ölfarbe ist eine Mischung aus Pigment und dem oben erwähnten Bindemittel. Pigmente werden aus dunklen Metallen (z.B. Eisen, Zink, Mangan) oder aus Erde (z.B. Umbra, Ocker, Terra di Siena) gewonnen und kommen in feinem Pulver vor.

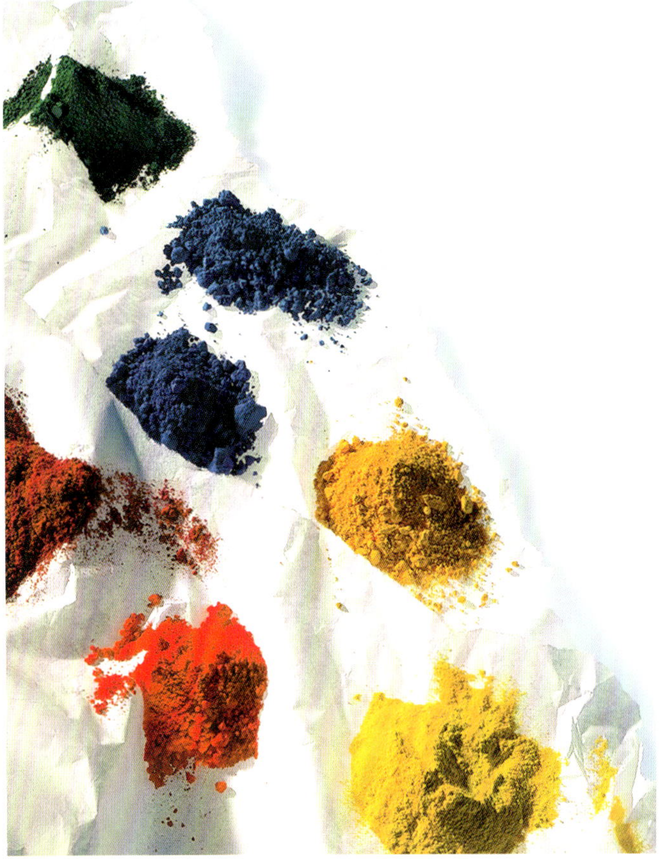

**Farbpigmente**

Ölfarben trocknen relativ lange. Je nach Dicke des Farbauftrags dauert es 3 bis 14 Tage, bis eine Farbbschicht übermalt werden kann. Bis zur vollständigen Trocknung vergehen acht bis zehn Monate. Dank des beigefügten Leinöls und seiner fixierenden Wirkung, die Pigmente und Leinwand verbindet, behalten die Pigmente die Tiefe ihrer Farbe bei. Die auf diese Weise entstandene Oberfläche reflektiert das Licht mehr, als dass sie es absorbiert.

Die Farbnuancen der Ölfarben kann man allgemein aufteilen in: Weißtöne, Gelbtöne, Orangetöne, Rottöne, Violetttöne, Blautöne, Grüntöne, Brauntöne und Schwarztöne. Unter den Weißtönen unterscheidet man vor allem Zinkweiß und Titanweiß. Unter den Gelbtönen: Cadmium, Chromgelb, Neapelgelb, Brilliantgelb, und Indischgelb. Unter den Rottönen sind die bekanntesten Töne: Karminrot, Zinnoberrot, Kadmiumrot, Krapplackrot, Magenta, Indischrot oder etwas zwischen Rot- und Gelbtönen in Orange. Die größte Vielfalt an Tönen bietet Blau: Kobaltblau, Ultramarin, Königsblau, Indigo, Himmelblau, Phtaloblau, Coelinblau, Himmelblau, Türkis. Unter den Grüntönen unterscheidet man: Chromgrün, Frühlingsgrün, Smaragdgrün, Olivgrün, Permanentgrün, Chromoxidgrün. Zu den Brauntönen gehören: Ockerbraun, Sienabraun, Umbra, Van-Dyck-Braun, Englisch-Rot. Schwarz tritt in verschiedenen Varianten auf, die bekanntesten sind: Rußschwarz (engl. *Lamp black*) und Elfenbeinschwarz (engl. *Ivory black*). Auch existieren verschiedene Violetttöne. Große Tuben können für mehrere Jahre Malerarbeiten reichen.

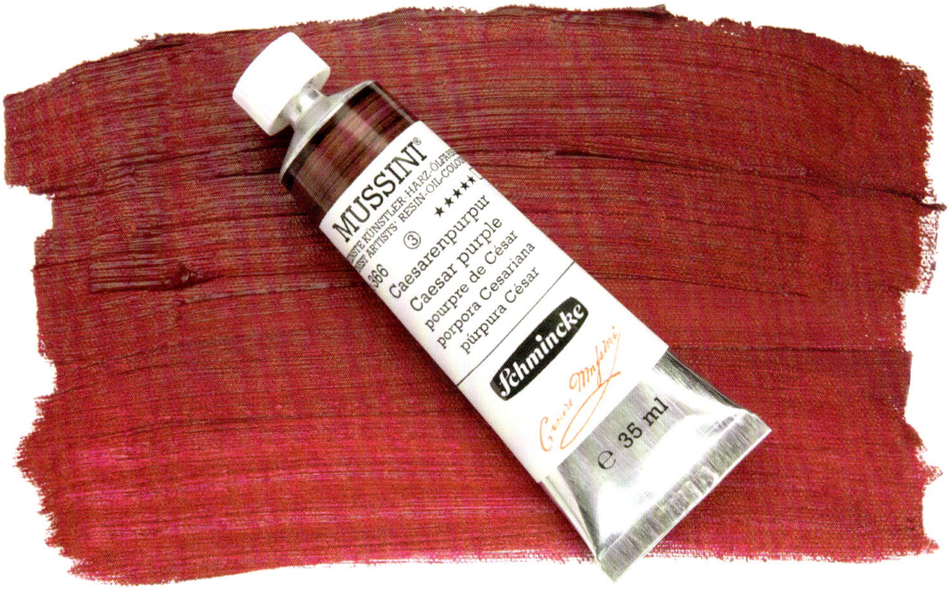


**Ölfarbe in der Tube**

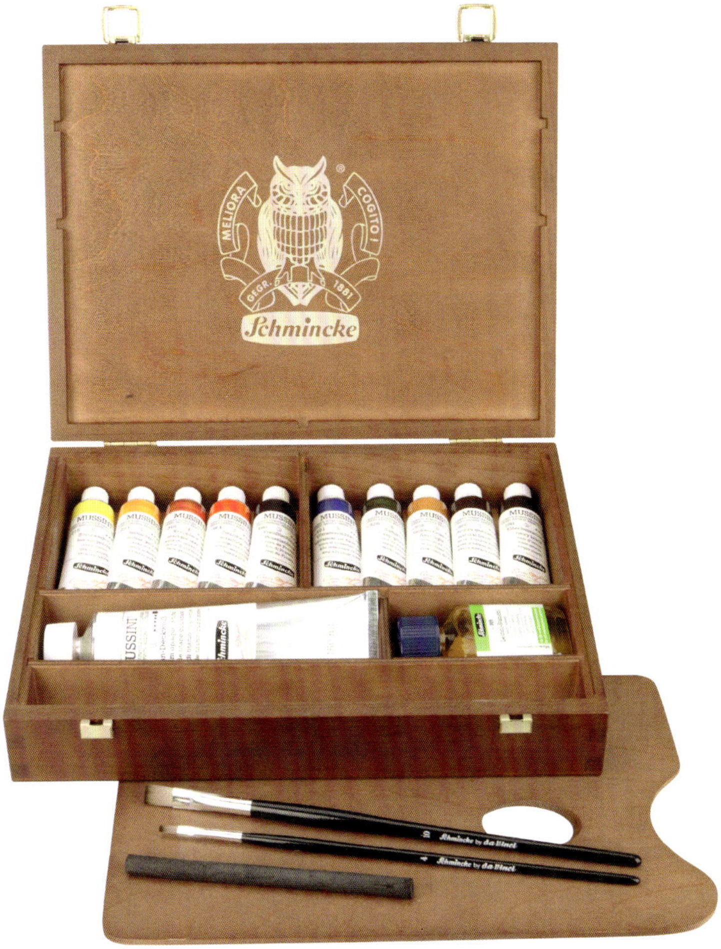


Ölfarbenset der Firma Schmincke

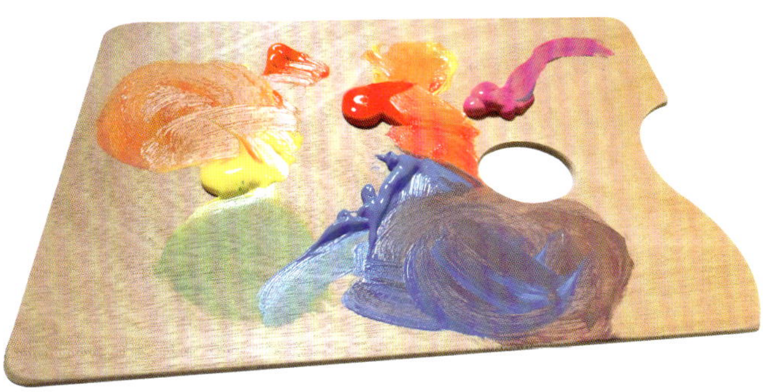

Palette mit gemischten Ölfarben

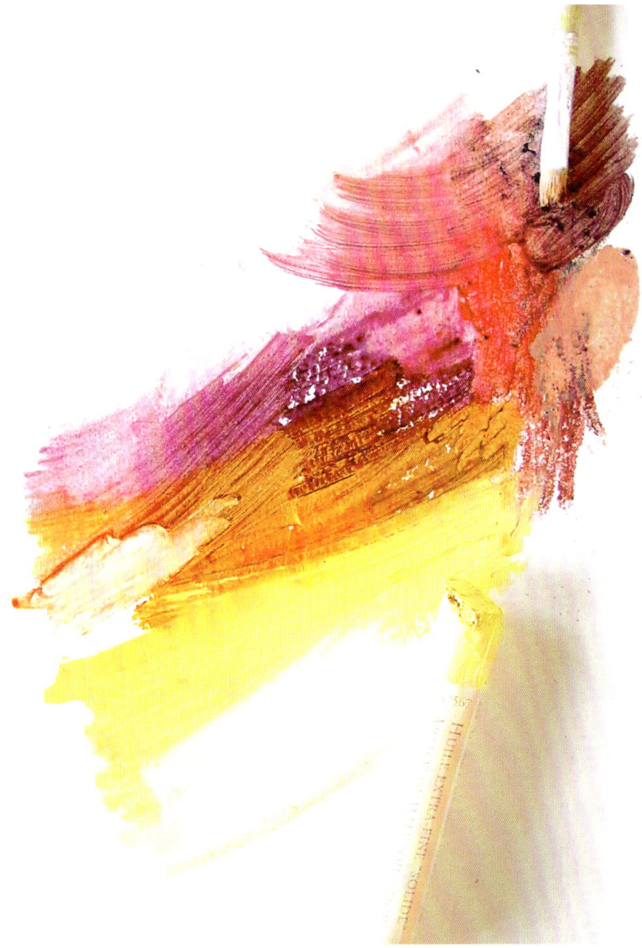

Eine sehr spezielle Art von Farbe sind Ölkreiden, die mit Terpentin verdünnt sind. Sie brauchen zwischen zwei und sechs Tagen, um zu trocknen. Diese Kreide ermöglicht das unmittelbare Zeichnen auf einer Leinwand.

# Acrylmalerei

Die **Acrylmalerei** beruht auf dem Malen mit synthetischen Acrylfarben auf einer stabilen Leinwand, auf Papier und allen trockenen, sauberen Untergründen. Sehr beliebt wurden sie in Malerkreisen vor allem, weil sie schnell trocknen; dies erlaubt in Kombination mit verschiedenen Hilfsmitteln und einer Bandbreite an Strukturpasten, die speziell für diese Technik entwickelt wurden, eine malerische Freiheit und viele Möglichkeiten des Experimentierens.

## Acrylfarben

Acrylfarbe entsteht aus der Verbindung von Pigment und Bindemittel mit synthetischem Acrylharz.
Nachdem sie getrocknet ist, entsteht eine außergewöhnlich glatte Oberfläche. Acrylfarben trocknen „unter dem Pinsel“, was ein schnelles Malen und sicheres Auftragen aufeinanderfolgender Schichten erfordert. Die Zugabe von Trocknungsverzögerer verlängert die Trocknungszeit. Acrylfarben teilen sich auf in transparente, deckende und halbdeckende Farben, auf der Verpackung findet man ein Symbol, das die Deckkraft der Farbe angibt.
Folgende Firmen stellen hervorragende Acrylfarben her: Lukas Cryl Studio, Royal Talens, Schmincke, Amsterdam, Liquitex, Daler Rowney, Lascaux, Koh-I-Noor. Im Handel gibt es auch metallische Farbtöne (Messing, Gold, Aluminium, Silber).

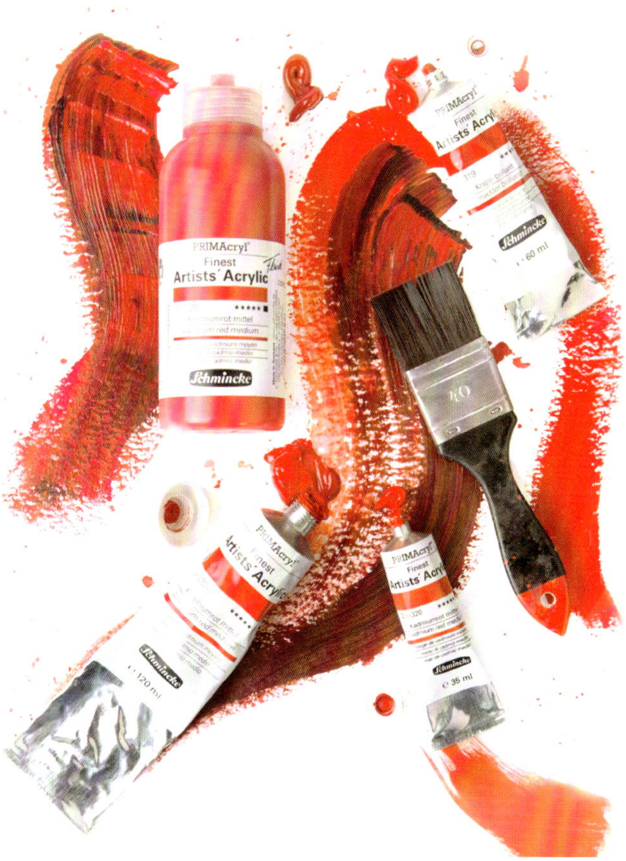


Acrylfarben der Firma Schmincke

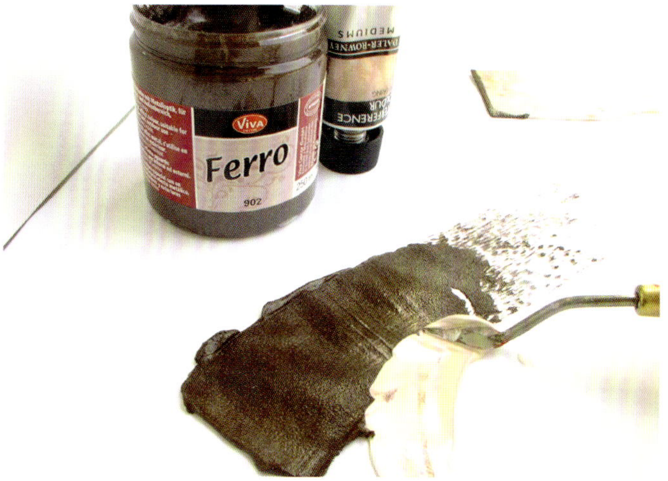


Acrylfarben mit Metalleffekt der Firma Ferro und Rowney

# Aquarellmalerei

**Aquarellfarben** enthalten Pigmente und Gummi Arabicum als natürliche Bindemittel. Sie werden mit Wasser vermalt. Diese Maltechnik war bereits im alten Ägypten bekannt, wobei ihr der Name erst im 18. Jahrhundert gegeben wurde. Er leitet sich vom Wort *aqua*, also Wasser, ab.
Die wichtigste Eigenschaft dieser Technik ist die Durchsichtigkeit der Farbschichten. Aquarell ermöglicht ein Durchblitzen der unteren Schichten als auch feuchtes Malen auf feuchtem Untergrund, wodurch – unter Zugabe einer größeren Menge Wasser – ein wunderschöner Effekt der Tonverläufe entsteht. Diese Maltechnik ermöglicht eine genaue und präzise Detailarbeit. Der Effekt der transparenten Farbe wird meistens in der Landschaftsmalerei verwendet. Gleichzeitig erfordert das Aquarell ein hohes Maß an malerischem Geschick mit präzisem Malen. Die Pinselstriche müssen sitzen. Der Untergrund bei dieser Technik ist Aquarellpapier oder ein Papier mit körniger Struktur, das ein Einsickern des Pigments ermöglicht. Als Werkzeug benutzt man weiche Pinsel aus Tierhaaren, z.B. von Bibern oder Eichhörnchen.
Aquarellfarben sind im Handel in kleinen Näpfchen oder in Tuben erhältlich. Zum Mischen und Verdünnen der Farben mit Wasser benutzt man am häufigsten Gefäße aus Glas, Porzellan oder Kunststoff.
Aquarellpapier ist lose in Bögen (sogar im A0-Format) oder in Blöcken erhältlich.

Bei dieser Technik sind auch Hilfsmittel wie Gummi arabicum und andere Malmedien, die die gemalte Fläche maskieren, sowie Schlussfirnis hilfreich.

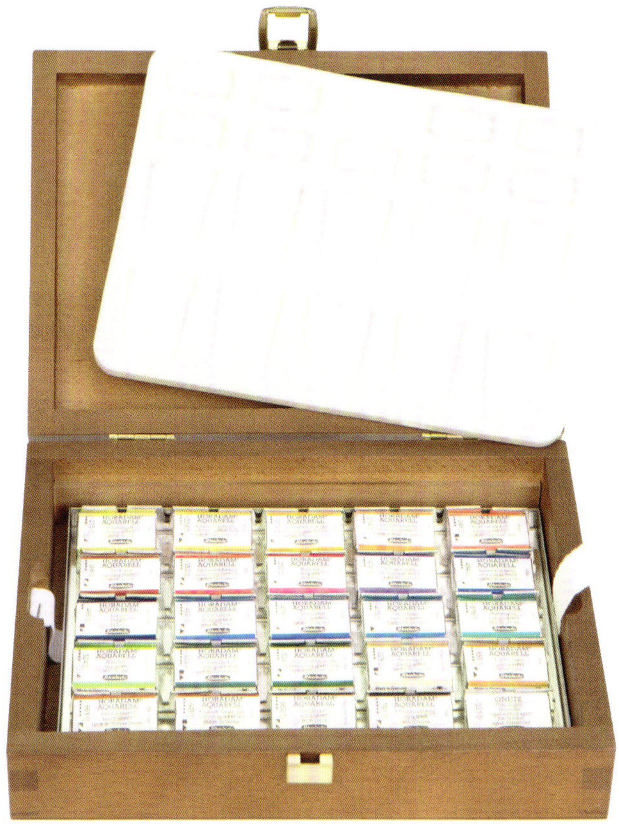

**Aquarellfarben der Firma Schmincke**

# Gouachemalerei

**Gouachemalerei** (vom ital. *guazzo* – Wasserlache) ist eine Technik mit großer Tradition, die seit dem Mittelalter bekannt ist. Im 17. Jahrhundert wurde sie bei Untermalungen unter Ölfarben verwendet mit großen Hell-Dunkel-Effekten (Chiaroscuro). Es ist eine Technik, die der Aquarellmalerei ähnelt. Doch im Gegensatz zu ihr enthält Gouachefarbe in der Regel zusätzliche Weißanteile, die die Deckkraft verstärken und für deckende oder halbdeckende Farbtöne sorgen. Die Farbe kann pur oder verdünnt mit Wasser vermalt werden. Man kann auf weißem oder buntem Papier malen. Gouache absorbiert Luftfeuchtigkeit, weshalb die fertigen Bilder in trockenen Räumen aufbewahrt werden sollten. Es ist eine Technik, die sich zum Malen von Skizzen, Illustrationen oder Untermalungen eignet.

Gouachemalerei fängt man am besten mit einem Zwischenfarbton an und gibt an den dunkelsten Stellen dunkle Töne hinzu und an hellen Stellen helle.

Ähnlich wie in der verwandten Aquarelltechnik verwendet man in der Gouachemalerei Medien und Firnisse zum Schutz vor schädlichen Einflüssen.

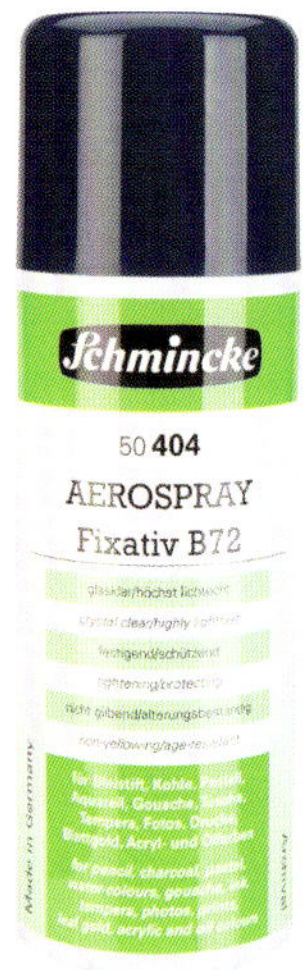


Schlussfirnis

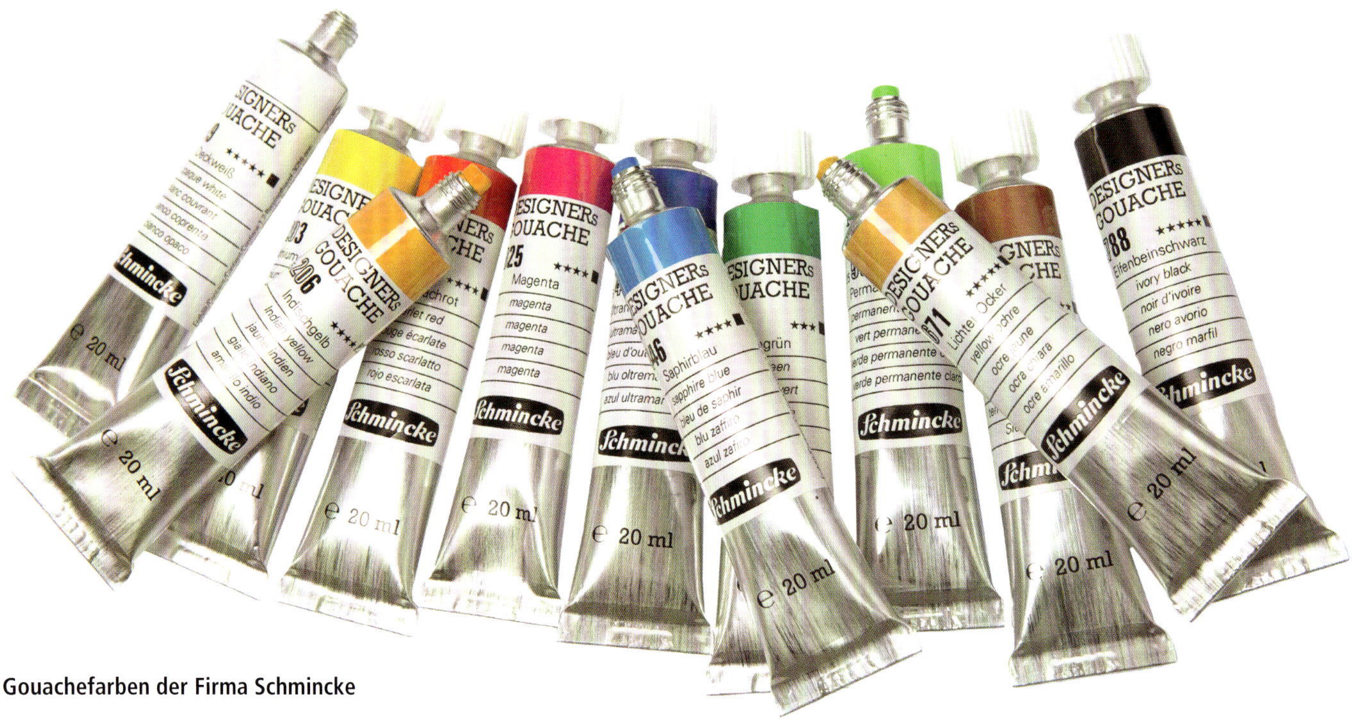

Gouachefarben der Firma Schmincke

# Temperamalerei

Diese Technik ist bereits seit der Antike bekannt, aus Höhlenmalereien und aus Ägypten sowie der kretischen Zivilisation (Sargporträts). Der Name Tempera kommt vom lateinischen *temperare* – „mischen". **Temperafarben** bestehen aus Pigment und einem natürlichen Bindemittel, also einer Emulsion, etwa Wasser mit Öl, Ei oder Kasein. Diese lösen sich in Wasser auf. Tempera ist eher eine Wasserfarbe, die schnell oder langsam trocknet, je nach Wasserqualität. Sie ermöglicht Lasurmalerei, Schichtmalerei und erzeugt zahlreiche strukturelle Maleffekte. Auf der Oberfläche eines Temperagemäldes entsteht ein leicht fettiger Film.

Beim Trocknen wird Tempera heller; man kann dies verhindern, wenn man Firnisse nutzt, die die Intensität einer Farbe verstärken.

Die Schwierigkeit dieser Technik kann darin liegen, weiche Farbtonübergänge (ähnlich wie bei der Aquarell- und Gouachenmalerei) zu erhalten. Es ist aber möglich durch ein entsprechendes Verdünnen mit Wasser. Ein Vorteil von Tempera ist, dass sie von allen Maltechniken am widerstandsfähigsten gegenüber Alterung und Feuchtigkeit ist. Zu den herausragendsten Werken der Temperamalerei gehören die byzantinischen Ikonen, also die Darstellungen von Christus, Maria, Heiligen sowie Engeln. Die Temperamalerei dominierte in der orthodoxen und griechischen Kirchenkunst.

Weil die Ikone eine große Bedeutung für Gläubige hatte, wurde Tempera zu einer Technik, die in Malschulen vertieft wurde. Zu den wundervollsten Errungenschaften dieser Art von Malerei gehören Ikonen wie die von Andrej Rubljow, dem bedeutendsten Vertreter der russischen Schule der Ikonenmalerei, der an der Wende vom 14. zum 15. Jahrhundert lebte.

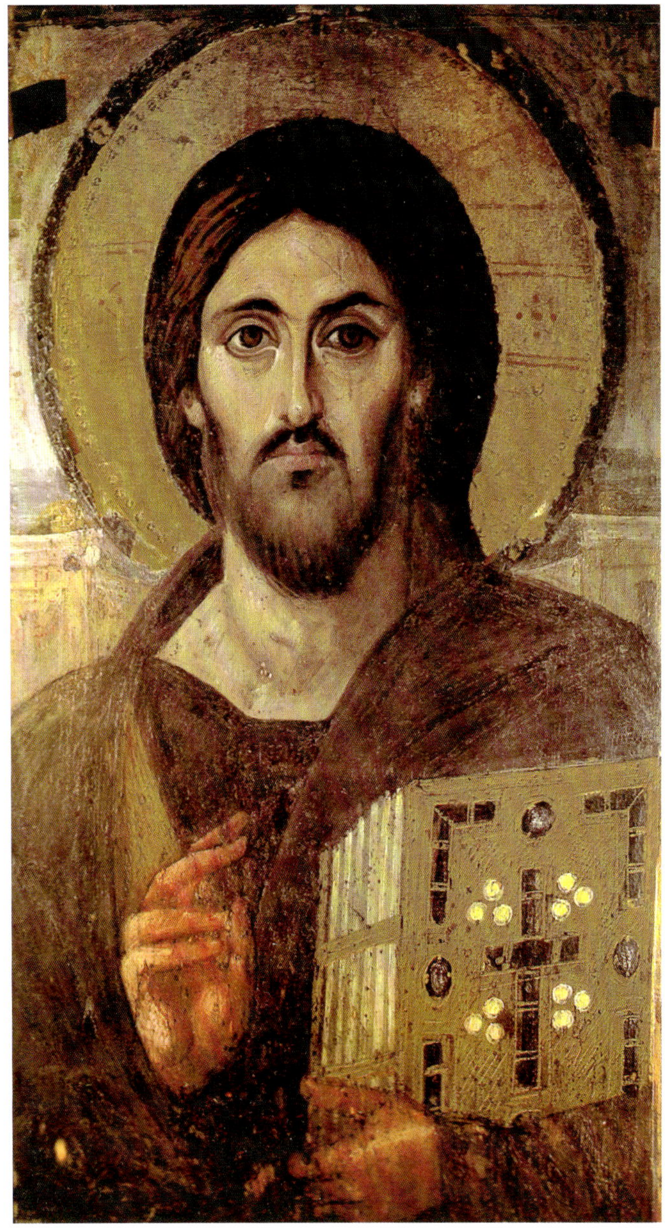

**Christus Pantokrator, Ikone des Klosters „Heilige Katharina" auf dem Berg Sinai, VI–VII.**

Um die Effekte aller beschriebenen Maltechniken zu vergleichen, zeige ich hier ein anatomisches Detail – das Auge – und wie es in der Anwendung von verschiedenen Farben aussieht.

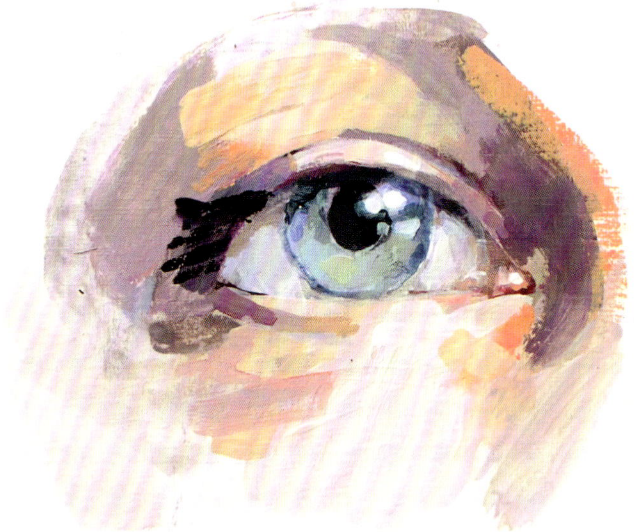

**Acryl**

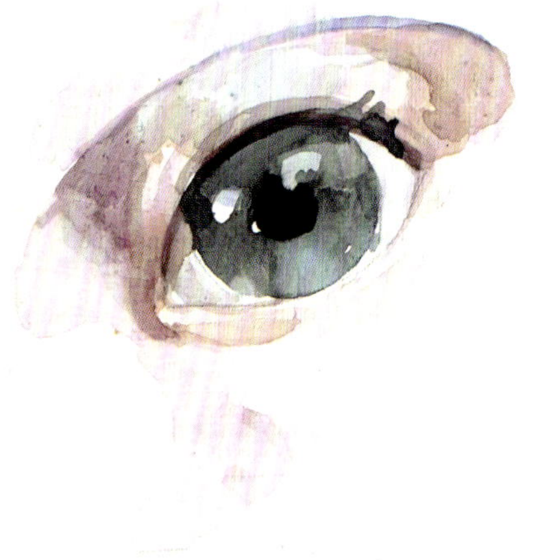

**Aquarell**

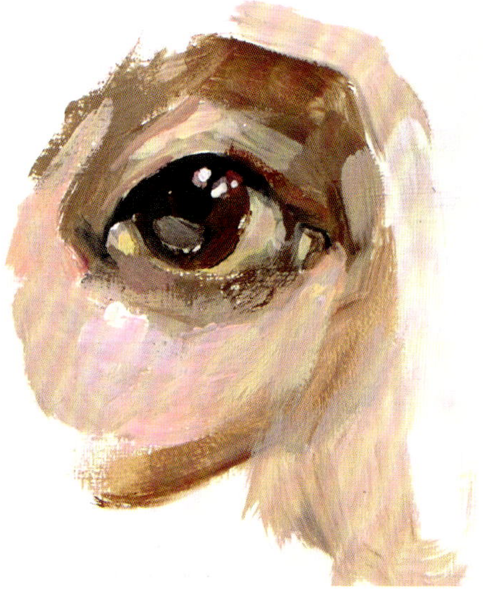

**Tempera**

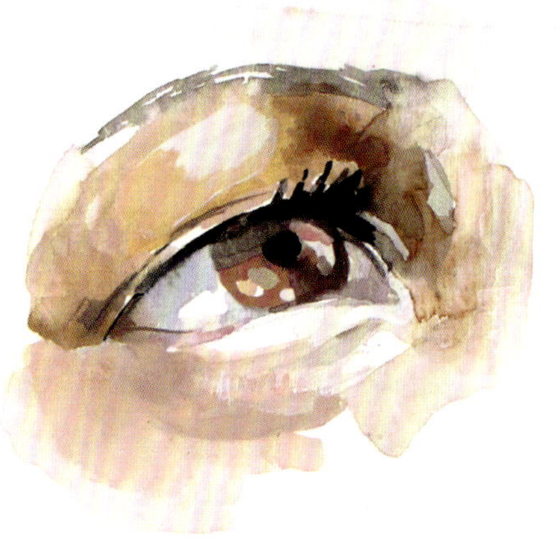

**Gouache**

# Malweisen

Wenn ich die einzelnen Malweisen erläutere, gehe ich darauf ein, wie jeweils am besten vorgegangen wird. Nicht jede Technik eignet sich für jede Malerei. Zum Beispiel ist bei der Aquarellmalerei das Lavieren eine ganz natürliche Technik, sie ist aber ungeeignet für Strukturmalerei. In der Ölmalerei hingegen können alle vorgestellten Maltechniken umgesetzt werden.

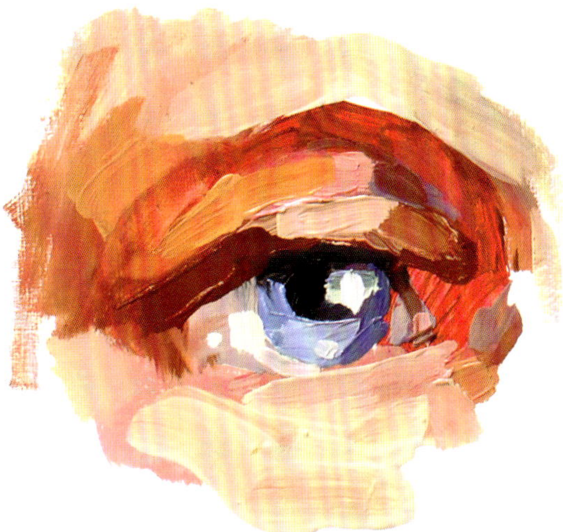

## Impasto

Vom ital. *impasto* – „Gemisch", eine Technik, die auf dem unmittelbaren Auftragen einer dicken Farbschicht auf die Leinwand in Form von Flecken, fließender Pinsel- oder Spachtelstriche beruht. Die Striche des jeweiligen Werkzeugs sind deutlich sichtbar. Die Farbe wird auf einer Palette oder direkt auf der Leinwand gemischt. Wegen der Farbdicke trocknet das Bild sehr lange. Man malt mit Ölfarbe und dickflüssigem Acryl.
Die mit Wasser oder Tempera verdünnte Farbe darf wegen ihrer wässrigen Konsistenz nicht für diese Art von Malerei benutzt werden. Ein Bild in Impasto-Technik reflektiert das Licht und bricht es auf der Oberfläche, wodurch es an Ausdruckskraft und Dynamik gewinnt. So eine Art von Malerei zeigt dem Betrachter auch deutlich die Pinselstriche des Malers. Ein Beispiel für diese Technik sind die Werke von van Gogh.

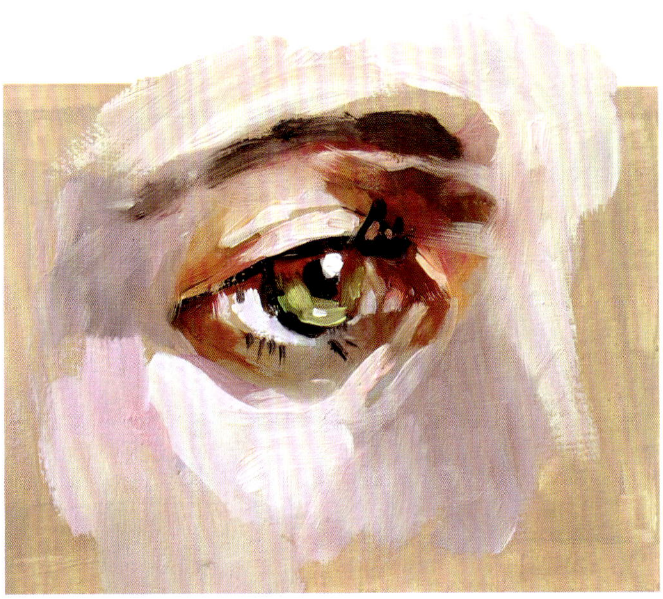

## Alla Prima

Diese Maltechnik ist seit dem 16. Jahrhundert bekannt. Sie kennzeichnet das schnelle Malen einer deckenden Farbschicht unmittelbar auf die Leinwand; Lasuren und Untermalungen oder andere Vorbereitungen der Leinwand werden ausgelassen. Die Farbe wird auf einer Palette gemischt und die ausgesuchte Farbe auf die entsprechende Stelle auf dem Bild aufgetragen, ohne Korrektur und Retusche. Diese Methode ist das Gegenteil der Schichtenmalerei (Lasurmalerei mit Untermalungen). Sie wird mit langsam trocknenden Farben ausgeführt, d.h. mit Öl- oder Acrylfarben, sofern man sie mit Medien mischt, die das Trocknen verlangsamen. Diese Methode wurde gern von impressionistischen Malern angewandt. Die *Alla-Prima*-Technik ist verwandt mit der Nass-in-Nass-Technik.

### Nass-in-Nass

Das ist eine Technik der Malerei, in der man mit einem Pinsel und stark verdünnter Farbe arbeitet. Die nachfolgenden Schichten werden aufgetragen, ohne abzuwarten, bis die vorhergehenden getrocknet sind. So vermischen sich die Farben miteinander und erzeugen einen Effekt der durchdringenden Farben. Man kann auch die Farbe von einer Stelle entfernen, indem man sie mit einem Trockentuch abwischt, was zusätzlich ein interessantes Resultat ergibt. Dies kann man in allen Techniken anwenden.

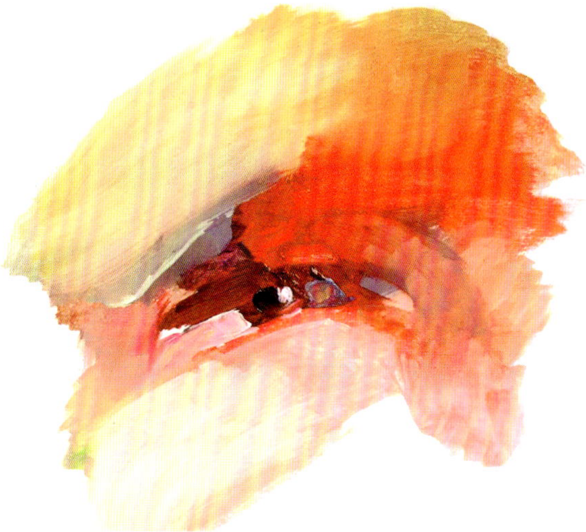

### Lavieren

Beim Lavieren wird mit Wasser verdünnte Farbe oder Tusche mithilfe eines Pinsels oder einer Feder auf den Untergrund aufgetragen. Dadurch wird eine Räumlichkeit des Objektes erzeugt, z.B. bei Landschaftsaquarellen. Lavieren ist eher eine Methode zur Erzeugung von Licht und Schatten als eine Methode der Farbgebung. Da man aber einen Pinsel benutzt, wird sie zu den Maltechniken gezählt.

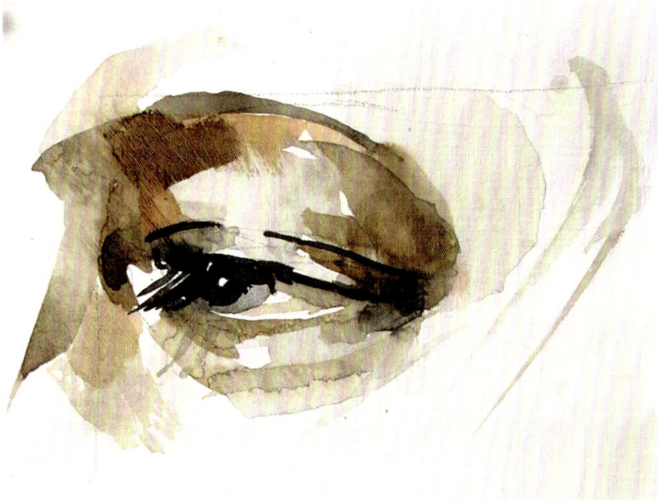

### Lasur

Diese Methode beruht auf dem Auftragen von durchsichtigen oder halbdurchsichtigen Farbschichten auf Flächen, die bereits getrocknet sind. So vermischen sich die Schichten nicht miteinander und erzeugen eine einzigartige Schärfe der Farbtöne. Ein gutes Beispiel sind Aquarelle oder Lasurgemälde aus dem Barock (Stillleben von holländischen Malern).

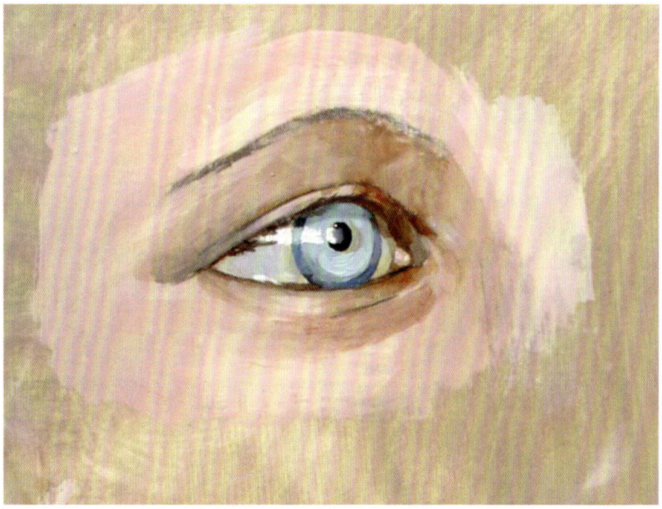

## Strukturmalerei

Strukturmalerei wird auch Spachtelmalerei genannt. Diese Maltechnik entspricht dem Impasto, aber mit einer entsprechend vorbereiteten Leinwand. Hier werden Strukturpasten und Gele benutzt, die eine Kontur bilden; die aufgetragene Farbe dringt in die Rillen und nimmt verschiedene Nuancen an. Strukturpasten sind Hilfsmittel, mit denen man auf verschiedenen Oberflächen unterschiedliche Konturen (Strukturen) erzeugen kann. Dies sind dickere Flächen, die von der Leinwand abstehen und durch ihre Unebenheiten, Vertiefungen, Risse und Wölbungen eine zusätzliche Fläche zum Gestalten mit Pinsel, Spachtel, Malerwalze, Spray usw. bieten. Auf diese Weise entstehen Strukturgemälde bzw. Reliefgemälde, sofern man noch andere Materialien, wie z.B. Sand, Partikel, Teile von Gegenständen, benutzt. Eine andere Art von Strukturmalerei sind Stuckarbeiten und Sgraffiti. Strukturen sind besonders in der experimentellen Malerei interessant, in der sich die Künstler*innen am freiesten ausdrücken möchten und gern mit verschiedenen Techniken experimentieren.

Auf die Schicht der Strukturpaste (a) wird die erste Entwurfsschicht aufgetragen. Mit einem Pinsel mit Tusche und Wasserfarbe, z.B. Acrylfarbe, laviert man den Hintergrund des Bildes (b). Dann wird die gemalte Schicht mit einem Tuch abgewischt (c), anschließend wird erneut Farbe aufgetragen und die restlichen Elemente des Bildes gemalt (d–e). Das letzte Foto zeigt das fertige Bild (f).

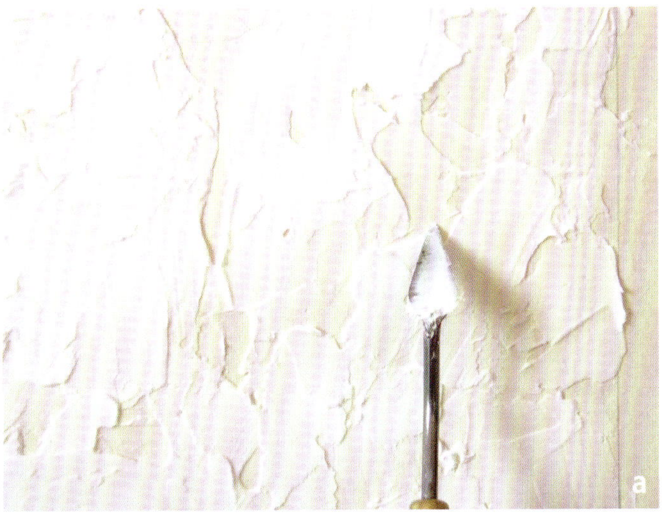
a

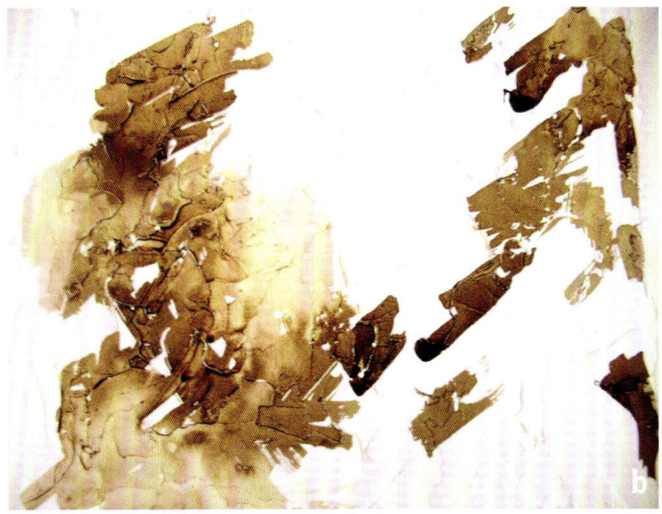
b

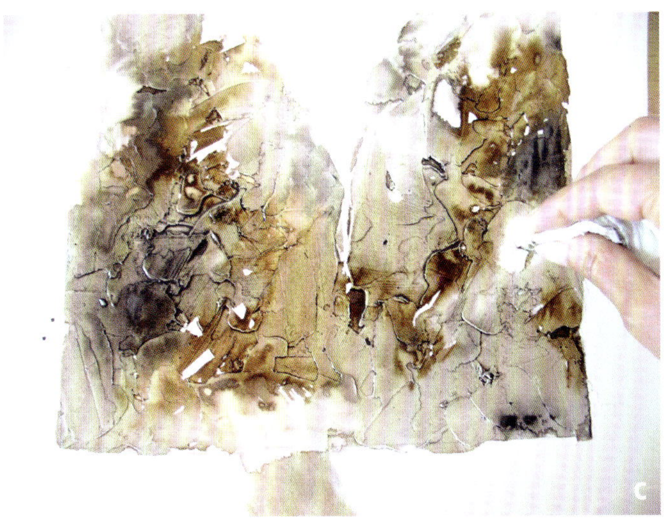
c

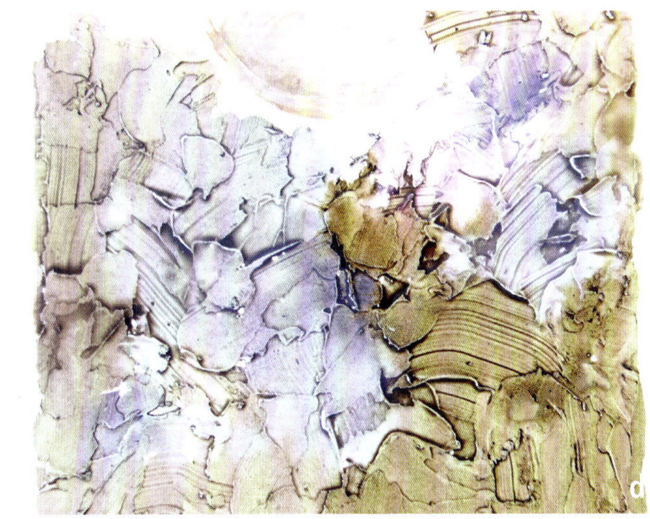
d

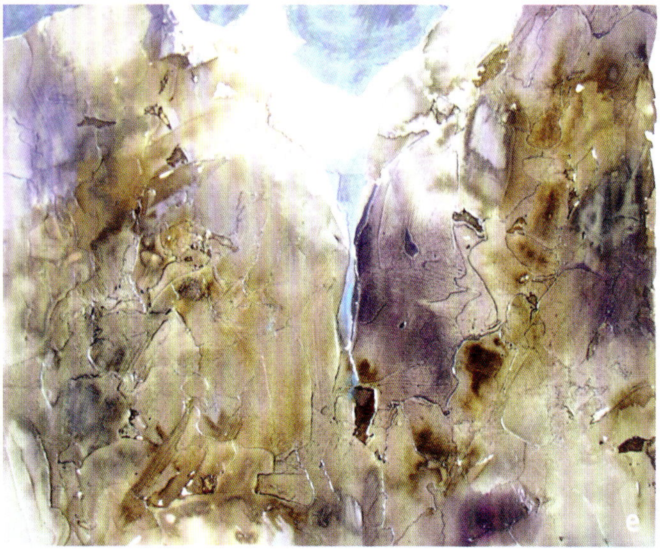

e

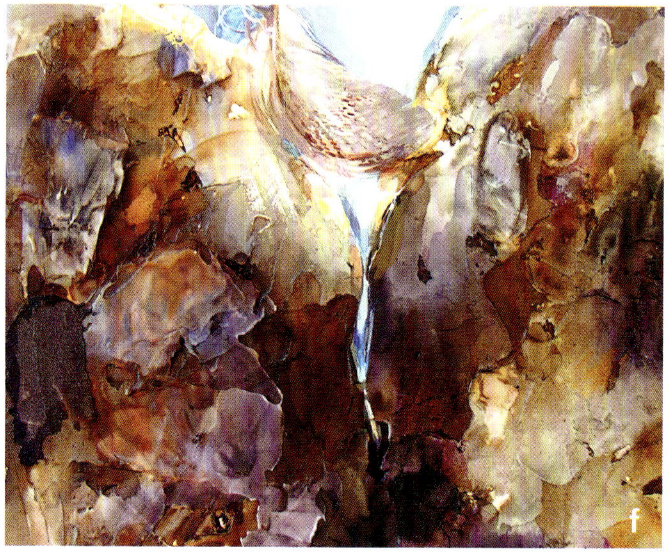

f

## Verwischungen

Man verwendet sie in der Öl- und Acrylmalerei, aber man kann sie auch bei Gouache und Tempera nutzen. Diese Methode hat hingegen keinen Platz in der Aquarellmalerei. Sie erfordert das Auftragen einer dicken, bereits getrockneten Farbschicht auf eine Fläche. Der Pinsel wird auf der bereits bemalten Oberfläche „abgewischt". Dadurch entsteht ein unregelmäßiger und zufälliger Eindruck, der jedoch sehr gut die Plastizität der Form oder Räumlichkeit des Bildes unterstreicht.

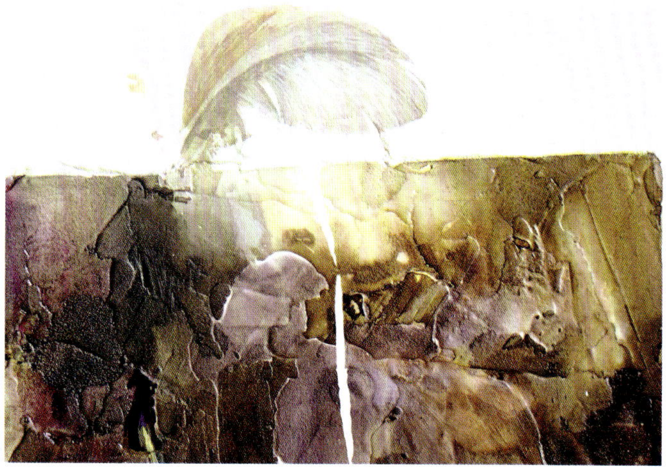

## Mischtechnik

Bei dieser Art von Malerei werden in einem Bild verschiedene Methoden kombiniert, z.B. Öl mit Tempera, Acryl mit Wasserfarben. Man muss hierbei daran denken, dass man zuerst die Wasser- und dann die Öltechnik (Öl, einschließlich Firnis, Medium) anwendet.

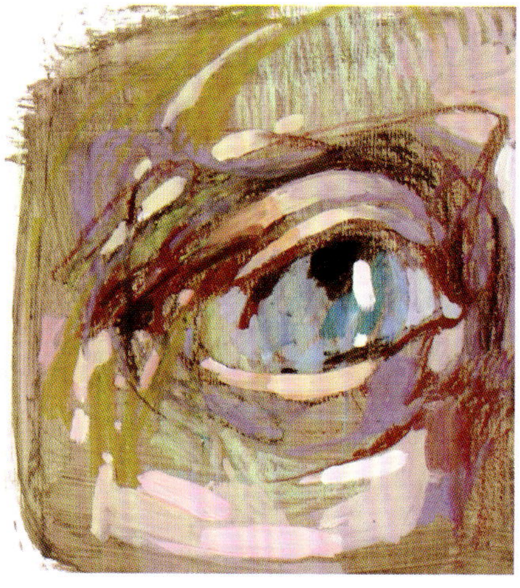

# Die Grundlagen des Zeichnens und der Malerei

## Die Perspektive

Das ist die Art und Weise der dreidimensionalen Darstellung auf einer flachen Fläche. Die Tiefe des Raumes sowie die dreidimensionalen Relationen der sich auf ihm befindlichen Objekte gehören zu den grundlegendsten Fragestellungen in der bildenden Kunst. Die Beschäftigung mit der Perspektive war vor allem für Künstler*innen der Renaissance sehr bedeutend. Damals wurden die Grundsätze der linearen Perspektive und der Farbperspektive entwickelt, die auch heute noch gelten.

**Die lineare (zusammenlaufende) Perspektive** basiert auf der Geometrie und darauf, auf einer horizontalen Linie einen zusammenlaufenden Punkt zu malen, also eine Stelle, an der alle Linien aus dem Auge des Betrachters zusammenlaufen (P). Die horizontale Linie sollte auf Augenhöhe des Betrachters liegen.

Die Körper werden von einem Punkt P aus gezeichnet, der sich auf der horizontalen Linie befindet, sodass seine Frontwände vollständig zu sehen sind, während die Seitenwände nur angedeutet sind, je nach Blickwinkel. So werden Objekte, die sich oberhalb des Konvergenzpunktes am Horizont befinden, wie von unten betrachtet, d.h. ihre Boden- und Seitenwände sind sichtbar. Befinden sich die Objekte jedoch unterhalb des Konvergenzpunktes, werden sie von oben betrachtet, d.h. ihre oberen Wände sind sichtbar. Wenn Objekte sich im zentralen Blickfeld des Betrachters und gleichzeitig genau auf Höhe des Konvergenzpunktes P befinden, sind die oberen und unteren Wände unsichtbar.
Ein anderes Prinzip der konvergenten Perspektive besagt, dass Objekte im Vordergrund immer am größten und deutlichsten zu erkennen sind und die weiter weg liegenden hingegen kleiner und weniger deutlich sind. Auf diese

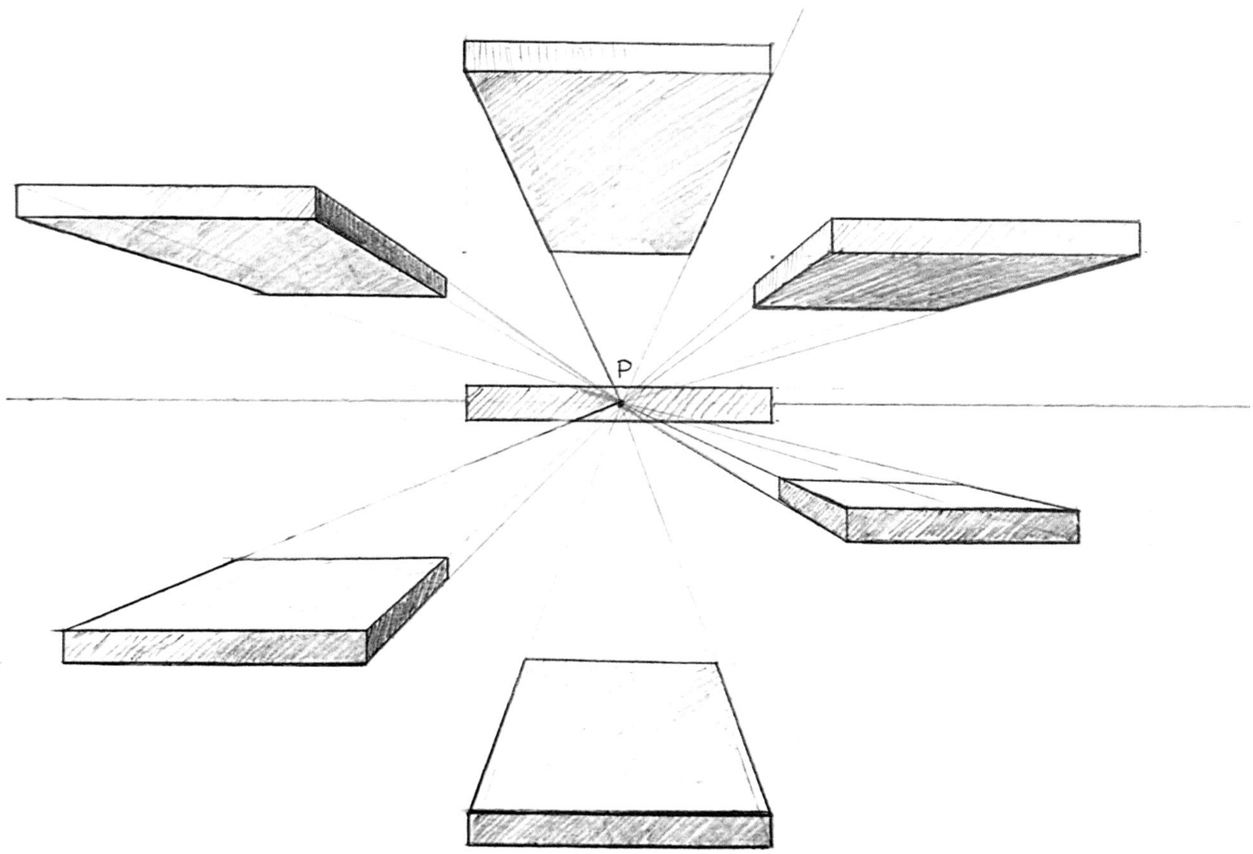


**Lineare (konvergente) Perspektive**

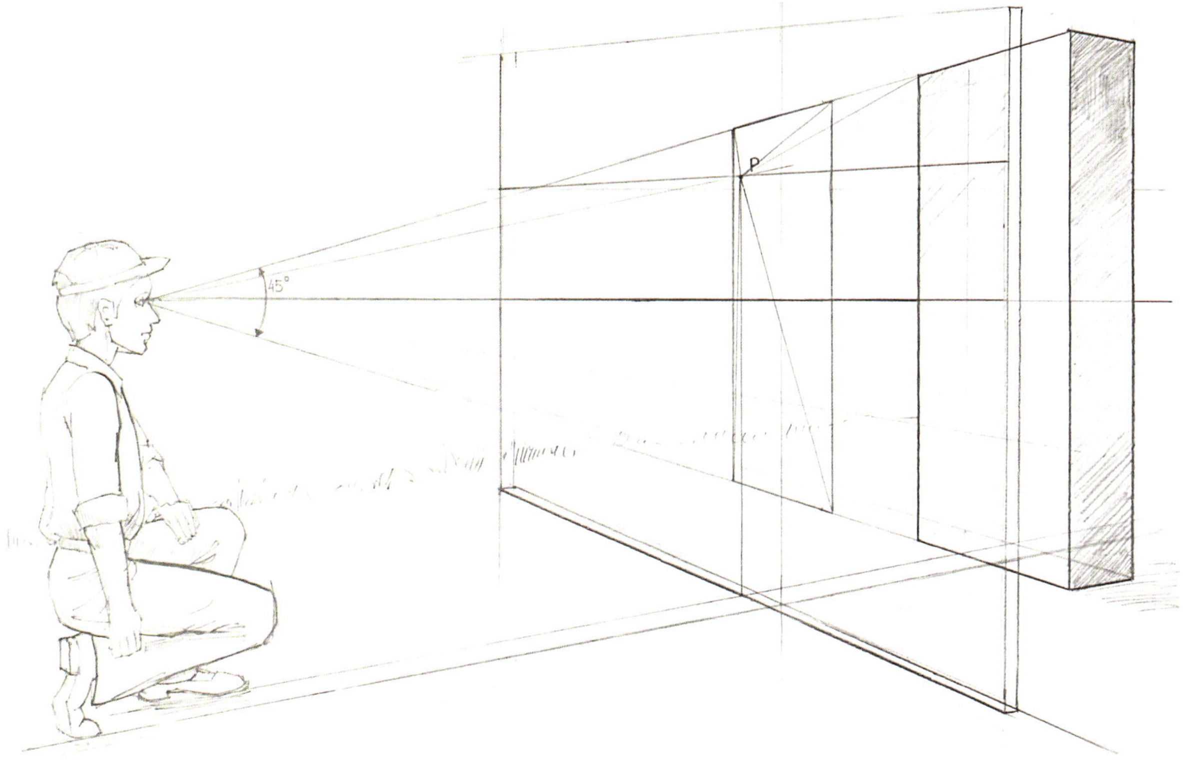


Die lineare Perspektive – das Objekt befindet sich im zentralen Blickfeld des Betrachters

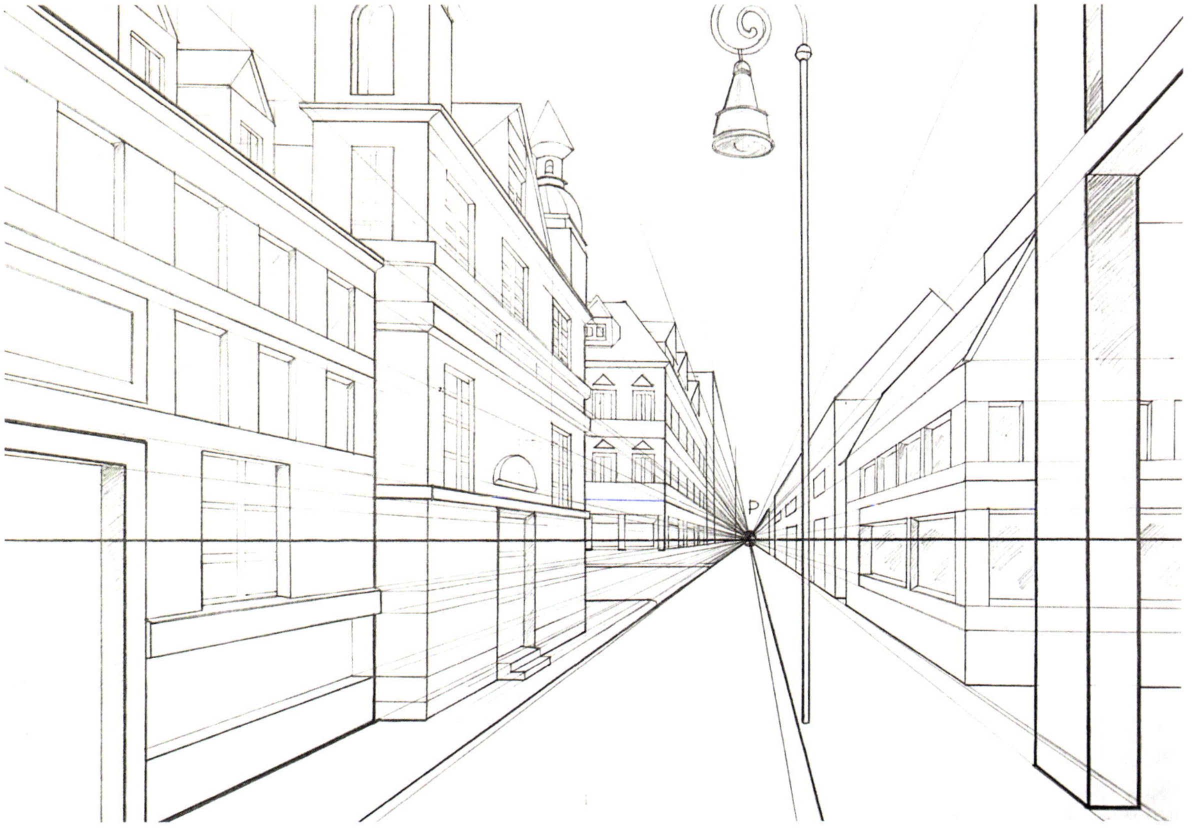


Anwendungsbeispiel der linearen (konvergenten) Perspektive in der Malerei

Weise entsteht ein Netz aus Linien und Richtungen, die die Illusion eines realen Raumes erzeugen. In der Malerei spielt diese Art von Perspektive eine wichtige Rolle bei Motiven von Stadtlandschaften, Architekturaufnahmen und offenen Räumen.

Mithilfe der Perspektive werden auch Schatten von Objekten sowie ihr Spiegelbild im Wasser oder Reflexionen auf spiegelnden Oberflächen gezeichnet. Der Schatten eines Objektes entsteht durch eine starke Lichtquelle, z.B. die Sonne, und wird durch die Form des Körpers bestimmt. Seine Richtung und Größe hängen hingegen davon ab, wo die Lichtquelle positioniert ist, wie weit das Objekt von der horizontalen Linie entfernt ist und davon, auf welcher Seite in Bezug auf den Konvergenzpunkt es sich befindet. Von dem Punkt S aus zeichnet man dieselben Hilfslinien wie vom Punkt P, die zu den Hauptpunkten laufen, die den Körper definieren. Dort, wo diese Linien auf die Grundfläche treffen, entstehen Punkte, die die Form des Schattens bestimmen.

Die zwei einfachen Beispiele, wie man den Schatten bei einem Quader und einer Ellipse zeichnet, helfen uns, eine Vorstellung von den Prinzipien der konvergenten Perspektive zu bekommen. Zusätzlich ist die Ellipse eine Form, die bei Porträtübungen für den Kopf verwendet wird.

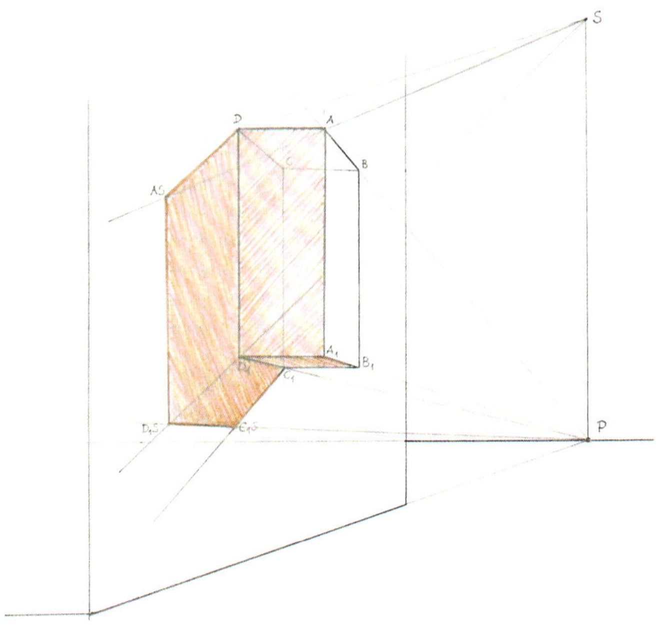


**Die Anwendung der linearen (konvergenten) Perspektive – Zeichnen des Quader-Schattens**

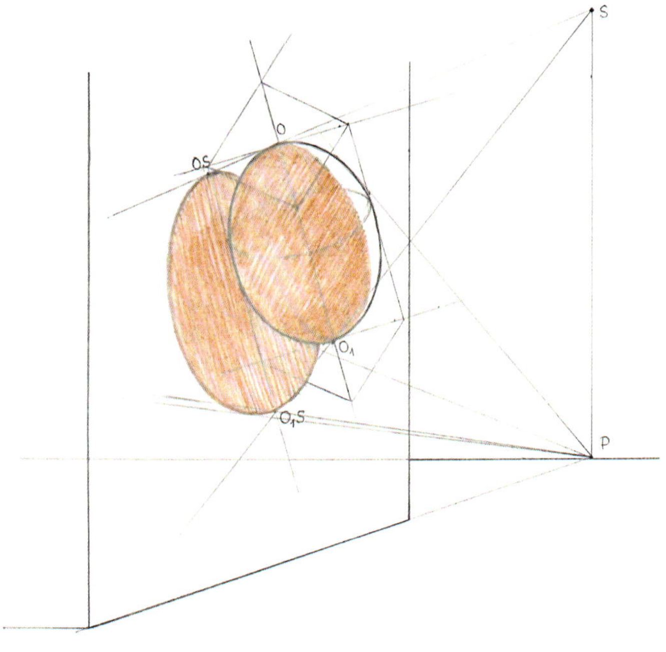


**Die Anwendung der linearen (konvergenten) Perspektive -- das Zeichnen eines Ellipsen-Schattens**

**Die Luftperspektive** – eine Art und Weise der Konstruktion eines Bildes und der Versuch, mithilfe von Farbe und ihrer Sättigung räumliche Tiefe zu schaffen. Nach diesem Prinzip sind die Farben der Objekte im Vordergrund am intensivsten und verlieren an Intensität, je weiter weg sie sind.

Die hinterste Ebene ist unscharf, was von einer geringeren Transparenz der Luft verursacht wird.

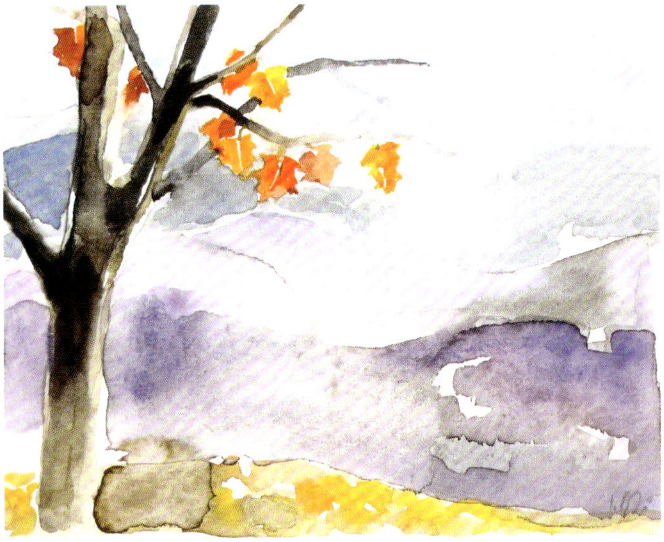

**Anwendungsbeispiel der Luftperspektive**

**Die Farbperspektive** ist eine Arbeitsweise mit Tönen, mit dem Ziel, eine Raumillusion zu erzeugen. Diese Perspektive beruht auf den Eigenschaften der Wirkung von Farbtönen auf das menschliche Auge. Warme Töne (Gelb, Orange, Rot) wirken aktiver, weshalb sie näher erscheinen. Kalte Töne (Grün, Himmelblau, kaltes Violett) sind passiv und scheinen wiederum weiter weg vom menschlichen Auge zu sein. Die Aufteilung der Farbtöne in warm und kalt haben niederländische Maler im 16. Jahrhundert eingeführt. Die Farbperspektive sowie die Hell-Dunkel-Aufteilung des Raumes waren die wichtigsten technischen Themenschwerpunkte der Bilder von Künstlern dieser Zeit. Die Perspektive war auch Thema der impressionistischen Forscher. In Anlehnung an damalige Untersuchungen auf dem Gebiet der Physik fanden sie heraus, was für einen Einfluss die Temperatur des Lichts auf die Farbe hat, die ein relativer Wert war. Die realistische Malerei baute den Raum mit der sogenannten Lokalfarbe auf, die einen konstanten Wert hat, unabhängig von den Einflüssen anderer Farbtöne.

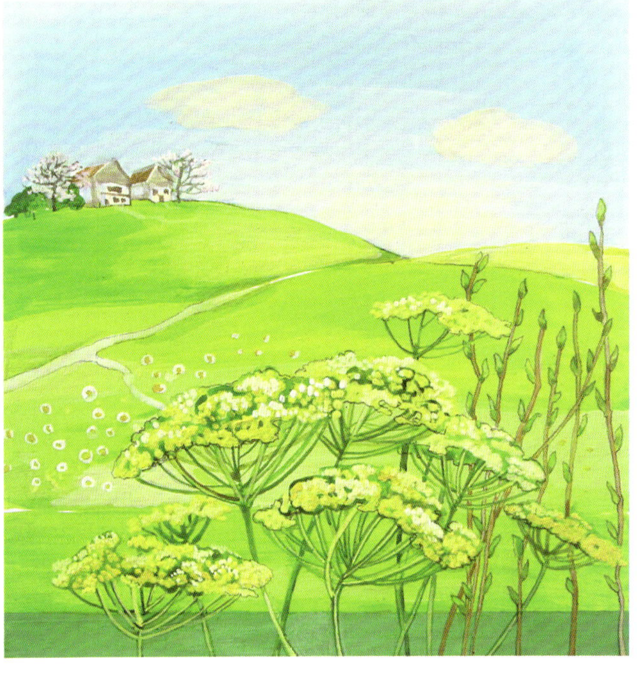

**Anwendungsbeispiel der Farbperspektive**

**Die Kulissenperspektive** ist eine Entdeckung der zeitgenössischen Malerei. Sie beruht darauf, dass die einzelnen Ebenen eines Bildes als gleichrangig betrachtet werden. Der Vorreiter dieser Perspektive war Paul Cézanne, seine Nachfolger wiederum waren die Kubisten mit Georges Braque und Pablo Picasso vorneweg. Obwohl diese Perspektive den traditionellen Prinzipien der Raumkonstruktion in der Malerei widerspricht, können Bilder, die auf der Kulissenperspektive basieren, auch eine Suggestion des realen Raumes hervorrufen.
Was Porträts (realistische Porträts) angeht, spielt vor allem die lineare Perspektive eine bedeutende Rolle, sowie die Farbperspektive (impressionistische Porträts).

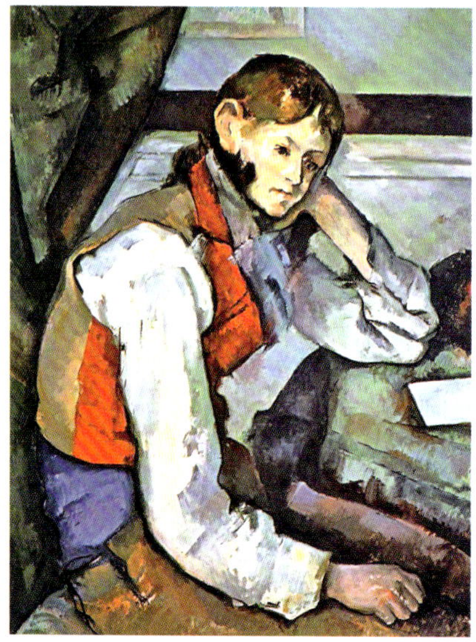

**Anwendungsbeispiel für die Kulissenperspektive**

## Die Komposition

Die Komposition ist eine weitere Grundlage der Konstruktion eines Werkes. Der Begriff kommt vom lat. *componere*, was „zusammenstellen" bedeutet, und wird definiert als eine bewusste Art der Anordnung aller in einem Werk vorhandenen Elemente: Linien, Farbflecken, Formen, Körper, ihre gegenseitigen Beziehungen, Proportionen und die Farbgebung sowie das Verhältnis von Licht zu Schatten. Anders ausgedrückt ist die Komposition die Wahl des Rahmens und die künstlerische Entscheidung über die Farben, den Ausdruck und das Licht.

**Der goldene Schnitt** eines Segments oder einer Fläche (lat. *sectio aurea* – „goldener Schnitt") ist das ideale, harmonischste Kompositionsprinzip. Es beruht auf der Teilung eines Segments oder einer Fläche in zwei Teile, sodass das Verhältnis des kleineren Teils zum größeren Teil gleich dem Verhältnis des größeren Teils zum gesamten Abschnitt ist. Dieses Prinzip lässt sich gut durch eine arithmetische Rechenoperation darstellen:

$$\varphi = \frac{a+b}{a} = \frac{a}{b}$$

Das Verhältnis dieser Mengen wird durch die folgende Zahl bezeichnet:

$$\varphi = \frac{1+\sqrt{5}}{2} = 1,618$$

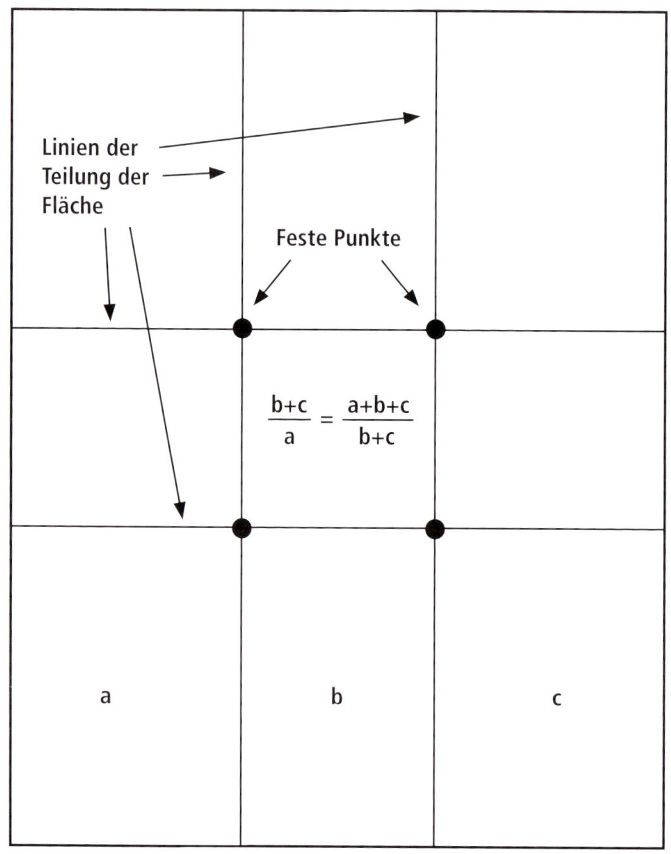


**Die Flächenaufteilung gemäß des Prinzips des goldenen Schnitts**

In diesem Bild wird der goldene Schnitt durch das Durchziehen der Hilfslinien an den Stellen festgelegt, die aus der Teilung resultieren.

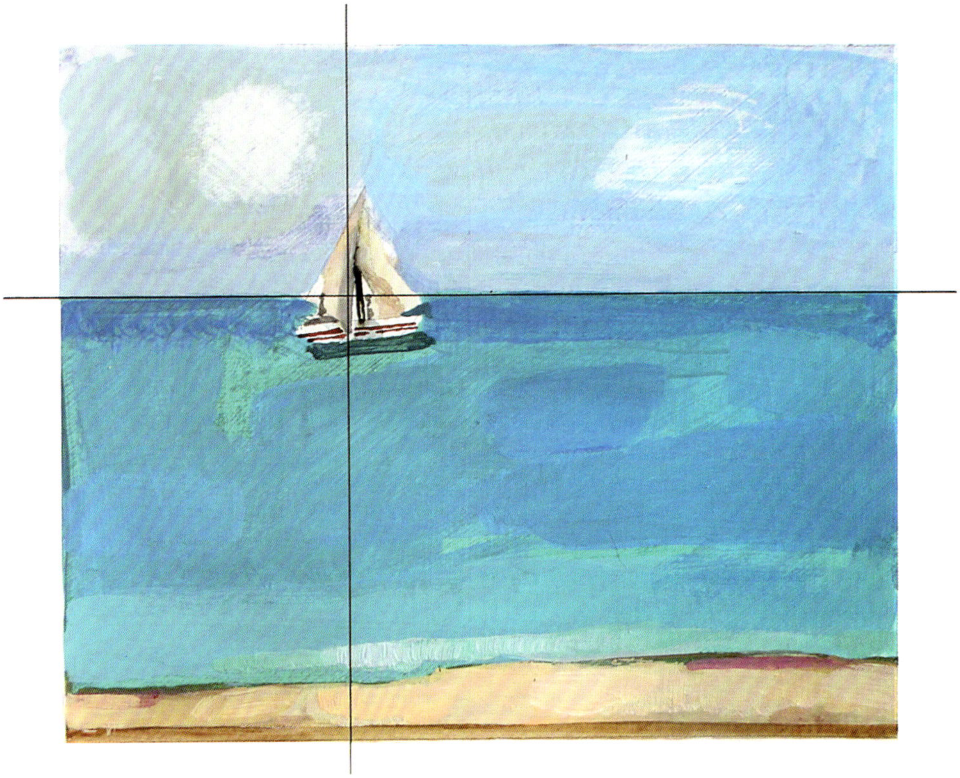

Der goldene Schnitt im Bild kann durch eine dominante Größe des ausgewählten Objektes oder durch einen dominanten Farbakzent erzeugt werden. In einer Landschaft kann das z.B. ein Baum, ein Haus, ein Schiff sein; in einer Räumlichkeit eine menschliche Figur; in einem Stillleben ein Objekt, das größer ist als die anderen und besser beleuchtet oder farblich stärker unterlegt ist.

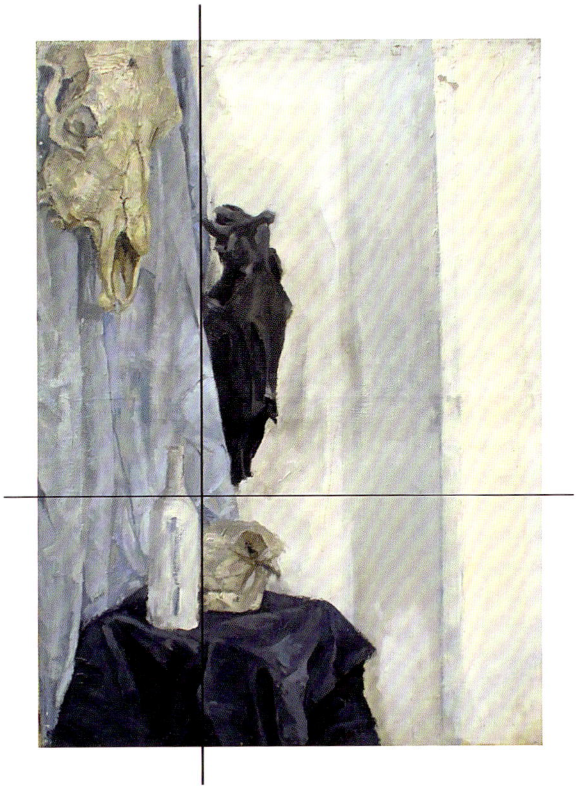

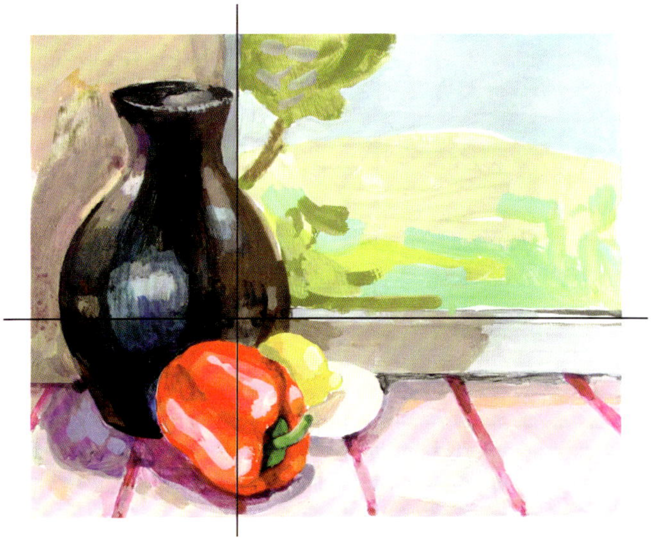

Die erste ausführliche Beschreibung des Prinzips des goldenen Schnittes stammt von Euklides (ca. 300 v. Chr.). Der Römer Vitruv (100 v. Chr.) nutzte die Proportionen des menschlichen Körpers als Grundlage für architektonische Proportionen. Die gesamte griechische und römische Architektur war angelehnt an den goldenen Schnitt zwischen Fläche und Segment.
Im Jahr 1492 nahm Leonardo da Vinci seine Studien über Vitruv wieder auf und stellte den berühmten „vitruvianischen Menschen" mit Idealfiguren dar: das Rad und das Quadrat. Die Renaissance übernahm dieses Prinzip der Komposition in der bildenden Kunst.

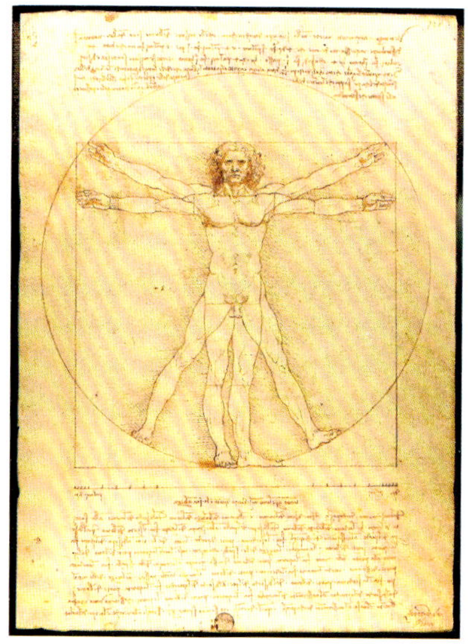

**Leonardo da Vinci, *Der vitruvianische Mann*, Zeichnung**

**Die offene Komposition** beruht auf einer Anordnung der Elemente, bei der die Fantasie angeregt wird und etwas vermuten lässt, das sich hinter dem Sichtfeld befindet. Die Interpretation bleibt dem Empfänger überlassen.

Diese Art von Komposition erschien Ende des 19. Jahrhunderts in den Arbeiten von Claude Monet (*Seerosen*). Das Motiv auf so einem Bild kann ein Fragment einer Situation sein (Abb. a) oder verschiedene Motive können sich im Bild verteilen (Abb. b) oder doppelt sein (Abb. c).

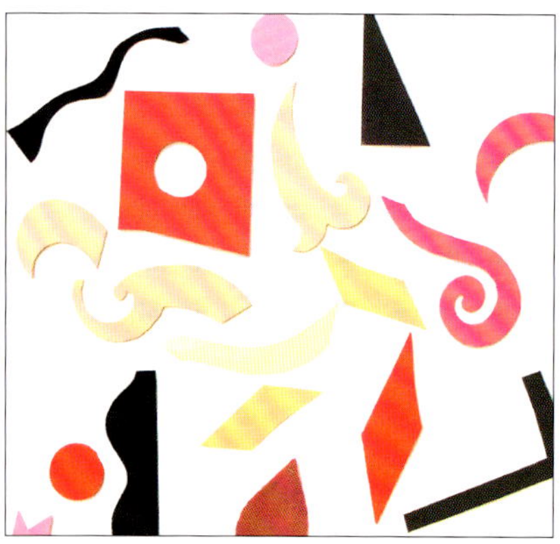

**Das Schema der offenen Komposition**

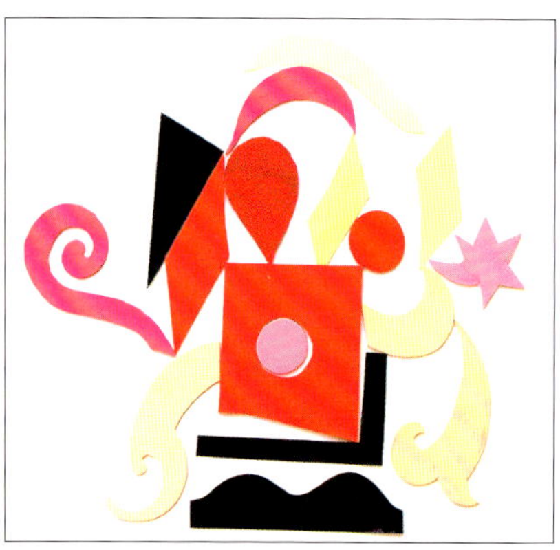

**Das Schema der geschlossenen Komposition**

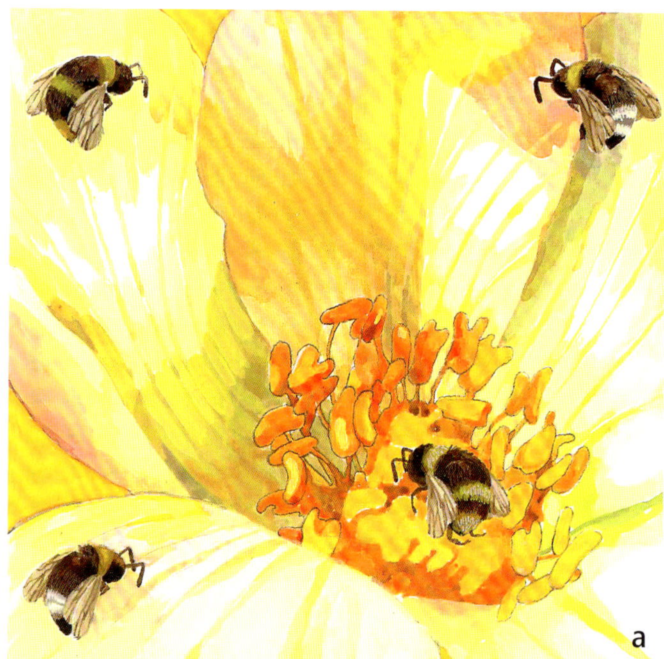

a

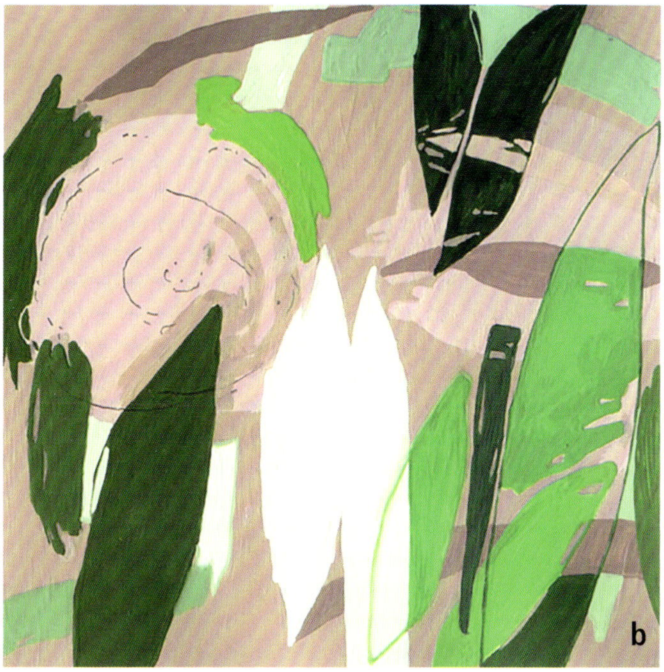

b

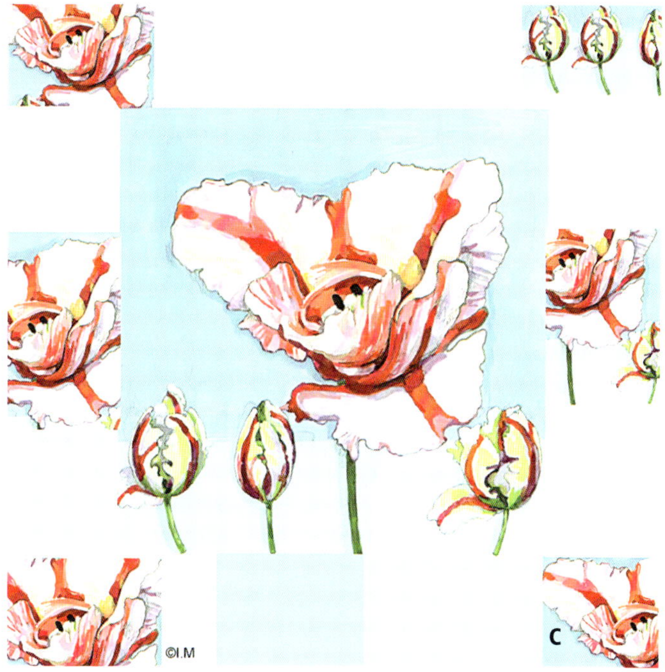


c

**Die geschlossene Komposition** ist eine Art Gestaltung der Fläche, bei der alle Elemente eine helle, transparente, endliche und logische Anordnung bilden. Das kann ein Motiv sein, das in eine geometrische Figur eingeschrieben ist: ein Kreis, ein Quadrat, ein Dreieck usw. In geschlossenen Kompositionen werden die Ränder des Bildes abgeschwächt und nicht betont, und das dominierende Element ist auf den ersten Blick erkennbar (d–f). Diese Art von Komposition wird uns während der Erschaffung des klassischen Porträts interessieren.

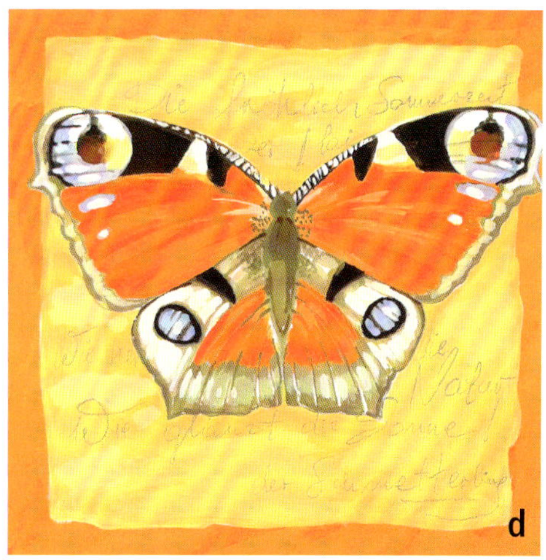

d

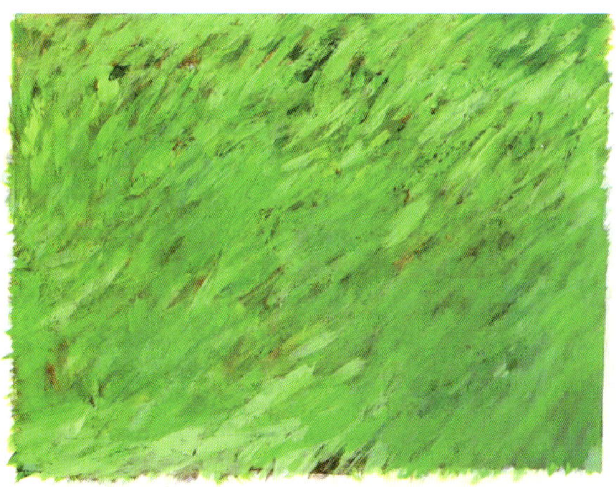

e

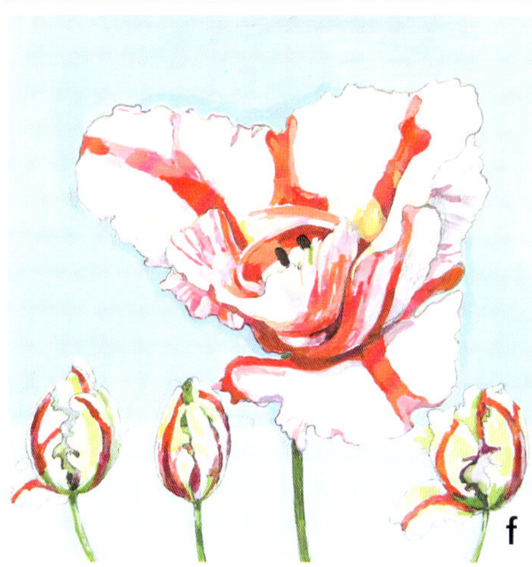

f

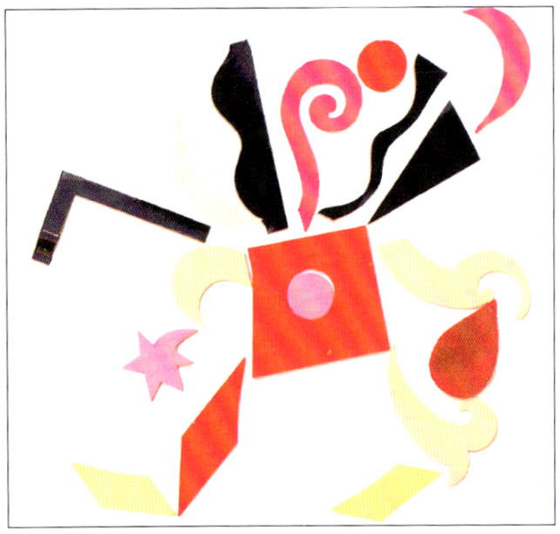

Das Schema der dynamischen Komposition

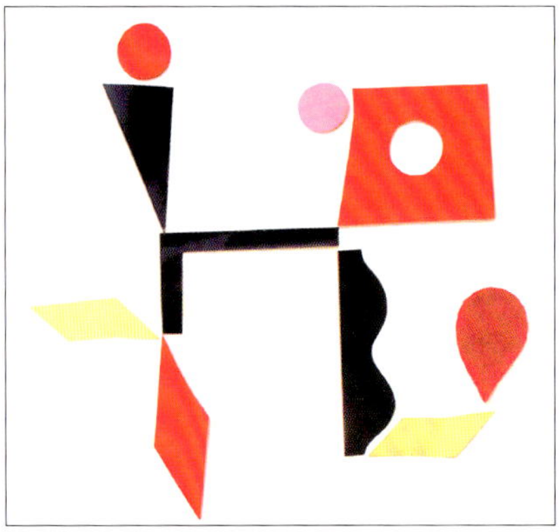

Das Schema der statischen Komposition

**Die dynamische Komposition** ist eine Anordnung, bei der die schrägen Elemente dominieren, die vom menschlichen Auge als bewegt wahrgenommen werden. Die Bestandteile der Komposition können sich unterscheiden oder von der Farbe her kontrastieren, was die Spannung der Komposition, d.h. die Dynamik, noch verstärkt. Dieses Vorgehen verleiht dem Bild Ausdrucksstärke.

**Die statische Komposition** ist eine Anordnung, bei der die horizontalen und vertikalen Elemente dominieren und als unbeweglich wahrgenommen werden.
Ein perfektes Beispiel dieser Art von gegensätzlichem Kompositionspaar war in der Malerei die Richtung des Konstruktivismus, und in diesem der Futurismus und der Kubismus.

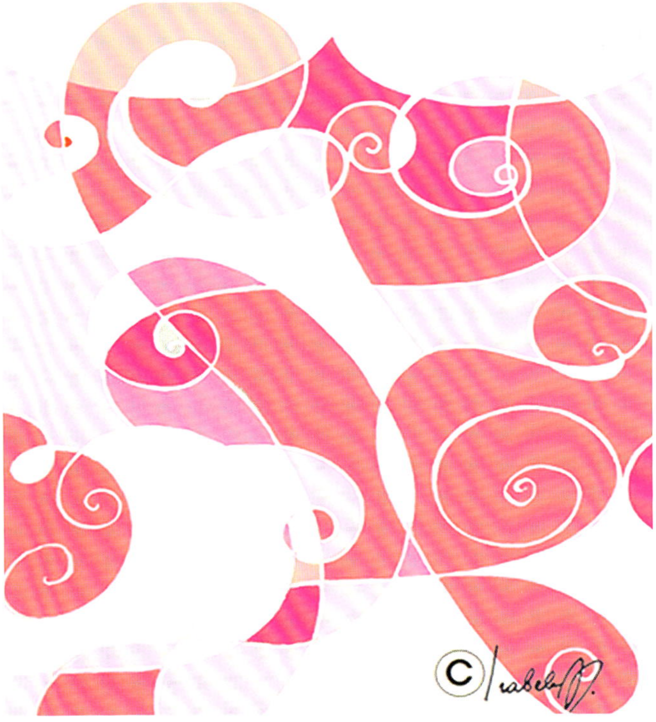

Ein flaches Bild mit natürlichen Linien und Flecken vermittelt einen dynamischen Eindruck.

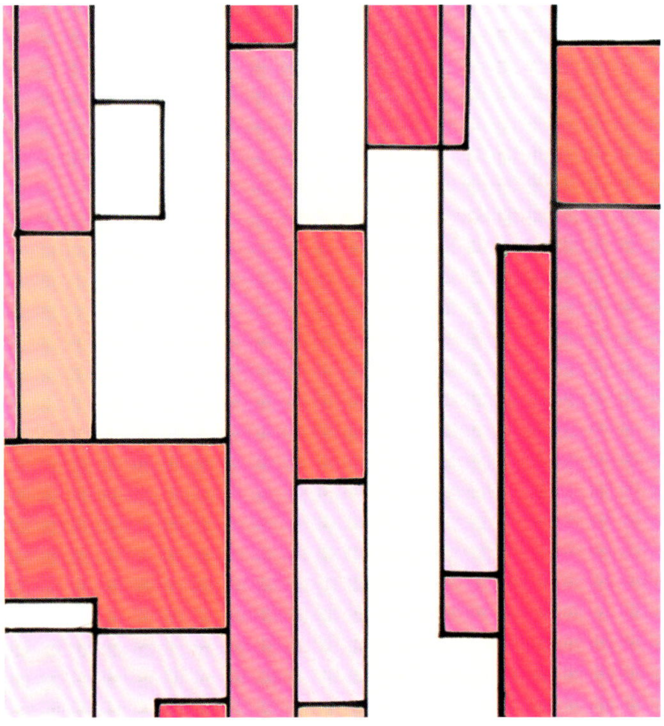

Ein flaches Bild mit vertikalen Linien und Punkten vermittelt einen statischen Eindruck.

Diese Beispiele stellen die besprochenen Typen der Komposition in der Architektur dar.

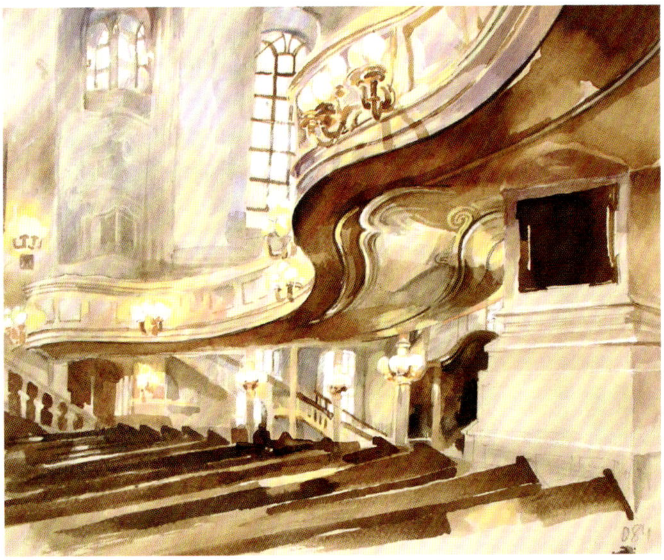

Die Barockkirche Sankt Michaelis in Hamburg

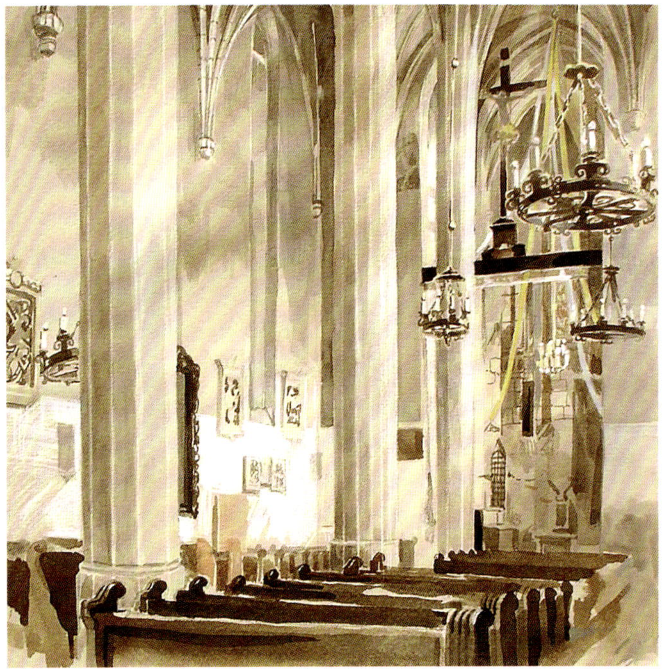

Die Kathedrale in Wislica

**Die zentripetale (konzentrische) Komposition – die zentrifugale (exzentrische) Komposition** sind Kompositionen mit dynamischem Charakter. In der zentripetalen Komposition ordnen sich die Elemente zur Mitte des Bildes hin an. Die Flächen der Felder werden zur Mitte des Bildes hin enger oder, wie bei Landschaften, am Horizont. Oftmals ordnen sich die Linien um die Mitte des Bildes an oder werden um sie herum schmaler. Der mittlere Teil wird stärker in den Blickpunkt genommen als die restlichen Teile der Komposition. Diese Dominante kann durch Kontraste, die Größe des zentralen Objektes oder dessen Betonung durch das Licht erzeugt werden.

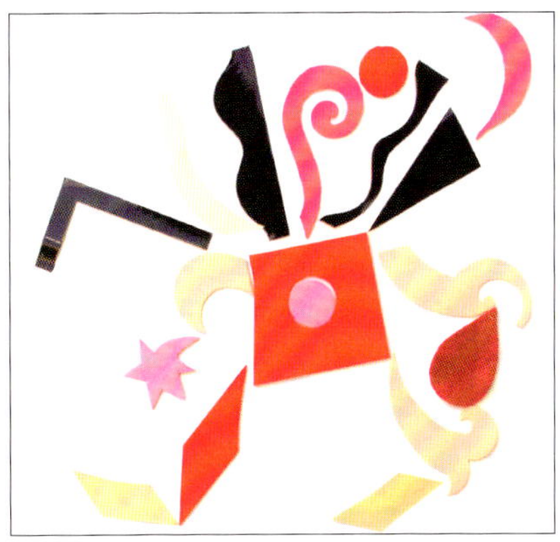

Das Schema der zentripetalen Komposition

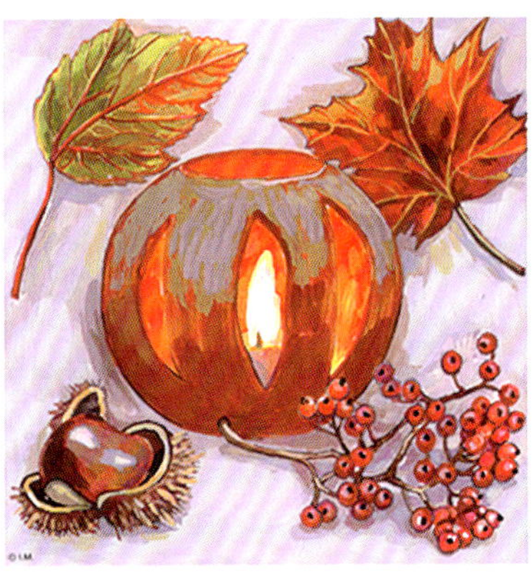

Ein Anwendungsbeispiel der zentripetalen Komposition

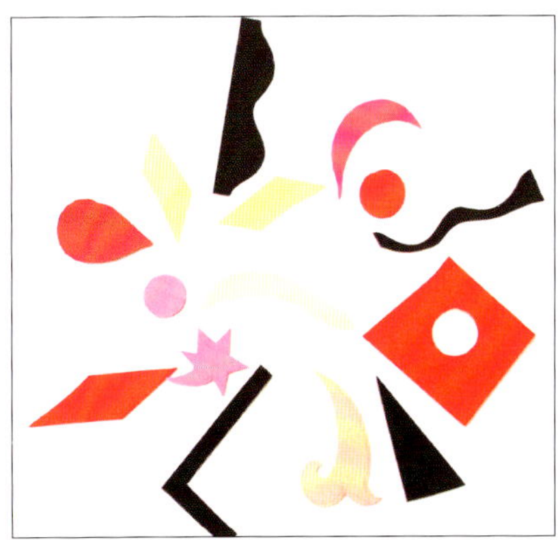

Das Schema der zentrifugalen Komposition

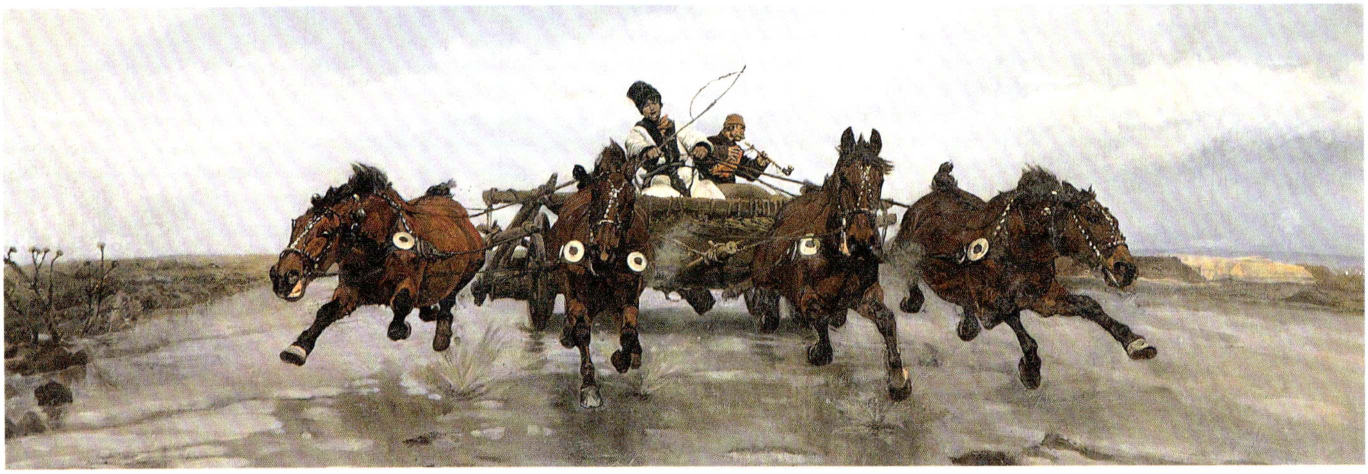

**Ein Anwendungsbeispiel für die zentrifugale Komposition, Józef Chełmoński, Vier Pferde, 1881**

In einer **zentrifugalen Komposition** „entstehen" Linien und Richtungen von der Mitte des Bildes nach außen zu den Rändern. Inspiriert wird diese Art von Komposition durch die Konvergenzperspektive sowie die in der Natur beobachteten Motive, die den Grundsätzen dieser Perspektive unterworfen sind und dem Raum Tiefe verleihen.

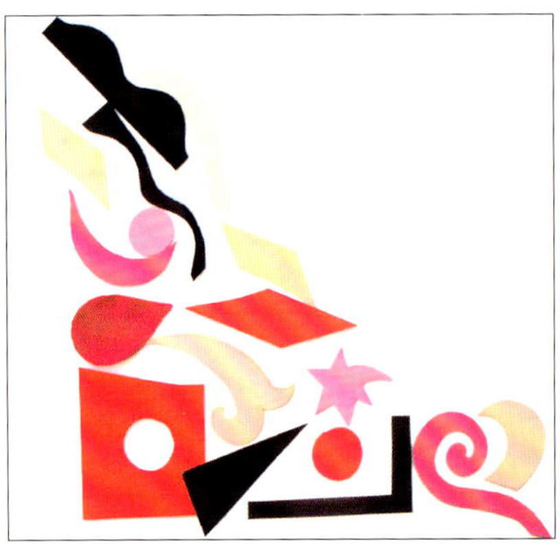

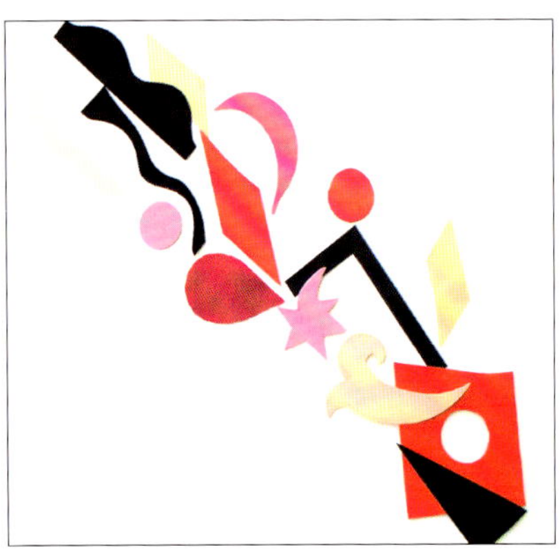

### Die diagonale Komposition

Das Schema der diagonalen Komposition ist eine diagonale Linie, die durch die Verdichtung von Objekten entsteht, oder Objekte, die entlang einer Diagonalen angeordnet sind. Die diagonale Komposition beruht auf der schrägen Anordnung von Objekten im Bild. Die schräge Teilung der Fläche vermittelt zudem den Eindruck eines dynamischen Motivs.

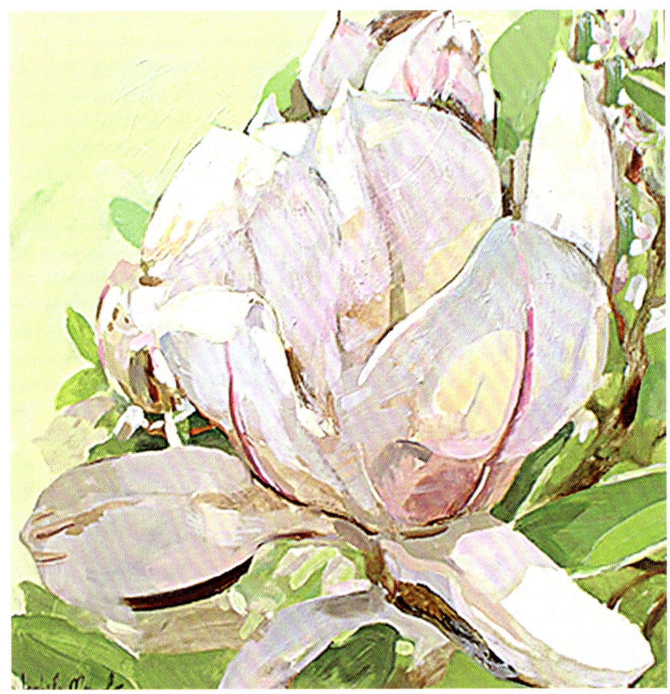

**Ein Anwendungsbeispiel der diagonalen Komposition**

### Die Streifenkomposition

Das ist eine Art der Komposition, bei der die Elemente entlang horizontaler Linien angeordnet sind. Die Grundlage für die Streifenkomposition bildet die Natur mit den in ihr vorherrschenden horizontalen Einteilungen: die Linie des Horizonts, das Meer und der Strand, die Aufteilung von Himmel und Feldern usw. Sie kommt am häufigsten in Landschaftsbildern vor. Sie wurde – und wird – in der Wandmalerei, für die Fassadendekoration und in der Innenarchitektur verwendet.

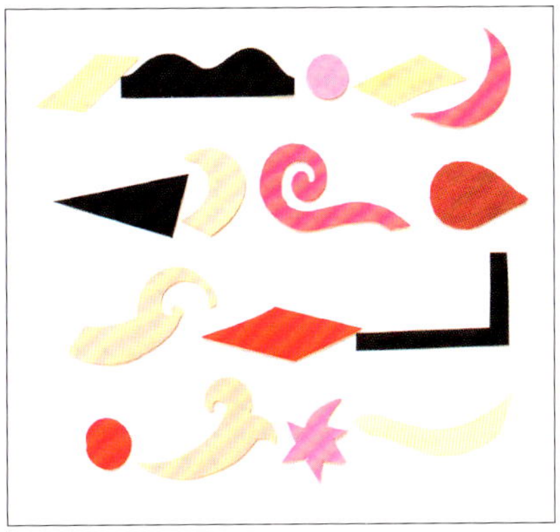

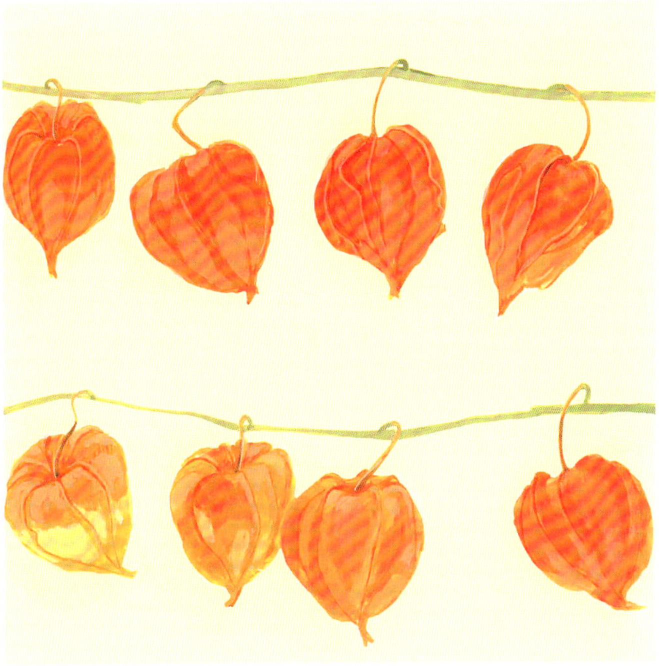

Anwendungsbeispiele der Streifenkomposition

### Die Reihenkomposition

Diese Art der Komposition beruht auf der senkrechten Anordnung der Elemente auf dem Bild, wodurch eine Reihe entsteht. Diese Reihenanordnung kann man durch das Motiv der Gruppe erhalten – dazu eignen sich menschliche Figuren, Bäume, Elemente der Stadtlandschaft wie Laternen usw.

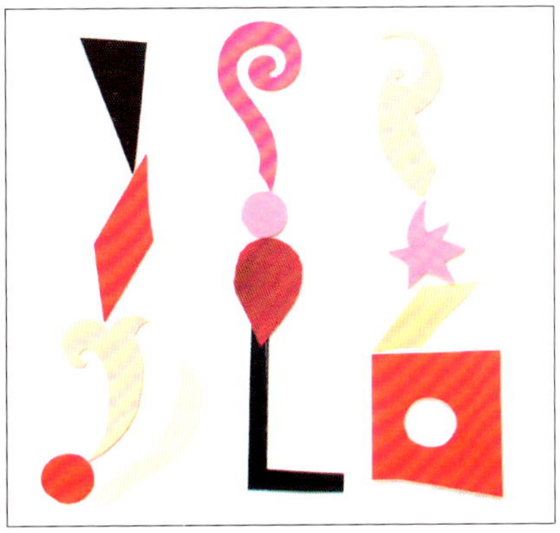

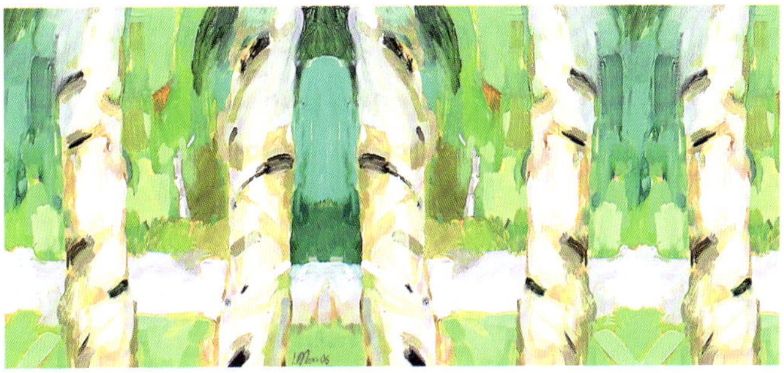

Anwendungsbeispiele der Reihenkomposition

Es existieren auch Varianten bzw. Mischformen der erwähnten Kompositionsarten, wie z.B. die Diagonalreihenkomposition.

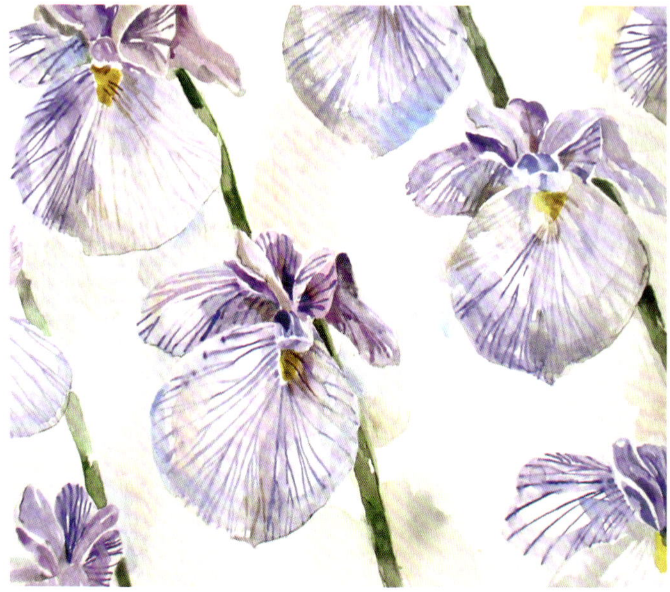

Anwendungsbeispiel der Diagonalreihenkomposition

## Farbtöne

Die Farbe ist einer der grundlegenden geistigen (sensorischen) Eindrücke, die im Gehirn durch das aktive Sehorgan hervorgerufen werden. Er entsteht, wenn das menschliche Auge elektromagnetische Strahlung des Lichts, genannt Farbe, empfängt. Jede Farbe besitzt nur seine eigene spezifische Wellenlänge. Helle Farben haben eine kürzere Wellenlänge und deshalb ist der Weg zwischen Gegenstand und Auge, in dem der Reiz empfangen und von den entsprechenden Zellen erkannt wird, kürzer. Das Wort „Ton" wird oft synonym mit dem Wort „Farbe" benutzt, was nicht ganz richtig ist. Der Farbton ist ein Begriff mit einer weiter gefassten Bedeutung, während die Farbe ein eher umgangssprachlicher Begriff ist.
Die Wissenschaft, die sich mit Farben befasst, ist die Farbtheorie, die Themen aus der Physik, Biologie und Psychologie vereint. Die Problematik der Farbtöne ist sehr umfangreich. Für uns werden die Merkmale am wichtigsten sein, die die Farbtöne bestimmen. Eine unerschöpfliche Quelle für Farbtöne ist die Natur, weshalb das Studium der Natur, die Malerei nach Modell, im Freien gemalte Landschaften so wichtig sind. Das, was man theoretisch kennt, muss in der Praxis funktionieren.

Farbtöne besitzen Helligkeit und Sättigung. Die **Helligkeit von Farbtönen** bezeichnet die Lichtmenge einer Farbe im Verhältnis zu den aktuellen Lichtverhältnissen der Umgebung. Die **Sättigung der Farbtöne** bezeichnet den achromatischen Anteil in der jeweiligen Farbe. **Achromatizität** heißt auch Farblosigkeit, also das Fehlen einer dominanten Farbe; das ist am besten zu verstehen, wenn man sich einen Übergang von Weiß über alle Graustufen zu Schwarz vorstellt. Je mehr dieser Graustufen in der achromatischen Determinante einer bestimmten Farbe vorhanden sind, desto „tiefer" bzw. gesättigter ist die Farbe. Einen niedrigen Sättigungsgrad haben z.B. Pastellfarben.

Anwendungsbeispiel von Pastelltönen

**Es werden drei Hauptfarbbereiche verwendet:**

- chromatische, achromatische (neutral) und monochromatische;
- einfache und zusammengesetzte;
- primäre (aus der ersten Reihe) und sekundäre (aus der zweiten Reihe).

Nicht nur die Farbe ist hilfreich beim Erkennen der Farbtöne, sondern auch das grafische Schema des optischen Spektrums.

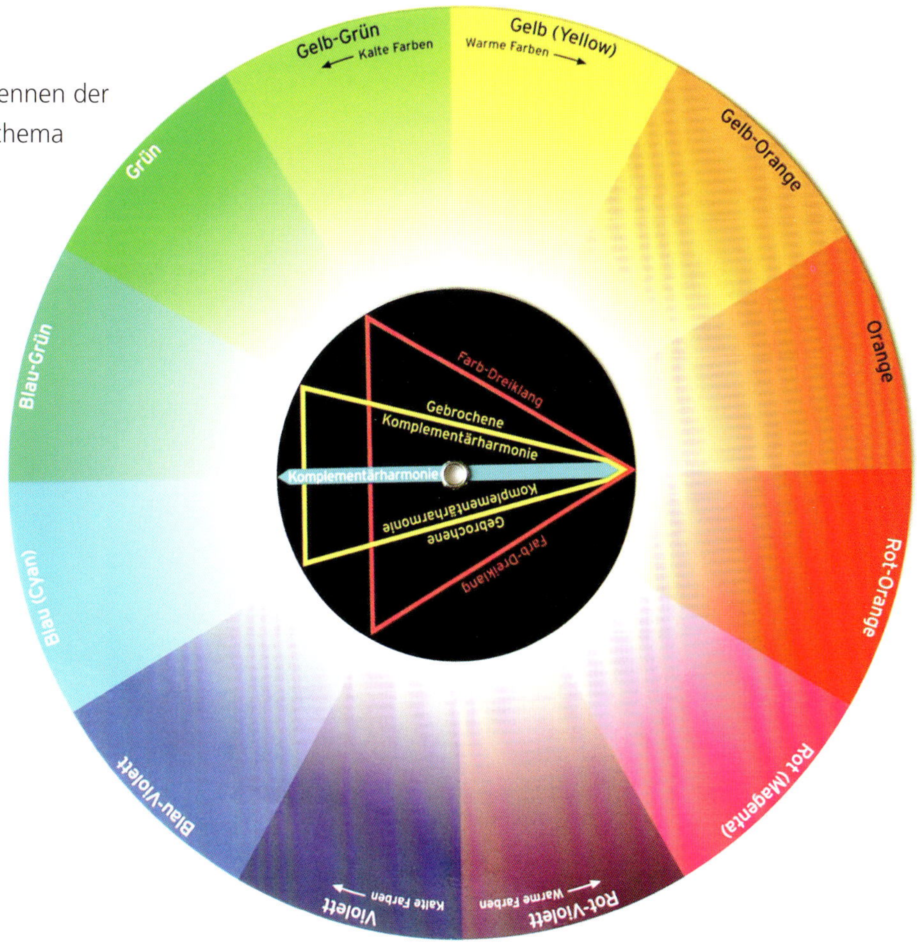


**Mittlerer Kreis – beweglich:**
**Blaue Zeiger – komplementäre Harmonie;**
**Gelbes Dreieck – gebrochene komplementäre Harmonie;**
**Rotes Dreieck – Dreiklang**

**Chromatische Farbtöne** sind solche, die im sichtbaren Lichtstrahl vorkommen. Einfacher ausgedrückt – alle Farben, außer Schwarz, Weiß und Grau. Das sind die Farben des Regenbogens: Gelb, Orange, Rot, Violett, Blau, Grün, d.h. alle Farben, in denen eine Farbe dominiert. Schwarz, Weiß und Grau sind dagegen unbunte Farben, d.h. sie haben keine dominante Farbe. **Monochromatische Farben** sind reine Spektralfarben ohne jeden Grauanteil, die durch Aufspaltung von weißem Licht gewonnen werden. Diese Farben sind in der Natur selten und treten nur beim Regenbogen und bei der Brechung des Lichtstrahls im Kristall auf.

Teilt man den obigen Farbkreis mit einer vertikalen Linie, erhält man eine Einteilung der chromatischen Farben in **warme (aktive)** und **kalte (passive)** Farben. Gegenüberliegende Farben auf dem Farbkreis werden als Ergänzungs- oder Komplementärfarben bezeichnet. Die ergänzenden Grundfarben sind: Gelb – Violett, Rot – Grün, Orange – Blau. Gleichzeitig sind sie die kontrastreichsten Farben, daher auch ihr anderer Name – komplementär. Diese Aufteilung wurde in der Malerei von den Impressionisten praktiziert.

**Einfache Farbtöne** sind Gelb (Zitrone), Rot (Karmin) und Blau (Ultramarin). Zusammengesetzte Farbtöne sind solche, die durch Mischen zweier einfacher Farben entstehen: Gelb und Rot ergeben Orange, Rot und Blau ergeben Violett, Blau und Gelb ergeben Grün. Wenn man mehr als zwei Farben mischt, erhält man komplexere abgeleitete Farben. Die Grundfarben (Primärfarben) sind Rot, Blau und Gelb. Sekundärfarben sind Ableitungen, die durch Mischen von zwei Primärfarben entstehen. Sekundärfarben aus Grundfarben erhält man durch Mischen von Lichtstrahlen oder Farben (Pigmenten). Wenn sich das Licht von Bildschirmen oder Monitoren mischt, tritt das Phänomen der additiven Synthese von Primärfarben auf. Mischt man hingegen reflektiertes Licht, z.B. von einem Druck auf Papier, oder mischt man Pigmente oder Farben, so kommt es zur subtraktiven Synthese. In diesem Fall wurden Magenta (Violett-Rosa), Cyan (Blau) und Gelb als Primärfarben verwendet.

Eine **Farbpalette** ist ein geordnetes System von Farben, das sich auf das gesamte Spektrum des sichtbaren Lichts beschränkt. Die Farbpalette in der Malerei bezieht sich auf die Auswahl der Farben, die der Künstler in seinem Werk verwendet hat.

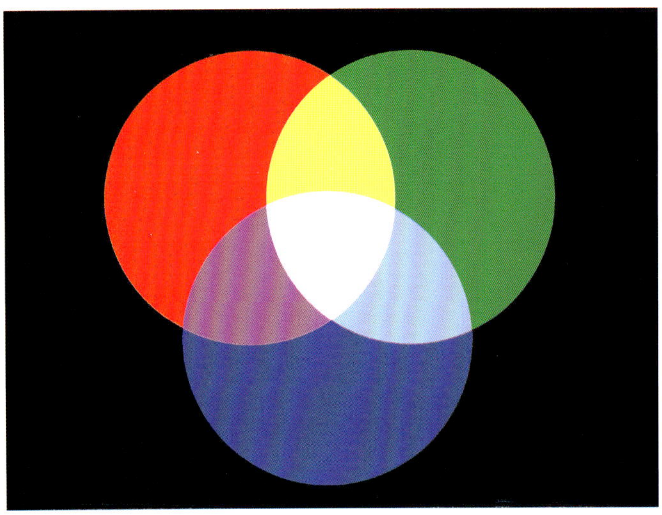

**Additive Farbsynthese**

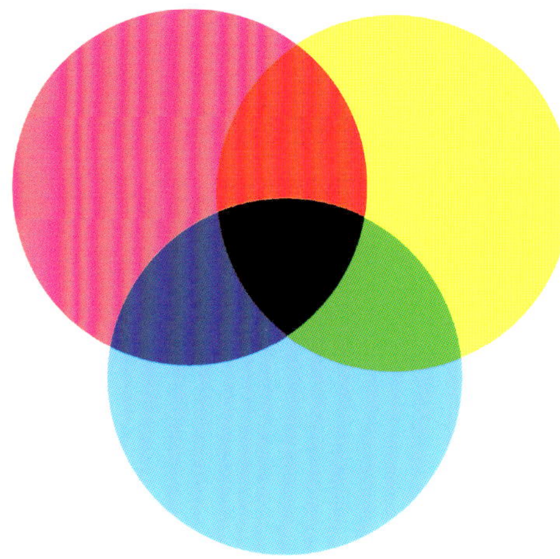

**Subtraktive Farbsynthese**

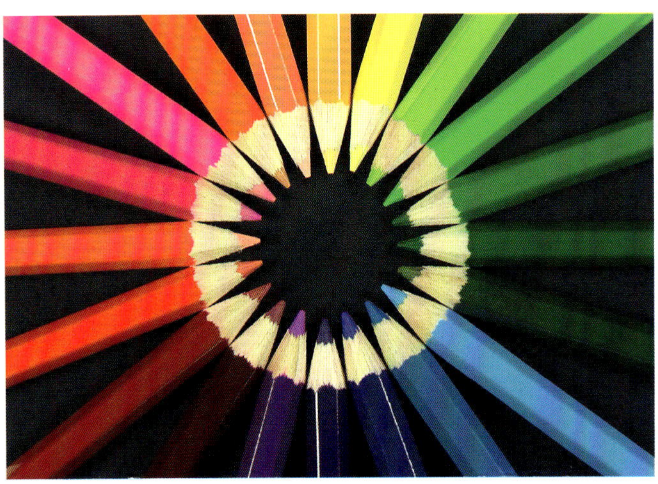

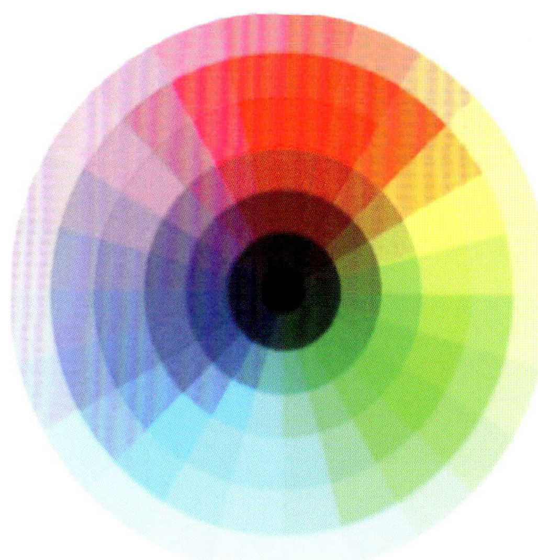

Ein weiteres wichtiges Thema in diesem Bereich ist das **Lokalkolorit**. Es wird definiert als die wesentliche Farbe eines Gegenstandes ohne den Einfluss von Beleuchtung oder der Nähe anderer Farben. Dies ist die Eigenfarbe des Objekts, z.B. sehen wir, dass die Paprikaschoten gelb sind (Abb. a). Ihre gelbe Farbe hat jedoch einen anderen Farbton am frühen Morgen, einen anderen am Mittag und einen anderen in der Abenddämmerung; an einem sonnigen Tag, einem bewölkten Tag oder bei Regen etc. Alle diese Bedingungen beeinflussen die eigentliche Farbe. Die Farbe des Objekts wird auch durch die Nähe anderer Farben verändert (Abb. b). Diese Relativität wurde von Wissenschaftlern im 19. Jahrhundert durch das Studium der Optik entdeckt und dieses neu gewonnene Farbbewusstsein beeinflusste die Malerei der Impressionisten.

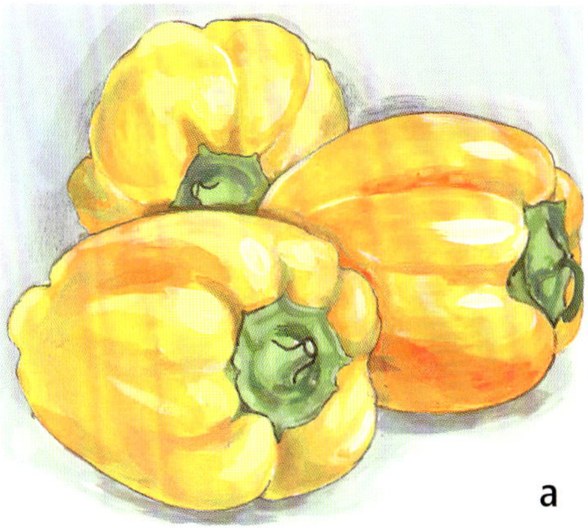

a

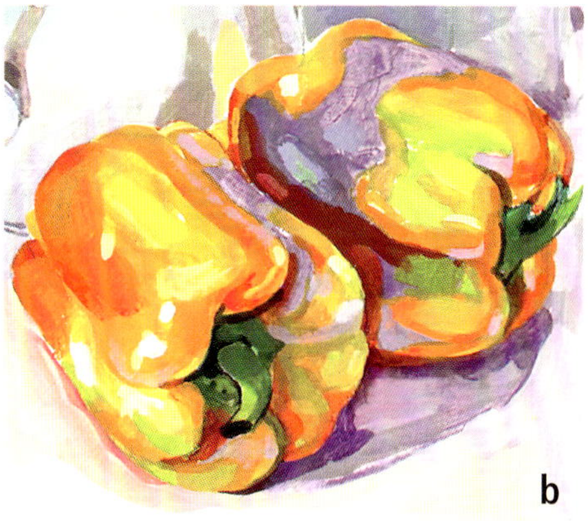

b

## Farbkreation

Nachdem wir die grundsätzliche Einteilung der Farben des weißen Lichtspektrums besprochen haben, können wir zur einfachsten Malübung übergehen, nämlich der Kreation von Farben durch die Mischung von zwei oder mehr ausgewählten Farben. Wir können die Prinzipien der Subtraktionssynthese, die auch für das Mischen von Farben gelten, in der Praxis testen. In den gezeigten Beispielen kombiniere ich die Farben Rot und Gelb (Abb. a), Blau und Gelb (Abb. b) und Magenta und Blau (Abb. c). Ich erhielt in der Reihenfolge: a – Orange, b – Grün und c – Lila. Wenn wir die Mischfarben – Orange mit Grün (Abb. d) – mischen, erhalten wir eine Farbe namens Ocker.

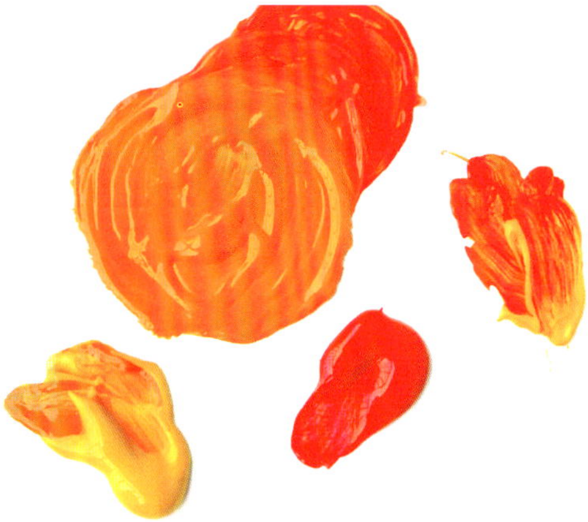

a

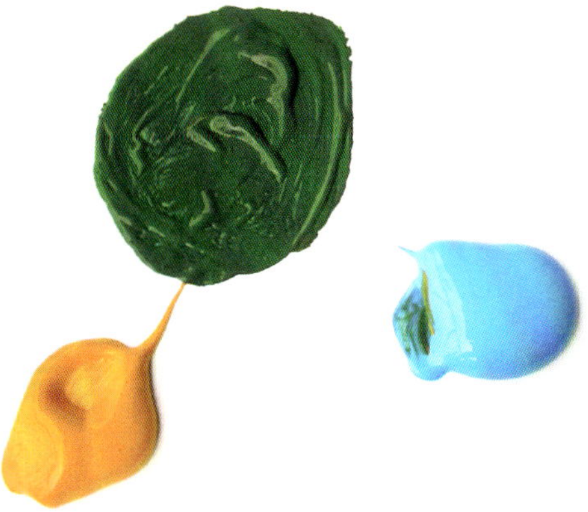

b

**Beispiele für die Farbsynthese**

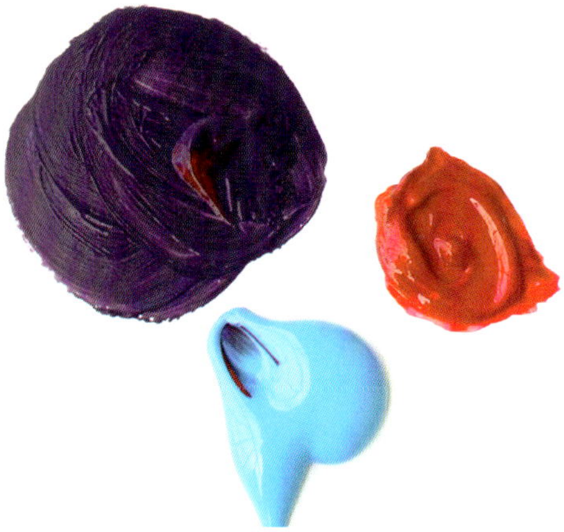

c

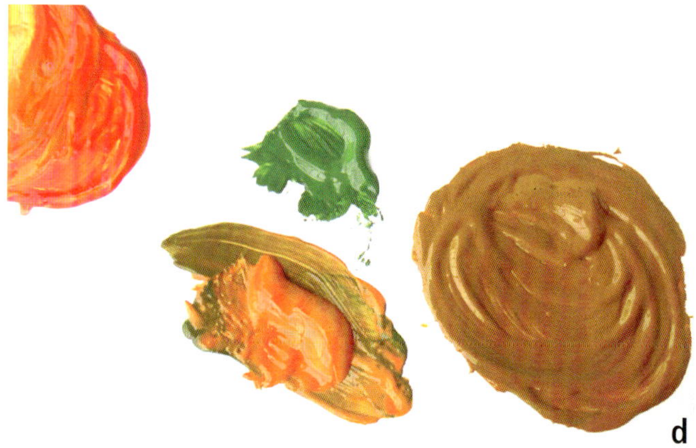

d

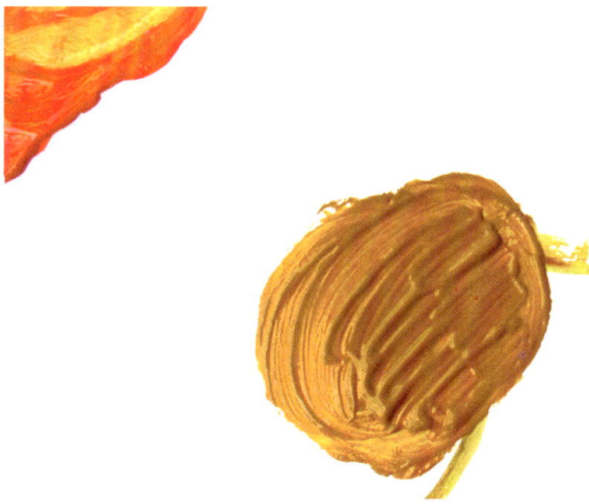

e

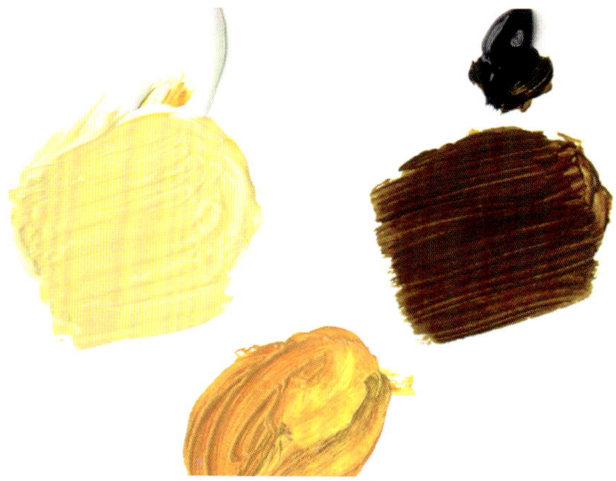

f

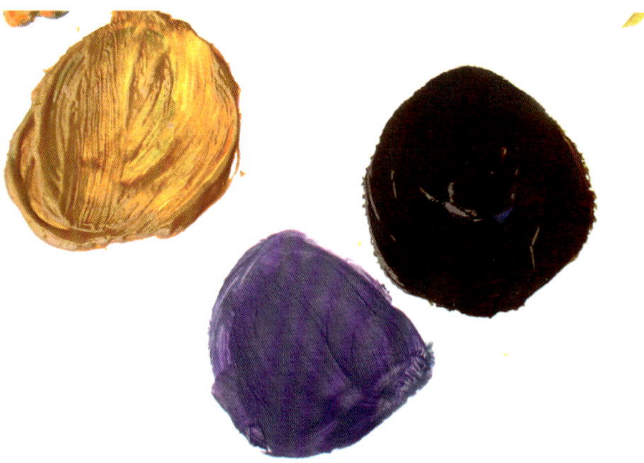

g

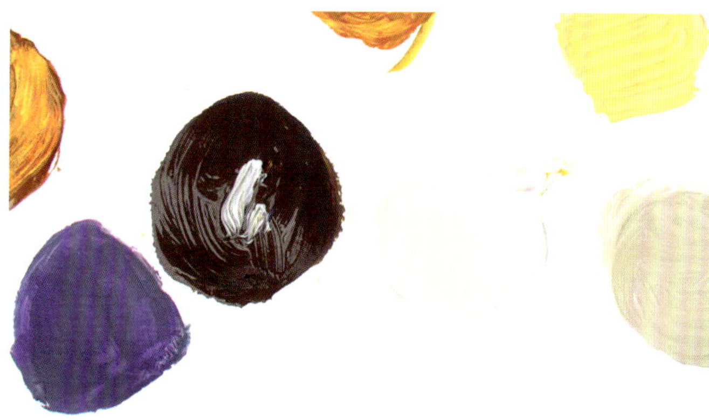

h

Je nach Anteil der grünen oder der orangen Farbe erhielt ich eine andere Ockertemperatur (Abb. e). Wenn ich Ocker zu Weiß hinzufüge, erhalte ich ein helles Ocker (Abb. f). Ich kann diese Farbe viele Male aufhellen und erhalte so verschiedene Ockerabstufungen. Durch die Zugabe von schwarzer Farbe zum Ocker habe ich ein dunkleres Ocker erhalten, das ich wiederum nach Belieben abdunkeln kann (Abb. g). Wenn ich zu Ocker Violett hinzufüge (und auch hier bekomme ich je nach Verhältnis eine wärmere oder kühlere Farbe), erhalte ich aus den Ableitungen eine abgeleitete Farbe, die ebenfalls durch Kombination zweier abgeleiteter Farben entsteht (Abb. h). Ich kann diese Farbe wiederum heller machen und zwei verschiedene Beigetöne bekommen.

Auf diese Weise ist die Anzahl der Möglichkeiten der Farbmischung und des Erhaltens verschiedener Resultate von Farbtemperaturen sowie unterschiedlicher Sättigungen unendlich. So sieht unsere erste Palette aus (i).

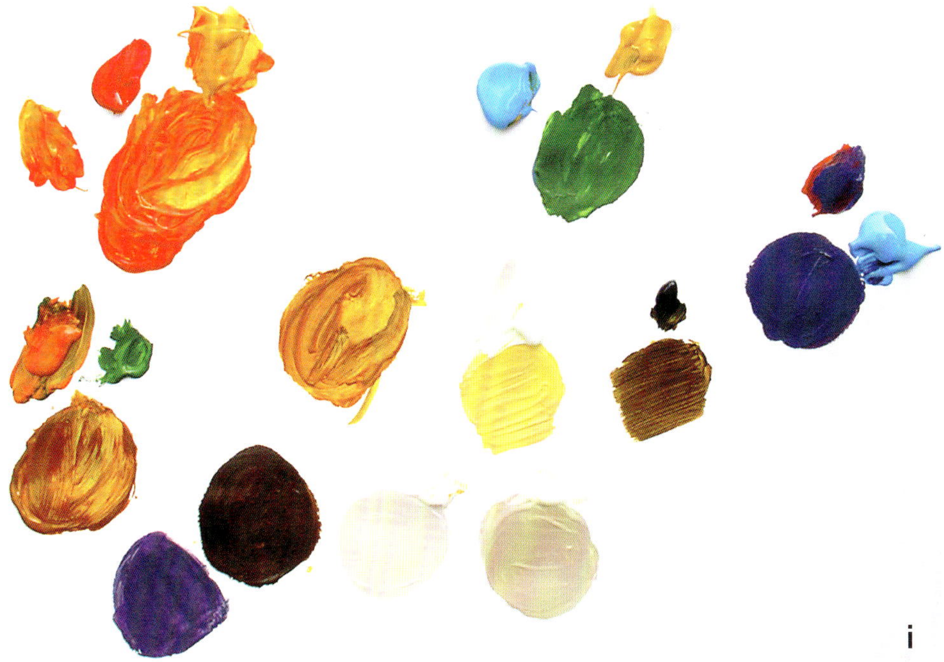

i

Farbpalette

## Tonwertskala/Ton-in-Ton-Malerei

In der Malerei bezeichnet der Tonwert (Valeur) die Helligkeitsstufe einer Farbe, die Intensität des Lichts im Verhältnis zum Farbton (die Menge an Licht und Dunkelheit), die in einem Farbton enthalten ist. Der Tonwert ist mit einem Gefühl für die Schwere der Farbe verbunden, da helle Farben leicht und dunkle Farben schwer und massiv erscheinen. Eine geeignete Tonwert-Verteilung ordnet die Komposition des Bildes. Das Licht kann gleichmäßig im Bild verteilt sein oder es kann auf der Farbpalette starke Kontraste erzeugen. Wir haben es also mit einem Hell-Dunkel-Kontrast zu tun. Bei der monochromen Malerei wird mit einer Farbe oder einer begrenzten Anzahl von Farben (z.B. zwei oder drei) mit unterschiedlicher Farbsättigung gemalt. Diese Art der Malerei wurde als Untermalung verwendet und die Meister auf diesem Gebiet waren die niederländischen Maler des 16. Jahrhunderts.

Abstufungen der schwarzen Farbe

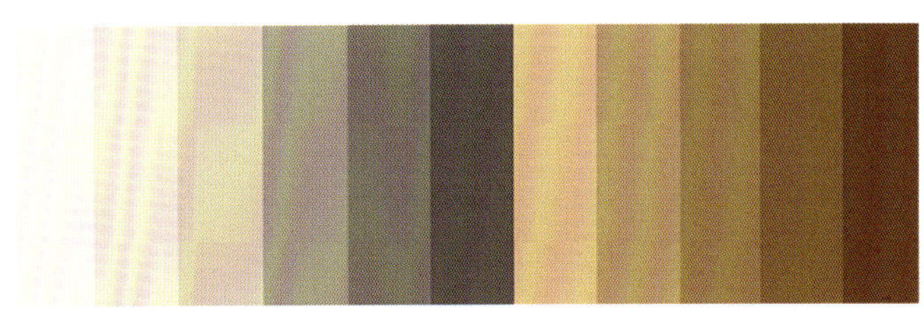

Abstufungen der braunen Farbe

## Malerische Ausdrucksmittel

Diese sind auch bekannt als formale Ausdrucksmittel. Dazu gehören Form, Farbe, Fleck, Linie (Kontur), Textur, Geste und Punkt.

**Form** bedeutet auch Gestalt, Festigkeit, Größe. Dies sind Begriffe, die mit einem Objekt zu tun haben. Der Begriff der Form hat sich weiterentwickelt; Form kann auch als die Anordnung aller in einem Werk enthaltenen Elemente verstanden werden – das war die von den Griechen vorgeschlagene Definition. Für den Abstraktionisten Piet Mondrian war die Form die Anordnung der Elemente in einem Gemälde. In diesem Fall wird der Begriff der Form zum Synonym des Begriffs „Konvention".
Man unterscheidet zwischen der gegenständlich-realistischen Form (vom Wort Realismus, lateinisch *res* – „Ding"), die ein getreues Abbild der sichtbaren Welt ist, und der impressionistischen Form, bei der die Konturen des Objekts verschwimmen und die traditionelle Perspektive nicht beachtet wird; die Realität wird subjektiv dargestellt, durch die Gefühle und Stimmungen des Künstlers und seine Sensibilität für die Erfahrung von Licht und Farbe in der Natur; die abstrakte (ungegenständliche) Form ist das Ergebnis der freien Fantasie des Künstlers, seiner freien Interpretation der realen Welt.

Die **Farbe** schafft die Atmosphäre des Bildes. Die Farbpalette eines Gemäldes kann harmonisch und ausgewogen sein – wenn wir Farben mit ähnlichem Farbton wählen – oder kontrastreich und ausdrucksstark, um die Dramatik des Themas zu unterstreichen.

Der **Fleck** wird verwendet, um eine Illusion von Raum zu erzeugen. Er kann flach sein oder mit Farbübergängen modelliert werden. Ein durch eine Kontur begrenzter Fleck beschreibt eine Form (Materie, Gestalt), während ein unscharfer Fleck mit verblassenden Grenzen einen immateriellen Raum definiert. Der Farbfleck definiert auch das Licht, das immateriell ist, aber eine Form hat und einer „Gestalt" folgt.
Die hier vorgestellten Beispiele zeigen die enorme Bandbreite an Möglichkeiten, eine Vielzahl an Farbflecken zu erhalten.

**Ein flacher, glatter Fleck**

**Ein modellierter Fleck – Tonübergänge**

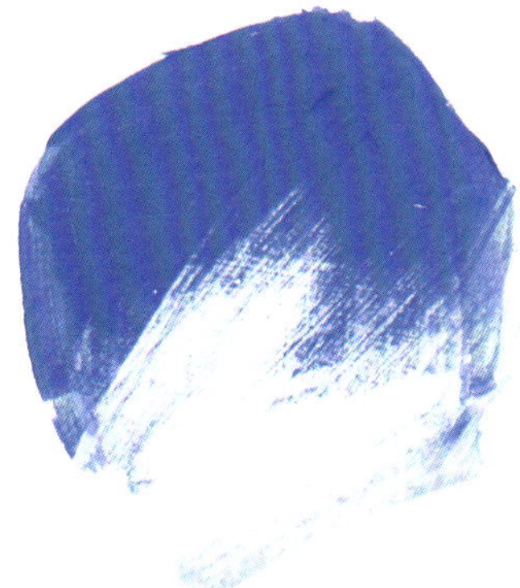

**Ein modellierter Fleck – durch Wegwischen**

Ein Fleck, der mit Tonwertabstufungen modelliert ist

Ein Fleck, der mit einem Borstenpinsel modelliert ist

Wischungen

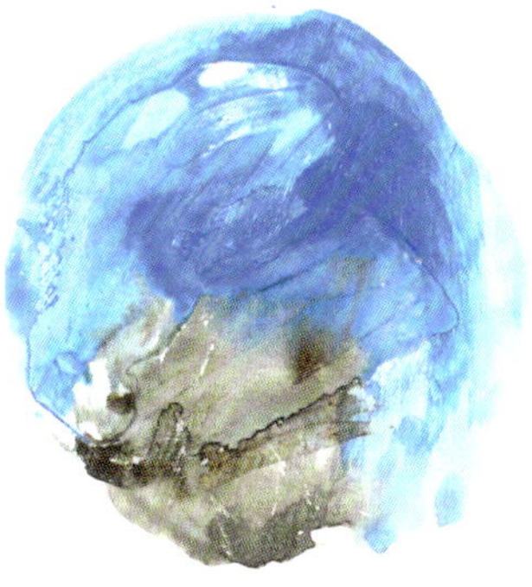

Ein Konturfleck, der mit Spachtel und Spachtelmasse erzeugt wurde

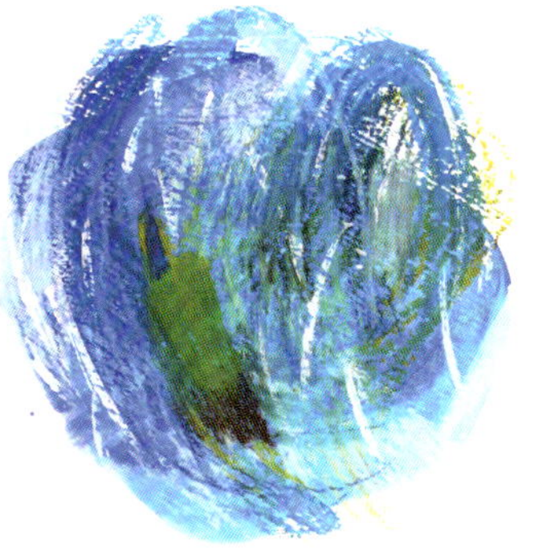

Ein Fleck, der mit fetthaltigen Pastellfarben modelliert wurde, auf einem flachen Acrylfleck – eine Mischtechnik

Die **Struktur** ist eine Art des Auftragens von Farbe mittels Pinsel oder Spachtel. Sie kann dünn, glatt oder dick, fleischig sein. Der Strukturfleck kann leuchtend sein oder eine raue Oberfläche haben. Diese Methoden werden eingesetzt, um die richtige Atmosphäre zu schaffen und um Inhalte oder Symbole zu vermitteln.

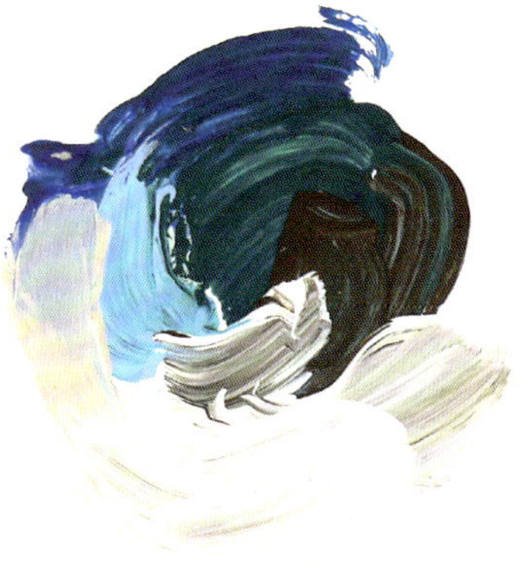

Ein Strukturfleck – dick, fleischig

Eine **Linie** (Kontur) definiert die Form eines Objekts und die Grenzen eines Farbfeldes sowie die Grenzen zwischen mehreren Flecken. Eine Linie (Kontur) kann eben, gewölbt (strukturiert) oder eingedrückt (gekratzt) sein.

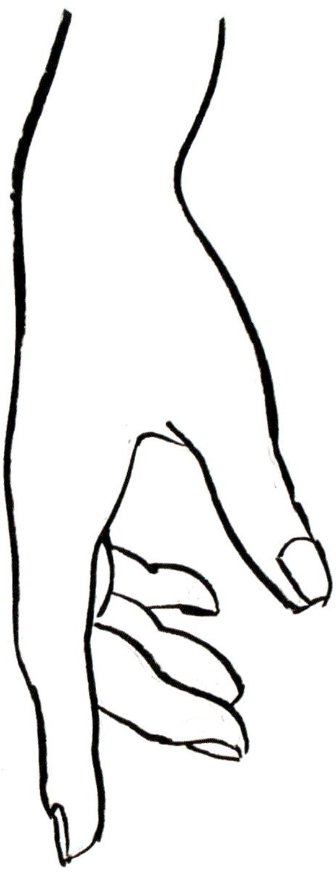

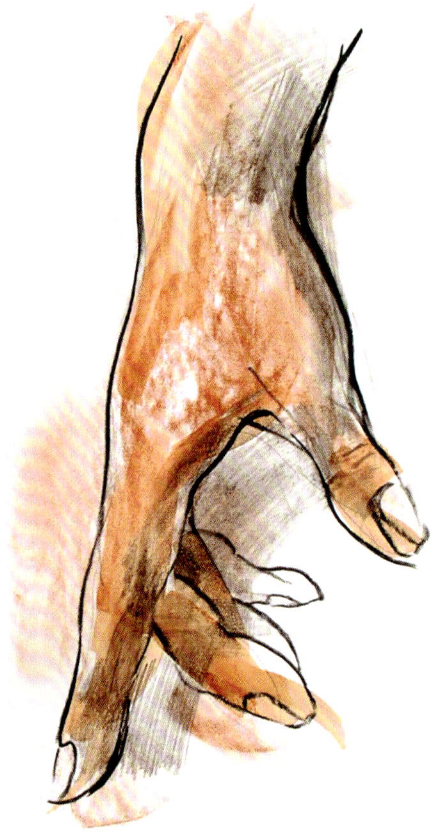

Eine **Geste** ist die Art und Weise, wie ein Werkzeug geführt wird, die Spur eines Werkzeugs. Es handelt sich um eine reflexive, spontane Aufzeichnung der Bewegung der Hand des Künstlers. Die Geste als Mittel der Malerei wurde von den zeitgenössischen Malern im Stil des Art Informel und Action painting (abstrakter Expressionismus) bevorzugt.

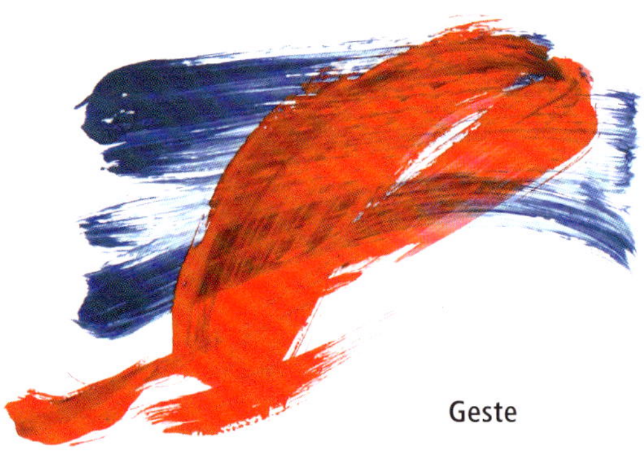

Geste

Art informel – was so viel bedeutet wie formlose Kunst – bezieht sich auf die europäische Malerei der 1950er-Jahre, die parallele Kunstform zum amerikanischen Action Painting. Dabei wurden Farbflecken ganz frei aufgetragen und waren keinerlei rigorosen Kompositionen unterworfen, sondern mit dem „ersten Strich einer Geste“ gemalt.

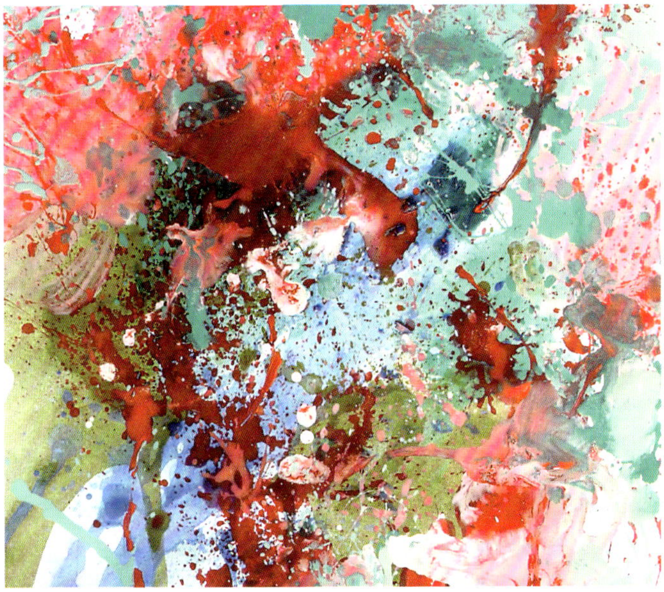

**Ein Bild, das aus Farbflecken (Punkten) besteht**

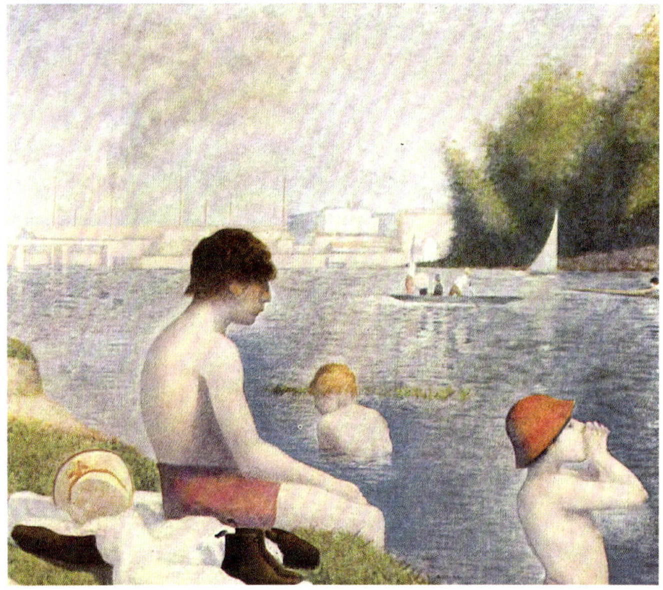

**Georges Seurat, Eine Badestelle bei Asnières, 1883–1884 (Fragment)**

Der **Punkt** in Form eines kleinen Farbflecks kann auch ein Ausdrucksmittel sein. Dieses wurde von den Pointillisten (fr. *pointiller* – „punktieren") benutzt, als der Impressionismus Popularität in Europa erlangte. Die Pointillisten (z.B. Seurat) erzeugten durch bunte Farbpunkte die Bildoberfläche. Der Pointillismus wurde zur Inspiration für die spätere Stilrichtung in der Malerei, die sich „Dripping" nannte. Bei dieser Technik wird Farbe auf ein Gemälde gesprenkelt, und aus den Punkten werden Farbflecken erzeugt. Ein repräsentatives Beispiel für diese Art der Malerei sind Jackson Pollock und seine Bilder, die aus direkt auf die Leinwand gegossener Farbe bestehen. Durch die Verwendung von Komplementärfarben beim Dripping können interessante räumliche Effekte erzielt werden.

**Konvention** – wir werden auf diesen Begriff noch zurückkommen, wenn wir über Porträts sprechen, denn ich werde in diesem Buch Porträtbeispiele in verschiedenen Konventionen vorstellen. Konvention in der Kunst ist ein sehr weit gefasster Begriff; im Allgemeinen bedeutet er eine konventionelle Art, die Welt um uns herum als Zeichen darzustellen. Es handelt sich um eine bestimmte Art und Weise der ästhetischen Gestaltung eines Kunstwerks, die in einer bestimmten Epoche oder einem bestimmten Kulturkreis angemessen und etabliert ist.

Genauer gesagt geht es um die Art und Weise, in der das Thema, der Inhalt und die Idee des künstlerischen Werks visuell dargestellt werden. Es handelt sich um ein Werk der Gotik, des gegenständlichen Realismus, des Klassizismus, des Impressionismus, des Jugendstils, des Art déco, des Symbolismus, des Dekorativismus usw. In der Nachkriegskunst sind dies z.B. die Konvention der Pop-Art, die Konvention des Spiels mit dem Betrachter, die als Ergebnis von Happening-Aktivitäten entstanden ist usw.
Die Konvention erfordert beidseitige Akzeptanz – die des Künstlers und die des Empfängers. Zu den Gegensätzen der Konvention gehören Natürlichkeit, Originalität, Individualität, Treue zu den Intentionen des Künstlers. Im Laufe der Jahrhunderte hat sich die Kunst in einem Rhythmus bewegt: Konvention – Niedergang – Avantgarde – Interpretation der Konvention – Konvention – Avantgarde etc.
Wenn ich von Konvention spreche, verstehe ich sie als eine Art, mit der Realität umzugehen. Es wird also ein Porträt in einer realistischen, expressiven, impressionistischen Konvention erstellt.
Zur einfachen Veranschaulichung dessen, was eine Konvention ist, werden im Folgenden Beispiele für die Darstellung des Wassermotivs gezeigt (a–e):

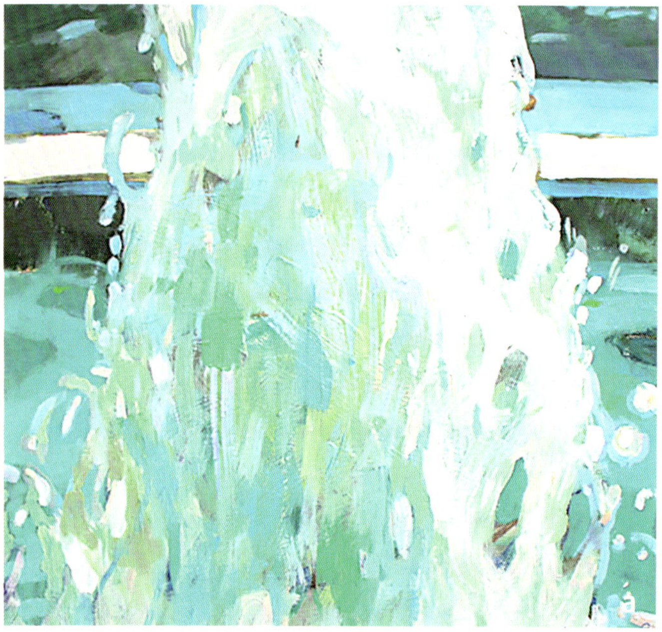


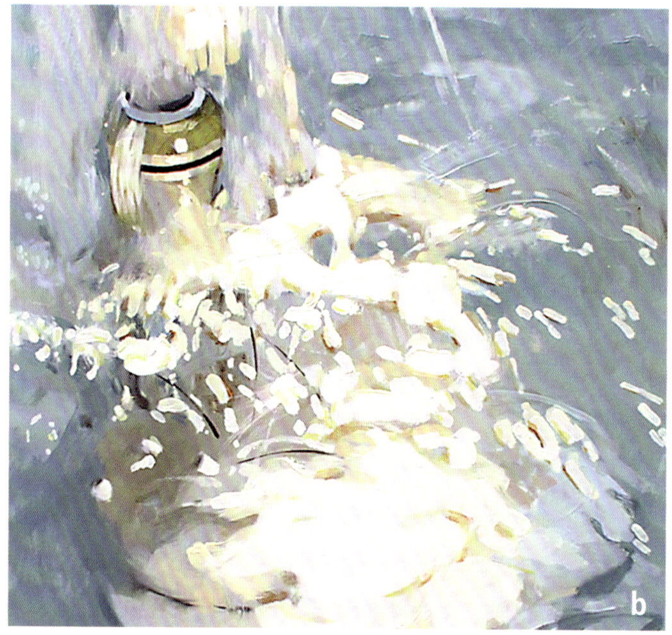

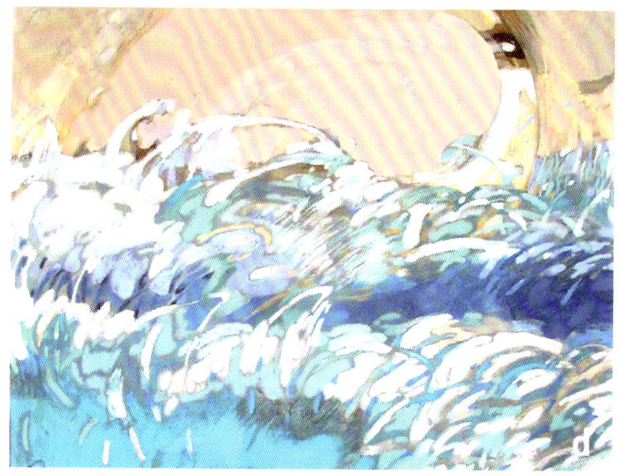

Die Gemälde a und b sind realistisch, c abstrakt, d symbolisch und e dekorativ.

# Die Grundlagen des Porträts

Um ein gutes Porträt zu zeichnen, müssen wir das Aussehen des Modells treffend einfangen. Jedes menschliche Gesicht hat einen einmaligen Charakter. Dieser wird durch die Proportionen, die Gesichtsform, die Haarfarbe und die Frisur bestimmt. Die Beherrschung der Proportionen und Prinzipien der menschlichen Kopf- und Gesichtskonstruktion ist daher eine grundlegende Lektion in der Porträtkunst.

## Proportionen

Zu den **Proportionen des menschlichen Kopfes** zählen die Größe, die Segmente und Abstände zwischen einzelnen Teilen und die Elemente des menschlichen Gesichts. Für Anfänger kann ein Kopfdiagramm, das auf einem Raster von Hilfslinien aufgebaut ist, eine Hilfe darstellen. Trotz der großen Vielfalt an Gesichtern lassen sich bestimmte universelle Prinzipien für die Proportionen des menschlichen Gesichts erkennen. Diese grundlegenden Schemata gelten jedoch nur für die Frontal- und Profilansicht. Wenn sich der Kopf neigt oder kippt, verändern sich die Proportionen. Dann bleibt nur eine genaue Beobachtung der Proportionen des Modells.

Zu Beginn zeichne ich zwei Hilfslinien – eine vertikale (0Y) und eine horizontale (0X) – auf ein Blatt Papier und teile dann die vertikale Koordinate in sieben gleiche Segmente und die horizontale Koordinate in fünf gleiche Segmente. Auf diese Weise bildet sich ein Raster aus Linien und gleichen Quadraten. Jedes dieser Quadrate ist eine grundlegende Maßeinheit oder ein Modul. Dann teile ich das Netz an der horizontalen Koordinate in zwei Hälften. Daraus ergibt sich die Symmetrieachse des Kopfes. Der Kopf ist symmetrisch, und im Prinzip beginnen wir ein Porträt immer mit dem Einzeichnen der Symmetrieachse.

### Frontalansicht (männlich)

Die **Augen** – Ich zeichne eine zusätzliche horizontale Linie in der Mitte des Rasters (horizontal). Die Augen liegen also in der Mitte der Gesamtlänge des Kopfes. Die Breite eines Auges entspricht der Breite eines Moduls, gleichzeitig beträgt sie ⅕ der Breite. Der Abstand zwischen den Augen ist auch genauso groß wie die Breite eines Moduls. Der Abstand vom äußeren Augenwinkel bis zur Kopfkontur entspricht ebenfalls der Breite eines Moduls.

Die **Position der Nase, des Mundes, des Kinns, der Augenbrauen** – Die Nase liegt im zentralen Teil des Gesichts. Ich setze Hilfspunkte auf der Symmetrieachse, um die Position dieser Teile zu markieren:

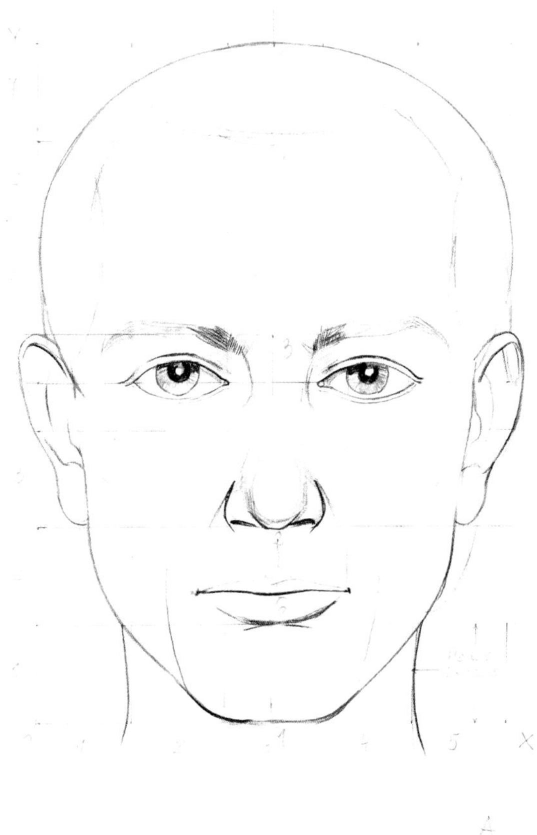

**Frontalansicht eines männlichen Kopfes**

- Punkt 1 in der Mitte der unteren horizontalen Hilfslinie markiert das Ende des Kinns;
- Punkt 2 auf der Höhe des zweiten Moduls markiert die Nasenspitze;
- Punkt 3 auf der Höhe des vierten Moduls markiert die Höhe der Augenbrauen;
- Punkt 4 auf der Höhe des sechsten Moduls markiert den Haaransatz und den Beginn der Stirn;
- Punkt 5 auf der Höhe des siebten Moduls markiert den Scheitelpunkt des Kopfes.

Nachdem ich diese Punkte eingezeichnet und alle Teile skizziert habe, markiere ich Punkt 6 auf der Symmetrieachse, auf der Höhe des zweiten Quadrates von unten. Er entsteht, wenn ich dieses Modul in drei gleiche Abschnitte unterteile. Die horizontale Linie, die durch den Punkt 6 verläuft, entspricht der Mittellinie des Mundes, wobei zu beachten ist, dass diese Proportion relativ ist und davon abhängt, ob die porträtierte Person schmale, dicke, symmetrische Lippen usw. hat.

Die **Stirn** – Dies sind die letzten beiden oberen Quadrate des Rasters. Der Abschnitt vom Haaransatz bis zum Scheitel ist das letzte von sieben Rasterquadraten.

Die **Breite der Nase** und **des Mundes** – Wenn ich nun zwei senkrechte Linien von den inneren Augenwinkeln bis zu dem Punkt 2, der der Nasenwurzel entspricht, nach unten ziehe, erhalte ich die Breite der Nase. Und wenn ich zwei vertikale Linien von den inneren Konturen der Iris der Augen bis zur Höhe von Punkt 6 ziehe, der der Mitte des Mundes entspricht, erhalte ich die Breite des Mundes.
**Gesichtskontur** – Von Punkt 3 aus kann zusätzlich ein Kreis mit einem Durchmesser von Punkt 3 bis 5 gezogen werden, mit dem das Oval des oberen Teils des Kopfes gezeichnet wird. Die Kontur der unteren Gesichtspartie ist bei Männern kantig und folgt der Linie des Kieferknochens.

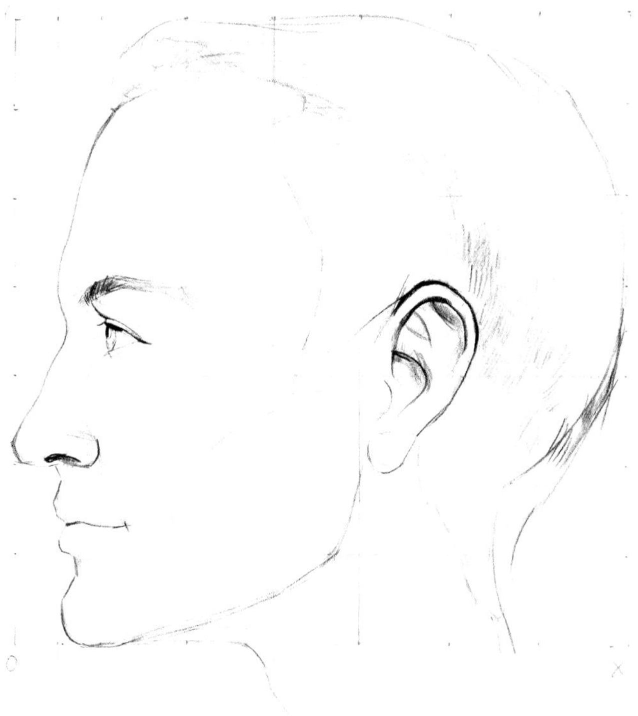

Profilansicht eines männlichen Kopfes

### Das (männliche) Profil

In der Profilansicht ist der Kopf sieben Teile hoch und sieben Teile breit, da der hintere, gewölbte Teil des Kopfes sichtbar ist.
**Die Augen** beginnen hinter dem ersten Modul, in dem die Nase liegt.
**Die Augenbrauenbögen, die Nasenwurzel, die Nasenspitze, der Mund und das Kinn** liegen ungefähr senkrecht auf der zweiten vertikalen Hilfslinie des Rasters.
Die Nase hingegen ragt etwa zur Hälfte eines Moduls über die Kontur des Profils hinaus. Auf diese Weise entsteht die Profilkontur des Gesichts.
Das Ohr ist der Teil, der in der Profilansicht von vorne gesehen wird. Es ist ein Modul breit und zwei Module hoch (Abschnitt 2–3). Es ist leicht geneigt, wobei der obere Teil der Ohrmuschel zum Hinterkopf hin geneigt ist.
In den letzten beiden Modulen hinter dem Ohr befindet sich der **Hinterkopf**.

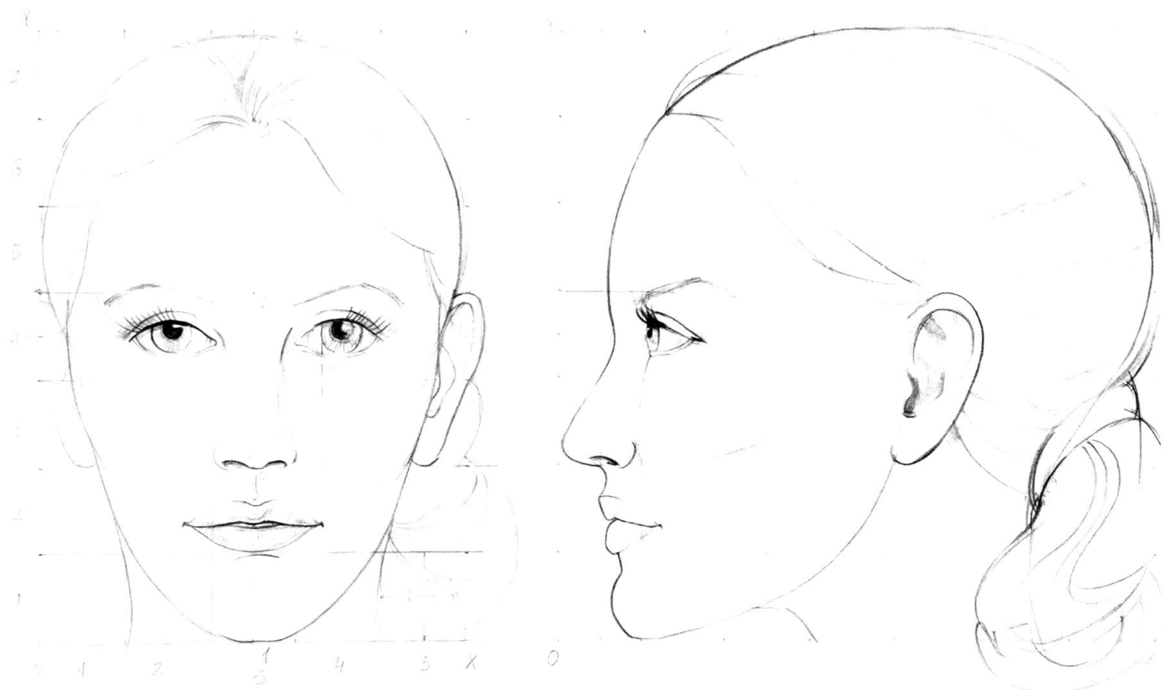

**Schema des Kopfes einer Frau – eine Frontal- und Profilansicht**

### Der weibliche Kopf

Zwischen dem männlichen und dem weiblichen Gesicht gibt es Unterschiede in den Proportionen der Basisabschnitte. Die Augen sind bei einer Frau größer, ausgeprägter und das obere Augenlid ist stärker gewölbt. Die Nase ist feiner, schmaler, zarter gebaut. Die Lippen sind breiter und voller. Die Stirn einer Frau ist glatter. Die ovale Form des Gesichts ist weicher, ohne Kanten, vor allem der Kiefer hat eine weiche Kontur, das Kinn ist zart. Die Wangen sind ausgeprägter, wodurch das Gesicht einer Frau im Wangenbereich breiter wird. Bei einem Mann sind Kiefer, Hals und Stirn stärker ausgeprägt, während diese Gesichtspartien bei einer Frau feiner konturiert sind.

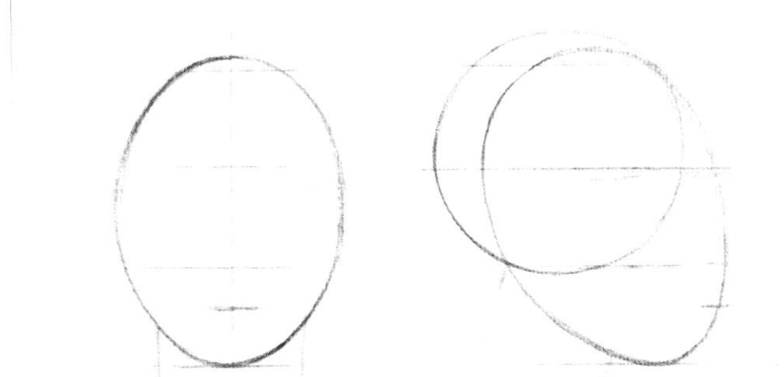

## Das Kopfschema

Das einfachste Kopfschema ist die ei-ähnliche Form, die in drei gleiche Abschnitte unterteilt werden kann.

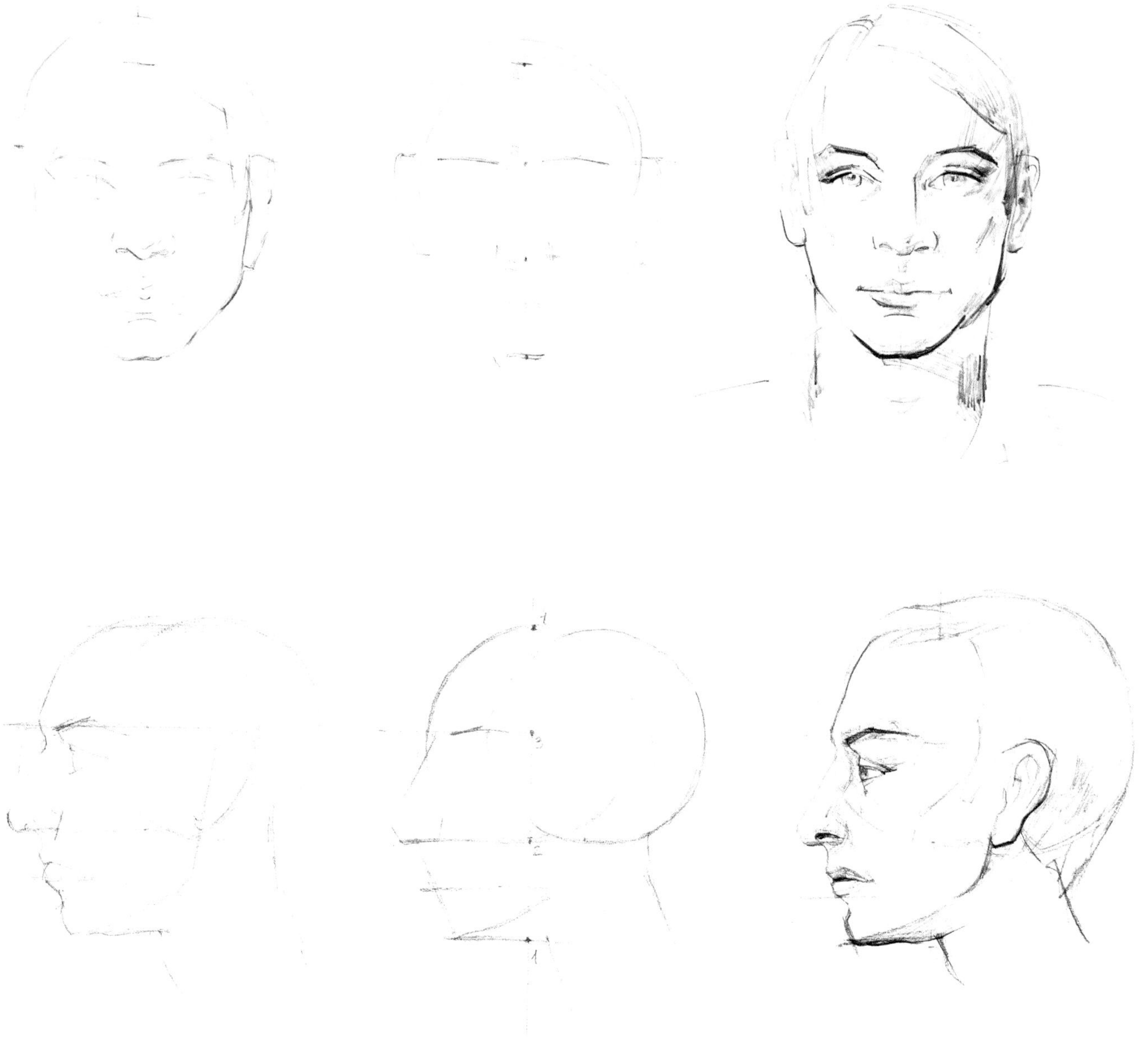

**Zwei Zeichnungen des Kopfes eines Mannes (*en face* und im Profil), die auf einem allgemeinen Proportionsschema basieren.**

Zunächst zeichne ich eine Symmetrieachse ein und markiere auf ihr vier Punkte, die in gleichem Abstand zueinander liegen. Punkt 1 ist der Kinnansatz, Punkt 2 markiert die Nasenspitze, Punkt 3 ist die Mitte zwischen den Augenbrauenbögen und Punkt 4 ist der höchste Punkt auf der Stirn, der auch den Haaransatz markiert. Diese Punkte teilen die Symmetrieachse in drei gleiche Abschnitte (1–2, 2–3, 3–4), auf denen ich die Augen, die Nase und den Mund setze.

Das Verständnis dieses Schemas ist essenziell, um die Konstruktionsgrundlagen des Porträts schnell zu beherrschen und zu den nächsten Schritten des Zeichnens und Malens überzugehen.

Das Schema der Proportionen des menschlichen Kopfes wurde bereits in der Antike von dem Mathematiker Euklid (300 v. Chr.) vorgeschlagen. Es zeigt den Kopf eines Mannes und die Proportionen gemäß des goldenen Schnitts (Abb. unten). Euklid schrieb die vollkommenste Schönheit dem Verhältnis zweier Zahlen oder Segmente in der Beziehung 1:1,618 zu; diese Konstante ist bekannt als die Zahl φ (fi) (siehe S. 54). Dieses Verhältnis der mathematischen Werte gilt als ideal und perfekt.

Euklid übertrug diesen geometrischen goldenen Schnitt auf die Proportionen des menschlichen Gesichts. Das Verhältnis der Breite der Fläche zu ihrer Länge (Höhe) beträgt also 1:1,618.

Das gleiche Prinzip galt für Nase, Mund und Augen. Darüber hinaus untersuchte er den Grundsatz, dass die Mundwinkel auf einer vertikalen Linie zur Mitte jedes Auges liegen sollten, während die Nasenflügel nicht über den Abstand zwischen den Augen hinausgehen sollten.

Die universellen und allgemeinen Grundsätze der menschlichen Kopf- und Gesichtskonstruktion lauten wie folgt:

- Das menschliche Gesicht ist grundsätzlich symmetrisch, d.h. die linke Gesichtshälfte hat die gleichen Proportionen wie die rechte. Es ist natürlich eine unvollkommene Symmetrie, da jedes Gesicht ein wenig unregelmäßig ist;
- die Höhe des Kopfes in einer vertikalen Linie enthält drei gleiche Abschnitte;
- der Kopf ist auf Wangenhöhe etwa 1,5-mal höher, als er breit ist;
- die Augen liegen in einer horizontalen Linie etwa auf halber Höhe des Kopfes;
- die Nasenspitze befindet sich in der Mitte zwischen der Augenbrauenlinie und dem Kieferansatz;
- der Abstand zwischen den Augen entspricht der Breite eines Auges;
- die Nasenwurzel ist so breit wie der Abstand zwischen den Augen;
- das Ohr ist fast so lang wie die Nase.

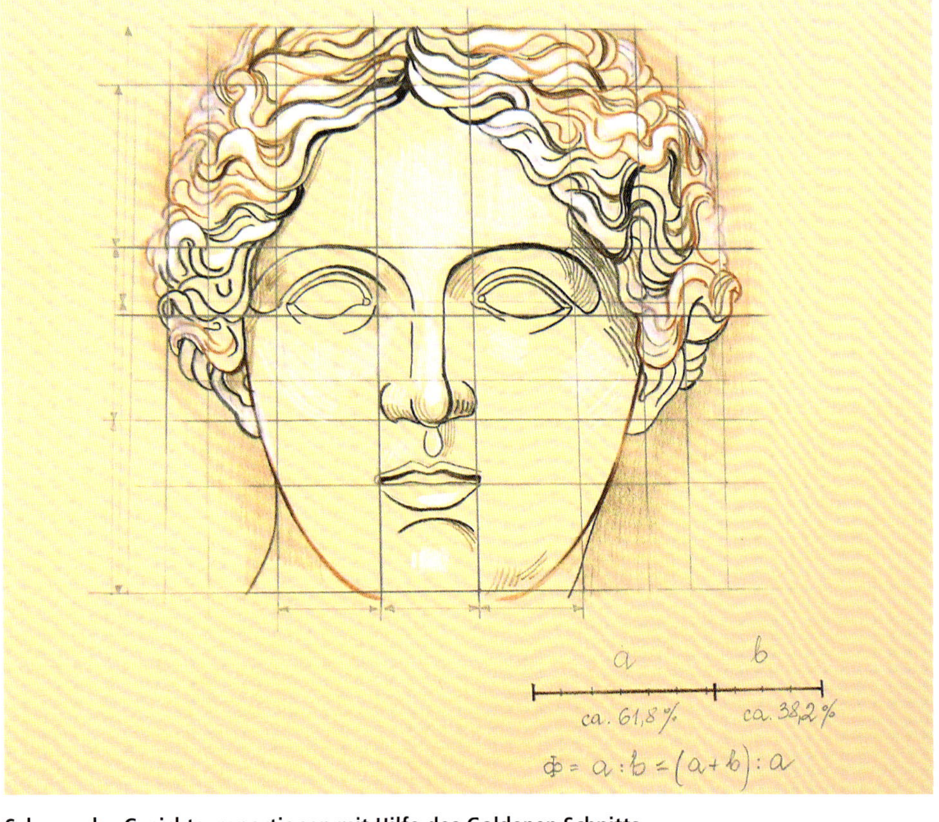


**Schema der Gesichtsproportionen mit Hilfe des Goldenen Schnitts**

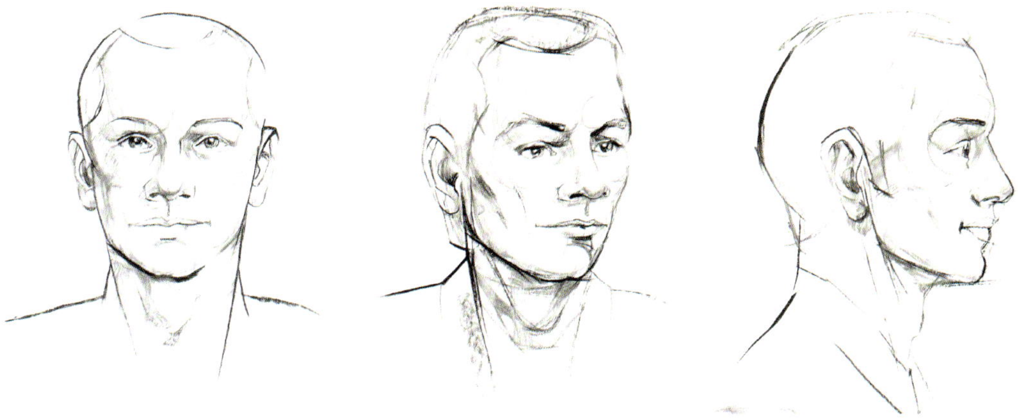

**Porträtansichten: frontal (*en face*), in der Dreiviertelansicht, Profil**

## Hauptansichten

Es gibt drei hauptsächliche Porträtdarstellungen (Kopf- und Gesichtsaufnahmen): *en face*, im Profil und in der mittleren Dreiviertelansicht.

Die ***En-Face*-Ansicht** zeigt das ganze Gesicht. Alle Teile des Gesichts sind sehr gut sichtbar, die Ohren werden nur angerissen. Eine **Profilaufnahme** ist ein Gesicht, das von der Seite aufgenommen wurde, wobei nur eine Gesichtshälfte sichtbar ist. Im Vordergrund ist das Ohr zu sehen.

In der **Dreiviertelansicht** ist das Gesicht in drei Teile unterteilt, die von der Seite der Betrachter aus sichtbar sind, und in einen Teil, der in der perspektivischen Verkürzung und im Schatten zu sehen ist.

Es gibt noch eine weitere Zwischenansicht, die selten verwendet wird, eher bei Gruppenkompositionen – das ist das **verlorene Profil** (*profil perdu*), bei dem man den Kopf der Figur von hinten und in starker perspektivischer Verkürzung sieht.

Wir erstellen das Gesicht *en face* und im Profil hauptsächlich auf horizontalen und vertikalen Linien basierend. Hingegen verwenden wir im Dreiviertelporträt Hilfskurven, weil der Kopf den Umfang eines Kreises hat, was in der Perspektive eine Ellipse ergibt. In der künstlerischen Anatomie werden Ellipsen Meridiane genannt. Sie schaffen die Räumlichkeit der Kopfform und repräsentieren ihren Umfang auf allen grundlegenden Ebenen – Augen, Nase, Stirn und Kinn. Die Konstruktion eines Gesichts aus verschiedenen Perspektiven ist logisch aufgebaut. Von unten betrachtet (wenn der Kopf nach hinten geneigt wird), ist der Teil der Stirn und der unteren Lippe verkürzt. Die Nase ist teilweise verkürzt, die Nasenwurzel ist sichtbar. Die Ohren sind optisch abgesenkt und die Kopfkrone oder der Scheitel ist unsichtbar. Wenn das Gesicht von oben betrachtet wird (wenn der Kopf nach unten geneigt ist), nimmt der obere Teil den meisten Platz in der Zeichnung ein. Die oberen Augenlider, die Nasenlöcher, die Oberlippe und der Kiefer sind fast unsichtbar. Die Stirnpartie verlängert sich, während sich die Nase und – noch stärker – der Kieferbereich verkürzt.

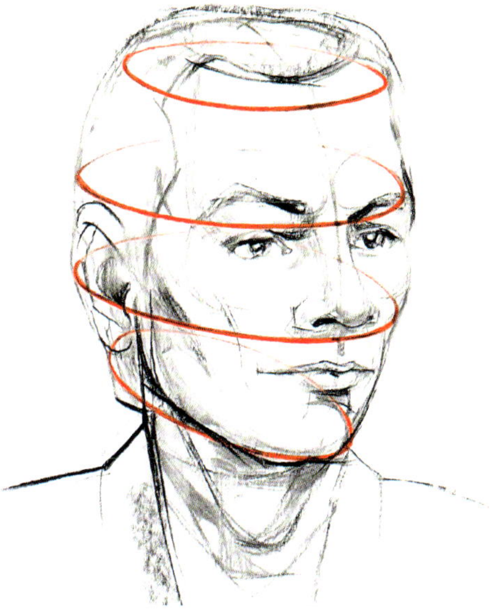

**Dreiviertelansicht des Gesichts mit markierten Meridianen**

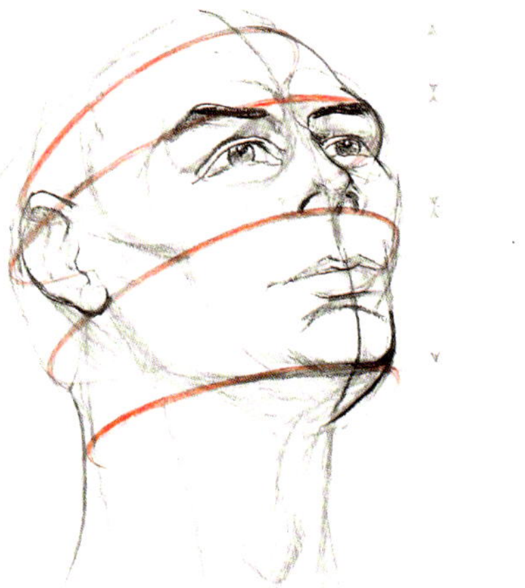

Konstruktionszeichnung eines Gesichts von unten

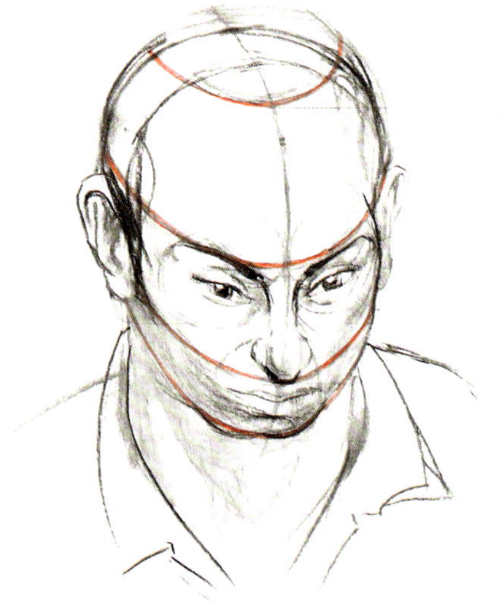

Konstruktionszeichnung eines Gesichts von oben

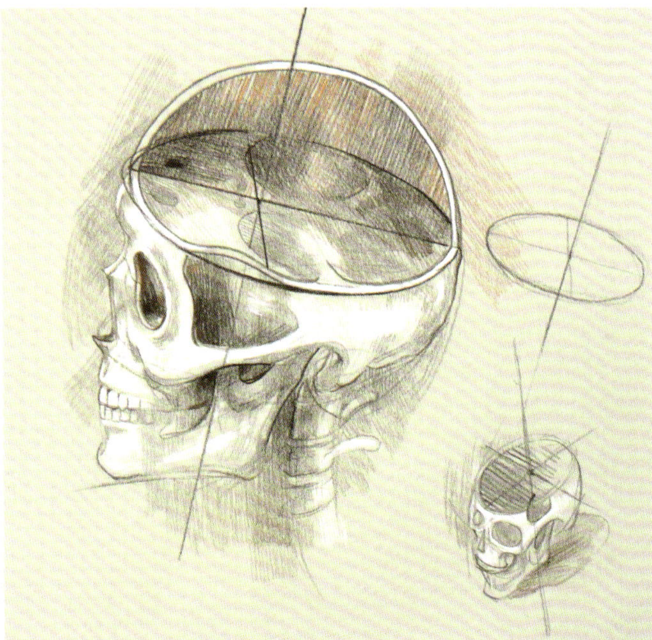

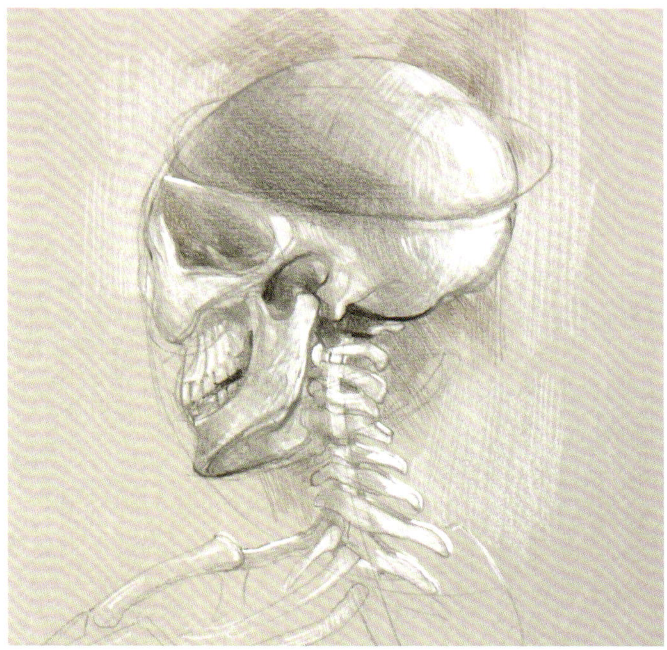

Querschnitt und Rückseite des Schädels. Strukturell gesehen sind Meridiane der Umfang des Schädels.

## Unterschiede in den Proportionen – Erwachsene und Kinder

Zwischen dem Kopf eines Erwachsenen und dem eines Kindes gibt es große Unterschiede in den Proportionen. In den folgenden Abbildungen ist zu erkennen, dass der Kopf des Kindes breiter und insbesondere der obere Teil des Kopfes viel größer ist als der des Gesichts. Dies ist auf das schnelle Wachstum des Gehirns bei Säuglingen und Kleinkindern zurückzuführen, während z.B. der Kiefer sich in dieser Phase langsamer entwickelt. Die Augenbrauen und das Kinn sind bei Kindern runder. Die Nase ist viel kürzer und flacher.

Das Gesicht an sich ist weicher, die Augen im Verhältnis zum Gesamtkopf groß. Der Abstand zwischen den Augen ist größer als die Breite eines Auges, wie es bei Erwachsenen der Fall ist.

Wenn man wächst, dehnt sich das Gesicht aus, die Knochen wachsen, das Gesicht wird kantiger. Die Veränderung der Größe des Kopfes eines Kindes und damit die Veränderung der Proportionen ist in der folgenden Abbildung am Beispiel von Kindern im Alter von 1,5 Jahren, 3 Jahren und 6 Jahren dargestellt.

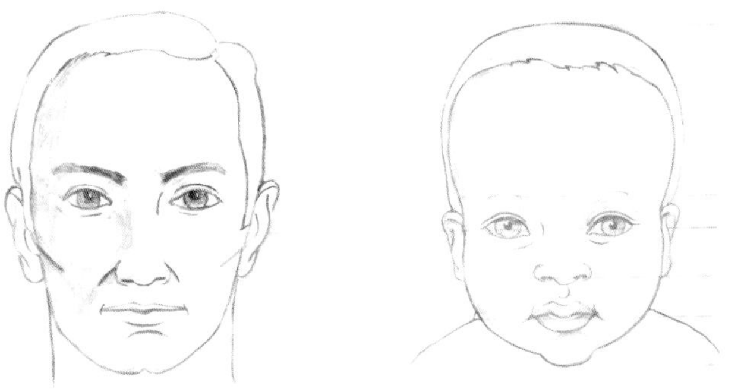

**Unterschiede in den Proportionen**

**1,5 Jahre** – die Stirn ist sehr hoch, der Abstand zwischen den Augen ist größer als ein Auge, das Kinn und die Wangen sind sehr rund und weich.

**3 Jahre** – das Gesicht zieht sich zurück, der Haaransatz liegt tiefer.

**6 Jahre** – die Gesichtspartie nimmt bereits die Hälfte des Kopfes ein, die Augen werden proportional, die Nase verlängert sich, der Kiefer nimmt eine ovale Form an.

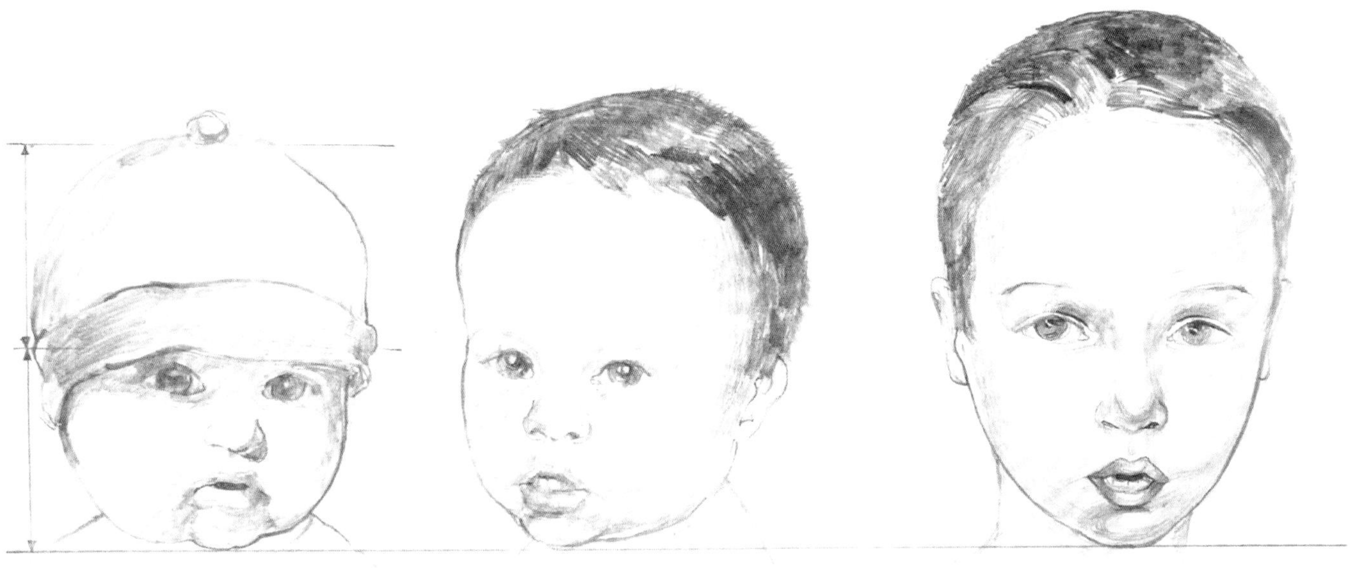

**Kindergesichter mit 1,5 Jahren, 3 Jahren und 6 Jahren**

## Anatomie

Was wir als Porträt sehen, basiert auf einer Struktur, die von außen unsichtbar ist, nämlich dem Schädel und der Muskulatur des Kopfes. Sie beeinflussen das individuelle Aussehen des Kopfes und des Gesichts der dargestellten Person.

Der **Schädel** ist eine knöcherne Struktur, die die Organe in seinem Inneren schützen soll. Er ist unterteilt in den Hirnschädel, der das Gehirn schützt, und den Gesichtsschädel, der die Sinnesorgane und den oberen Trakt der Atemwege und Verdauungsorgane schützt. Der Schädel besteht aus dem Stirnbein, zwei Schläfenbeinen, zwei Scheitelbeinen, dem Hinterhauptbein, dem Keilbein und dem Sitzbein.

### Der menschliche Schädel

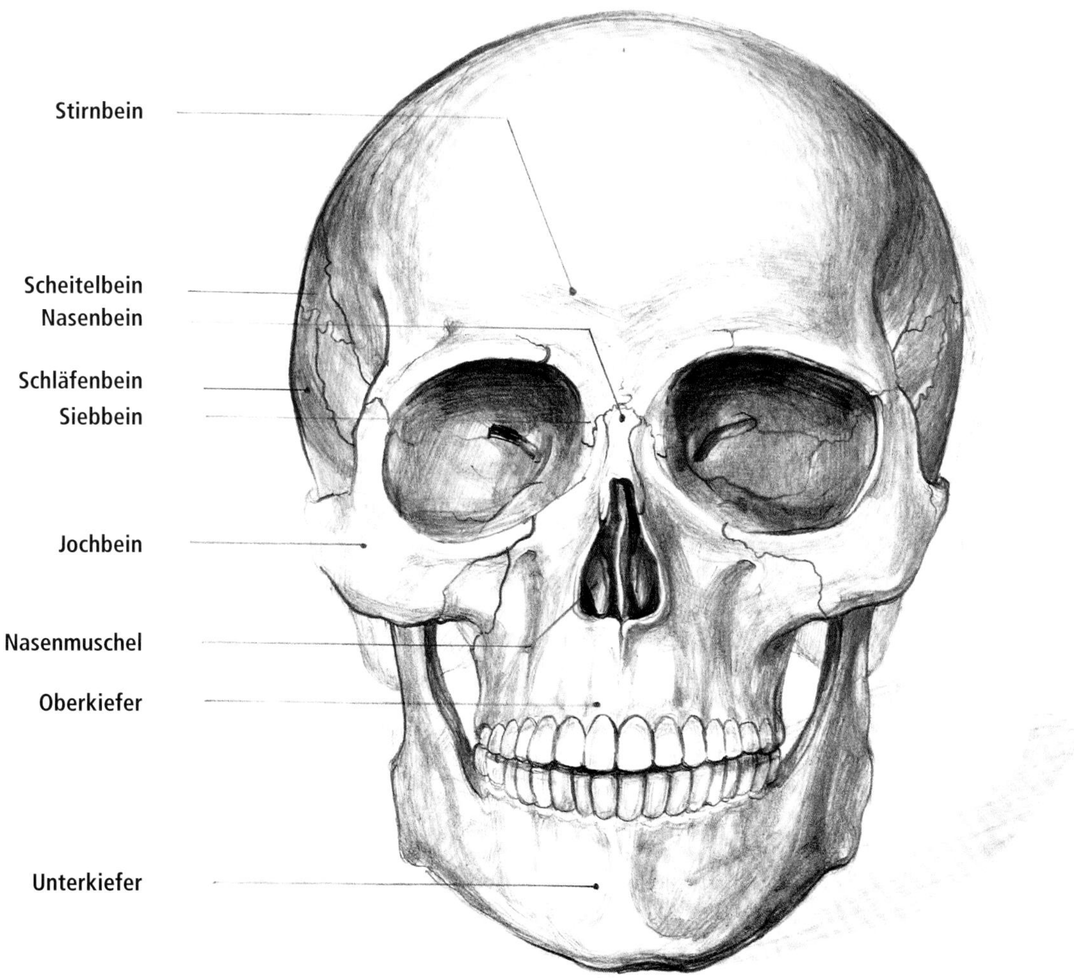

Das kraniofaziale Skelett besteht aus:
dem Nasenbein, dem Tränenbein, der unteren Nasenohrmuschel, dem Oberkiefer, dem Gaumenbein, den beiden Jochbeinen, dem Siebbein, dem Zungenbein und dem Unterkiefer, dem einzigen beweglichen Knochen des Schädels.

## Der menschliche Schädel (im Profil)

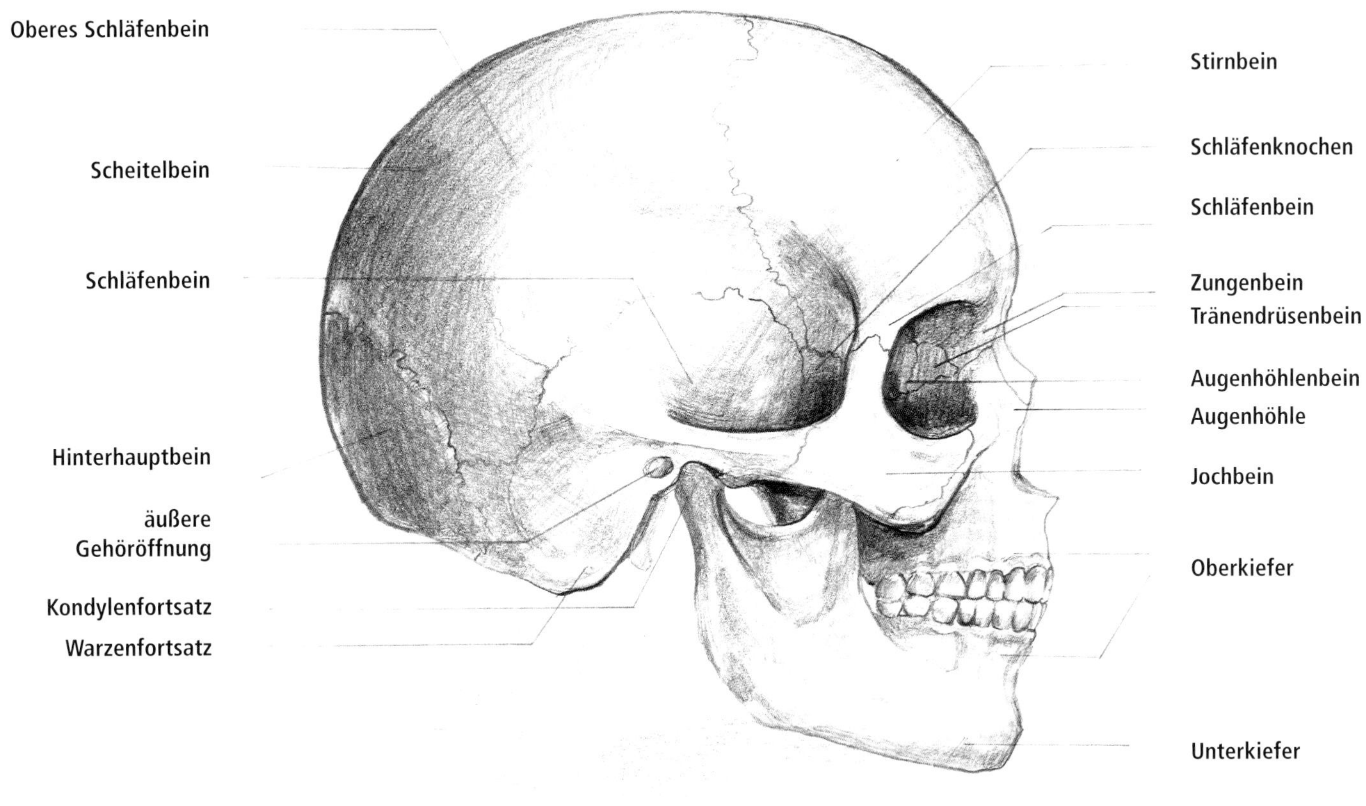

Eine weitere Schicht, die sich über den Knochen erstreckt, sind **die Muskeln**, die die verschiedenen Teile des Gesichts aktivieren, d.h. die Augen, den Mund, den Kiefer, die Nase, die Augenbrauen und den Hals. Die Muskeln sind durch Sehnenstränge an den Schädelknochen und an der Haut befestigt. Der emotionale Zustand einer Person, ihre Entscheidungen und Gedanken werden sofort an die Muskeln des gesamten Organismus weitergeleitet, wodurch sie in Gang gesetzt werden. Deshalb gehen wir, stehen auf, sprechen, heben die Augenbrauen, wenn uns etwas überrascht, verziehen das Gesicht, wenn wir unglücklich sind. Alle Reaktionen unserer Psyche spiegeln sich in unserer Mimik wider. Per Definition bedeutet „Gesichtsausdruck" Gesichtsmuskelbewegungen, die Gedanken, Gefühle,

### Die Gesichtsmuskeln

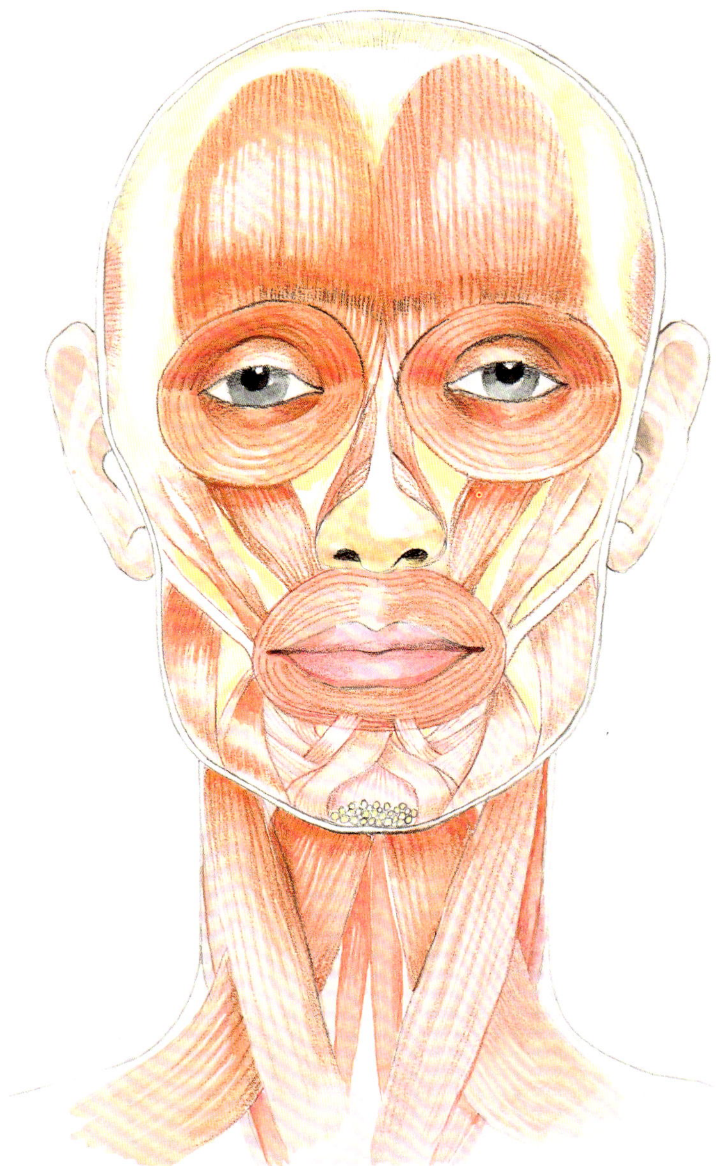

Erfahrungen, Stimmungen und Haltungen gegenüber anderen Menschen ausdrücken. Die Ausdrucksmuskeln des Gesichts sind für die Mimik verantwortlich. Da die Muskeln zumindest an einem Ende mit der Gesichtshaut verbunden sind, verleiht die Muskelspannung in Verbindung mit der Elastizität der Haut dem Gesicht das jeweilige Aussehen. **Die Muskeln des Schädeldachs** heben also die Augenbrauen und das Oberlid an; die Muskeln um den Mund herum heben oder senken die Mundwinkel, was dazu führt, dass sich die Wangen aufplustern und sich die Lippen, das Kinn und die Nasenflügel bewegen.

Diese Muskeln sind für das Lächeln verantwortlich oder verleihen dem Gesicht einen Ausdruck von Abneigung und Verachtung; die Muskeln um den Lidspalt herum, lassen

## Die Gesichtsmuskeln (im Profil)

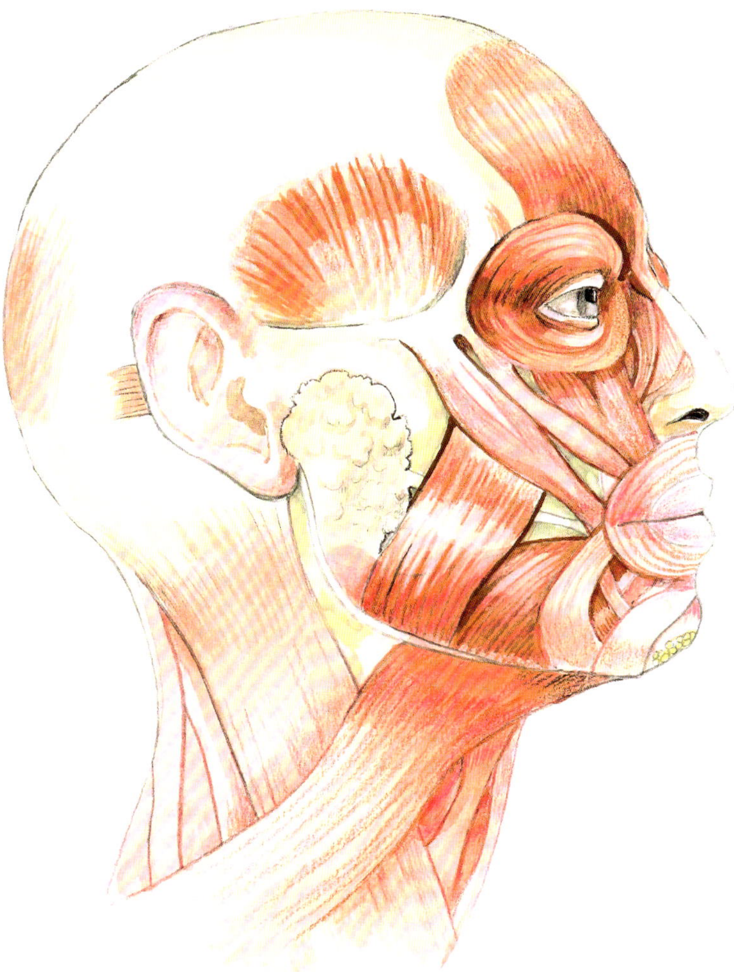

uns blinzeln, die Augenbrauen zusammenziehen, die Stirn runzeln; die Muskeln um die Nasenlöcher herum, verengen oder verbreitern die Nasenflügel; die Muskeln der Ohrmuschel haben keinen Einfluss auf den Gesichtsausdruck. Dieses Wissen ist wichtig, weil Muskeln logische (aus der Mimik abzulesende) Richtungen bilden. Das Raster dieser Richtungen und Hilfslinien und die Stellen, an denen sie sich kreuzen, bauen strukturelle Spannungen auf, die in der Phase, in der man den Ausdruck des Porträtierten wiedergeben möchte, hilfreich sind (siehe Kap. *Das Porträt – erste Schritte*).

Auf Basis der Anatomie kann die erste **Konstruktionszeichnung** angefertigt werden. Jede Konstruktionslinie markiert die Richtung eines Schädelknochens oder Muskels. Die Strukturzeichnung ist nichts anderes als eine eingehende Betrachtung der inneren Struktur des Kopfes:

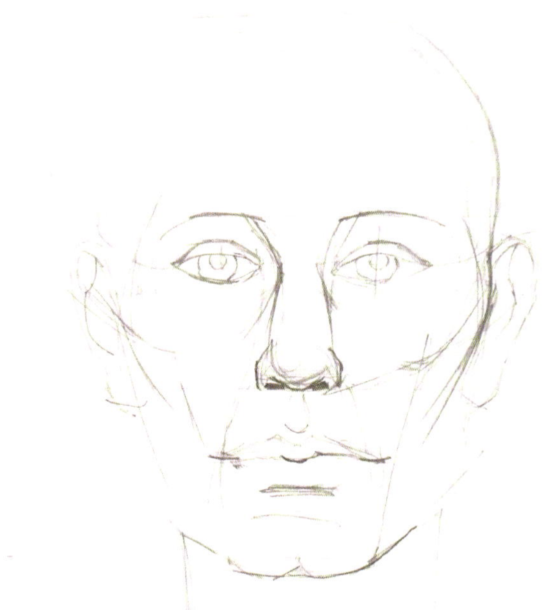

**Konstruktionszeichnung (*en face*)**

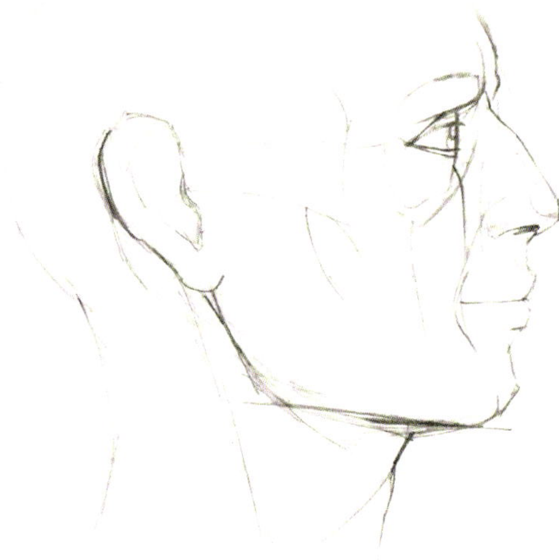

**Konstruktionszeichnung (Profil)**

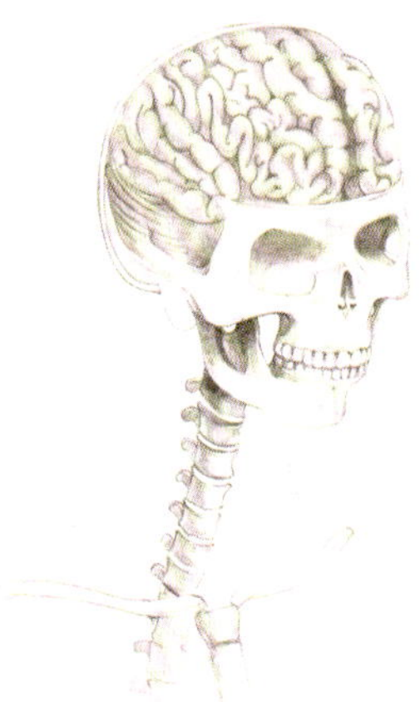

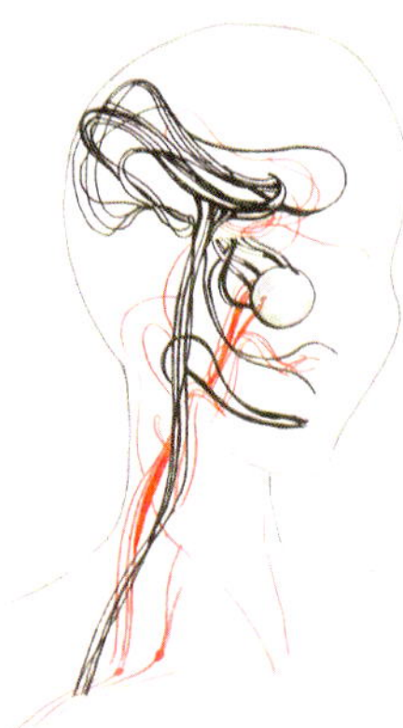

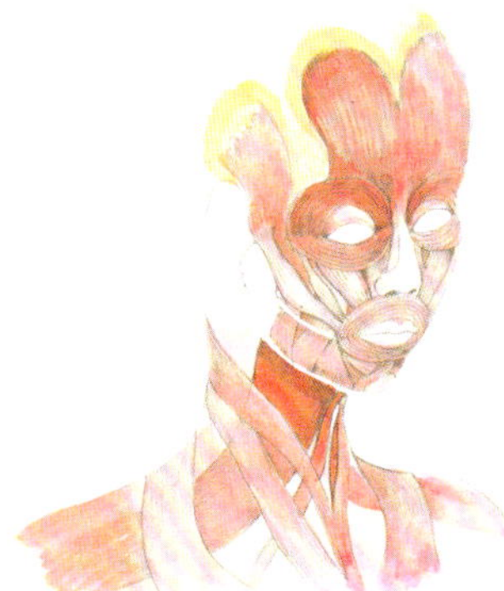

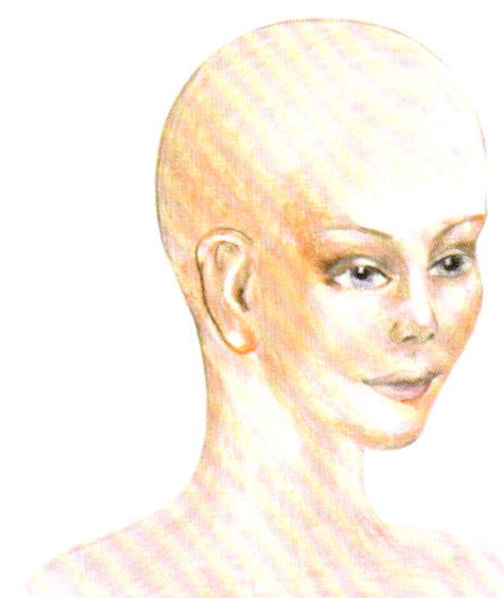

Wenn wir uns also von der Mitte des Kopfes ausgehend aufeinanderfolgende Schichten vorstellen – die Knochen, dann das Gehirn mit den Nerven, die Muskeln und darüber eine gleichmäßig gespannte Hautschicht –, dann erhalten wir eine solche Rekonstruktion des menschlichen Kopfes und Gesichts: An diesem Beispiel können Sie sehen, wie einheitlich ein Mensch aufgebaut ist (Haut – Muskeln – Knochen – Gehirn). Solche Bilder werden unter anderem in der Medizin, Pathomorphologie und Archäologie verwendet. Sie werden mithilfe von Grafikprogrammen erstellt.

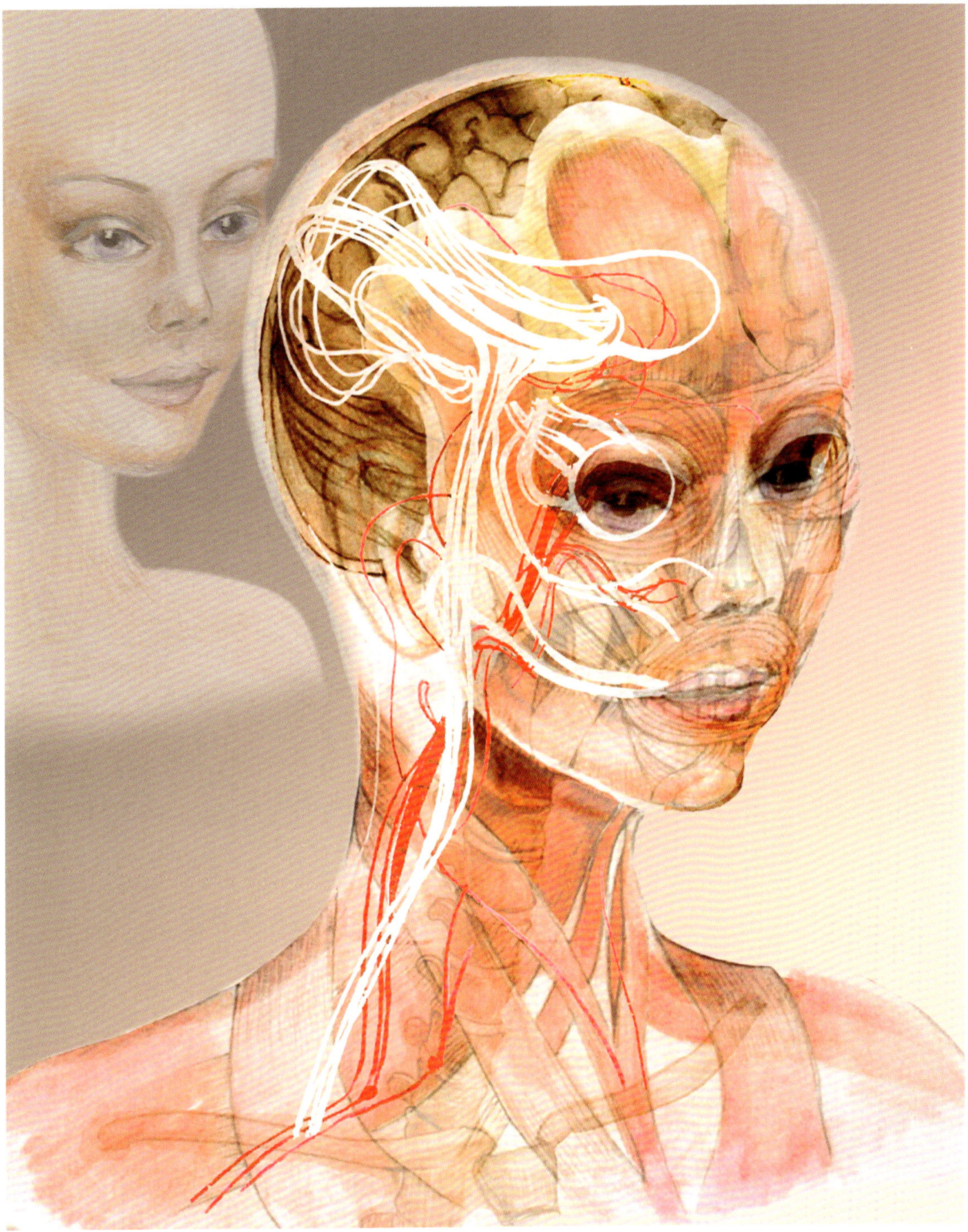

## Details

Wir beginnen unsere Porträtübungen mit dem Zeichnen der Details des Gesichts, d.h. der Augen, der Nase, des Mundes und der Form der Haare, also der Frisur.

### Das Auge

Die Position des Auges, die natürlich von der Neigung des Kopfes abhängt, kann man sich als eine in einen Würfel eingefasste Kugel vorstellen. Die auf der Raumzeichnung eingezeichneten Symmetrieachsen und die horizontalen Linien, die durch den Mittelpunkt der Kugel (des Auges) verlaufen, die die Achse des Gesichtsfeldes darstellt, helfen uns, die Winkel der Kugel (des Auges) zu erfassen. Auf der rechten Seite ist ein Auge auf Grundlage einer Kugel gezeichnet.

**Augenstellung im Profil** **Augenstellung *en face***

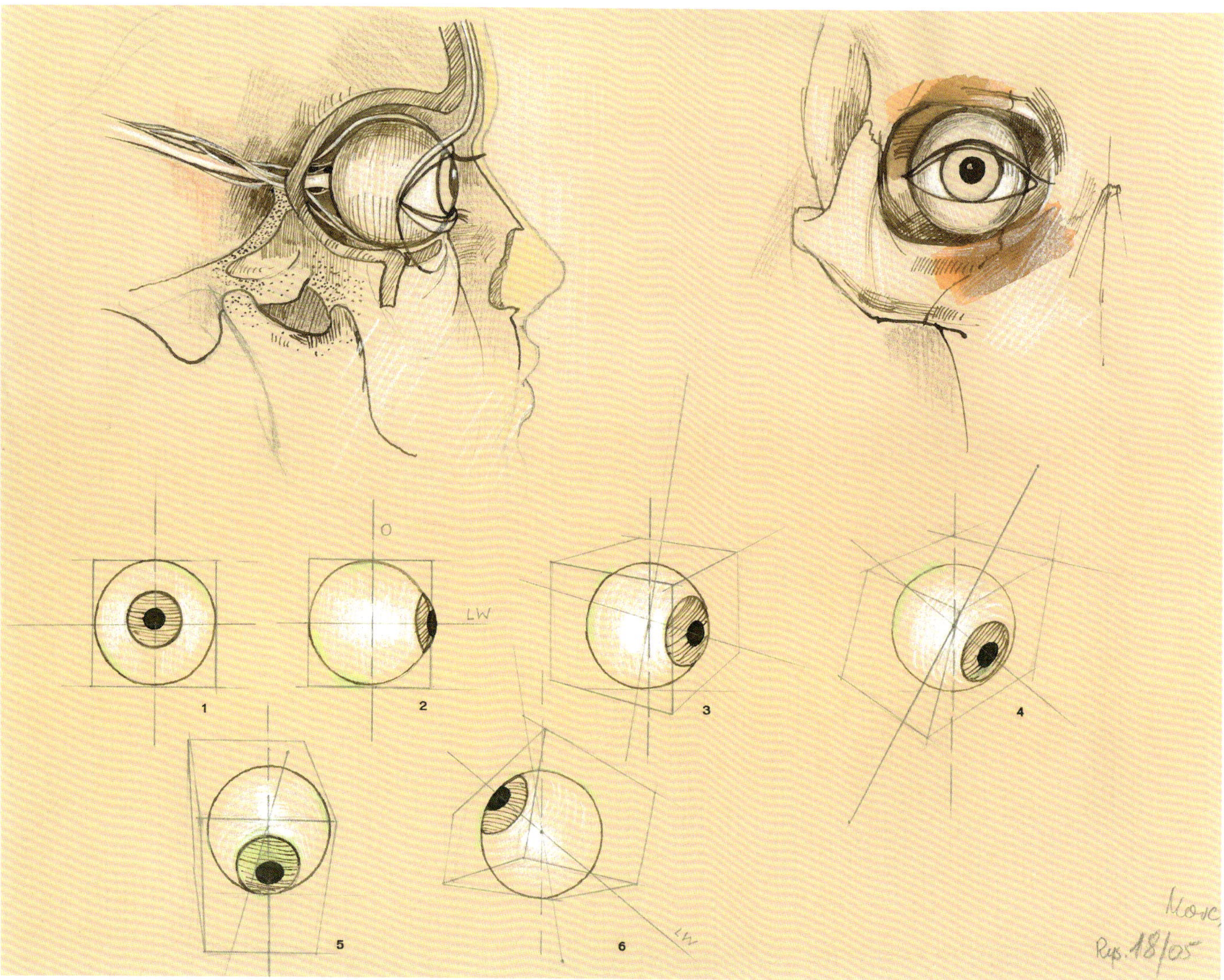


**Natürliche Stellungen des Auges**

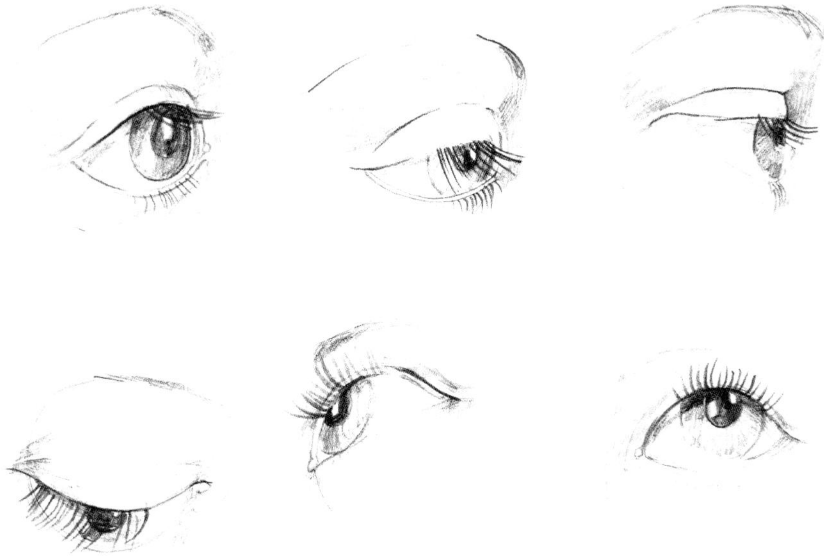

**Verschiedene Augenpositionen gezeichnet auf Grundlage der Kugelform**

## Das Auge in der *En-face*-Darstellung

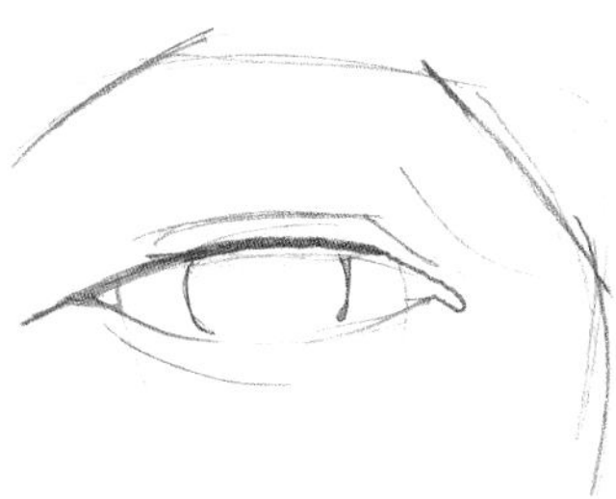

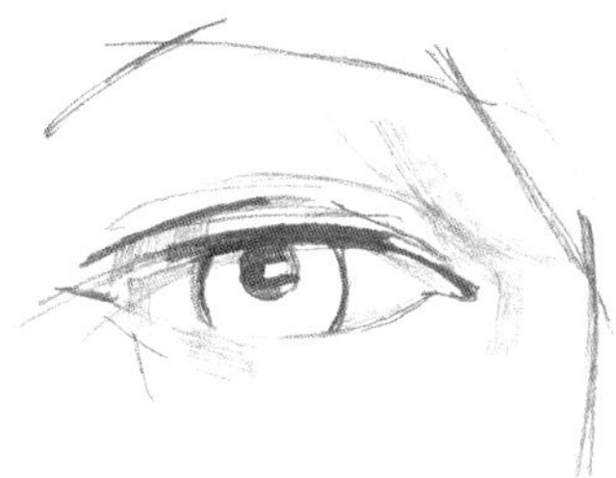

**1** Ich fange an, das Auge mit leichten, geschwungenen Linien zu skizzieren. Ich markiere die wichtigsten Konturen – oberes und unteres Augenlid, Iriskreis, Augenbraue und Augenwinkel. Es ist zu beachten, dass die Iris des Auges teilweise unter dem oberen Augenlid verborgen ist, sodass es sich nicht um einen vollständigen Kreis handelt.

**2** Ich verstärke die Kontur des oberen Augenlids in der Mitte, da dies der zentrale Teil dieses Details ist. Ich zeichne die Pupille und schwärze sie, aber so, dass ein wenig Licht in ihr bleibt.
Wir sollten uns den Verlauf des oberen Augenlids anschauen, dessen Kontur vom Augenwinkel aus nach oben verläuft und am äußeren Augenwinkel nach unten abfällt. Dies verleiht dem Auge eine mandelförmige Kontur, obwohl das Auge selbst anatomisch gesehen eine Kugel ist.

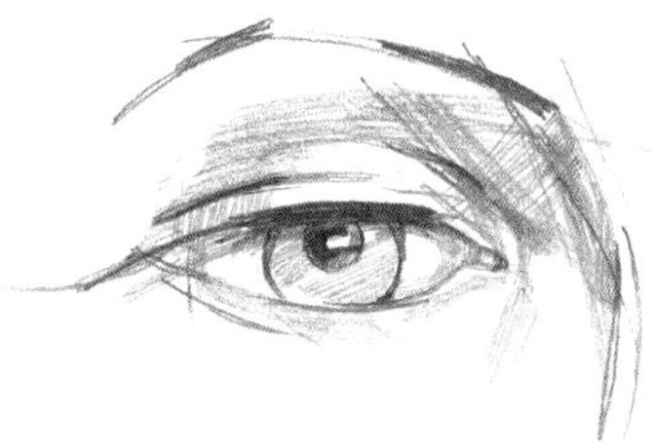

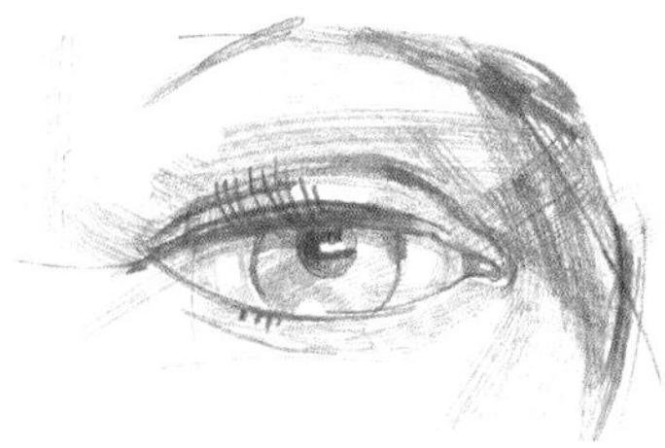

**3** Als Nächstes beginne ich, die dunkleren Bereiche des Auges und seine Umgebung zu schattieren. Ich platziere einen Lichtreflex innerhalb der Iris, weil sie farbig ist. Ich zeichne am Augenwinkel einen präzisen Eingang zum Tränenkanal. Ich schattiere das Oberlid in Richtung des äußeren Augenwinkels, und – ganz wichtig – ich trage einen hellgrauen Schatten unter dem Oberlid, auf der Oberfläche des Auges auf. Dieses Augenlid ist der Teil, der über die Ebene des Augapfels hinausragt und einen Schatten erzeugt, der auf einen geringen räumlichen Unterschied zurückzuführen ist. Auch im Augenwinkel finde ich flache Richtungen, denen folgend ich den Bereich um den Augenwinkel und den Bereich unter der Augenbraue nachzeichne.

**4** Im letzten Schritt verstärke ich die Schatten in den Augenwinkeln, der Iris, der Augenbraue, ziehe die Wimpern nach und markiere die Richtung des Übergangs vom äußeren Augenwinkel zum äußeren Teil des Augenbrauenbogens. Das Auge ist gezeichnet und erhält seinen Ausdruck.

## Das Auge in der Dreiviertelansicht

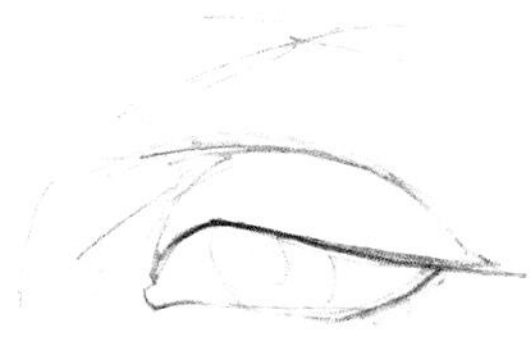

**1** Das Auge im Inneren ist eine Kugel, die ich mit leichten skizzenhaften Linien zeichne. Im Vergleich zur Frontalansicht sind die Augenlider jedoch sozusagen um 90 Grad gedreht. Dadurch wird die Kontur der oberen und unteren Augenlider am inneren Augenwinkel verkürzt und die Linie zum äußeren Augenwinkel verlängert. Ich teile diesen Abschnitt im Verhältnis 3:4. Ich skizziere die Augenbrauenlinie und markiere die Position der Nase mit einer einzigen Linie.

**2** Ich verstärke die Konturen der oberen und unteren Augenlider. Ich zeichne einen Kreis um die Iris und markiere den Pupillenumfang leicht. Das obere Augenlid „legt" sich auf den Augapfel und sein Eingang ist unter dem über dem Auge liegenden Hautlappen sichtbar. Ich schattiere diese Stelle mit Linien in der entsprechenden Richtung.

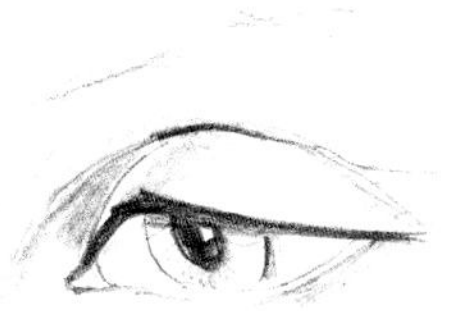

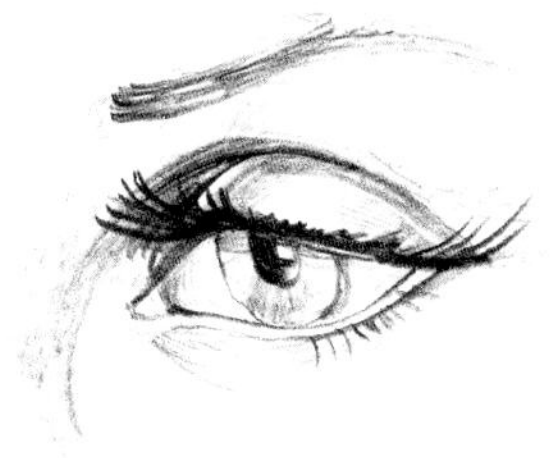

3 Ich zeichne den Umriss des oberen Augenlids genauer und markanter und schwärze die Pupille, sodass nur noch ein kleiner Lichtreflex übrigbleibt. Ich zeichne einen grauen Schatten unter das Oberlid auf der Oberfläche des Auges. Im inneren Winkel sieht man den Augapfel – genau dort ziehe ich eine feine Linie. Ich zeichne das obere Augenlid in der Form einer Kugel. Ich schattiere den äußeren Augenwinkel und den Bereich um den inneren Augenwinkel herum, wobei ich an dieser Stelle einen Schatten andeute. Ich zeichne auch die Dicke des unteren Augenlids nach und schattiere den Übergang des unteren Augenlids in den äußeren Augenwinkel.

4 Ich schraffiere stärker an allen zuvor markierten Stellen. Ich zeichne die Augenbrauen und Wimpern sorgfältig. Von der Seite betrachtet sind die Wimpern deutlich sichtbar, während das Auge des Betrachters beim Blick geradeaus in der Regel die abstehenden Wimpernspitzen sieht. So gezeichnet ist das Auge gut unter den Augenbrauen platziert und bekommt einen entsprechenden Ausdruck.

## Das Auge im Profil

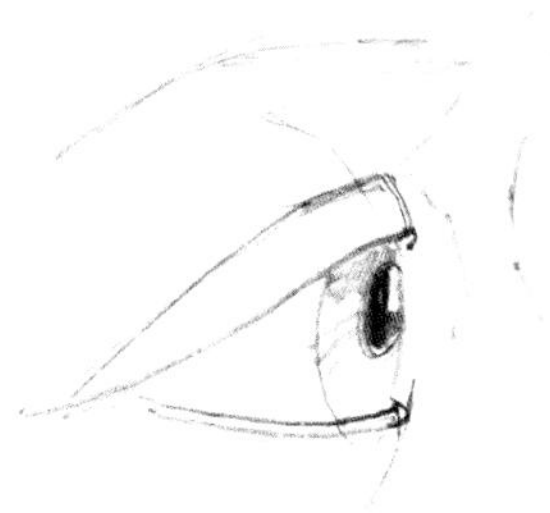

1 Ich skizziere eine Kugel und setze darauf die Augenlider mit hellen Linien, die an einer Stelle zusammenlaufen (äußerer Winkel). Der innere Augenwinkel ist in dieser Perspektive nicht zu sehen.

2 Ich zeichne die oberen und unteren Augenlider stärker nach. Auf dem unteren Augenlid markiere ich eine sichtbare dicke Linie und zeichne zwei parallele Linien. Ich skizziere die Iris und die Pupille, das Licht befindet sich nun an der seitlichen Kontur des Augapfels. Diese Stelle muss sorgfältig gezeichnet werden. Ich skizziere nun, wo das obere Augenlid in den oberen Hautlappen über dem Auge übergeht.

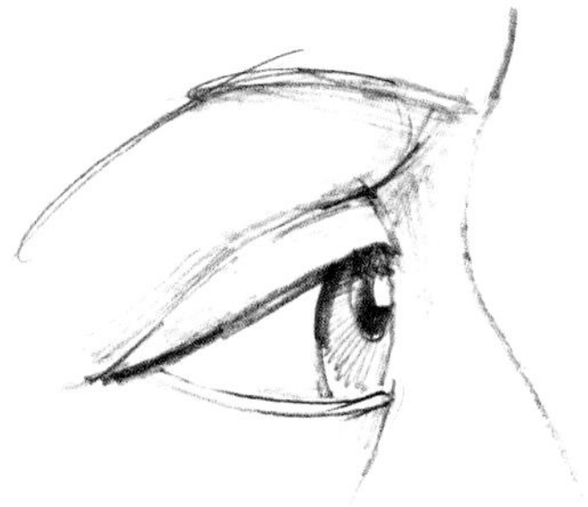

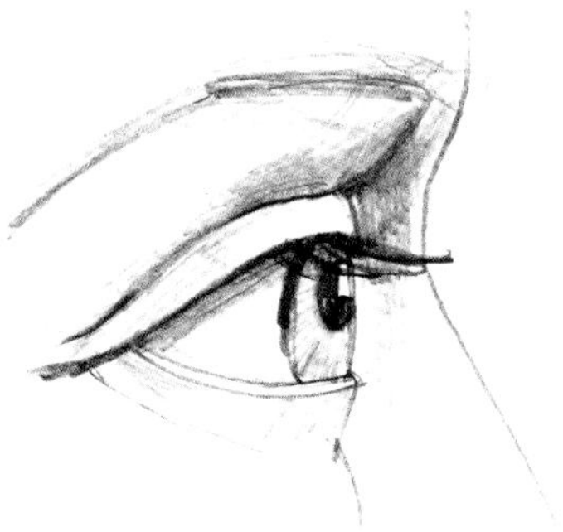

**3** Ich schraffiere die Bereiche, die im Schatten liegen, also in der Ecke oberhalb des oberen Augenlids, wo die beiden Augenlider aufeinandertreffen. Ich setze einen leichten Schatten, der vom unteren Augenlid auf den Augapfel fällt, direkt neben die Iris.

**4** Ich rahme das Auge ganz stark am Kontaktpunkt mit der Nase ein. Auf dem Augapfel unter dem oberen Augenlid zeichne ich einen Schatten, der sich „über die Form" legt.

**Die Lippen**

Anatomisch gesehen sind die Lippen zwei weiche, stark innervierte Muskellappen. In der künstlerischen Anatomie besteht die Hauptfunktion des Mundes darin, menschliche Gefühle auszudrücken.

## Die Lippen in der *En-face*-Darstellung

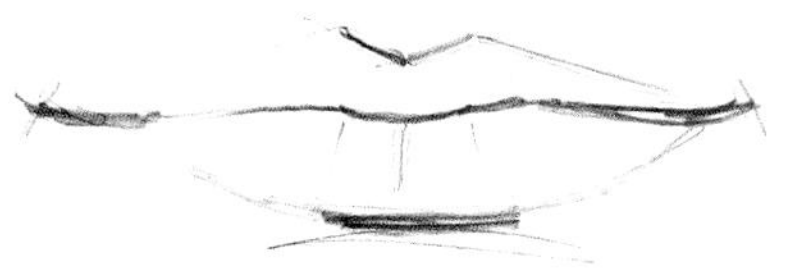

**1** Diesmal beginne ich die Zeichnung mit ein paar einfachen parallelen Linien und einer zarten Symmetrieachse.

**2** In dieser Ansicht ist der Mund symmetrisch. Ich verstärke diese Linien, insbesondere die Mittellinie des Mundes, die Kontur der Oberlippe und die Kontur der Unterlippe in der Mitte, wobei ich auf die Symmetrie des Mundes achte. Der linke und rechte Teil des Mundes müssen gleich sein. Ich skizziere eine Linie an der Unterlippe, wo das Kinn beginnt und endet. Ich ziehe die Mundwinkel nach oben.

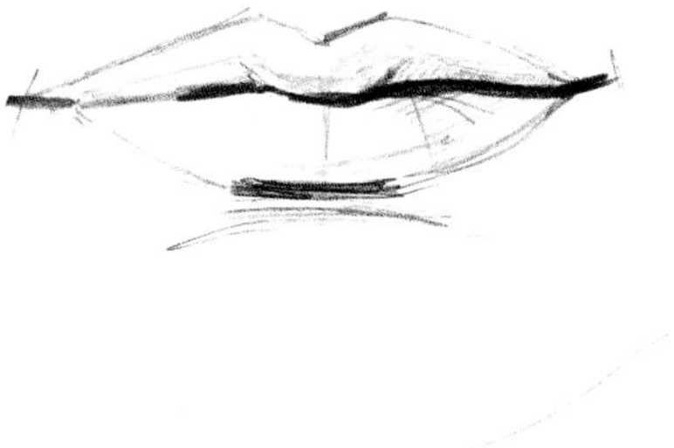

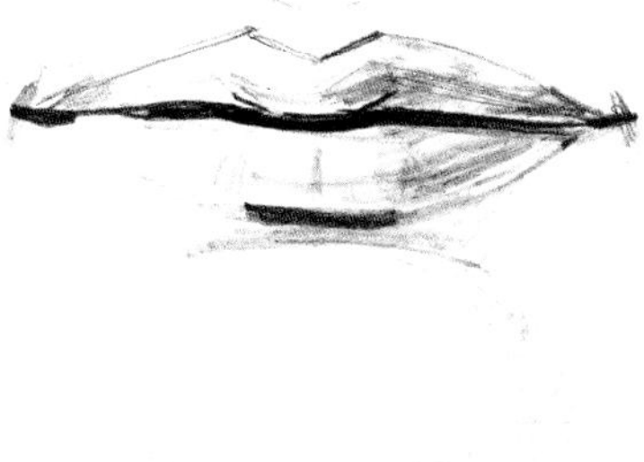

**3** Ich verstärke den mittleren Bereich der Lippen und zeichne eine natürlich verlaufende Mittellinie, die in der Mitte gewölbter ist als die Oberlippe. Dann zeichne ich sorgfältig die obere Kontur der Oberlippe und ihren Abfall zu den Mundwinkeln und setze eine stärkere Linie dort, wo die Mitte der Unterlippe auf den Beginn des Kinns trifft.

**4** Ich fülle beide Lippen mit Schraffierungen aus. Dabei sollte man beachten, dass die Mundwinkel dunkler sind und die Mitte des Mundes glänzt. Ich skizziere leicht die Hautfalte über dem Mund und zeichne ein ovales Kinn gemäß der Form. Auf diese Weise erscheint der Ausschnitt gewölbter und die Lippen wirken voll.

## Die Lippen in der Dreiviertelansicht

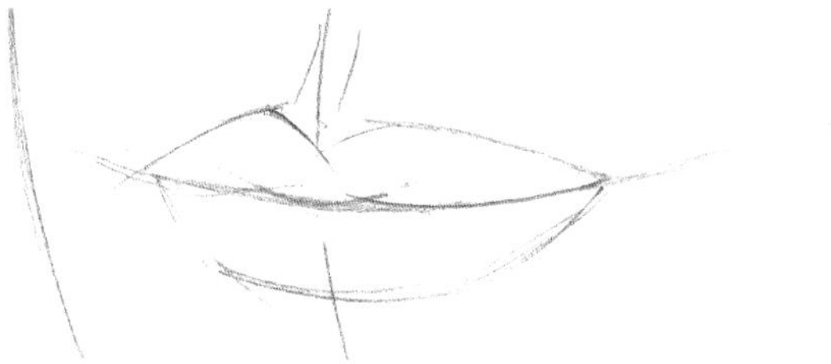

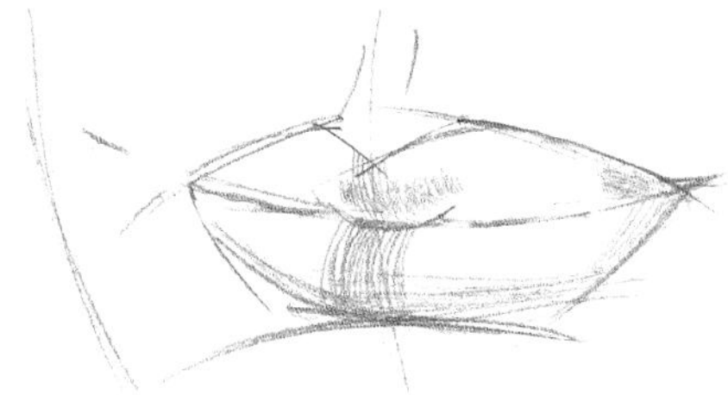

**1** In dieser Ansicht gibt es keine Symmetrie, sodass uns die Symmetrieachse nicht weiterhilft. Die Lippen werden im Verhältnis 3:4 geteilt und nach rechts gedreht. Daher ist die rechte Seite des Mundes des Modells kürzer und die linke Seite länger. Ich skizziere diese Aufteilung mit feinen Linien, die die Mitte des Mundes, die Konturen der Lippen usw. markieren.

**2** Jetzt zeichne ich die Mundwinkel genauer und skizziere die Lippen „in Form" von ovalen Linien auf der Ober- und Unterlippe und in der Mitte. Ich markiere die Verdickung der Oberlippe in der Mitte und zeichne einen leichten Schatten auf die Unterlippe, wo sie das Kinn berührt.

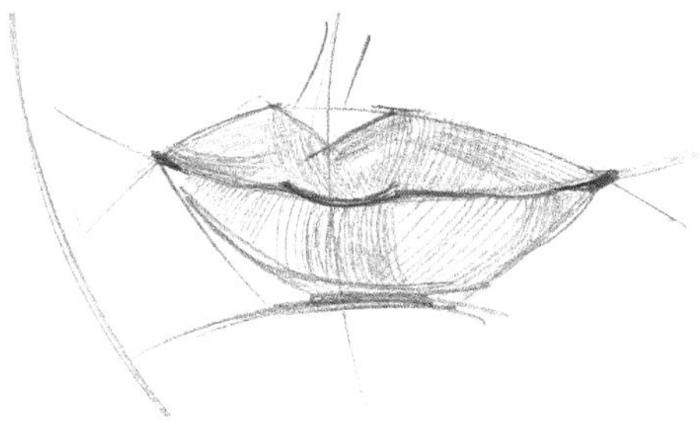

3 Ich schraffiere die Ober- und Unterlippe und mache sie auf diese Weise voller. Auf der Oberlippe ziehe ich Linien entlang der Kontur und auf der Unterlippe verwende ich Linien, die senkrecht zur Kontur verlaufen. Diese Methode gestaltet die Form interessanter und plastischer (ist aber kein notwendiger Teil der Zeichnung).

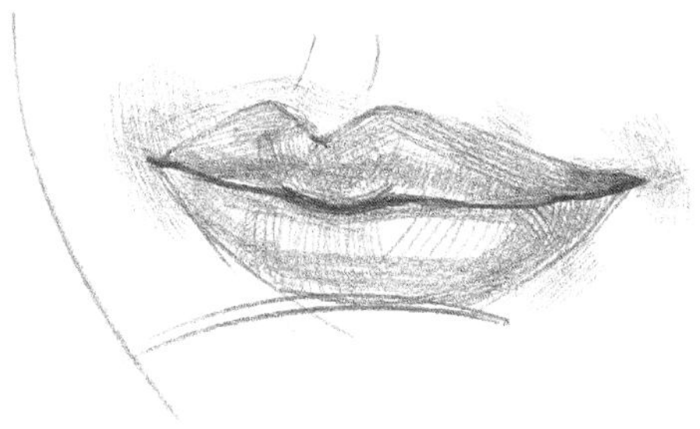

4 Ich verstärke die Schraffierung an der Innenseite der Lippen. Ich betone die Mittellinie des Mundes stärker und beachte dabei, wie sich das Licht an dieser Linie auf die Oberlippe „legt" – dieser Bereich ist feiner schraffiert. Die Mitte der Unterlippe ist beleuchtet, also schraffiere ich nicht von unten, sondern verstärke die Zeichnung am unteren Rand dieses Teils des Mundes. Links in der Ecke zeichne ich eine Hautfalte, die ein leichtes Lächeln andeutet.

### Profilansicht des Mundes

1 In dieser Ansicht ist nur eine Seite des Mundes zu sehen. Ich skizziere die Mitte und stelle so die Breite der Lippen her; mithilfe der diagonalen Linie bestimme ich außerdem die Richtung der Lippen im Profil. Ich achte besonders auf den Kontakt zwischen Ober- und Unterlippe: Dort, wo die Oberlippe etwas dicker ist, kommt die Unterlippe darunter „hervor". Ich markiere diesen Übergang an der Mittellinie des Mundes und skizziere das Kinn.

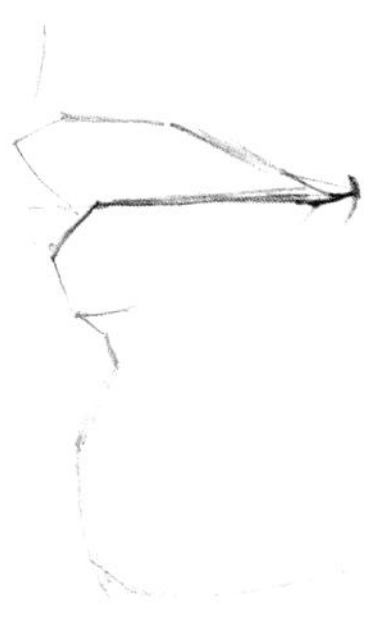

2 Ich verstärke die Mitte des Mundes: die innere Kontur und die Mundwinkel. Ich zeichne die obere Kontur der Oberlippe und die Unterlippe stärker.

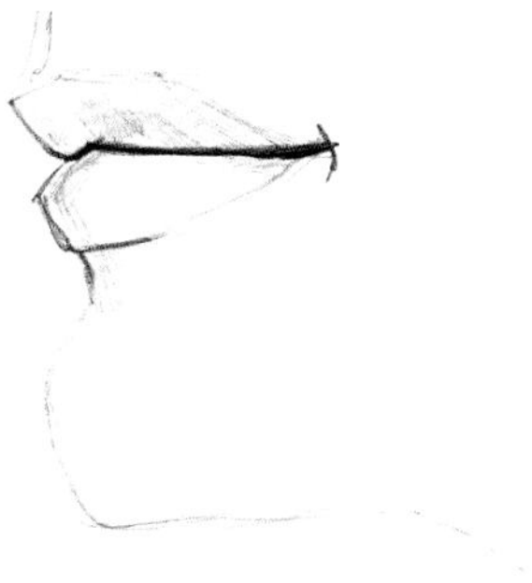

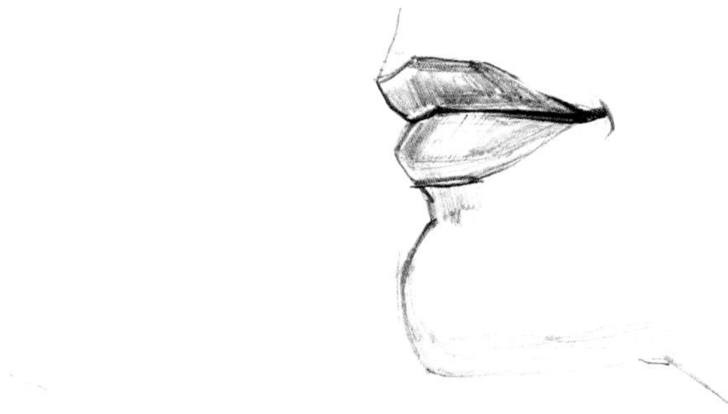

**3** Ich schraffiere die Lippen innerhalb der Konturen und setze parallele, rhythmische Linien innerhalb der Oberlippe, während ich den Mittelteil der Unterlippe zeichne, d.h. an der Kontur des Profils. Ich schattiere den Übergang zwischen der Unterlippe und dem Beginn des Kinns. Ich achte auch auf das Licht über der Mittellinie des Mundes, an der dickeren Stelle der Oberlippe.

**4** Ich verstärke die Farbabstufungen beider Lippen. Ich ziehe den Mundwinkel enger und schattiere an dieser Stelle eine kleine Hautfalte. Aus dem Mundwinkel zeichne ich mehrere parallele Linien bis zu dem Punkt, an dem er auf das Kinn trifft. Der Mund ist fertig.

### Die Nase

Das Riechorgan besteht aus einem sehr kurzen Knochen und zwei Knorpeln. In ihrer vereinfachten Form ähnelt die Nase einem langgestreckten Trapez.

## Die Nase in der *En-face*-Ansicht

**1** Da die Nase ein symmetrischer Teil des Gesichts ist, kann ich meine Zeichnung mit dem Zeichnen der Symmetrieachse beginnen. Auf beiden Seiten skizziere ich die Position der Augen, der Augenbrauen und der Nasenwurzel. Anatomisch gesehen handelt es sich um einen kleinen ovalen Knorpel, der sich nach rechts und links ausdehnt und die Nasenflügel bildet, die die Löcher umgeben. Mit einer leichten Linie zeichne ich die Nasenspitze und zwei vertikale Linien, die nach oben verlaufen und sich später dann leicht nach unten senken. Der Abschnitt unten zwischen den zwei parallelen Hilfslinien bestimmt die Nasenbreite.

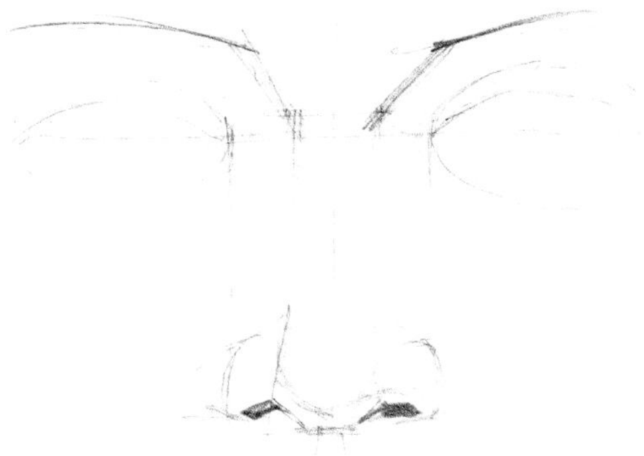

**2** Ich zeichne die Mitte der Nase mit vertikalen, parallelen Linien. Ich skizziere die Spitze der Nase und zeichne die Form der Flügel. Mit stärkeren Linien zeichne ich die Löcher. Wir müssen beachten, dass zwischen der Kontur an der Nasenspitze und der inneren Schattierung wieder Licht entsteht – ich lasse diesen Bereich unschattiert und skizziere eine symmetrische Hautfalte unter dem Ansatz. Ich betone die Augenbrauenbögen.

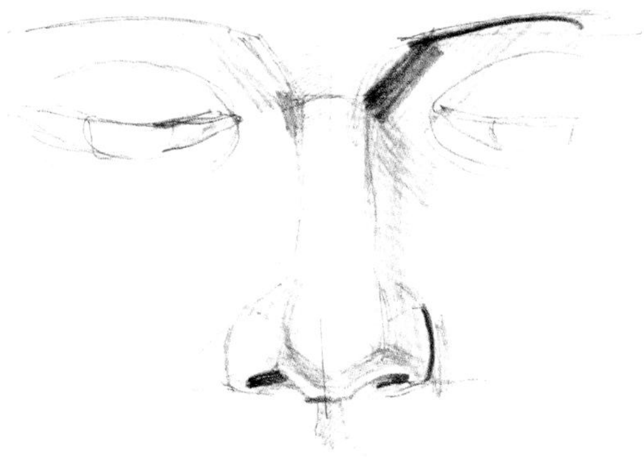

**3** Auf Grundlage der so vorbereiteten Skizze setze ich Farbabstufungen entlang der Nase und an deren Wurzel, in der Nähe der Augen. Ich ziehe die Augenbrauen stärker nach und schraffiere den Bereich der Nasenflügel um die Löcher herum und unter der Wurzel.

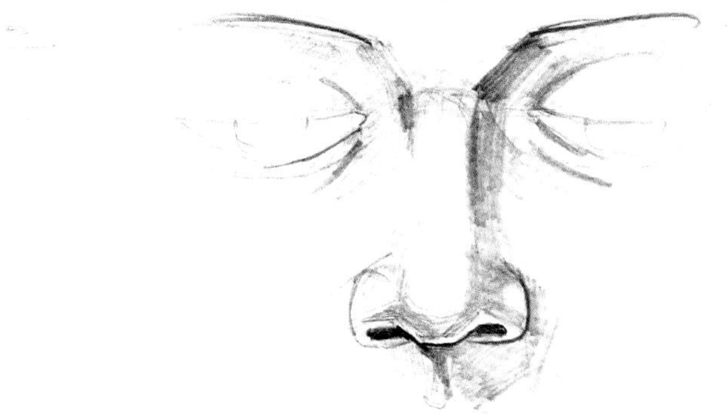

**4** Ich forme die Nase jetzt genauer, indem ich sie schraffiere, damit sie plastisch wird. Ich verstärke die Umrisse der Nasenspitze und der Flügel. An der starken Kontur des linken Nasenflügels des Modells entsteht Licht. Ich nehme es mit einem weichen Radiergummi heraus. Ich schraffiere sanft den Anfang der Nase sowie die Bereiche links und rechts davon. Dies lässt die Nase hervortreten und gut im Gesicht platziert erscheinen.

## Die Nase in der Dreiviertelansicht

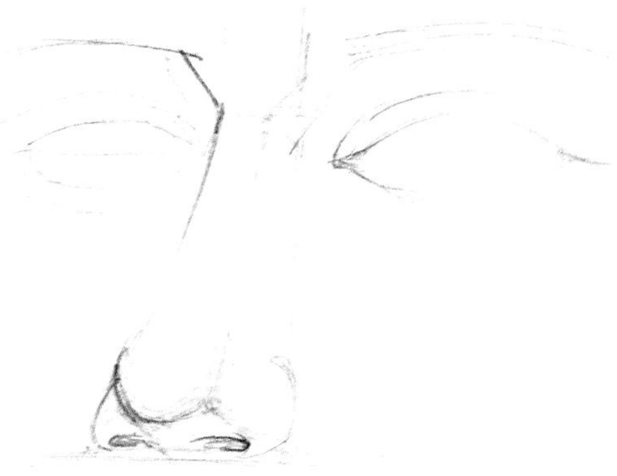

**1** Die Konstruktion der Nase ist in dieser Ansicht komplizierter als andere Teile des Gesichts. Bei der Erschaffung der richtigen Form hilft mir das Trapez. Ich skizziere die Form eines räumlichen Trapezes mit einem Anfang oben und einem Ende unten. In seinem oberen Teil markiere ich den räumlichen Beginn der Gesichtsebene, die hier durch die horizontale Linie des Auges und der Nasenwurzel definiert ist. Dieses Trapez hat an der Nasenwurzel einen größeren Querschnitt als am Ansatz. Es handelt sich also um eine Form, die mehr aus der unteren Gesichtsebene herausragt als aus der oberen. Man sollte auch beachten, dass das rechte Auge des Modells in verkürzter Form sichtbar ist, da es teilweise von der Nase verdeckt wird. Das zweite Auge hingegen ist in der Dreiviertelansicht gut zu erkennen. Ich skizziere eine zusätzliche Hautfalte unter der Nase und dem Mund.

**2** Erst jetzt kann ich, ohne einen Fehler zu machen, zur genaueren Konstruktion der Details übergehen und zeichne Nasenspitze und -ansatz. Ich trage graue Linien in Form eines Bogens auf und zeichne die Flügel sowie mit stärkeren Linien die Nasenlöcher. Ich radiere die Konstruktionslinien im anfänglichen oberen Teil der Nase aus und umreiße die rechte Biegung etwas stärker. Dann kann ich das linke Auge genauer zeichnen.

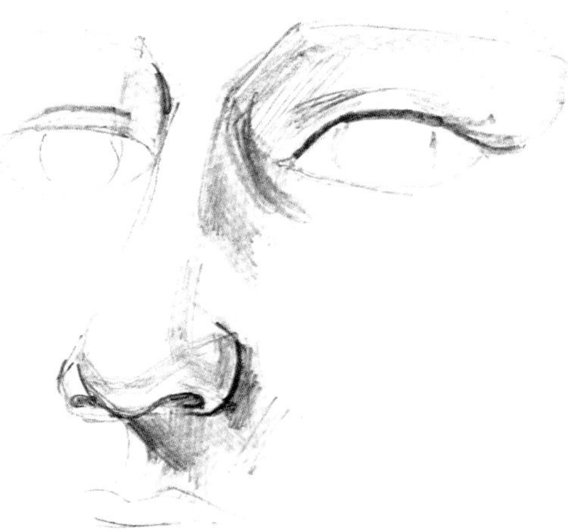

**3** Nun modelliere ich mit verschiedenen Graustufen (durch unterschiedlichen Druck auf den Bleistift) die gesamte Form der Nase. Ich skizziere den Bereich unter der Nasenwurzel genauer, der in der Regel im Schatten liegt. Der linke Nasenflügel erhält eine starke Kontur, an der ich eine deutliche Schattierung anbringe, die den Schatten auf der Seite der Nase imitiert.

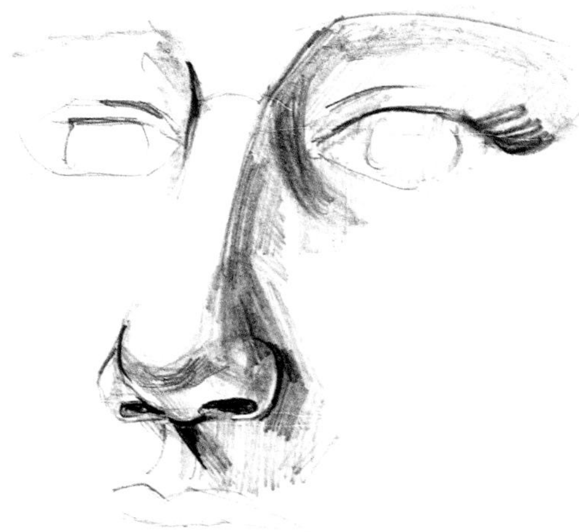

4 Die Stelle, an dem die Mitte der Nasenwurzel mit der Gesichtshaut in Berührung kommt, ist sehr wichtig. Ich betone diesen Bereich, indem ich parallele Linien ziehe, die von der Nasenspitze in die Tiefe des Gesichts verlaufen. Ich ziehe auch eine scharfe Linie über die Nasenspitze. Durch diese beiden einfachen Handgriffe wirkt die Nase plastischer, hebt sich deutlich vom Rest des Gesichts ab und tritt in den Vordergrund.

## Die Nase in der Profilansicht

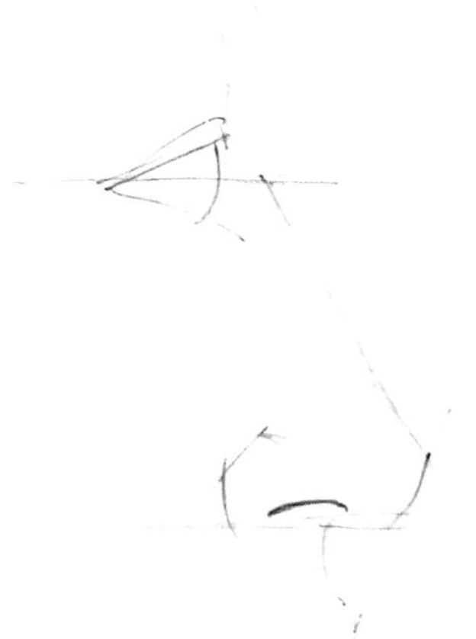

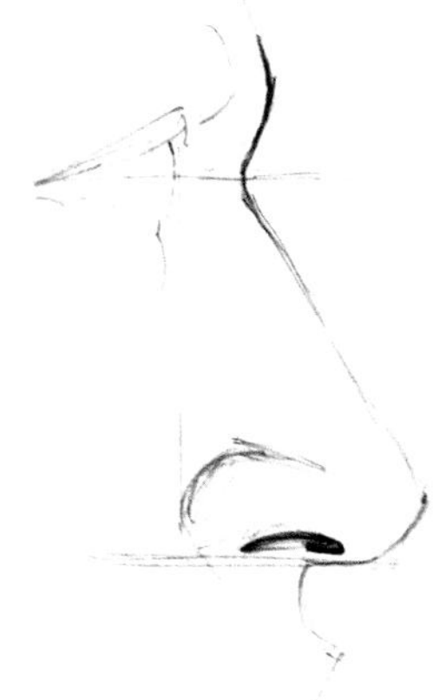

**1** In der Profilansicht zeichne ich zunächst die Höhe der Augen ein, wo auch die Nase beginnt sowie die Höhe der Nasenwurzel. Die vertikale Hilfslinie bestimmt die Länge der Nase. Die hintere Kontur des Nasenflügels liegt fast auf der gleichen Linie wie die äußere Kontur des Oberlids. Ich skizziere das Nasenloch, den Nasenflügel und die Nasenspitze.

**2** Ich skizziere die Umrisse der Nase. Hierfür zeichne ich eine weiche Linie, die an der Stelle, wo die Nase anfängt, am stärksten ist. Ich hebe das Nasenloch mehr hervor und zeichne die Rückwand des Flügels vor. Ich markiere mit einem hellen Strich ein Stück Haut, das über dem oberen Augenlid in Richtung der Augenbraue verläuft.

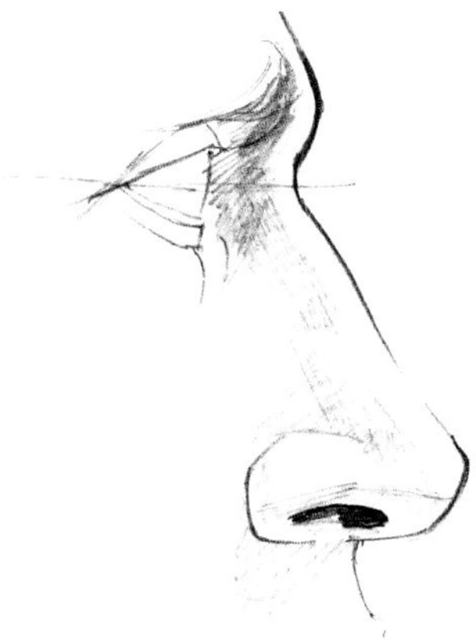

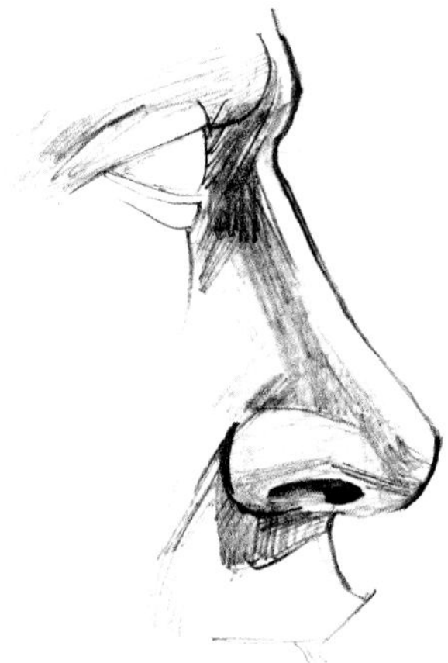

**3** Nun gehe ich zu den Details des Auges über, etwa den oberen und unteren Augenlidern. Ich schraffiere die Seite der Nase entlang der gesamten Länge, unterlege sie mit Schattierungen im Bereich des Nasenlochs sowie unterhalb der Nase. Ich betone die Nasenkonturen nach Gefühl. Die dickere Kontur im oberen Bereich der Nase ist wiederum auf ihre anatomische Struktur zurückzuführen – hier endet der Knochen und der Nasenknorpel beginnt. Zwischen diesem abgestuften Strich an der Seitenwand und der Nasenkontur lasse ich einen Streifen ohne Schattierung, da die Haut an der Nase an dieser Stelle beleuchtet ist.

**4** Nun verstärke ich die schraffierten Stellen und bearbeite die Nasenspitze. Ich setze einen stärkeren Schatten unter die Nase und verstärke die Linie an der Außenwand des Nasenflügels. Von dieser leite ich mehrere Linien ab, die die Hautfalte an den Nasenflügeln beschreiben.
Die betonteste Stelle befindet sich im Augenwinkel, an der Basis der Nase. Der Hell-Dunkel-Kontrast neben dem Auge lässt dieses plastisch wirken. Nun schraffiere ich die Nasenwurzel noch leicht.

### Das Ohr

Das Ohr ist ein anatomisches Detail, das sich in der Profilansicht und Dreiviertelansicht im Vordergrund befindet.

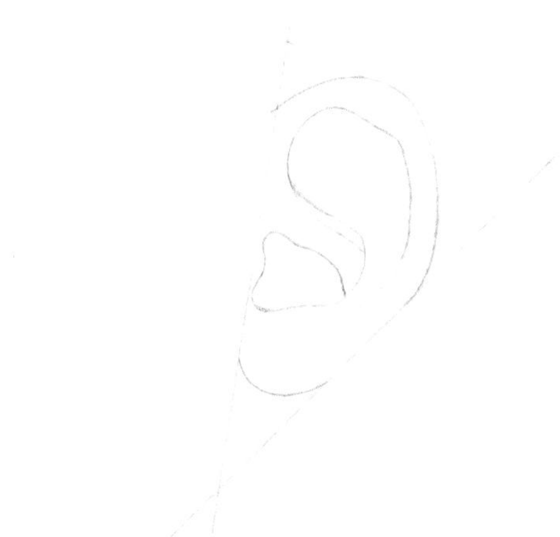

**1** Interessant sind die Nuancen zwischen den Vertiefungen und Wölbungen der Ohrmuschel. Das Ohr kann in ein unregelmäßiges, nach hinten gekipptes Dreieck eingefasst werden. Innerhalb dieses Dreiecks zeichne ich mit feinen Linien den Umriss des Ohrs und die markantesten inneren Linien.

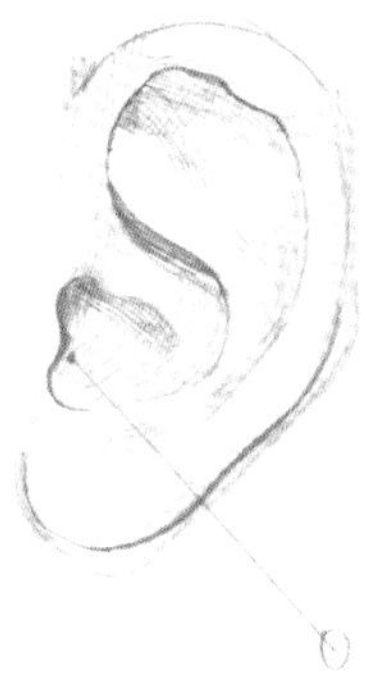

**2** Ich schraffiere die Nuancen der Ohrmuschel. Einige Areale liegen tiefer, andere höher, alle führen jedoch zur Öffnung des Ohres. Diese selbst ist nicht deutlich sichtbar, da sie von einem Knorpel verdeckt wird.

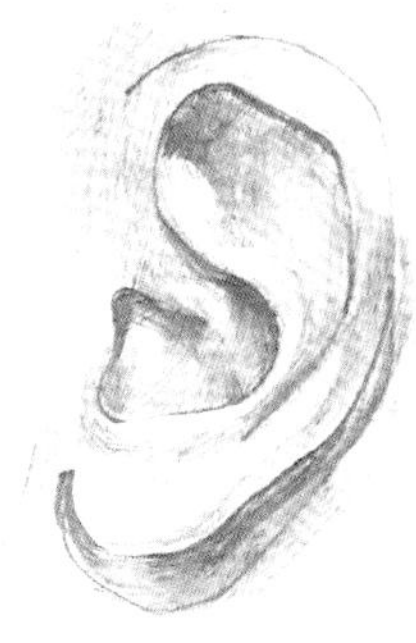

**3** Als Nächstes studiere ich die Nuancen des Ohrs und schattiere die Partien, die tiefer liegen.

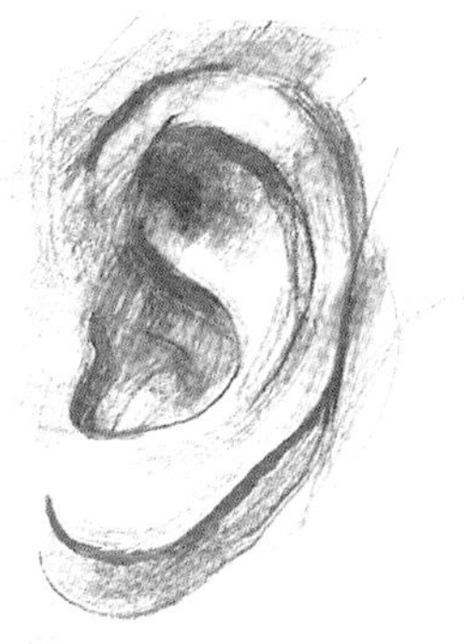

**4** Zum Schluss lege ich mehr Kontrast auf die Stelle, die das Ohr mit dem Gesicht verbindet und im Bereich des Schattens unter der Ohrmuschel.

### Die Haare

Die Haare sind die äußere Schicht, die auf die räumliche Form des Kopfes aufgetragen wird. Ihre Gesamtheit wird auch Frisur genannt. Unabhängig davon, ob die Haare lang oder kurz, in einer Igelfrisur, glatt oder lockig sind, muss man in jedem Fall unbedingt einen allgemeinen Rhythmus finden, in dem man die Zeichen- oder Malwerkzeuge führt. Wir üben die Struktur des Haares an Beispielen von langem und kurzem Haar. Der praktische Teil des Buches enthält zahlreiche Beispiele mit Studien zu anderen Frisuren.

## Lange Haare

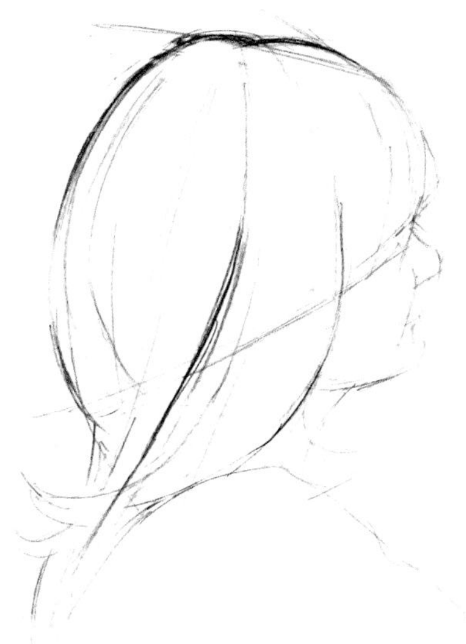

**1** Als Erstes werden die wichtigsten Konstruktionslinien skizziert: die Wölbung des Kopfes, die Wölbung des Hinterkopfes, der locker auf die Schultern fallende Haaransatz, die Höhe des Ponys. Auf diese Weise finde ich die Form der Frisur.

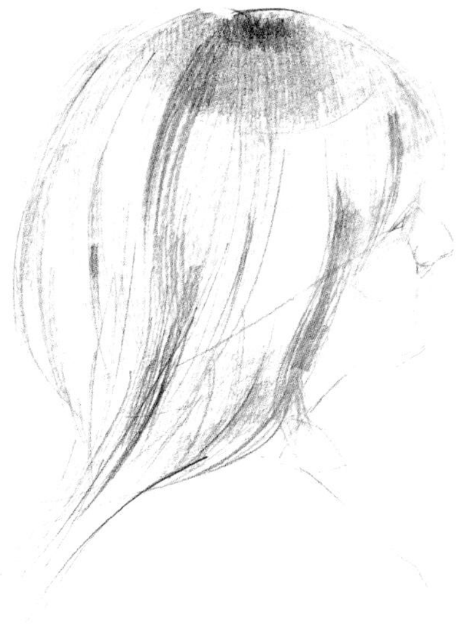

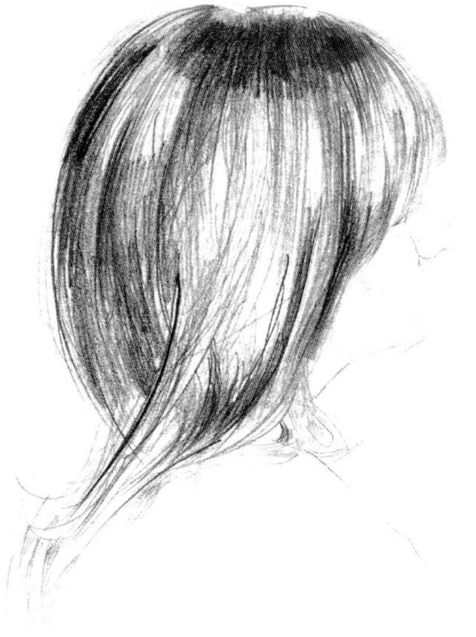

**2** Da das Haar glatt ist, zeichne ich mit einem Bleistift ein Gitter aus sich wiederholenden parallelen Linien mit wenigen Lücken. Ich beobachte, wo sich die dunkleren Haarsträhnen befinden – in diesen Bereichen wiederhole ich die Linienzeichnung mehrmals. Manche Linien ziehe ich weicher und sanfter, andere – in dunkleren Bereichen – kräftiger. Ich schattiere das Schädelgewölbe stark.

**3** In dieser Phase geht es um das Zeichnen der Haarfülle. Die Haare sind weich und glänzend. Ausgehend von der dunkelsten Stelle am oberen Teil des Kopfes zeichne ich graue Flecken, die bis zum Hinterkopf und dem Pony reichen.

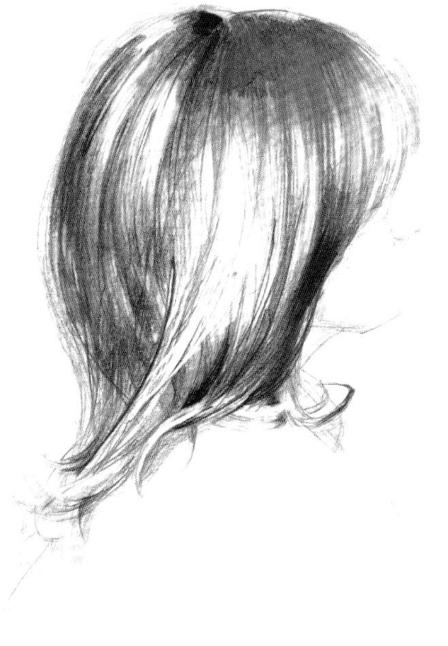

**4** Nachdem ich die Rückseite der Frisur studiert habe, zeichne ich einzelne Haarsträhnen über die Schultern. Am Ende sollte man die Weichheit der Haare, ihre Struktur „spüren" können. Dazu weiche ich einige Bereiche der Zeichnung mit einem Tuch oder einem Radiergummi auf und vermeide dabei die Bereiche, in denen das Haar Reflexe aufweist – diese Bereiche bleiben am hellsten. Schließlich zeichne ich die Details: einzelne Strähnen und Schatten.

## Kurze Haare

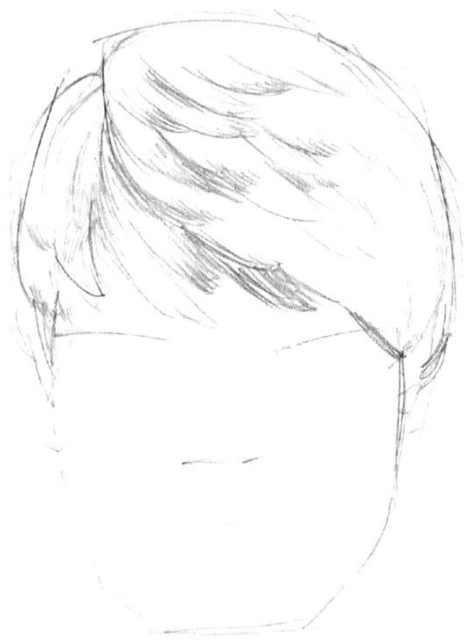

**1** In der ersten Phase geht es darum, die Form des Kopfes zu gestalten und darauf die Frisur zu zeichnen. Es sind kurze, ausgedünnte Haare, also werden die Haarsträhnen als „Zähne" bezeichnet. Auch hier muss man ihren Grundrhythmus finden.

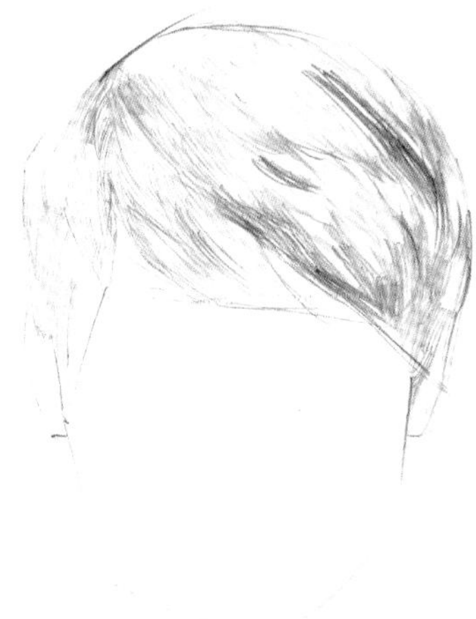

**2** Als Nächstes zeichne ich auf der linken, dunkleren Seite des Kopfes kurze Striche in einem ähnlichen Rhythmus. Der Rhythmus darf jedoch nicht mechanisch wirken, weshalb ich einige Stellen weich, andere härter zeichne. Ich lege die Ebene des Ponys fest.

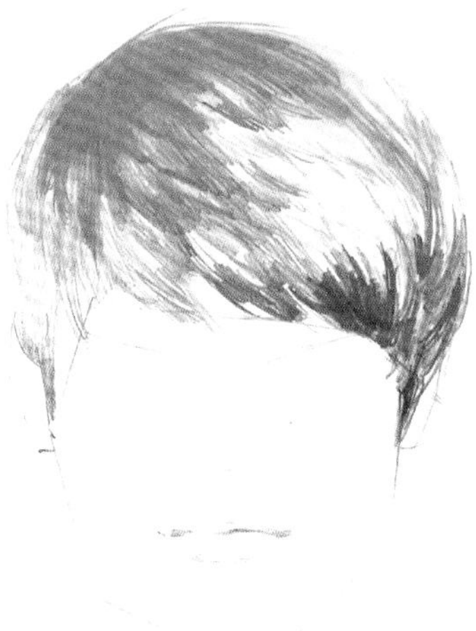

**3** In dieser Phase schaue ich mir genau an, wie sich das Licht auf den Haaren spiegelt. Die Mitte der Frisur vom oberen Teil des Kopfes aus ist am dunkelsten. Dort bildet sich ein Halbkreis, der von der runden Form des Schädels herrührt. Damit dieser Bereich gewölbt erscheint, muss der Teil der Frisur, der sich neben diesem dunkelsten Fleck befindet, helle Strähnchen haben. Ich zeichne diesen Teil sehr zart, um die Akzente nicht zu verdecken.

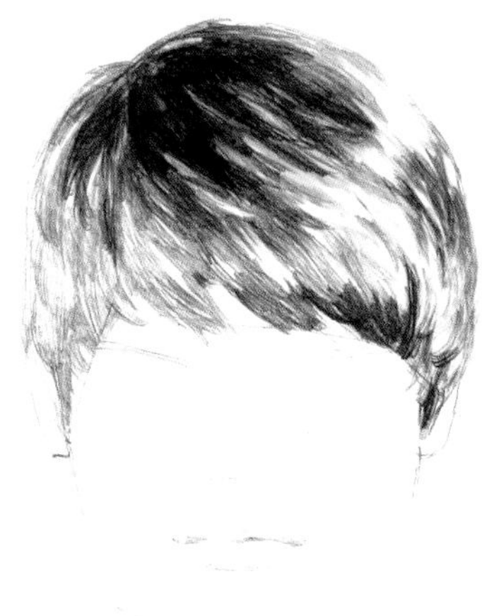

**4** Zum Schluss weiche ich die Schraffierung an den dunkelsten Stellen auf. Ich zeichne die Spitzen des Ponys kräftiger über dem linken Auge und verfeinere die Umrisse der Frisur an den Rändern des gesamten Kopfes.

# Das Porträt - erste Schritte

# Modellstudien

## Der Arbeitsplatz

Die Organisation des Arbeitsplatzes für eine klassische Modellstudie ist einfach: Ein gut beleuchteter Raum, eine Staffelei und ein geeigneter Platz für das Modell (Stuhl, Podest) sind erforderlich. Wenn es keine Staffelei gibt, kann man ein Brett mit einem aufgespannten Karton oder eine Leinwand an einen Stuhl, Schrank usw. lehnen. Achten Sie darauf, dass die Position des Bildes durch den Untergrund senkrecht oder schräg ist (Abb. a–b).

Ich empfehle, die Leinwand nicht waagerecht, z.B. auf einem Tisch, zu platzieren, da dies das Messen der Proportionen erschwert und die sogenannten Shortcuts entstehen, d.h. die Ausschnitte werden durch einen anderen Blickwinkel kürzer (Abb. c).

Ein Porträt kann praktisch überall angefertigt werden: in einer Wohnung, im Kinderzimmer, in einem Café, am Strand. Eine Porträtstudie hingegen erfordert mehr Zeit (mindestens 6 Stunden für eine großformatige A0-Zeichnung), und daher ist es gut, die richtigen Bedingungen für sich und das Modell zu schaffen.

Der Abstand zwischen dem Porträtierenden und dem Modell ist sehr wichtig – 1,5 m sollten es mindestens sein, da ein geringerer Abstand zu perspektivischen Verkürzungen von Kopf und Gesicht führt, die das Porträt verzerren können. Ab diesem Mindestabstand erfasst das menschliche Auge das Objekt bereits vollständig. Sie können bequem die Perspektive finden und das Objekt abmessen.

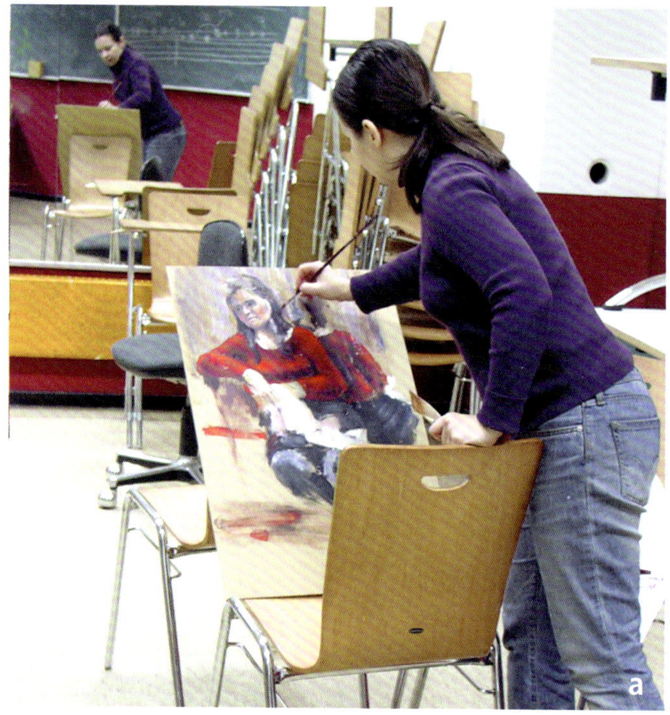
a

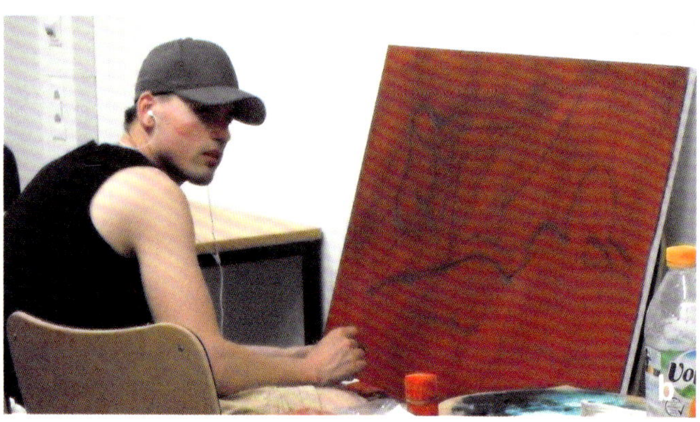

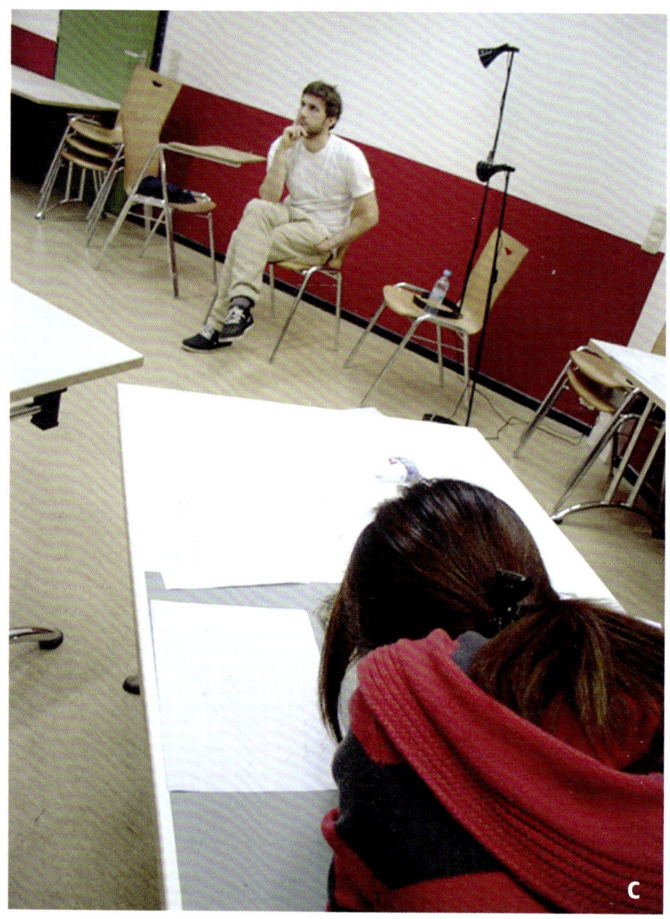
c

### Die Übertragung von Segmenten, Richtungen und Punkten vom Modell auf das Papier – Ausmessen

Beim Ausmessen der Proportionen des Modells ist es wichtig, die Abschnitte mit einem Zeichenwerkzeug (z.B. einem Bleistift) in der ausgestreckten Hand richtig auszumessen und das Modell mit zusammengekniffenen Augen zu betrachten (dadurch werden die Details reduziert). Wir strecken unsere Hand nach dem Modell aus. Sie darf sich nicht bewegen, damit sie immer den gleichen Abstand einhält. Markieren Sie in der Luft einen Ausschnitt mit einem Bleistift und übertragen Sie ihn auf Papier. Wir suchen nach den nächsten Abschnitten und Entfernungen und vergleichen dabei ständig mit dem Modell.

Wenn man die Grundlagen des Zeichnens und Malens beherrscht, empfehle ich, Porträts nicht nach Fotos anzufertigen. Sie sollten zuerst anhand der Natur bzw. am Modell lernen. Denn ein Foto ist flach und hat keine Tiefe, während die Natur alle Dimensionen bietet. Nur erfahrene Künstler können Porträts nach Fotos erstellen.

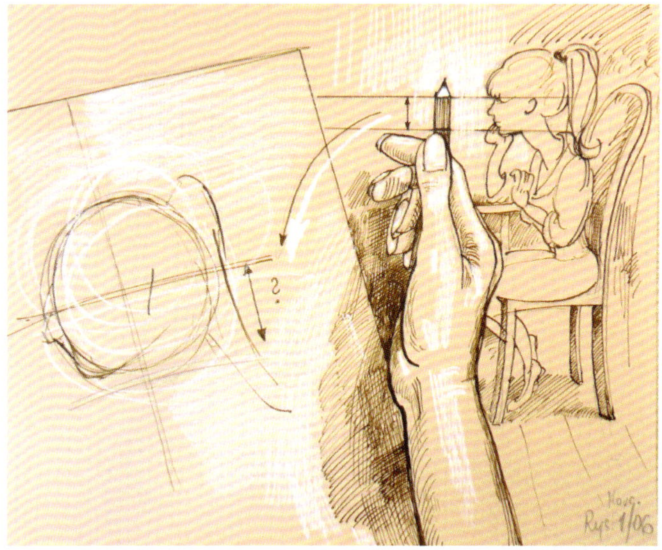

**Übertragen eines Abschnitts auf Papier**

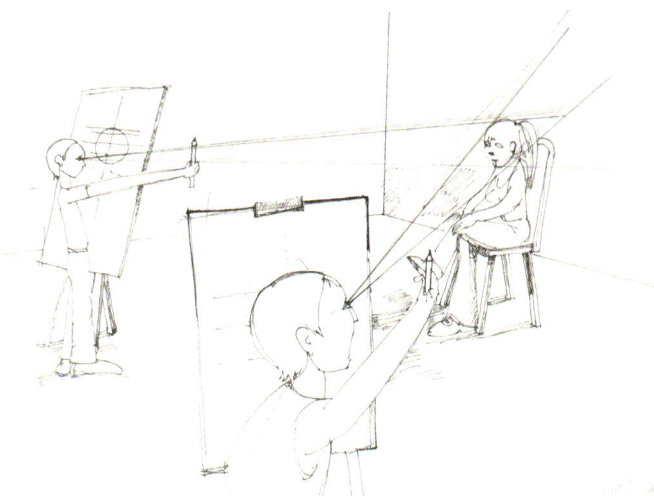

**Arbeit im Atelier; Ausmessen des Gesichts des Modells aus verschiedenen Positionen**

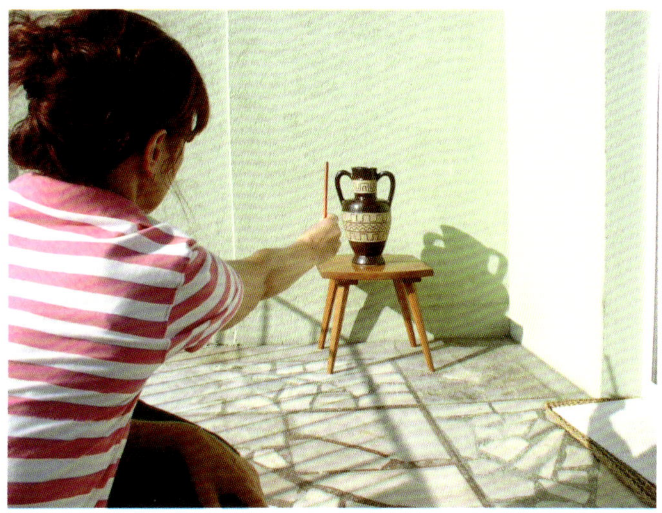

**Ausmessen eines Objekts mit ausgestreckter Hand**

## Die Wahl der Komposition

Dabei kann ein einfacher Papierrahmen (Guckloch) helfen. Wir schneiden einen DIN-A4-Karton in der Mitte durch und ein Fenster von etwa 2 × 3 cm Größe aus. Wir strecken die Hand mit dem Rahmen in Richtung des Modells aus und beobachten das Objekt auf diese Weise. So können wir entscheiden, welche Komposition am geeignetsten ist: der Kopf in der Mitte, nach links oder rechts verschoben? Oder ist die Büste die beste Ansicht?

Das Guckloch ist eine sehr gute Möglichkeit, eine Komposition systematisch zu planen.

Auf Grundlage dieser Beobachtung erstellen wir kleine Kompositionsskizzen, um die Aufteilung des Blattes (Teilbild), die Größe des Kopfes auf dem Blatt (Teilbild) sowie die dunkleren und helleren Zonen zu bestimmen. Solche Skizzen eignen sich zugleich, um Licht und Schatten des Porträts zu planen.

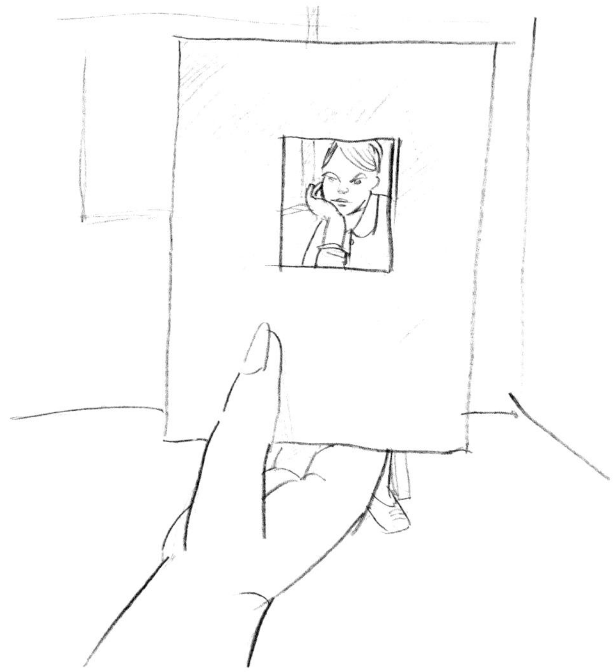

**Bestimmung der Porträtkomposition mithilfe des Suchers**

Die Abbildung (rechts) zeigt solche schnellen Entwürfe.

**Skizze a** zeigt die ganze Figur – es gibt zu viel leeren Raum um sie herum. Die Figur scheint davon überwältigt zu sein.

**Skizze b** zeigt das Gesicht in Großaufnahme, bis es die Seite sprengt. Es ist zu groß, obwohl die Idee einer Nahaufnahme interessant und gewagt ist.

**Skizze c** zeigt ein Porträt in einem Innenraum. Das Gesicht ist zentral komponiert und die Proportion ist richtig.

**Skizze d** ist ein Porträt, das aus dem Schatten tritt. Die rechte Gesichtshälfte ist verdunkelt. Durch diesen Kontrast gewinnt das Porträt an Ausdruck und ist sehr stimmungsvoll.

**Skizze e** zeigt eine schöne sitzende Pose, bei der der Kopf auf den Händen ruht. Die Konturen der Hände haben einen natürlichen Fluss und können auch eine gute kompositorische Linie im Gemälde sein, die das Porträt vervollständigt.

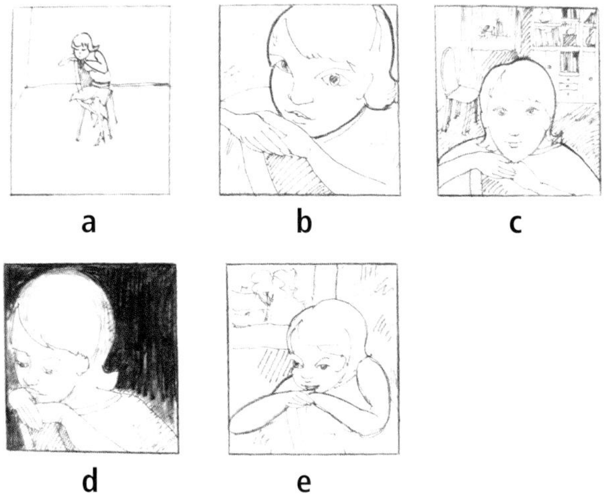


**Vorläufige kompositorische Skizzen – Porträtkonzepte**

## Der Vorentwurf

Wir fahren nun fort, eine strukturelle Skizze des Modells zu erstellen. Für diese Übung empfehle ich vier bis fünf schnelle, fünfminütige Zeichnungen auf einem halben DIN-A4-Blatt. Diese Art von „Just-in-time"-Arbeit mobilisiert das Auge. Es arbeitet dann sehr schematisch und registriert die wichtigsten Elemente: die Hauptrichtung der Neigung oder Achse des Kopfes, die Höhe der Augen, die Größe der Stirn usw. Das Auge findet schematische Formen für die Form des Kopfes, der Frisur, der Nase usw.

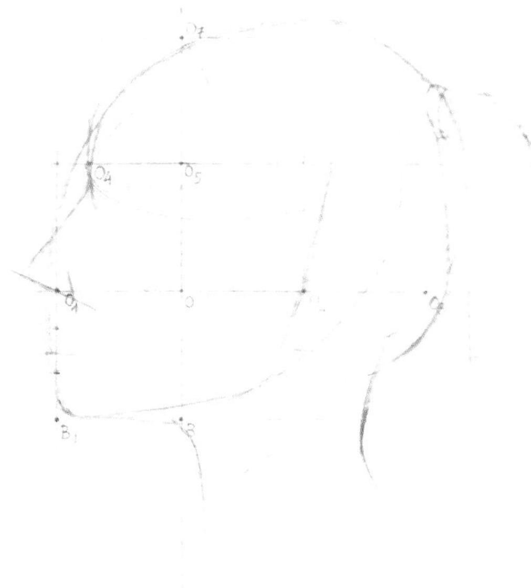

b

a

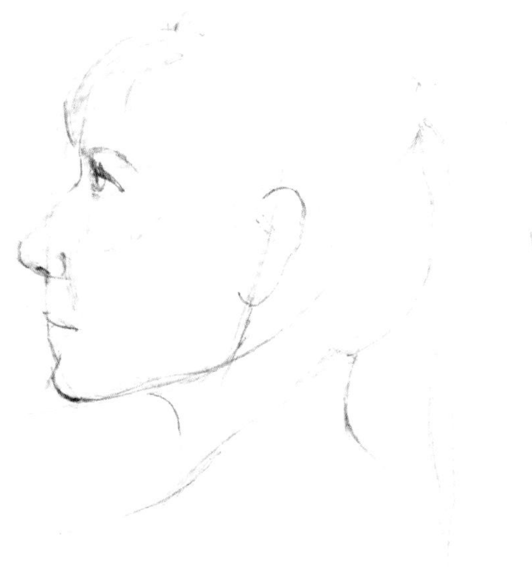

c

**Phasen der Vorentwurfsskizze**

## Der Rohentwurf – Farbsynthese des Hintergrunds

Diese Skizze wird uns helfen, das Farbschema des Bildes zu entwickeln. Die Hilfslinien werden nun mit einem Pinsel gestrichen. Wir markieren die Symmetrieachse, die Form des Kopfes, die Teile des Gesichts, legen die Proportionen fest und zeichnen die Hauptrichtungen und anatomischen Details in groben Zügen auf. Den Bereich, wo Licht und Schatten zusammenfallen, bedecken wir großzügig mit Flecken. Wir stellen sie mit kräftigen Pinselstrichen nach dem Prinzip der Kontraste einander gegenüber. Auf diese Weise entsteht aus dem Kopf ein räumlicher Körper. In Schritt zwei habe ich fünf Farben verwendet, die sechste ist die Hintergrundfarbe. Im dritten Schritt wird bereits mit einer ganzen Reihe von Farben gemalt. Auch der Raum hinter dem Modell wird farblich gestaltet.

Diese scheinbar einfache Aufgabe zielt darauf ab, den geometrischen Blick zu schulen, der die Grundlage für die Farbskizze bildet. Es hilft auch, Details synthetisch in ihrer wesentlichen Natur zu erfassen.

Die ersten Skizzen – egal, ob strukturell oder farbig – werden für uns sehr wichtige Leitlinien für weitere Porträtstudien sein. Wir können immer wieder auf diese Skizzen zurückgreifen, um zu überprüfen, ob sich unsere ursprüngliche Vision in die richtige Richtung entwickelt.

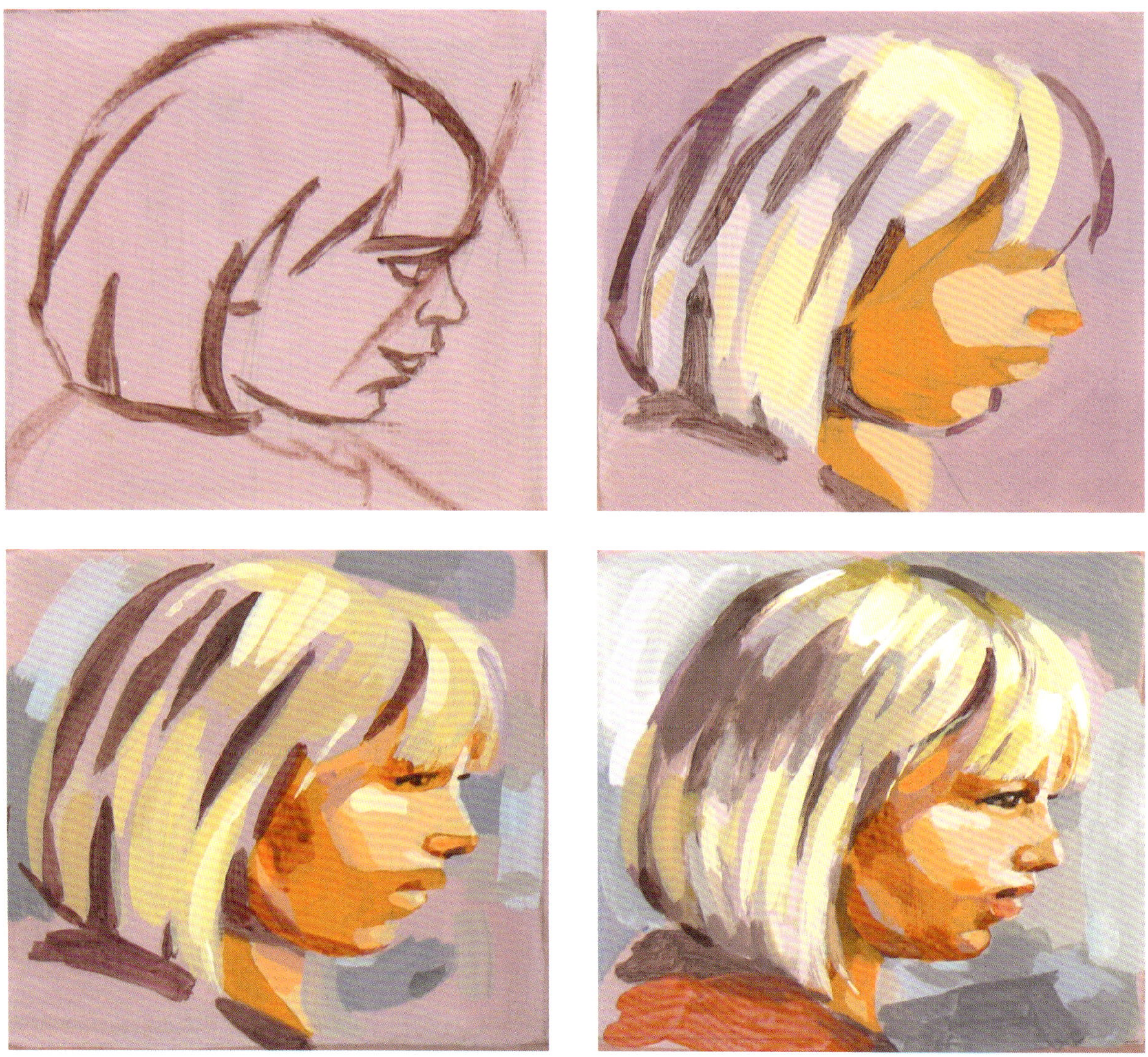

Der **Hintergrund** spielt bei einem Porträt eine sehr wichtige Rolle, da er den Ausdruck des Porträts unterstützen soll. Er kann: **dunkel, homogen** sein – wie in den Gemälden der Klassiker aus der Renaissance und dem Barock. Er schafft einen Kontrast im Bild, verstärkt dessen Dramatik und vereinheitlicht das Motiv, indem er die Aufmerksamkeit auf die abgebildete Person lenkt; oder er kann **hell, glatt (flach)** sein – meist an der Wand, wie bei den Porträts von Józef Pankiewicz oder Olga Boznańska. Ein heller Hintergrund erweckt den Eindruck einer Öffnung des Bildes und schafft einen Raum für Dialog zwischen dem Porträt und seiner Umgebung; ebenso möglich sind ein räumlicher Hintergrund – eine Landschaft (z.B. in Renaissanceporträts), Personengruppen (z.B. in impressionistischen Gemälden) oder Räume (z.B. in Porträts von Renaissancekünstlern, niederländischen Malern).

**Konventionell** – es ist schwer zu sagen, ob diese Art von Hintergrund ein Raum oder eine Ebene ist. Er hat oft eine symbolische Bedeutung. Seine Funktion kann die Stimmung des Bildes betonen;
**Hintergrund mit ornamentalen Motiven** – diese Art von Hintergrund wurde zum Beispiel in der ägyptischen und gotischen Kunst verwendet.
Er hatte eine symbolische Funktion und vermittelte durch seine Form und Farbe eine spirituelle Symbolik. In den goti-

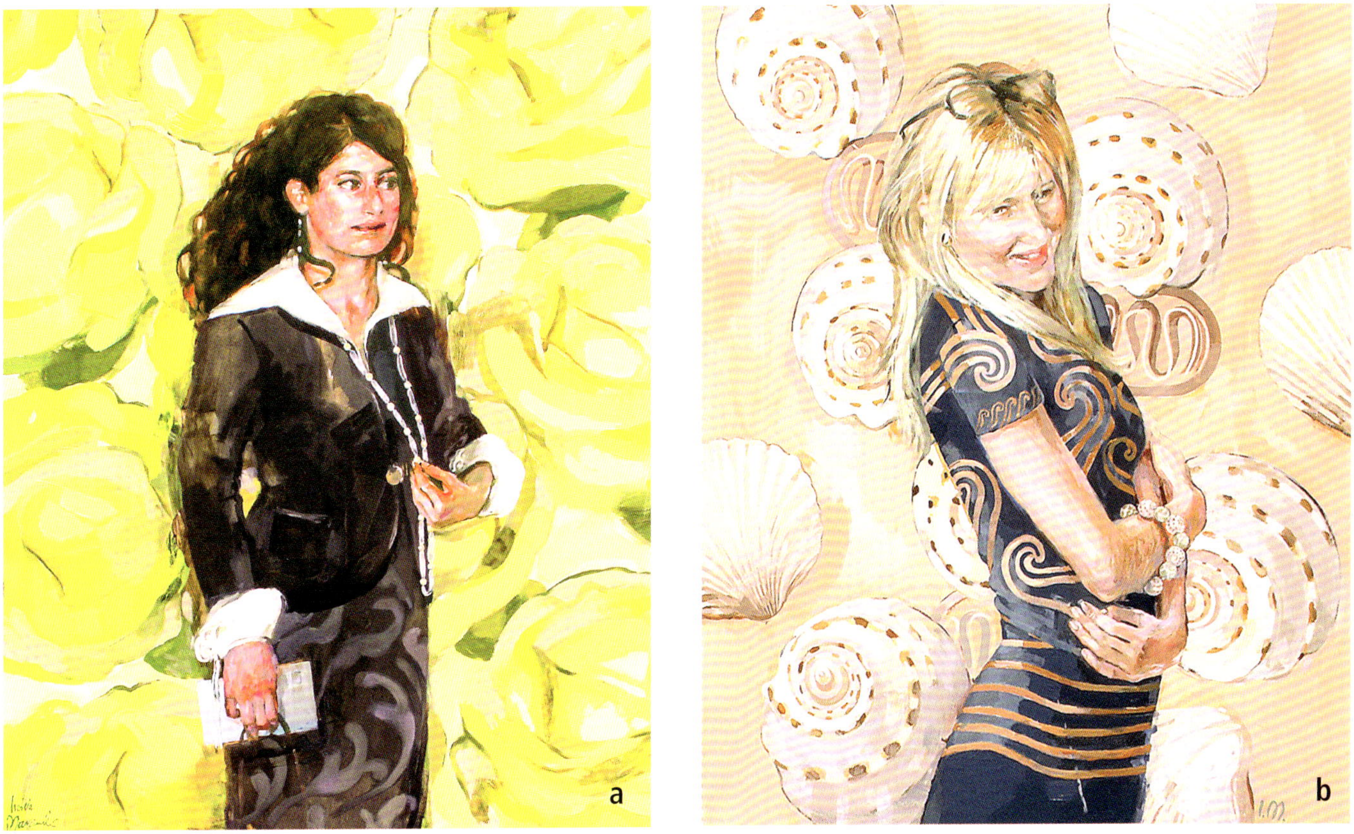


**Verschiedene Hintergründe (a, b)**

schen Gemälden gab es früher einen „festen Hintergrund" (nicht glatt), erst in der fortgeschrittenen Gotik tauchte das geprägte Ornament auf. Ich verwende diese Art von Hintergrund für meine Porträts. Ich verwende von mir entworfene flache Muster (Abb. a und c) oder räumliche Formen (Abb. b).

Der so geschaffene Raum ist dekorativ oder konventionell – symbolisch. Sein Zweck ist es, die richtige Farbumgebung für die porträtierte Person zu schaffen.

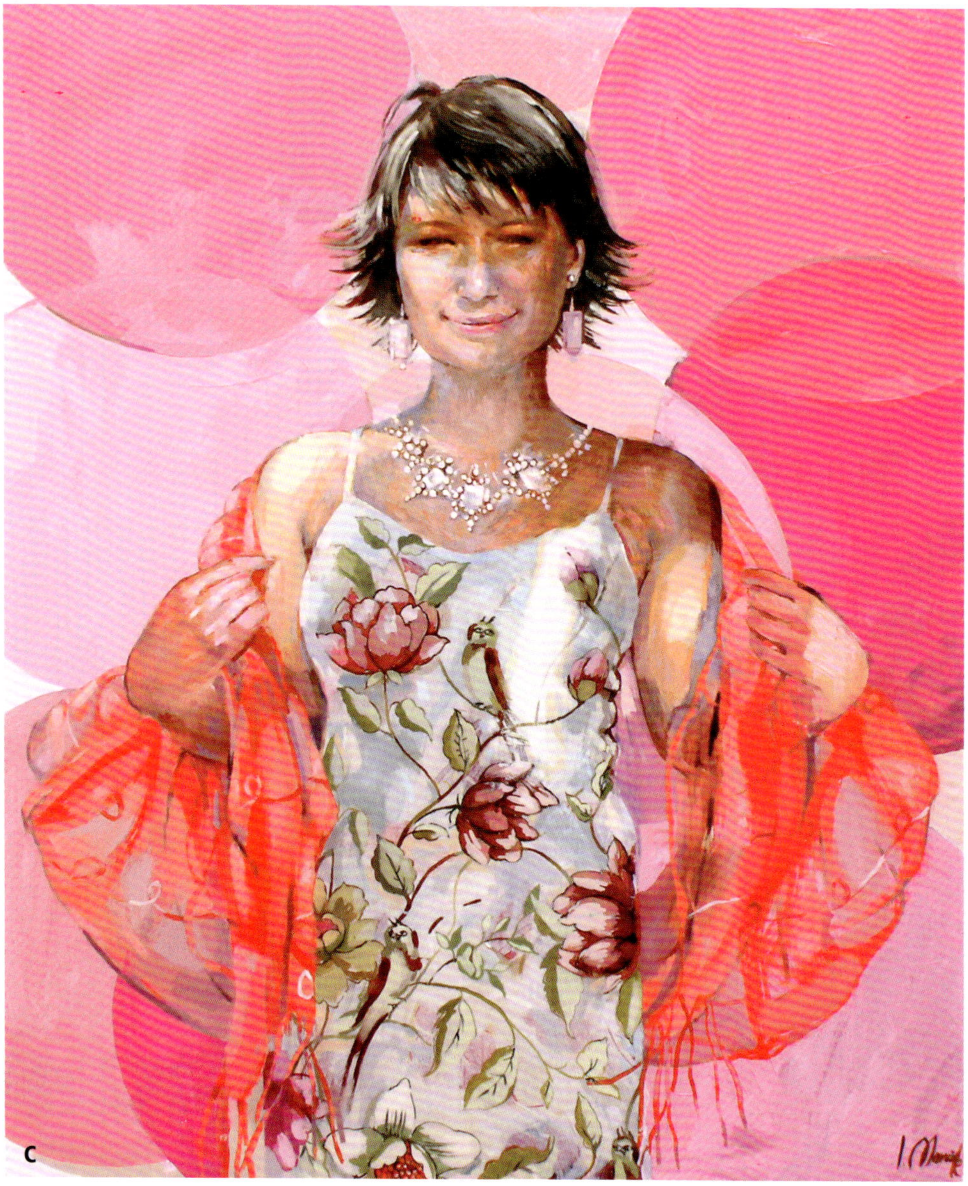

**Beispiel für einen Hintergrund mit Dekor (c)**

# Praktische Übungen

Wir werden die praktischen Übungen mit Zeichentechniken beginnen. Das Zeichnen ist eine direktere Technik als das Malen, es erfordert keine zusätzlichen Schritte wie das Mischen von Farben, man kann sich auf die Konstruktion konzentrieren. Wer das Porträtieren als Zeichnung beherrscht, wird auch keine Probleme mit den Grundlagen des Porträtierens in der Malerei haben. Die Übungen, die ich in diesem Abschnitt vorstelle, eignen sich für Menschen, die noch nie gezeichnet oder gemalt haben, aber auch für diejenigen, die bereits über einige Erfahrung verfügen und ihre Fähigkeiten weiter ausbauen wollen.
Ich werde mit sehr einfachen Übungen beginnen, in denen Porträts von Gesichtern in grundlegenden perspektivischen Aufnahmen und realistischen Konventionen vorgestellt werden, um dann zu schwierigeren, perspektivischen und kompositorischen Darstellungen überzugehen. Zu Beginn werden die Phasen der Erstellung eines Porträts detailliert beschrieben, um dann in den folgenden Übungen nach und nach auf die Beschreibung zu verzichten, da ich davon ausgehe, dass sie bereits beherrscht werden und in der Zeichnung erkennbar sind.
In den letzten Übungen dieses Teils des Buches finden Sie Beispiele für Fortgeschrittene, die ein gewisses Können und vor allem die Beherrschung der zuvor vorgestellten Zeichengrundlagen voraussetzen.

Und noch ein wichtiger Hinweis: Alles, was zu einem guten Ergebnis führen soll, braucht Zeit und Geduld!

# Die Zeichnung

## Das realistische Porträt einer blonden Frau

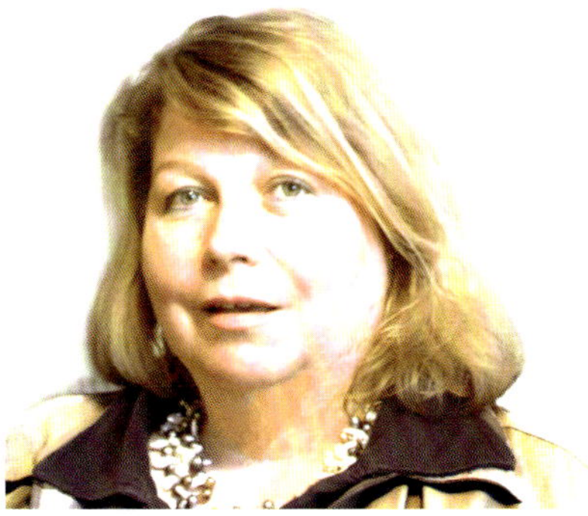

**Technik:** Zeichnung mit Bleistift

**Material:** Bleistifte mit einem Härtegrad zwischen 1B und 7B, ein DINA4-Blatt Papier

**Themen:**
- *En-face*-Ansicht
- Die Gesichtsproportionen
- Details: das Studium der Augen, Lippen, Nase
- Leichte Grauabstufung

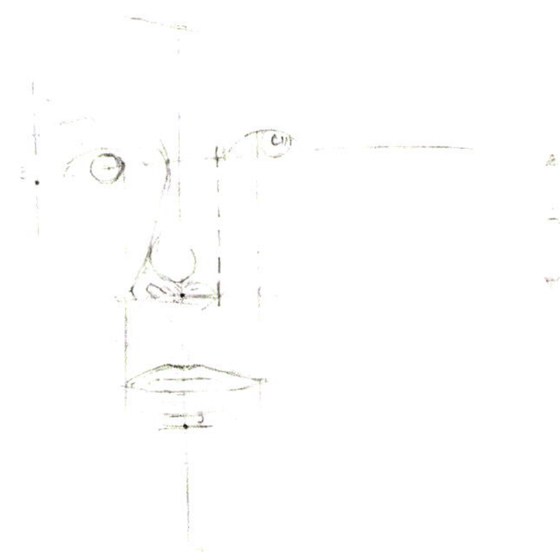

**1** Zuerst markiere ich die Symmetrieachse und darauf den Punkt 1. Vom diesem Punkt aus ziehe ich eine horizontale Hilfslinie, die die Höhe der Augen positioniert. Ich schaue nun, wie breit ein Auge ist. Dann messe ich nach rechts den gleichen Abschnitt aus und bekomme den Abstand zwischen den Augen. Die Breite eines Auges entspricht dem Abstand zwischen den Augen. Unter dem Punkt 1 positioniere ich die Punkte 2, 3 und noch tiefer Punkt 4. Die Abstände zwischen allen Punkten sind gleich. Abschnitt 1–2 bestimmt die Länge der Nase, Punkt 3 legt den Rand der Unterlippe fest, Punkt 4 bestimmt das Kinn. Die Position der Augenbraunen, ungefähr unter der Hälfte des Abschnittes 1–5, finde ich, indem ich mir das Modell genau anschaue.

**2** Jetzt finde ich die genaue Form der Augen und skizziere sanft Pupillen und Iris. Auf der unteren Hilfslinie, die aus dem zweiten Punkt entsteht, markiere ich die Breite der Nase und skizziere die Öffnungen und Nasenflügel. Ich finde die Breite der Nase dadurch, dass ich von den Ecken der Augen aus zwei senkrechte Linien zeichne, die nach unten verlaufen. Dort, wo die Linien sich mit der Hilfslinie an der Nasenwurzel kreuzen, ergibt sich die Breite der Nase. Ich ziehe wieder zwei senkrechte Hilfslinien von der inneren Kontur der Iris des Auges nach unten. Auf diese Weise erhalte ich die Breite der Lippen.

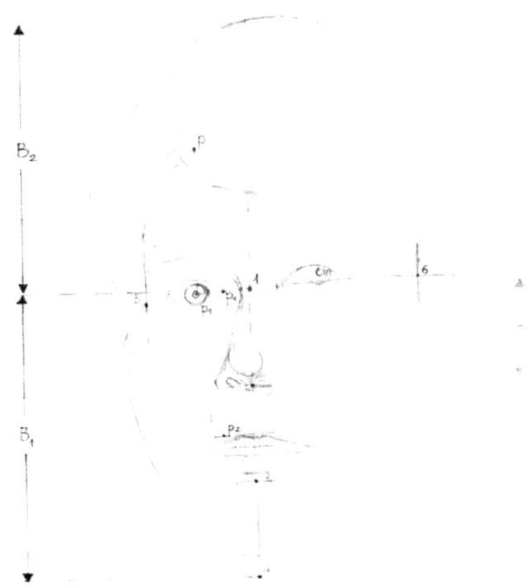

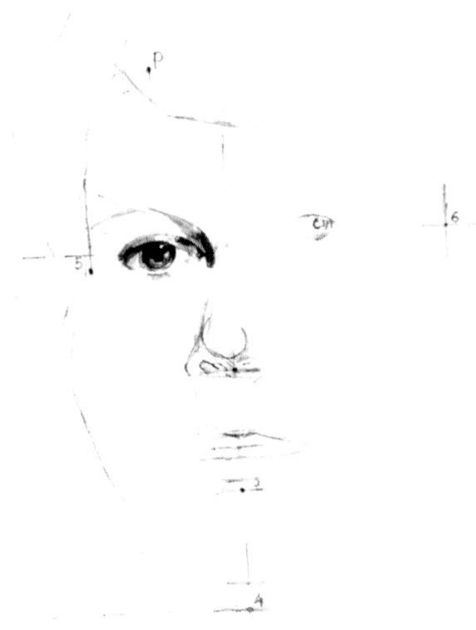

**3** Jetzt markiere ich die Höhe des Kopfes. Durch Beobachten des Modells sehe ich, dass der Abschnitt 1–4 genauso groß ist wie der von Punkt 1 bis nach oben zur Kopfkrone. Als Nächstes markiere ich die Breite des Gesichts. Dafür verschiebe ich die Breite eines Auges nach links bis zum Punkt 6. Jetzt müsste ich die Breite des anderen Auges auf der linken Seite des Gesichts ausmessen können.
Mir fällt jedoch auf, dass das Gesicht leicht zur rechten Seite gedreht ist, sodass wir davon ausgehen müssen, dass die rechte Gesichtshälfte des Modells etwas kleiner ausfallen muss. Ich beobachte die Breite des Abschnitts 1–5 und markiere ihn auf der Zeichnung.

**4** Ich habe bereits die wichtigsten Punkte zur Bestimmung der Position aller Teile im Gesicht festgelegt. Ich studiere nun das Auge und zeichne ganz genau die Iris des Auges und die Pupille, während ich auf Lichtblitze in der Pupille achte. Die starke Kontur des Augenlides unterstreiche ich mit einem Bleistift der Härte 6B. Die Wimpern sind fast unsichtbar. Die Augenwinkel zeichne ich mit einem B1-Bleistift, wonach ich das zweite Auge ganz genau zeichne und die Haare skizziere.

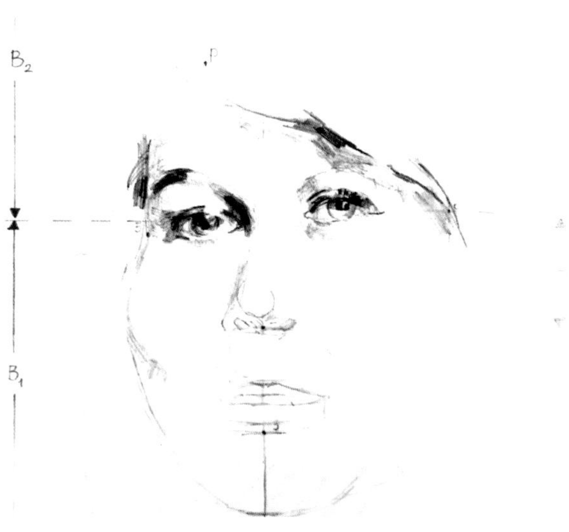

**5** Ich zeichne die Augen und achte darauf, dass sie lebendig und ausdrucksstark sind. Das obere Lid des linken Auges wirft einen Schatten, was dazu führt, dass die Iris zur Hälfte schattig ist. Doch das Auge wirft ein Licht, das im Schatten sichtbar ist.

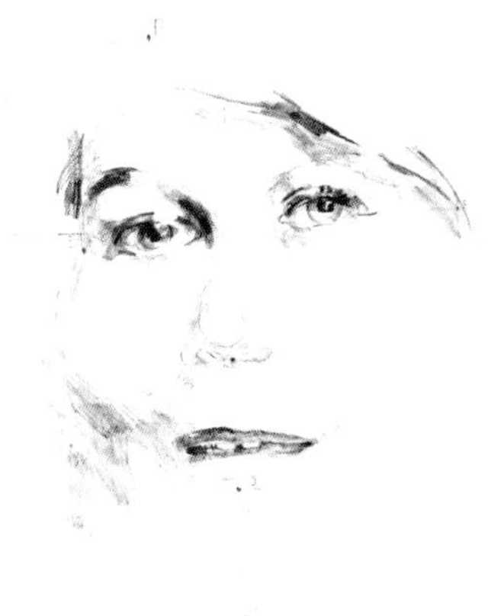

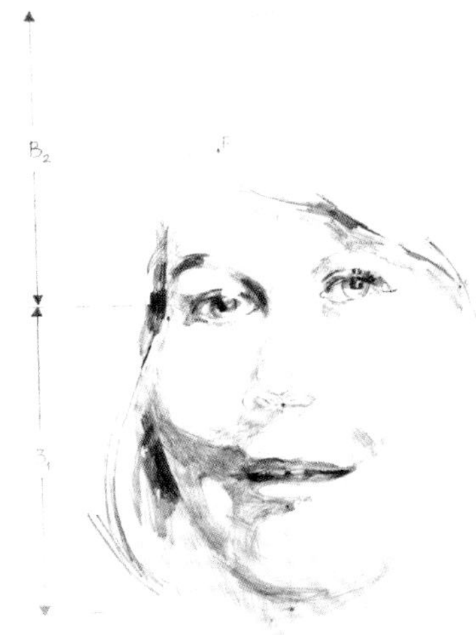

**6** Ich schaue mir die Lippen an, finde die Form der Zähne in der Mundhöhle und trage eine passende Farbintensität auf die obere Lippe auf. Die Lippen der porträtierten Person formen ein zartes Lächeln, weshalb sich deren Winkel leicht nach oben heben. Die rechte Seite der Lippen ist leicht verkürzt, in Übereinstimmung mit der Position der Augen. Wichtig ist, dass man die richtige Form der Lippen trifft. Der rechte Winkel der Lippen verliert sich im Schatten. Diese Stelle wird von mir parallel zur Richtung des Muskels (*zigomaticus major*) schraffiert, der sich beim Lachen leicht anspannt.

**7** Ich habe die Augen und das lebendige Aussehen des Modells herausgearbeitet im Hinblick auf die Lichtverhältnisse. Ich zeichne nun die Partie um die Augen herum, schraffiere Schatten unter die Augenlider und im oberen Abschnitt der Augen sowie die Augenbrauen. Ich markiere den Pony und über der linken Augenbraue der Frau lege ich einen Schatten unter eine Haarsträhne.

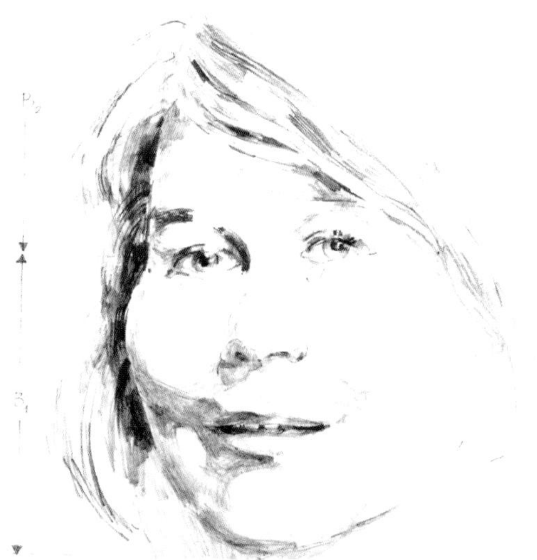

**8** Ich schraffiere die rechte Wange und trage Linien auf, die die Haare markieren. Mit grauer Farbe zeichne ich die Konturen des Kinns. Wir sollten beachten, dass das Modell eine helle Hautfarbe, blaue Augen und blonde Haare hat. Alle Konturen, einschließlich des ovalförmigen Gesichts, sind hell, ohne Kontraste. Deshalb sollte nur gemäßigt schraffiert werden.

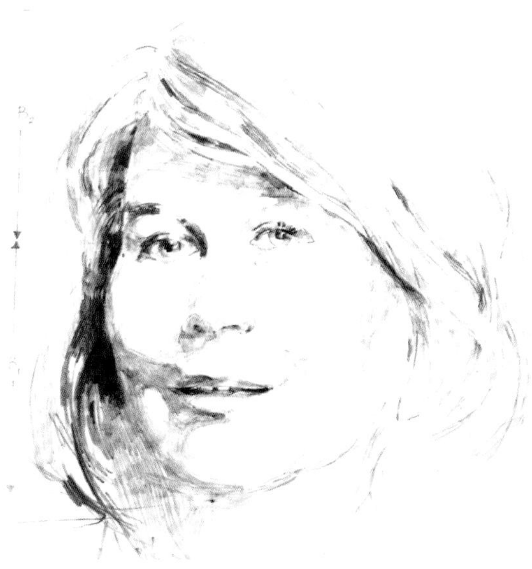

**9** Der nächste Schritt ist das Studium der Nase und ihrer Basis sowie ein noch genaueres Studium der Struktur der hellen Haare. Die rechte Seite des Gesichts befindet sich leicht im Schatten. Diese Region schraffieren wir mit Bleistiften verschiedener Härtegrade.

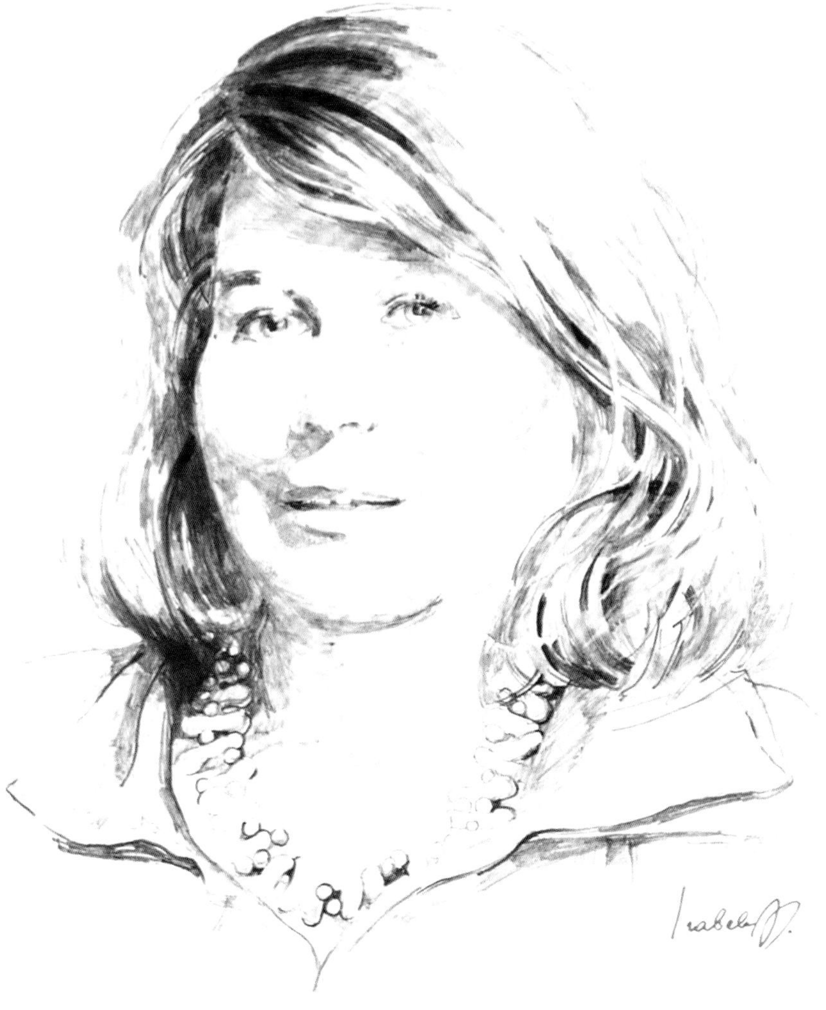

**10** Und das ist das fertige Porträt.

## Das realistische Porträt einer Frau mit hellen Haaren – Profilansicht

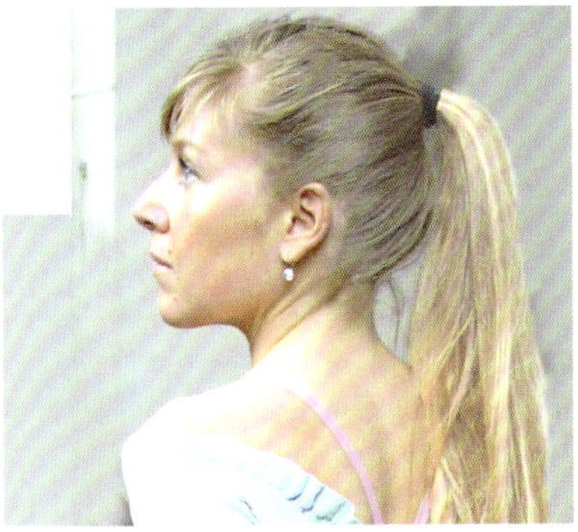

**Technik:** Zeichnung mit Bleistift

**Material:** Bleistifte der Härte 1B bis 7B, weißes Papier im Format 50 x 70 cm

**Themen:**

- Das Profil
- Die Gesichtsproportionen
- Die anatomischen Details (das Ohr)
- Das Studium der Haare
- Schraffurtechniken

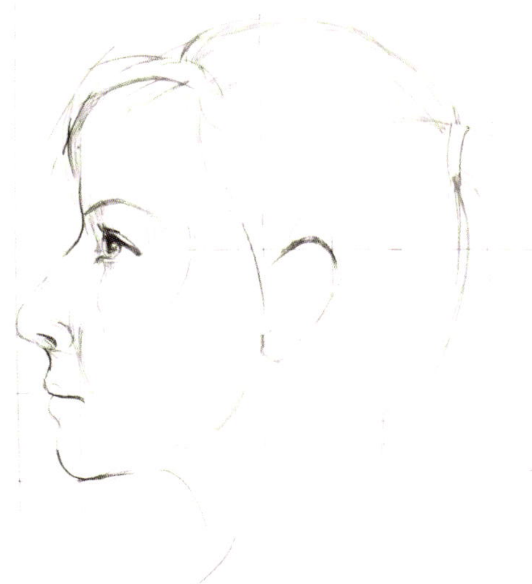

**1** Bei dieser Übung schaffen wir das Profil eines Gesichts, das in dem Fall nicht symmetrisch ist. Am Anfang skizzieren wir ein Netz von Hilfslinien gemäß des Kopfschemas (Koordinaten 0X und 0Y) und auf diesen zarten Hilfslinien werden die wichtigsten Punkte markiert: Punkt 1 – zwischen den Augenbrauen, Punkt 2 – die Nasenwurzel, Punkt 3 – das Ende des Kinns.
Zusätzlich teile ich das erste Modul unter Punkt 2 in drei gleiche Teile und markiere Punkt 2a – das wird die Mittellinie der Lippen. Von der Nasenspitze aus gehe ich das 3,5-fache des Grundabschnitts 1–2 nach rechts. Auf diese Weise erhalte ich die Breite des Kopfes zum Wangenknochen. Auch setze ich eine Hilfslinie, die die Hauptrichtungen andeutet: das Gewölbe der Stirn, die strukturelle Richtung des Unterkiefers, die Form der Nase.

**2** Im nächsten Schritt baue ich mit Konstruktionslinien die Kopfform auf. Ich stelle fest, dass ein Teil des Gesichts des Modells von der Form her einem Quadrat ähnelt. Auf der Breite, die nach rechts zwei Grundabschnitte (1–2) abmisst, befindet sich das Ohr. Ich skizziere seine Form, die in der Profilansicht *en face* sichtbar ist. Ich skizziere sanft das Auge, Als Nächstes die Nasenflügel und -löcher und finde die Form der Lippen. Mit schnellen Strichen markiere ich die Frisur.

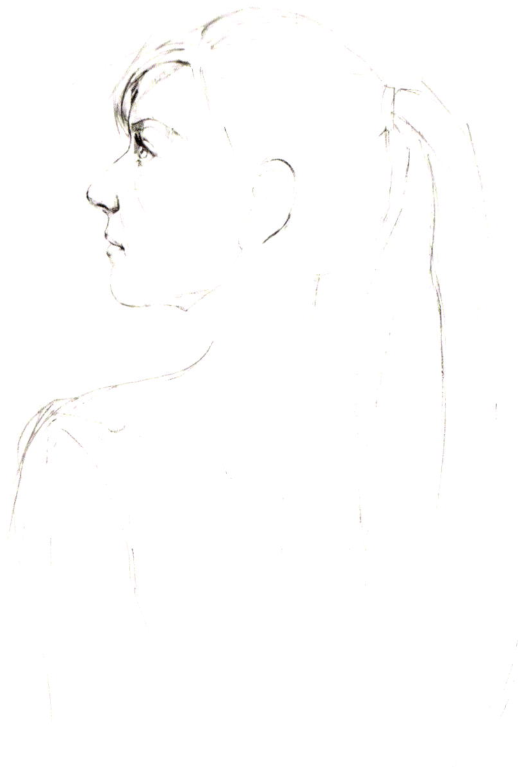

**3** In dieser Phase sehen wir, wie die gesamte Gestalt aussieht: Die Frau hat lange Haare, die zu einem Pferdeschwanz gebunden sind, ihr Arm ist jedoch im Profil nicht sichtbar. Nach genauer Betrachtung stellen wir fest, dass das Modell leicht mit dem Rücken zu uns gedreht ist, ihr Kopf dreht sich zum Betrachter. Das ist eine Drehung des Körpers, die man exakt zeichnen muss, indem man die Linie des Nackens und den Übergang der Schultern zum Hals gut markiert.

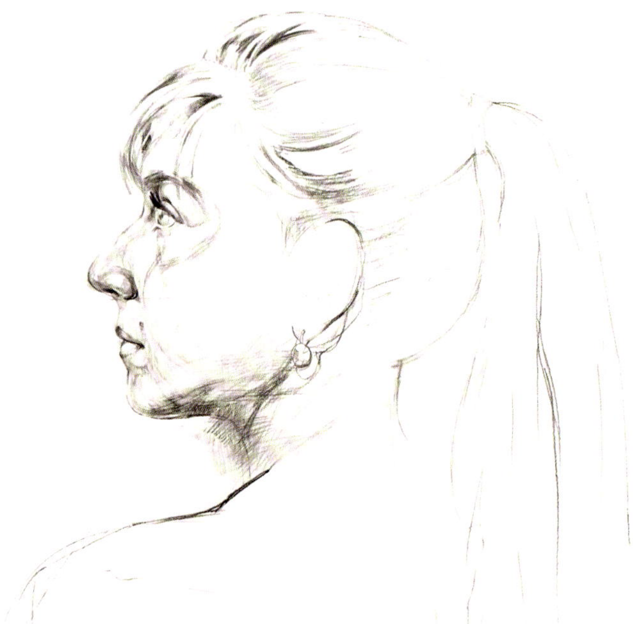

**4** Ganz achtsam zeichne ich nun die anatomischen Details. Ich studiere die Augen und zeichne sehr genau die Iris, die Pupillen, die Winkel der Augen und die Wimpern. Ich zeichne die Form der Nase, ihre Spitze, nach, schraffiere die Nasenflügel; zudem schattiere ich die Haut in der Nähe der Nasenwurzel. Ich beginne mit dem Schraffieren der Gesichtspartien. Ich versuche den Ausdruck der Lippen des Modells zu erfassen. Vom unteren Rand der Unterlippe aus schraffiere ich das Kinn und schattiere den Unterkieferbereich in der vorgegebenen Richtung bis zum Ohr. Ich schraffiere die Gegend um die Augen herum und lasse einen weichen helleren Fleck am inneren Bereich des Augenbrauenbogens und an der Nasenspitze. Jetzt konzentriere ich mich darauf, die Kontur der Stirn und den schattierten Bereich unter dem Pony naturgetreu wiederzugeben.

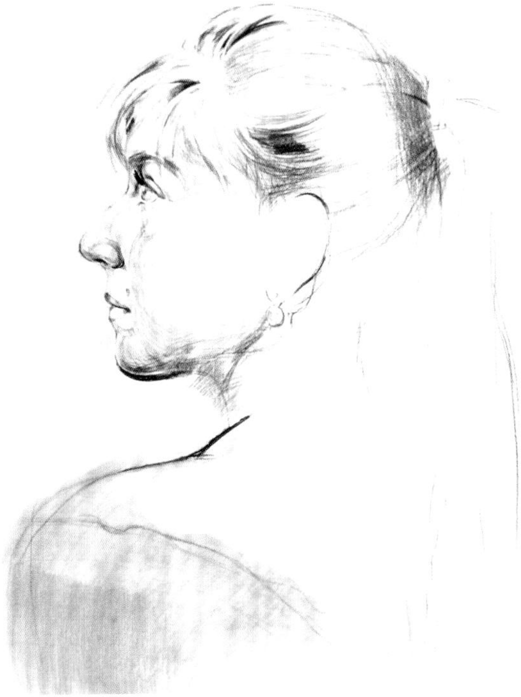

**5** In dieser Phase studiere ich das Gesicht. Ich bearbeite die Konturen des Profils, bestimmte Bereiche – wie die Nasenspitze, den Ansatz der Nase zwischen den Augen, den Bereich unter der Unterlippe und das Kinn bis zum Anfang des Halses. Den Bereich, wo der Arm in den Hals übergeht, betone ich stärker (Bleistift 6B9). Die Bereiche entlang der Kontur schraffiere ich und beobachte, wie sich das Licht auf das Gesicht des Modells legt. Das Gesicht hat die Farbe des Körpers, also benutze ich einen hellgrauen Ton. Als Nächstes markiere ich mit Konstruktionslinien die Wangenknochen.

Ich gehe zur Zeichnung der Haare über: Der kurze Pony fällt zur Seite und versteckt sich hinter der Linie des Profils. Ich forme mithilfe abgestufter Farbnuancen die Frisur und zeichne gleichzeitig die runde Form des Kopfes nach. Von der Rückseite des Kopfes schraffiere ich von den parallelen langen Linien aus, wo ich in der nächsten Phase nochmal ansetze. Zusätzlich schattiere ich mit dem Bleistift die Kleidung des Modells.

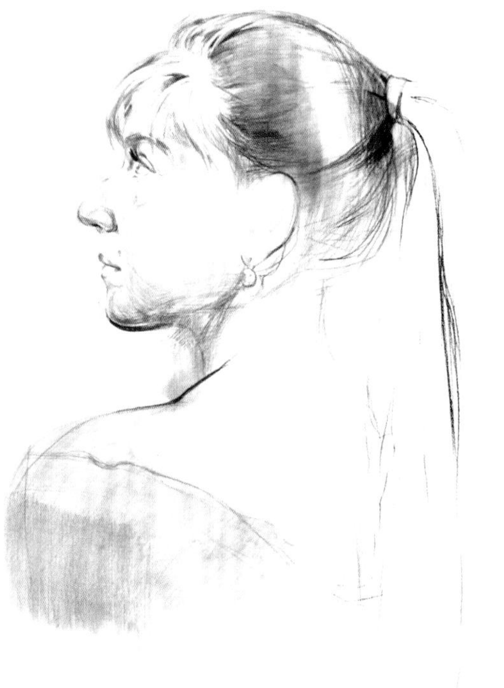

**6** Jetzt wende ich zwei Verfahren an, bei denen flache graue Flecken auf den Haaren erzeugt werden. Diese zwei großen grauen Flecken sind noch „roh", also nutze ich eine bestimmte Methode, um sie weichzumachen: Mit einem weichen Tuch verwische ich die grauen Flecken auf den Haaren (indem ich kreisende Bewegungen mit dem Tuch ausführe). Auf diese Weise erhalten die Haare eine weiche Struktur und Glanz.

Dasselbe Verfahren wende ich bei der Kleidung des Modells an. Ich möchte, dass die darauf liegende Farbschicht halbdurchsichtig ist, sodass die darunter liegenden Hilfslinien zu sehen sind. So wirkt der Bereich leicht und dies verleiht der Zeichnung eine gewisse Räumlichkeit. Zusätzlich schraffiere ich den Hintergrund hinter dem Profilumriss, damit er sich nicht vom Rest der Zeichenfläche abhebt. Ich verstärke den Ton der Haare am Ansatz und an der Stelle, an der das Haar zu einem Pferdeschwanz gebunden ist. Mit der dicken Seite eines Radiergummis wische ich das Grau an der Stelle weg, wo die Haare den meisten Glanz haben.

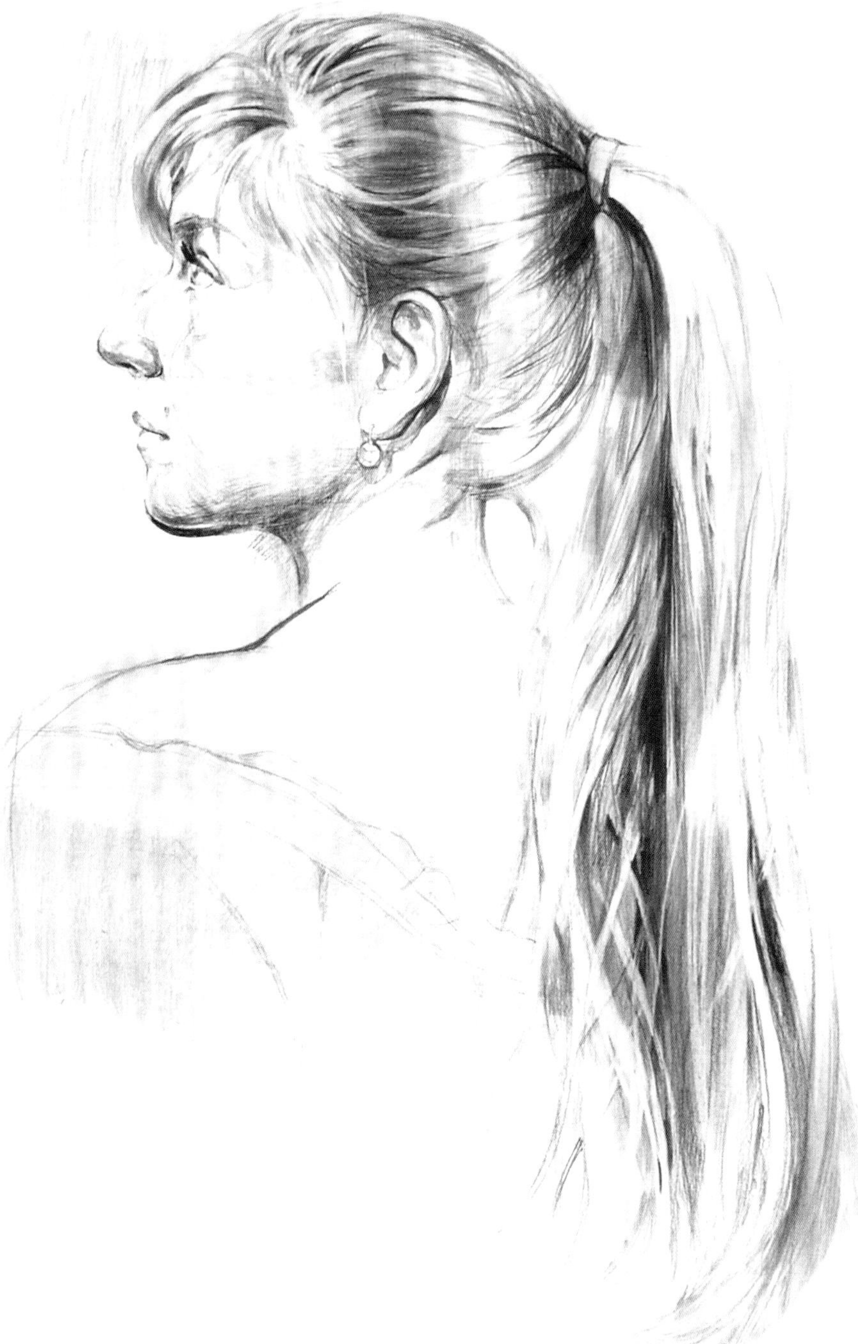

**7** Das fertige Porträt.

## Das realistische Porträt einer dunkelhaarigen Frau

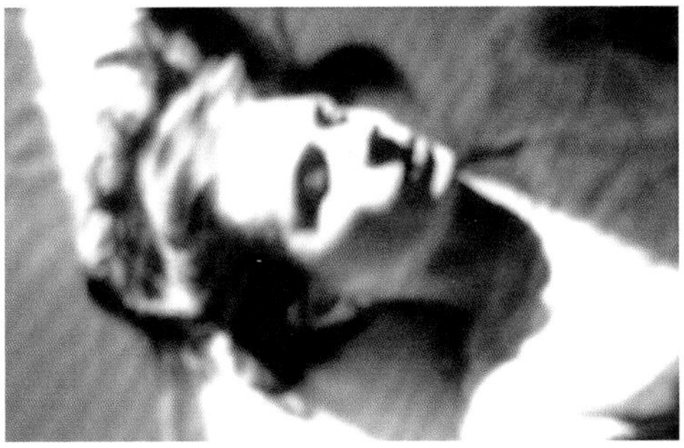

**Technik:** Kohlezeichnung

**Material:** Runder Kohlestift, weißes Blatt Papier im Format 50 x 70 cm

**Themen:**
- Dreiviertelansicht in liegender Position
- Die Proportionen des Gesichts
- Details: das Studium der Augen, Lippen und der Nase
- Kontrastierende Aufteilung in Licht und Schatten

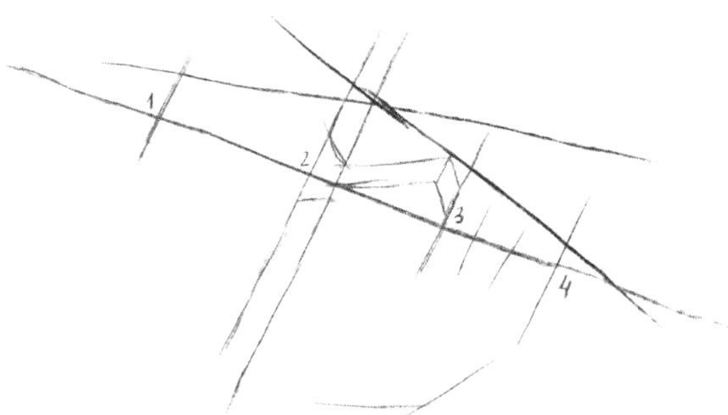


**1** Zuerst markiere ich die Symmetrieachse des Kopfes, die in diesem Fall eine horizontale, leicht nach hinten geneigte Mittellinie des Kopfes ist. Da der Kopf perspektivisch verkürzt ist, muss die Linie eine entsprechende Richtung haben. Ich beobachte das Modell und markiere die Linie, auf der sich die Augenbrauenbögen befinden und zeichne die Länge der Nase. Als Nächstes übertrage ich denselben Abschnitt nach unten und finde auf diese Weise das Ende des Kinns. Wichtig ist es, die richtige Neigung der linken Wange sowie Stirnkonturen auf der linken Seite zu finden.

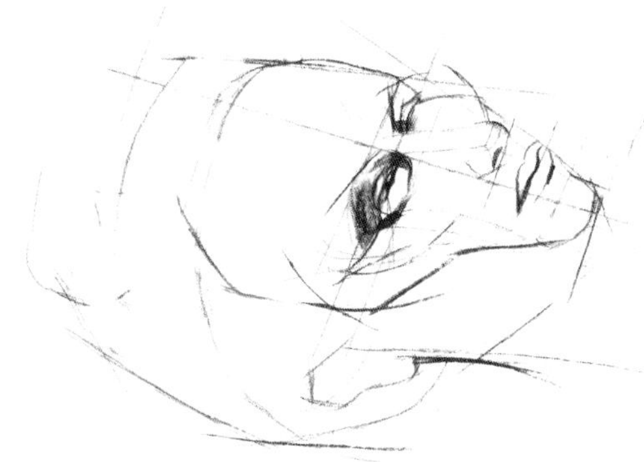

**2** Jetzt zeichne ich mit den Hilfslinien alle vier Teile des Gesichts. Nase, Lippen und Augen werden nur angerissen. Ich vermesse genau jeden Bereich und prüfe, ob er der Natur entspricht. Ich skizziere das Ohr, das sich in der frontalen Position befindet und leicht geneigt ist. Vom Ohr leite ich die Richtung ab, die die Rückseite des Halses definiert. Ich skizziere die innere Struktur der Wangen und erinnere mich an die Position der Wangenknochen des Schädels in früheren Kapiteln. Dann skizziere ich die Grundstruktur der Haare.

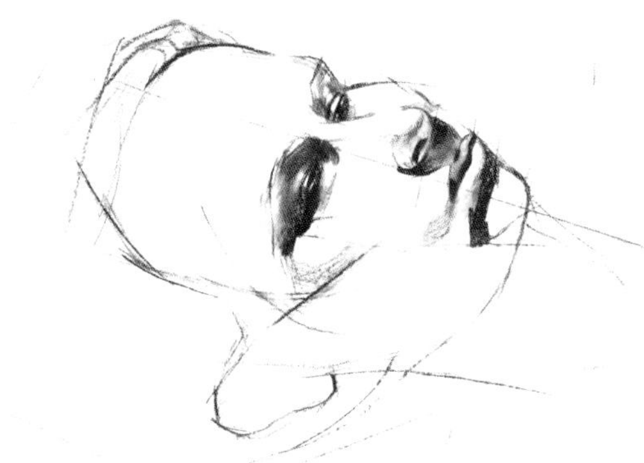

**3** Nun kontrastiere ich mit Farbabstufungen: Ich schattiere die dunkelsten Stellen, indem ich die Kohle fester drücke, nämlich die Augenwinkel, den Rand des rechten Auges, den sichtbaren Teil der Nase, den Rand des Nasenflügels, der einen Schatten wirft, die Stelle, an der sich die Lippen treffen, und die Stelle unter der Unterlippe. An den Stellen, an denen der Schatten schwächer ist, schraffiere ich oder verwische die Kohle. Ich achte besonders auf die Stellen mit hellen Reflexen.

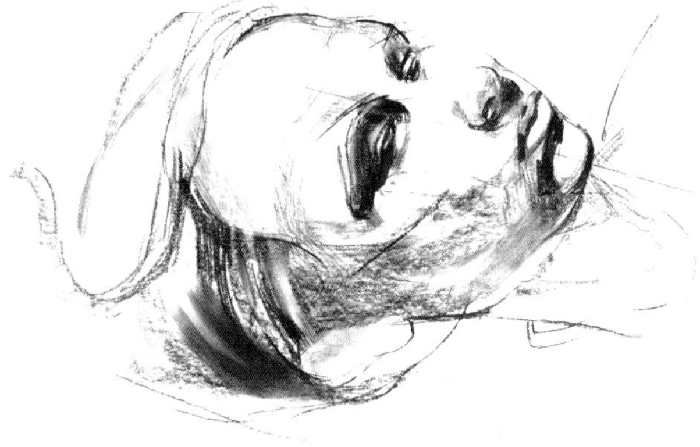

**4** Ich zeichne ganz achtsam die linke Gesichtskontur des Modells. Ich drücke das Zeichenwerkzeug an den Stellen, wo die Schnittstelle von Licht und Schatten am stärksten ist – an den Wangen, am Augenbrauenbogen. An der rechten Wange schraffiere ich parallele Linien oder – noch gewagter – mit der Breite des Kohlestücks gemäß der anatomischen Konstruktion.

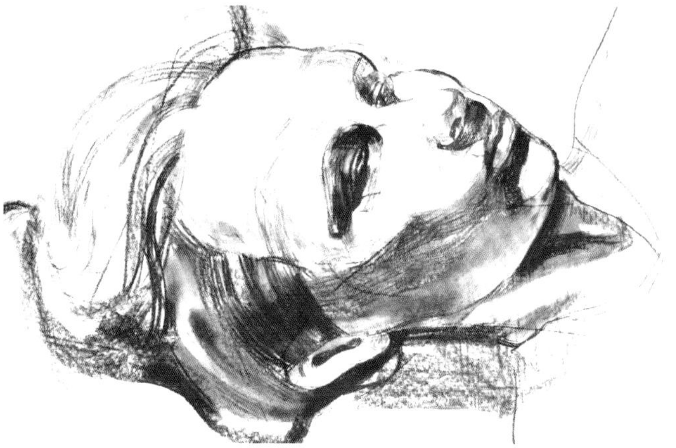

**5** Ich bearbeite genau die schattigen Stellen der rechten Wange. Ich „stütze" den Kopf mit einem breiten Kohlestrich, der den Untergrund verdeckt. Dort, wo der Hals zur Schulter übergeht, ist die Linie am dunkelsten. Jetzt geht es an den Rhythmus der Haare. Die Haare des Modells fallen weich zur Rückseite des Kopfes und zum Untergrund, auf dem das Modell liegt. Die Hilfslinien müssen eine Art spontane Krümmung aufweisen, die Weichheit und Elastizität imitiert. Das Studium der Haare nimmt viel Zeit in Anspruch, da sie sehr kunstvoll drapiert sind. Die Haare sind jedoch sehr wirkungsvoll und die Zeit wert.

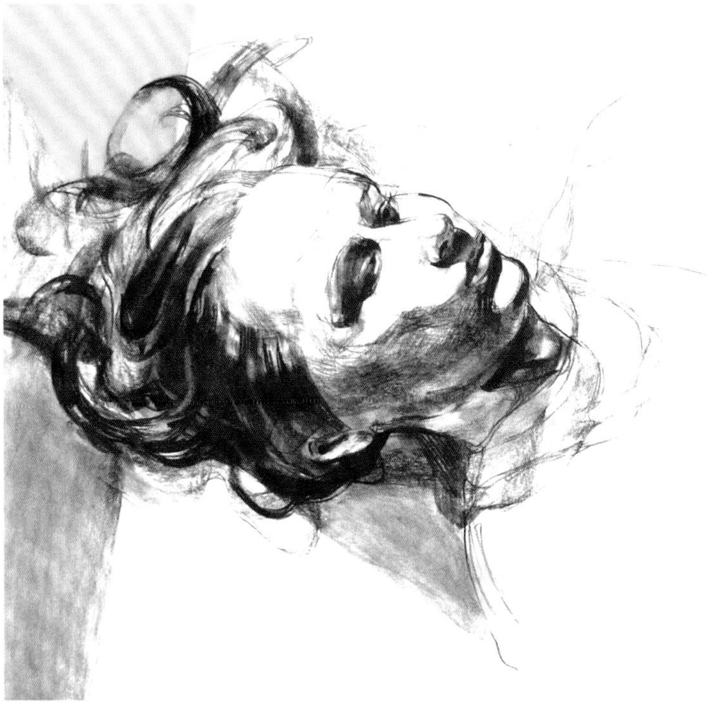

**6** So wirkt das fertige Bild mit seinen starken Kontrasten von Licht und Schatten.

## Das Porträt eines Kindes

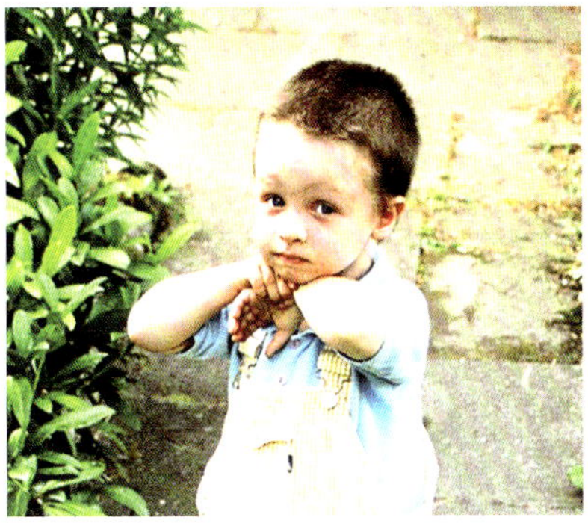

**Technik:** Kreidezeichnung in Sepia

**Material:** Runder Sepiastift oder -stab, zwei zusätzliche braune Stifte, ein Blatt Papier, Format 50 x 70 cm

**Themen:**
- Dreiviertelansicht
- Die Gesichtsproportionen eines Kindes
- Details: das Studium der Augen, Lippen und Nase
- Die Hautstruktur des Kindes

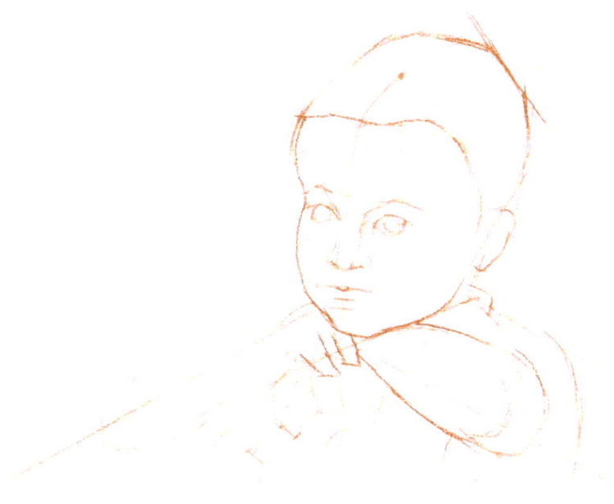

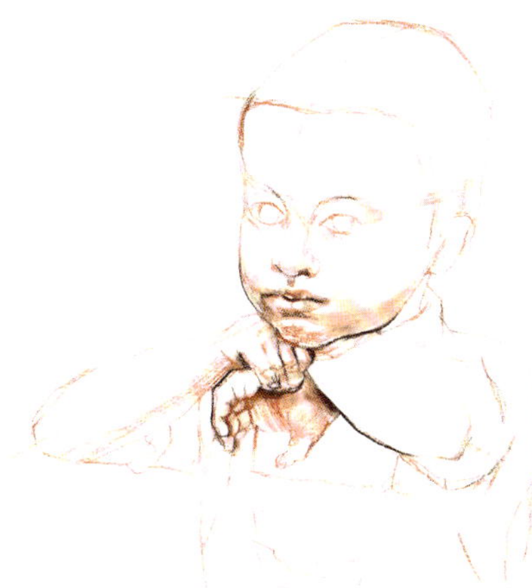

**1** Bei einem Kind als Modell sind die Gesichtsproportionen anders als bei den vorherigen Beispielen. Für die Zeichnung habe ich aufgrund ihrer Natürlichkeit Kreide in der Farbe Sepia ausgesucht. Zunächst markiere ich die Symmetrieachse des Kopfes und des Körpers. Der Kopf befindet sich in der ¾-Ansicht. Das Kind hat einen „unschuldigen" Gesichtsausdruck; auch interessant ist, dass der Kopf sich auf den Händen abstützt. Ich markiere die oberen Meridiane des Kopfes auf Höhe der Augenbrauen, der Nase, des Kinns sowie die Senkrechte, die sich durch die Gesichtsmitte des Kindes zieht.

**2** Ich zeichne die Konturen der Hände und Arme. Wichtig sind die Stellen, wo die Arme in die Ellbogen übergehen, sie müssen anatomisch korrekt gezeichnet werden. Ich zeichne die Konturen der Augen, Lippen, der Nase sowie des Kinns, das auf den Armen aufliegt. Ich skizziere den Übergang des Kopfes in den Hals und über dem Ohr sowie die Grundform der Frisur. Ganz wichtig ist jetzt der Ausdruck der Lippen – ich zeichne sie so, dass sie wie gewölbt aussehen.

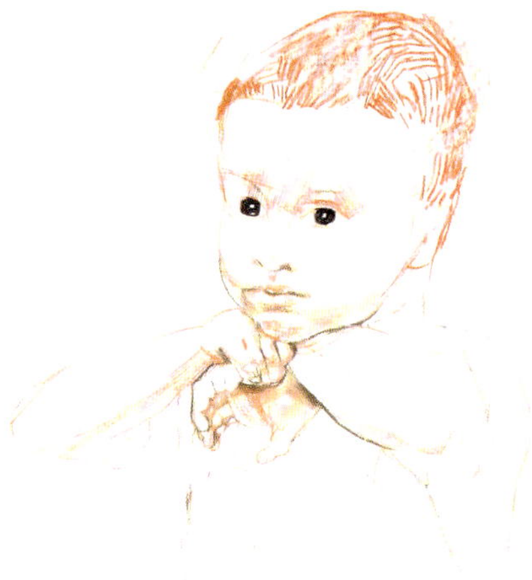

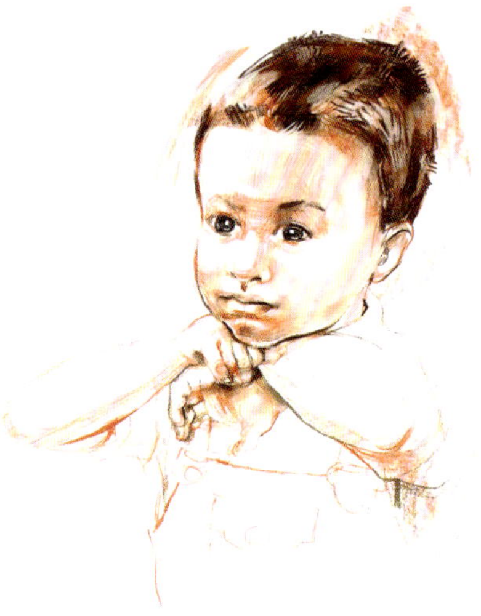

**3** Der nächste Schritt besteht aus dem Studieren der Augen, der Nase und der Lippen. Diese Stellen schraffiere ich sanft mit der Sepia-Kreide. Ebenso schraffiere ich die Wangen und die linke Hand; ich weiche die Schraffierung auf, indem ich sie leicht verstreiche. Ich fülle den Bereich der Kontur der Frisur auf. Der Junge hat kurzgeschnittene Haare. An dieser Stelle verwende ich kurze, parallele Striche, die die „Igelfrisur" nachahmen sollen.

**4** Auf den Strichen zeichne ich eine zweite Schicht von Flecken mit dunkelbrauner Kreide. Einen Teil dieser Flecken verstreiche ich mit dem Finger oder einem Tuch. Ich zeichne das Ohr genau und konzentriere mich nun auf die Zeichnung des Gesichts.
Die Haut des Kindes ist glatt, also schraffiere ich sie mit einigen Strichen und verstreiche sie. So entstehen weiche Flecken mit rötlichem Farbton, die zum warmen Hautton des Kindes passen. Ich sehe, dass die Augen groß und flach in den Augenhöhlen liegen, deshalb setze ich um sie herum weiche Flecken von mittlerer Stärke ein. Ich zeichne den Hintergrund mit spontanen Strichen mithilfe der breiten Seite einer Kreide.

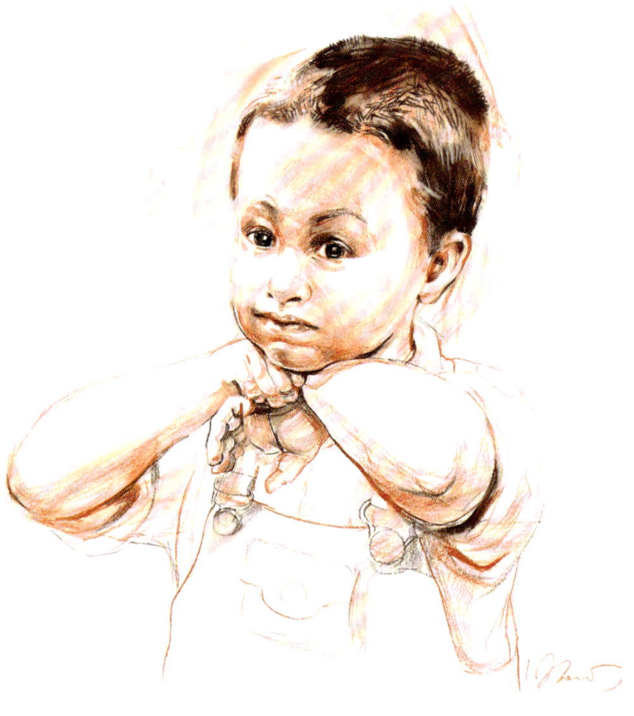

**5** Das fertige Porträt.

## Das realistische Porträt einer Frau vor dunklem Hintergrund

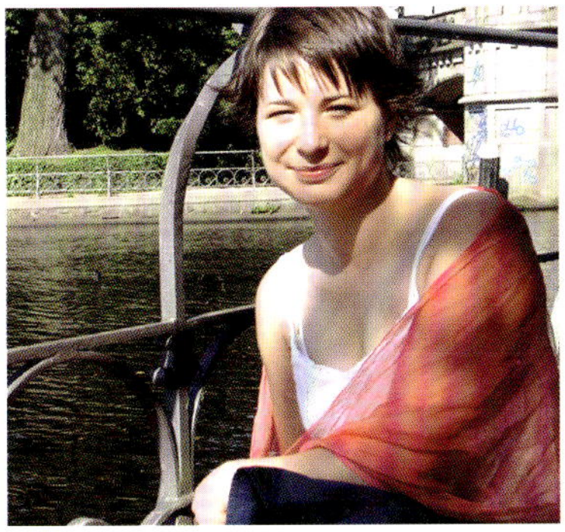

**Technik:** Zeichnung mit weißer Kreide auf dunklem Hintergrund

**Material:** Braune und weiße Kreide, braunes Papier, Format 50 x 70 cm

**Themen:**

- Die Frontalansicht (*en face*)
- Die Gesichtsproportionen einer Frau
- Details: Studium der Augen, Lippen, der Nase
- Kontrast: Licht und Schatten

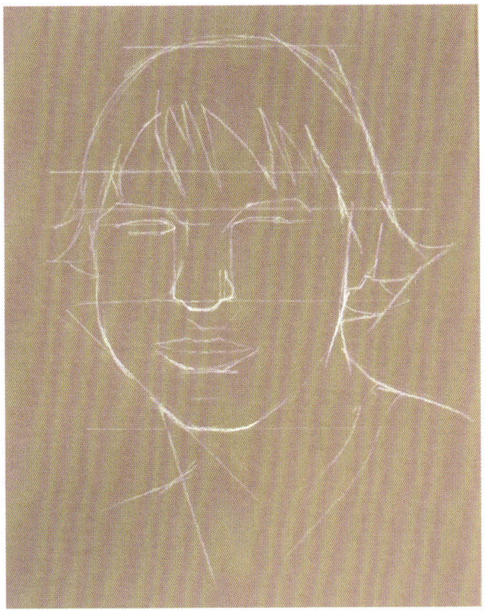

**1** In dieser Übung zeichne ich wie im Negativ, d.h. helle Flächen, die auf einem weißen Hintergrund nicht gezeichnet werden müssten, müssen hier mit einem weißen Stift umrissen werden. Ich beginne die Zeichnung mit den Proportionen des Modells, einer jungen, lächelnden Frau. Mit weißer Kreide zeichne ich die Symmetrieachse und markiere auf ihr die oberen Hilfslinien, die durchzogen werden von horizontalen Hilfslinien. Diese Linien markieren wie immer den Bereich, wo sich die wichtigsten Teile des Gesichts befinden: die Augenbrauen, die Nase, die Lippen, der Scheitel. Ich skizziere auch den Hals und die Nackenlinie.

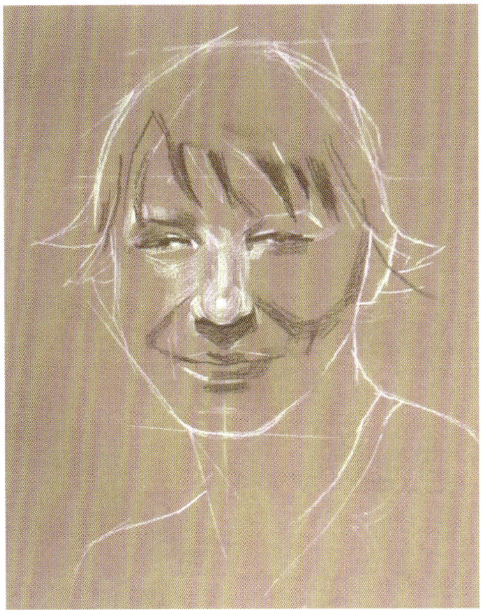

**2** Mit der weißen Kreide zeichne ich die Nase in ihrer gesamten Länge. Dies ist der am stärksten hervortretende Teil des Gesichts, der ebenfalls mit einem starken Schatten hervorgehoben wird. Ich zeichne auch helle Flecken um die Augen herum. Jetzt fange ich an, die dunkelsten Stellen mit brauner Kreide einzuzeichnen. Ich skizziere also einen Schatten unter der Nase, die Mittellinie der Lippen, die obere und untere Lippe, die Augenhöhlen (das Modell hat kleine Augen, die fest zusammengekniffen sind), die Wangenmuskeln, die im Lächeln auseinandergehen und die Haarsträhnen auf der Stirn. Mit der braunen Kreide zeichne ich die Iris, die durch die zusammengekniffenen Augen des Mädchens kaum sichtbar ist.

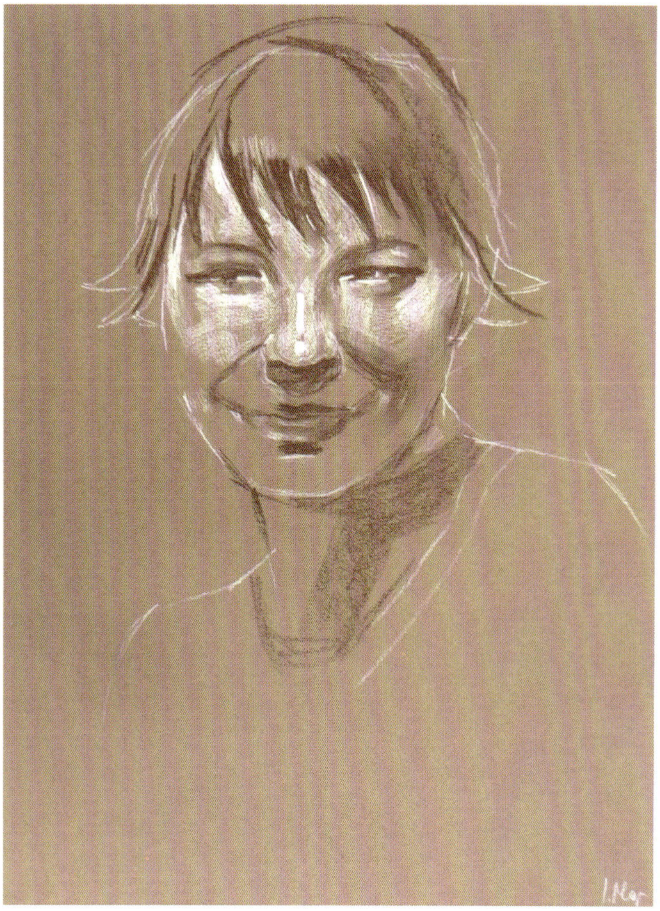

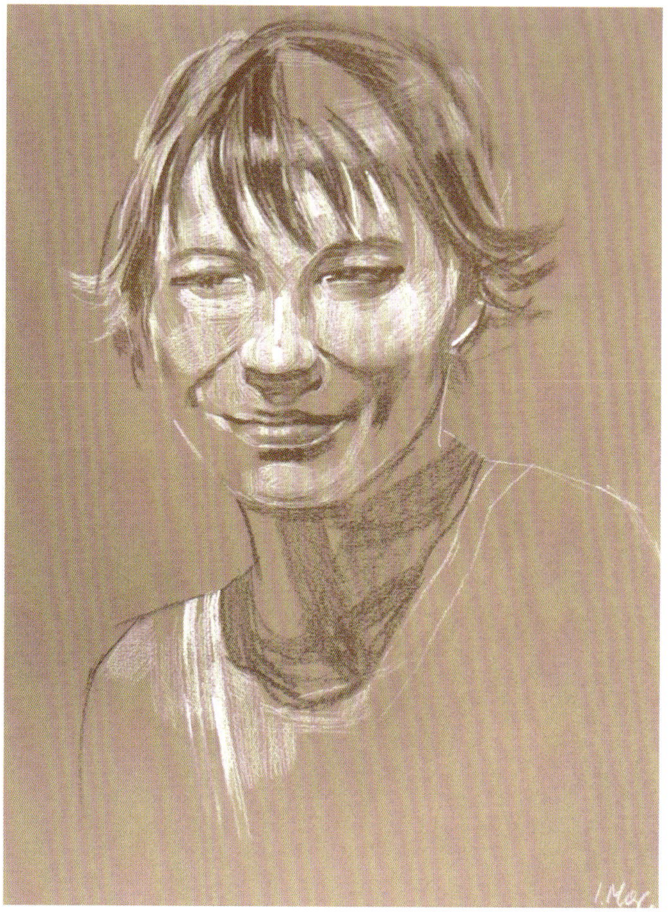

**3** Nun studiere ich die Lippen. Mit der weißen Kreide zeichne ich das Licht auf die Unterlippe sowie an mehreren Stellen um die Lippen herum.
Wichtig ist die genaue Beobachtung des Lichts und die originalgetreue Wiedergabe der Art und Weise, wie es auf die verschiedenen anatomischen Teile des Gesichts fällt. Ich schattiere die Stellen unter der Unterlippe und treffe erneut mit dem Licht das Kinn, d.h. ich zeichne dort mit weißer Kreide. Als Nächstes studiere ich die Haare. An der Stelle, wo der Pony auf die Stirn fällt, bricht das einfallende Licht. Diese Stelle ist an der gesamten horizontalen Linie hell und verleiht den glänzenden, dunklen Haaren einen „Schimmer" – so wie auf jeder glatten Oberfläche. Mit einer dunklen Kreide zeichne ich ganz genau den Hals, auf der rechten Schulter des Mädchens skizziere ich den Umriss der Kleidung.

**4** Ich zeichne die Augen detailliert und schraffiere danach mit einer weißen Kreide die Stirn des Modells sowie die Wangen. Mit brauner Kreide bearbeite ich die Frisur. Ich verleihe den Haaren, die auf die Stirn fallen, mehr Tiefe und zwischen die dunklen Strähnen schraffiere ich mit einer weißen Kreide. Ich verdunkele den Hals mit zwei Strichen der breiten Seite der braunen Kreide. Ich achte auf die Zeichnung des Nackens. Die Linie, wo der Hals in den Nacken übergeht, muss anatomisch gut konstruiert sein.

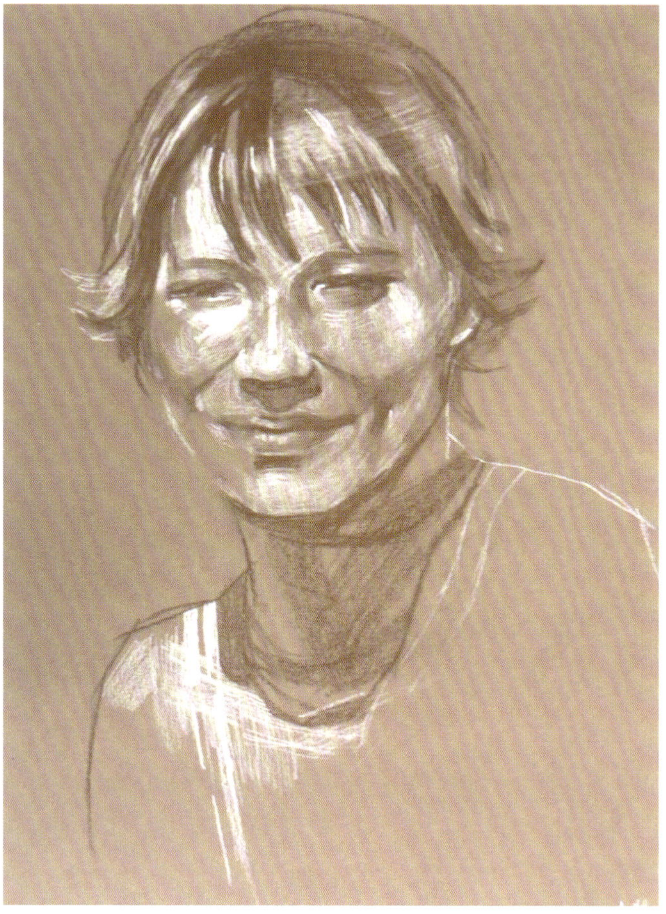

**5** Als Nächstes studiere ich die Frisur auf dem Scheitel und zeichne dunkle Strähnen an den Seiten. Ich überarbeite das Kinn. Jetzt kommt ein sehr wichtiger Moment, ich möchte nämlich so gut wie möglich das zarte Lächeln des Modells wiedergeben. Dafür verwende ich die Methode des Aufweichens der Zeichnung – ich verwische den rechten Teil der Lippen sowie den unteren Teil der Wangenmuskeln mit einem Tuch. Mit brauner und weißer Kreide zeichne ich Vertiefungen auf die Wangen und beobachte genau, wie das Licht an diesen Stellen einfällt. Zum Schluss zeichne ich die Kleidung.

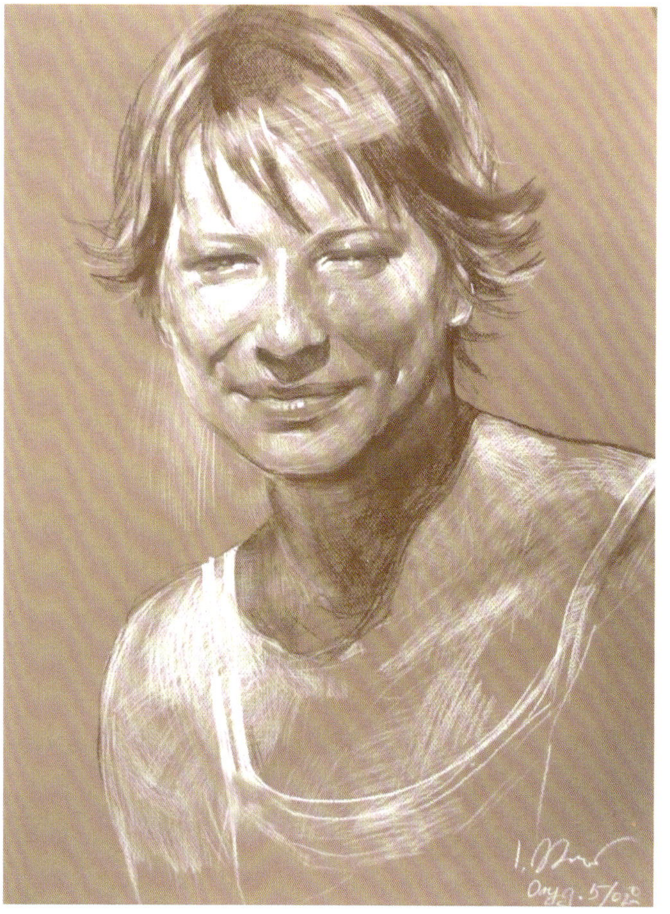

**6** Das fertige Porträt.

## Das realistische Porträt eines grauhaarigen Mannes

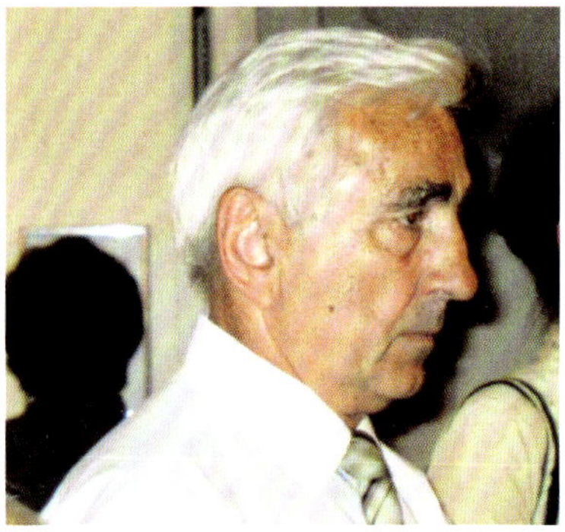

**Technik:** Zeichnung mit Bleistift und weißer Kreide auf grauem Untergrund

**Material:** Bleistift und weiße Kreide, weißes Blatt Papier oder Karton, Format DIN A3

**Themen:**

- Gesicht im Profil
- Die Proportionen des männlichen Gesichts
- Details: das Studium der Augen, Lippen, Nase und der Haare
- Die Aufteilung von Licht und Schatten

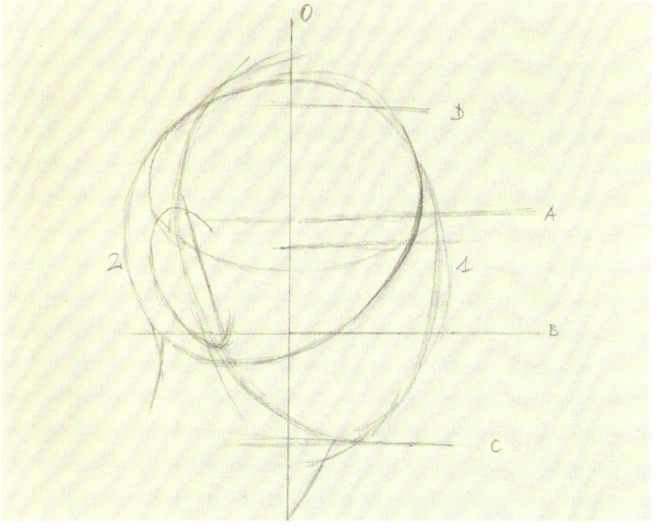


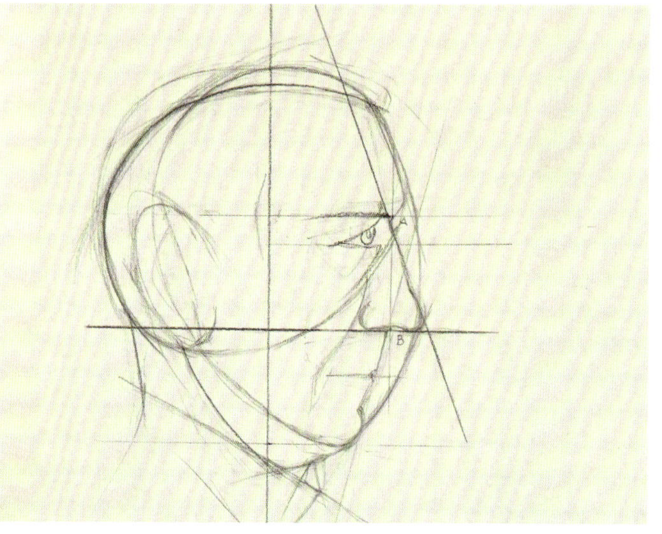


**1** Ich zeichne die Symmetrieachse O, die durch den höchsten Punkt am Scheitel des Modells bis nach unten durch den Kehlkopf verläuft. Auf der Achse markiere ich die horizontale Linie – eine auf Höhe der Augenbrauen (A), eine auf Höhe der Nasenwurzel (B). Die nächsten Linien verlaufen parallel dazu in denselben Abständen wie A und B: Sie skizzieren den Bartansatz (C) und die Haarwurzel (D). Unter der horizontalen Linie A zeichne ich eine parallele Linie, die die Augenhöhe definiert. An dieser Stelle schaut man sich das Modell genauer an und zeichnet eine erste eiförmige Linie. Anschließend skizziert man die zweite eiförmige Linie leicht quer zur ersten und definiert den Hinterkopf. Man kann auch noch eine Stelle markieren, an der sich das Ohr, leicht abstehend, hinter der Linie A und B befindet.

**2** Wir finden die Richtungen, die uns Umrisse des Gesichts erkennen lassen. Wir betrachten die Richtung der Nase und markieren durch Abmessen mit dem Bleistift (s. S. 105, die Übertragung von Abschnitten) die Richtung der Nasenkontur. Ich beobachte auch, ob die Nasenspitze sich auf die Linie B legt, ob sie auch unter einer Ecke liegt. In diesem Fall liegt sie genau auf der B-Linie. Auf die gleiche Weise finde ich die Richtung des Bereichs unter der Nase, wo sich Mund und Kinn befinden. Ich markiere die Höhe der Lippen und ihre Breite. Ich markiere das Auge und messe die Breite aus. Ich beobachte, wie weit die Nasenflügel ins Gesicht hineinragen und wo der äußere Augenwinkel im Verhältnis zum Ende des Nasenflügels liegt. Beim Setzen dieser beiden Details bewegt sich mein Auge in einer angedeuteten vertikalen Linie zwischen den Konstruktionslinien A–B.

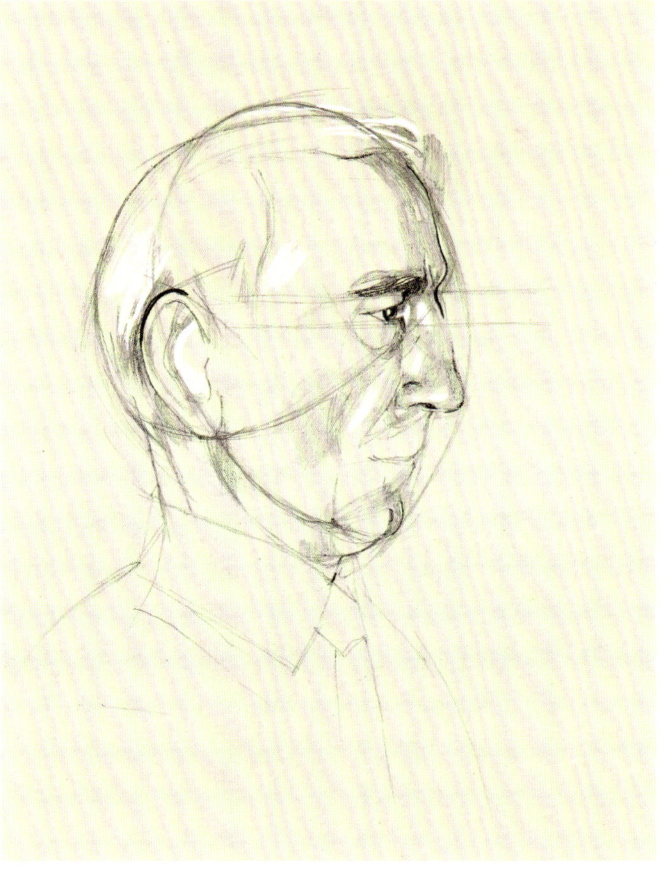

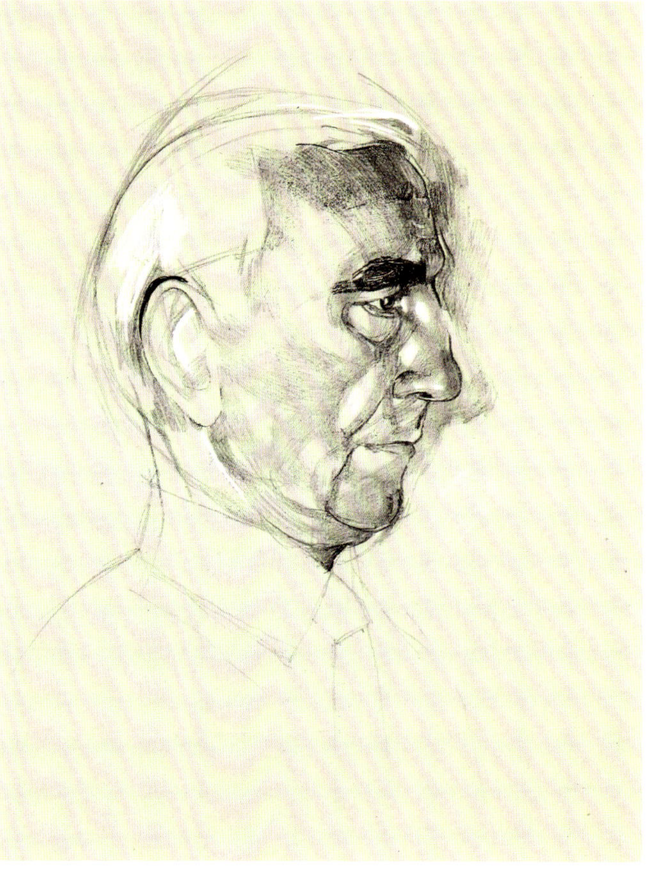

**3** Nun schraffiere ich die Stellen, an denen das Gesicht die größten Kontraste aufweist: die Augen und den Bereich um sie herum, die Augenbrauen, der Nasenansatz am Auge, die Nasenwurzel, die Nasenlöcher, die Stirn, der Kiefer bis zu den Lippen. Dann zeichne ich die Umrisse der Ohrmuschel und verdecke den Bereich hinter dem Ohr. Das Schraffieren muss ganz vorsichtig geschehen, damit die grobe Form nicht verloren geht und das Profil nicht flach erscheint.

**4** Ich beginne mit der Studierphase. Wir studieren die kräftig gebaute Nase, die tiefen, unter den dunklen dichten Augenbrauen liegenden Augen, das Spiel der Wangenmuskeln. Ich zeichne die Stirn mit ihren Falten und den entschlossenen Blick und lasse einen Bereich in der Pupille frei. Das Gesicht ist ruhig und beherrscht. Es zeigt keine Emotionen, aber Entschlossenheit und Beständigkeit – und so ist auch das Modell in der Realität. In dieser Phase wird durch das Auftragen von Bleistiftlinien bereits der Charakter des Modells geformt.
Der Kopf ist leicht geneigt, so als würde er unten in den Hals drücken, und erzeugt eine Hautfalte – diese Stelle sollte stärker gezeichnet werden. In dieser Phase kann ich mit weißer Kreide bereits mehrere Striche ziehen, wo die hellsten Stellen sind, vor allem an den Haaren. Ich markiere den Hintergrund hinter der Konturlinie des Gesichts. Ich weiche ein paar Stellen im Gesicht auf, vor allem in der Wangengegend, und beende das Schraffieren mit der weißen Kreide an den hellsten Stellen.

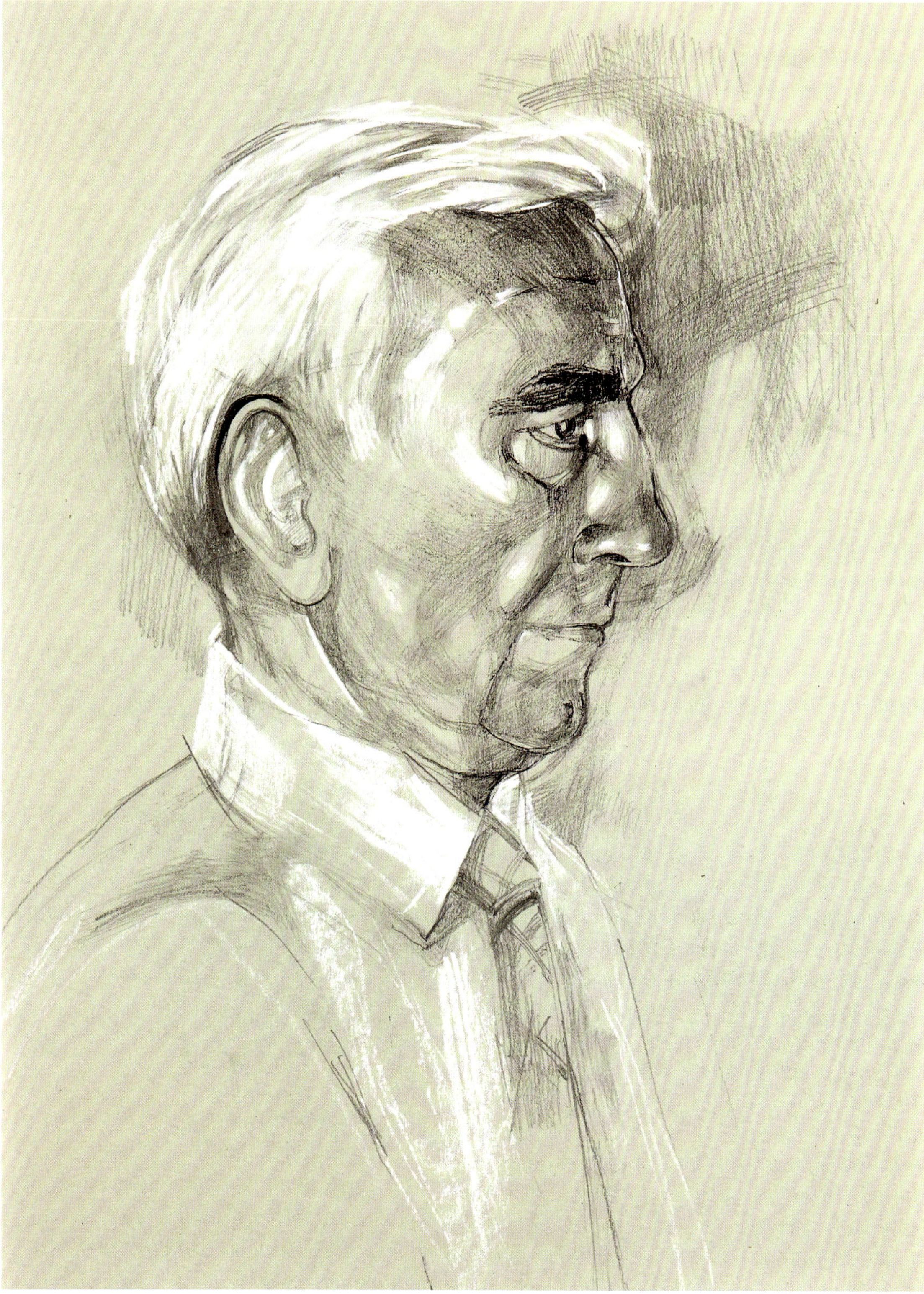

**5** Das fertige Porträt.

## Das realistische Porträt eines jungen Mannes

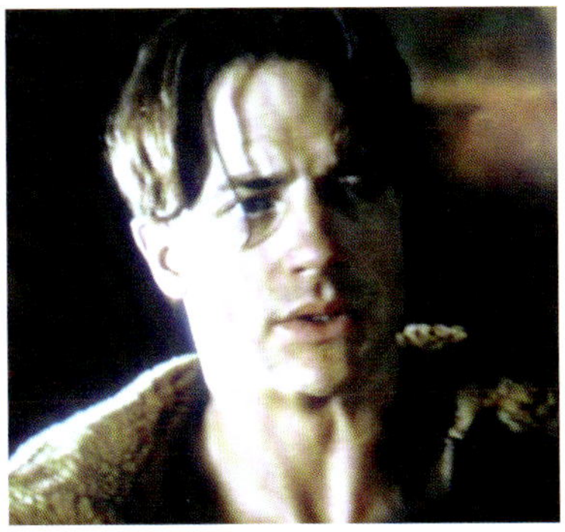

**Technik:** Kohle und weiße Kreide auf buntem Papier

**Material:** Kohle, weiße Kreide, farbiges Papier, Format 55 x 50 cm

**Themen:**

- *En-face*-Ansicht
- Die Proportionen eines kräftig gebauten männlichen Gesichts
- Details: das Studium der Augen, Lippen, Nase und der Haare
- Der Kontrast von Licht und Schatten
- Das Studium der Mimik

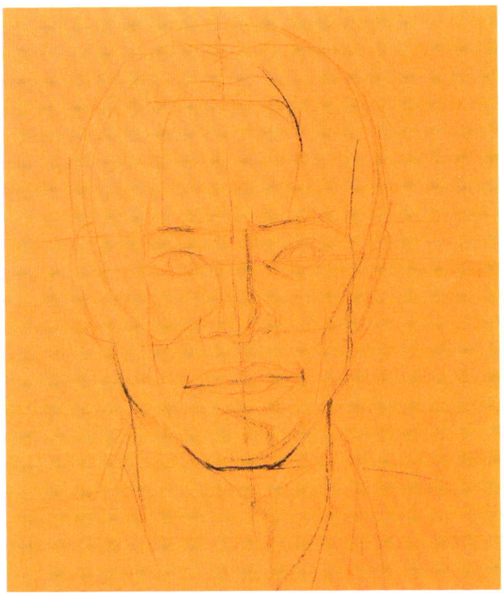

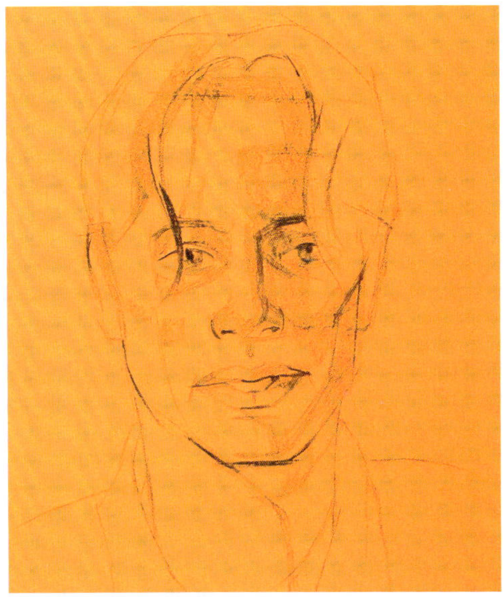

**1** Ich zeichne dieses männliche Gesicht mit Kohle auf buntem Papier. Die Zeichnung beginne ich wie immer mit der Grundform eines Eis mit einer Symmetrieachse (O), die leicht von der Senkrechten abweicht (P). Ich studiere die Proportionen des Gesichts. Die Abschnitte von der Nasenwurzel bis zum Ende des Kinns und von den Augenbrauenbögen bis zum Haaransatz sind gleich groß, während die Nase kürzer ist – der Mann hat einen kräftig gebauten Kiefer. Ich markiere die Höhe der Augenbrauenbögen, die Höhe der Augen, die Nasenwurzel, den Mund usw. Ich finde die Position der Ohren, skizziere die Wangenknochen, den Scheitel, den Hals. Ich ermittle die Breite der Nase an ihrem Ansatz und die Breite des Mundes, wobei ich berücksichtige, dass er leicht geöffnet ist.

**2** Auf der skizzierten Basis der ersten Konstruktionslinien zeichne ich die einzelnen Teile des Gesichts ganz genau: die Augenbrauen, die Augen, die Nasenwurzel sowie eine dickere Linie für die Länge der Nase. Ich verstärke die Zeichnung der Lippen und markiere die Form des Kinns. Ich unterstreiche mit einem stärkeren Strich den Umriss des kräftigen Kiefers. Ich skizziere die Haare, den Umriss des Ponys sowie mit ein paar Linien den Kopf auf den Schultern.

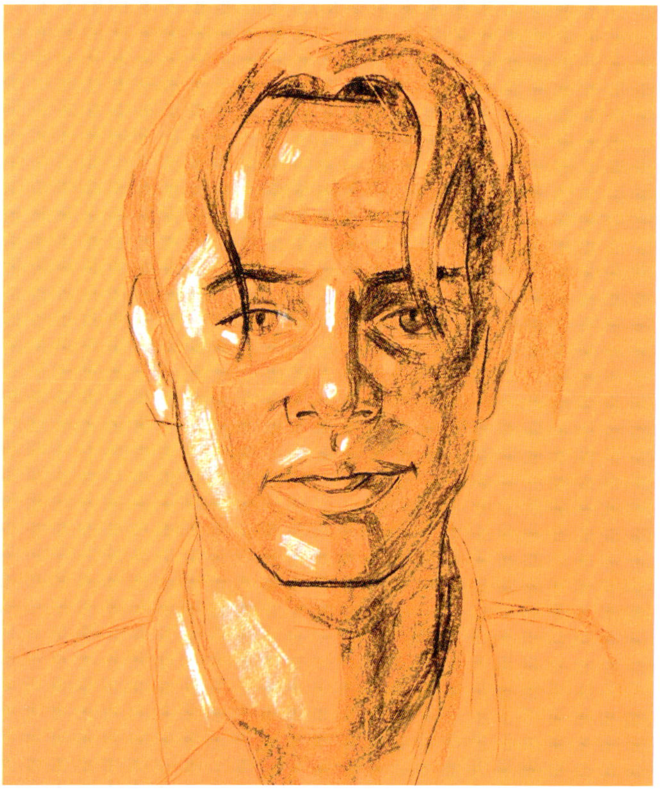

**3** Nun kann ich anfangen, den Kopf zu gestalten, indem ich mit einem breiten Kohlestift dunkle Flecken zeichne. Die linke Seite des Gesichts ist stark schattiert, die dunkelsten Flecken mache ich also an die Stellen, die senkrecht zur Richtung des seitlichen Lichteinfalls angeordnet sind, also an die linke Nasenwand sowie die Augenwinkel und die linke Seite des Gesichts, die der Gesichtskontur am nächsten liegt. Ich zeichne die Pupillen der Augen und schraffiere die Iris. Ich verstärke die Zeichnung der Lippen.

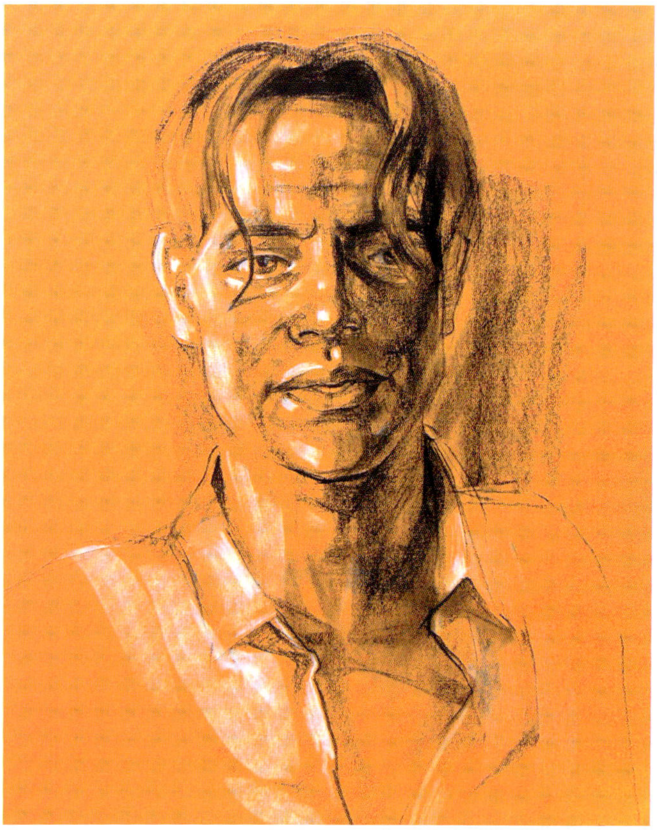

**4** Ich verstärke die Schattierung der gesamten linken Gesichtshälfte, indem ich eine zweite Schicht Schraffur mit der breiten Seite der Kohle auflege. Ich konzentriere mich auf die Zeichnung der Augen und ihrer Form, sodass sie gut im Schatten liegen. Im rechten Auge erkennt man, aufgrund des Lichts, das hier einfällt, mehr Details. Zwischen den Lippen lasse ich eine freie Stelle, die die Zähne andeuten soll. Ich studiere die Gesichtsmuskulatur: Der Mann spricht gerade, zieht die Augenbrauen zusammen, die Muskeln um seine Lippen herum und die der Wangen arbeiten. Die Wiedergabe von Gesichtsausdrücken erfordert eine sorgfältige Beobachtung und Beurteilung dessen, wo ein Bereich kräftiger und wo er dezenter ist. Mit der breiten Seite der weißen Kreide setze ich Lichtakzente von der rechten Seite des Gesichts aus. Bei einer solchen Hell-Dunkel-Skizze untersuche ich die anatomischen Details des Gesichts genauer. Die stärksten Lichtakzente sind die Nasenspitze und die vertikale Linie der Nase, ein Streifen auf der rechten Seite des Gesichts und zwei kleine Lichtreflexe auf der Stirn. Die übrigen beleuchteten Stellen bleiben in der Farbe des Papiers, weil sie der Hautfarbe ähneln.

## Das realistische Porträt einer jungen Frau

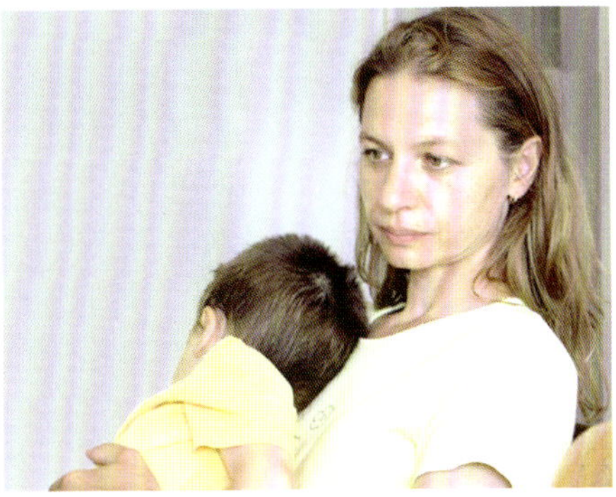

**Technik:** Zeichnung mit bunter und weißer Kreide auf buntem Untergrund

**Material:** Bunte Kreide, weiße Kreide, cremefarbenes Papier, Format 50 x 70 cm

**Themen:**

- Das Gesicht in der Dreiviertelansicht
- Die Gesichtsproportionen einer Frau
- Das Detailstudium
- Das subtile Modellieren mit Licht

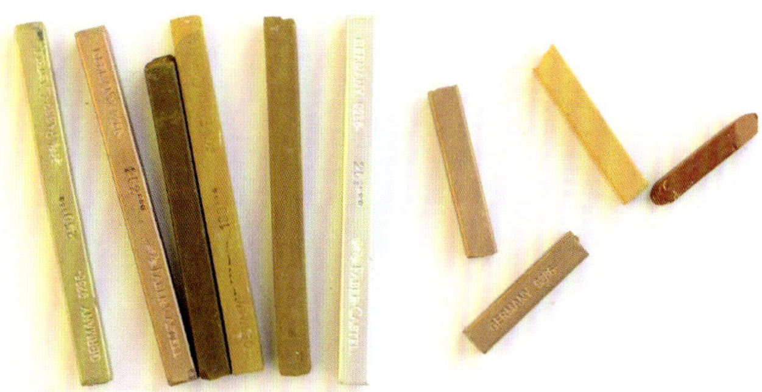

Diese Zeichnung wurde in der klassischen Konvention des Realismus angefertigt. Dieses Mal ist sie mit Licht erzeugt und nicht, wie in früheren Beispielen, mit Hell-Dunkel-Kontrast. Die Farbskala des Porträts muss um mehrere Farbstufen erhöht werden, das heißt, dass alle Elemente des Porträts in demselben Grad beleuchtet werden müssen. Diese Übung erfordert Vorstellungskraft. Die Methode ist sehr subtil und das dominierende Merkmal ist der Blick der porträtierten Person.

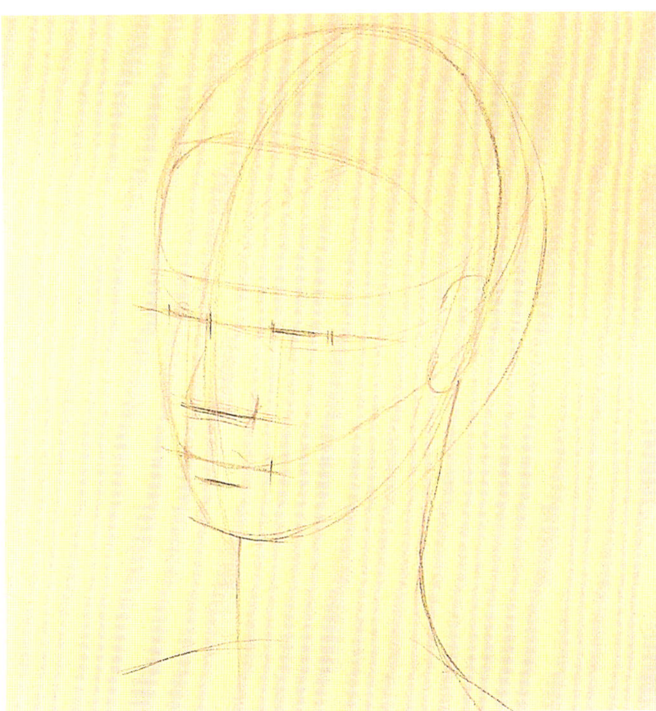

**1** Die erste Konstruktionszeichnung beginne ich mit dem Skizzieren eines eiförmigen Kopfes und der Markierung eines Mittelmeridians im Gesicht (in dieser Phase zeichne ich mit brauner Kreide). Als Nächstes skizziere ich mit sanften Linien die Höhe der Augen, die aufliegenden Augenbrauenbögen, die Nasenwurzel, die Mittellinie der Lippen und das Kinn. Auf diesen horizontalen Hilfslinien markiere ich die Breite der Augen, die aufgrund der Dreiviertelansicht unterschiedlich ist: Das linke Auge des Modells ist nur wenig sichtbar, das rechte Auge, das hinter der Nase verborgen ist, etwas mehr, was durch seine Position im Schatten noch verstärkt wird. Ich skizziere die Richtung des Sitzes des Ohres sowie den Haaransatz und den Scheitel des Kopfes. Ich markiere den Hals und seinen Sitz in den Schlüsselbeinen.

Die Kopfform des Modells ist sehr regelmäßig und die Linien, die diese Form unterstreichen, haben keine Kanten.

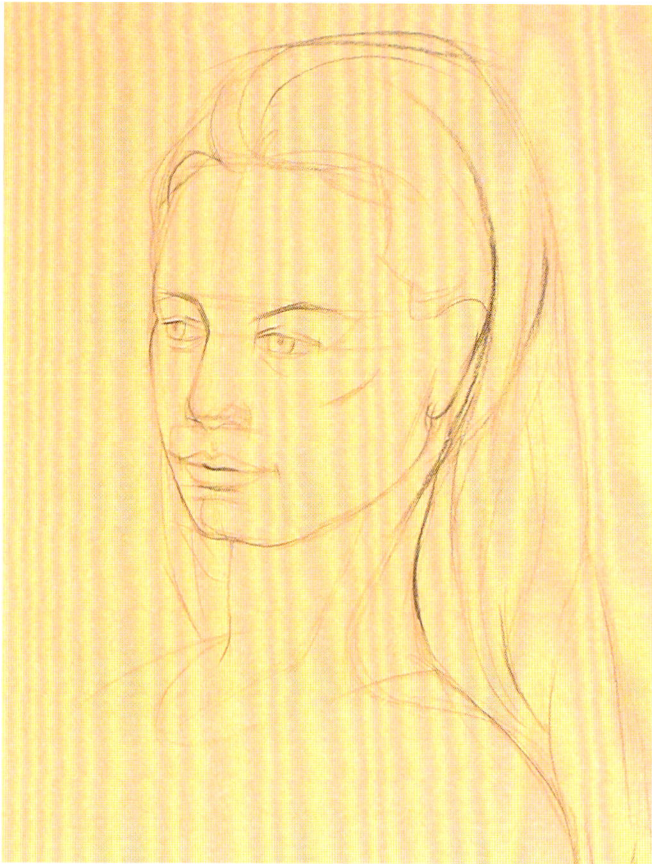

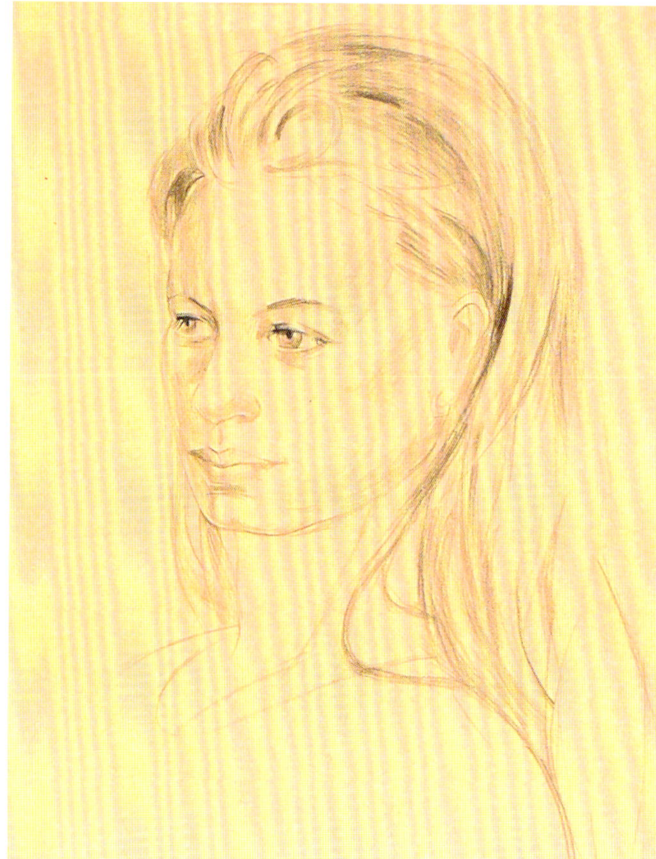

**2** Ich gehe über zur genaueren Bearbeitung des Gesichts. Ich zeichne die Augenbrauen, Augen (und setze die Pupillen genau ab), zeichne die Mittellinie der Lippen und ihre Winkel. Die Lippen sind nur grob dargestellt und ihr Verlauf entspricht der Kurve des dortigen Meridians. Die rechte Hälfte des Mundes scheint den Gesichtsbereich zu „überlappen". Ich zeichne das Kinn, worunter ich die Gesichtskonturen des Modells genauestens bearbeite. Charakteristisch sind die abstehenden Wangenknochen sowie die Form des Kinns. Mit Skizzierlinien zeichne ich die Haare dort, wo die helleren Strähnen den Schatten berühren.

**3** Nun schraffiere ich mit einer braunen Kreide die Stellen, die im Schatten liegen, wobei man nicht vergessen darf, dass der Schatten keine kontrastierende Teilung der Flecken erzeugt. Ich schattiere die gesamte rechte Gesichtsseite mit parallelen Linien, deren Krümmung leicht „gemäß der Form" angelegt ist. Als Nächstes konzentriere ich mich auf das Zeichnen der Augen. Die Frau hat einen sehr friedlichen, ruhigen Gesichtsausdruck und der Blick ist ebenfalls sehr ruhig. Jetzt zeichne ich mit schwarzer Kreide die Pupillen, die Wimpern sowie die Konturen des oberen Augenlids und mit einer braunen Kreide die Iris. Das obere Lid des linken Auges lasse ich bewusst „offen", weil ich gleich an dieser Stelle einen hellen Akzent mit weißer Kreide setze. Mit brauner Kreide ziehe ich ganz sanft die Wangenknochen nach, ebenso wie die Ohrmuscheln und die Haare. Im Gesicht ist das Schraffieren genauer, wogegen es an den Haaren eher spontan ist.

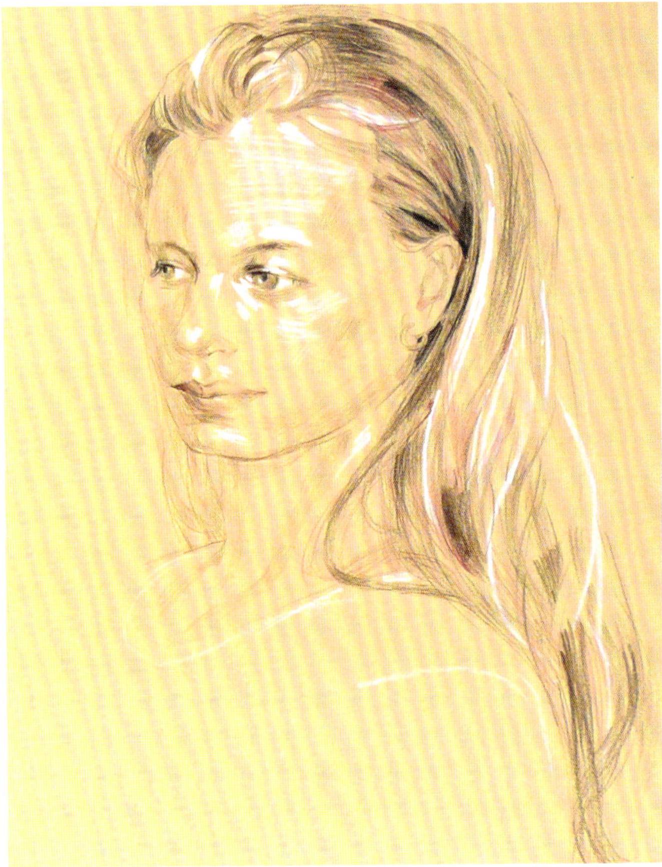

**4** In dieser Phase benutze ich zum Zeichnen drei Kreidefarben: Braun, Schwarz und Dunkelrot. Mit Dunkelrot zeichne ich dünne Striche in die Augenwinkel, ins Innere der Ohren und vor allem die Lippen im Hinblick auf die Farbe dieser Gesichtshälfte. Diese Kreide benutze ich als erste Schicht für die Lippen, aber auch z.B. auf dem schattierten Teil der Lippen, auf den Falten unter den Augen als zweite Schicht. Auf dunklen Stellen der Haare lege ich auf die braune Schicht eine stärkere Schraffur mit schwarzer Kreide.

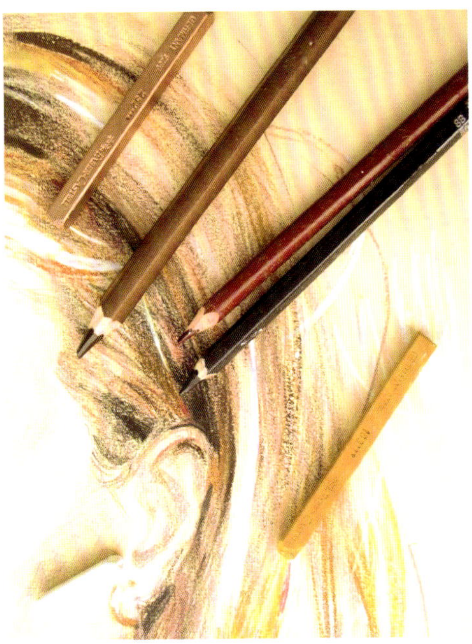

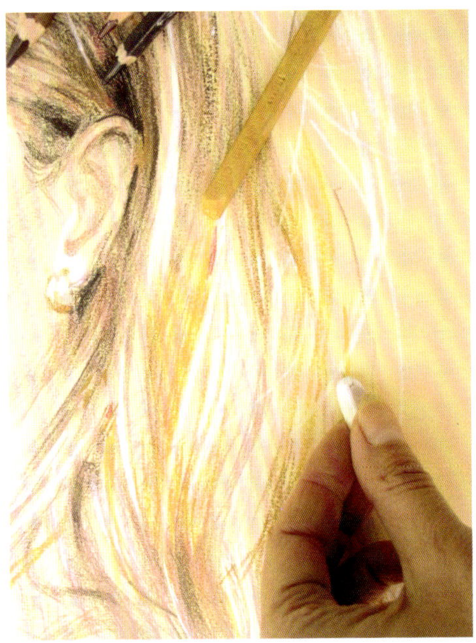

**5** Als Nächstes zeichne ich helle Strähnen mit der Spitze der weißen Kreide oder mit ihrer Kante. Nachdem ich die Haare in ihrem Grundgerüst zu Ende gezeichnet habe, kehre ich zum Gesicht zurück und zeichne mit der weißen Kreide kleine Akzente an den Stellen, die am meisten beleuchtet sind: die Nasenspitze, das obere linke Augenlid, das Weiß der Augen, die Stelle um das linke Auge herum etc.

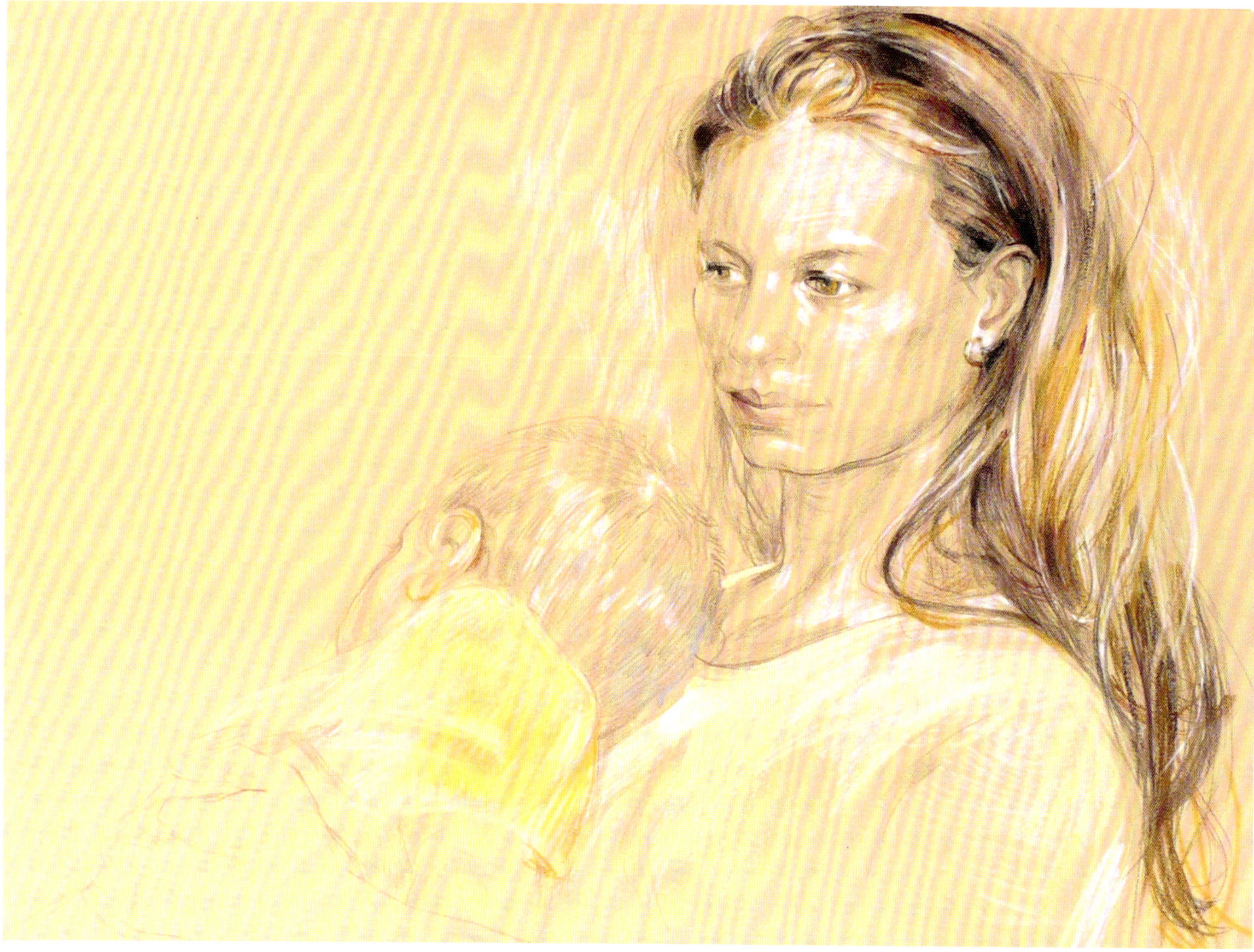

**6** Das fertige Porträt.

## Das realistische Porträt einer dunkelhaarigen Frau in Laviertechnik

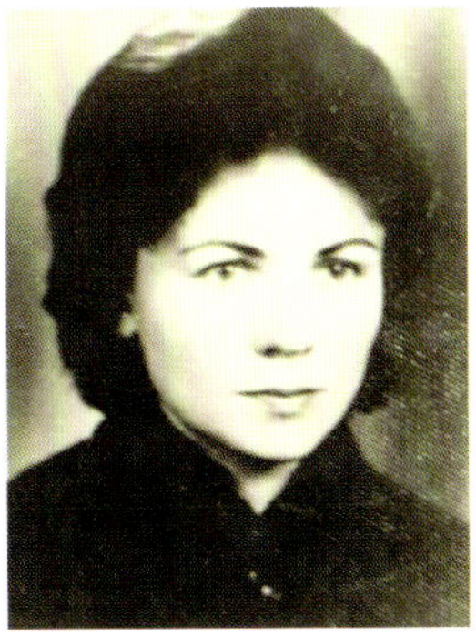

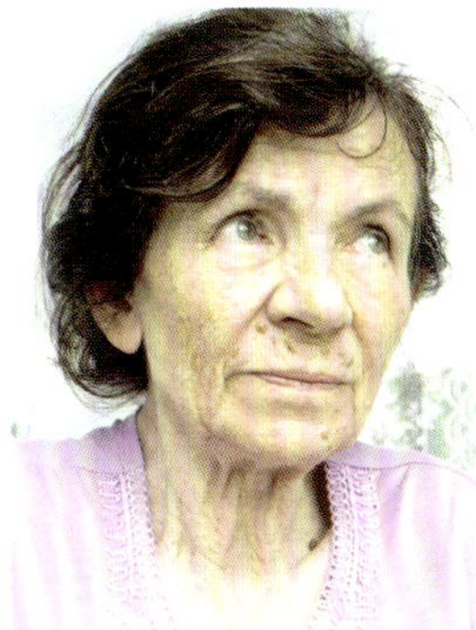

**Technik:** Lavieren mit Tusche und Pinsel auf buntem Hintergrund

**Material:** Schwarze und weiße Kreide, beigefarbenes Papier, Format 50 x 70 cm

**Themen:**

- Das Gesicht in der Dreiviertelansicht
- Die Proportionen einer Frau
- Das Studium der Details
- Das Studium der Draperie

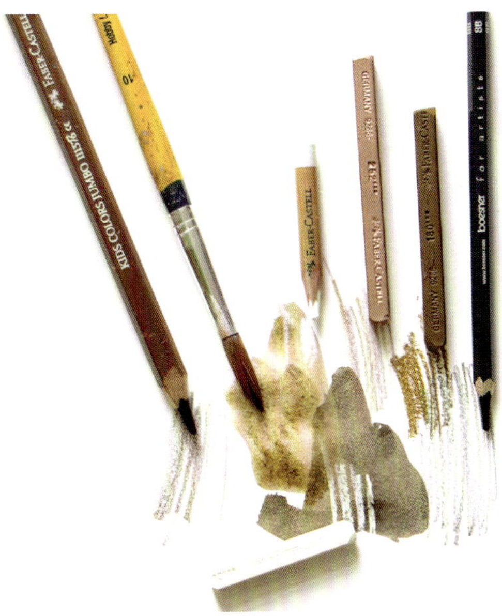

Die hier durchgeführte Zeichenübung ist schwieriger als die vorherigen Beispiele. Das ist das Porträt einer Frau mittleren Alters, dargestellt wie bei einer Büste, die mit Händen und einem Tuch aus durchscheinendem Material gezeichnet wurde. In diesem Fall habe ich das Bild dieser Frau aus ihren jungen Jahren mit ihrem heutigen Aussehen kombiniert.
Die Übung des Porträts besteht darin, das Alter der Person zu ermitteln. Das ist eine sehr interessante Aufgabe, bei der man ein bisschen improvisieren kann, aber nur so weit, dass das Porträt die Ähnlichkeit mit dem Modell beibehält. Die Zeichnung erfordert auch die Studie der Draperie, in deren Falten die Hände des Modells zu sehen sind. Die Zeichnung wird angefertigt in der Kreidetechnik kombiniert mit der Lavier-Technik mit (in diesem Fall brauner) verdünnter Tusche, die mit einem Pinsel aufgetragen wird. Zum Lavieren benutze ich einen weichen Aquarellpinsel.

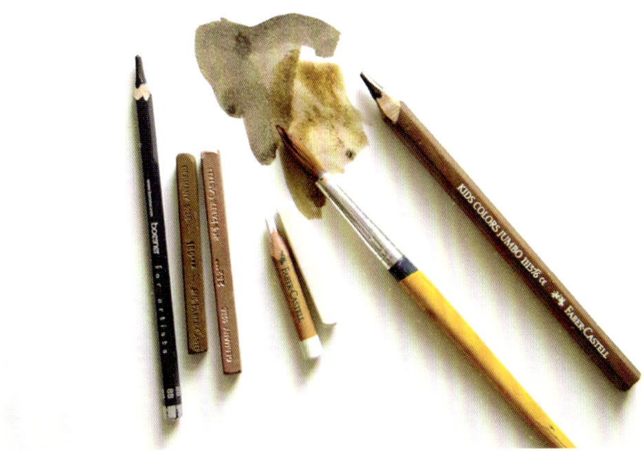

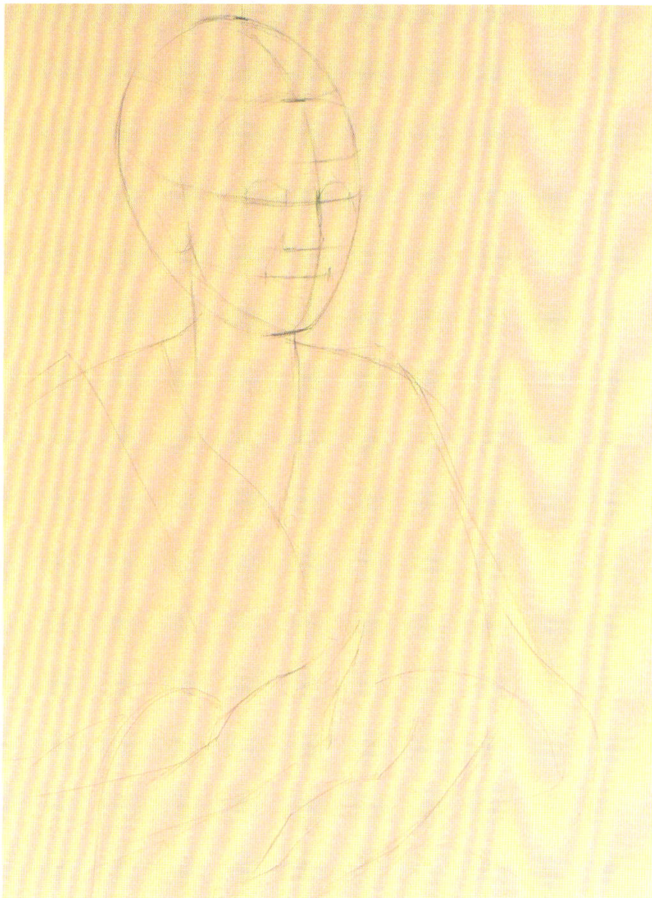

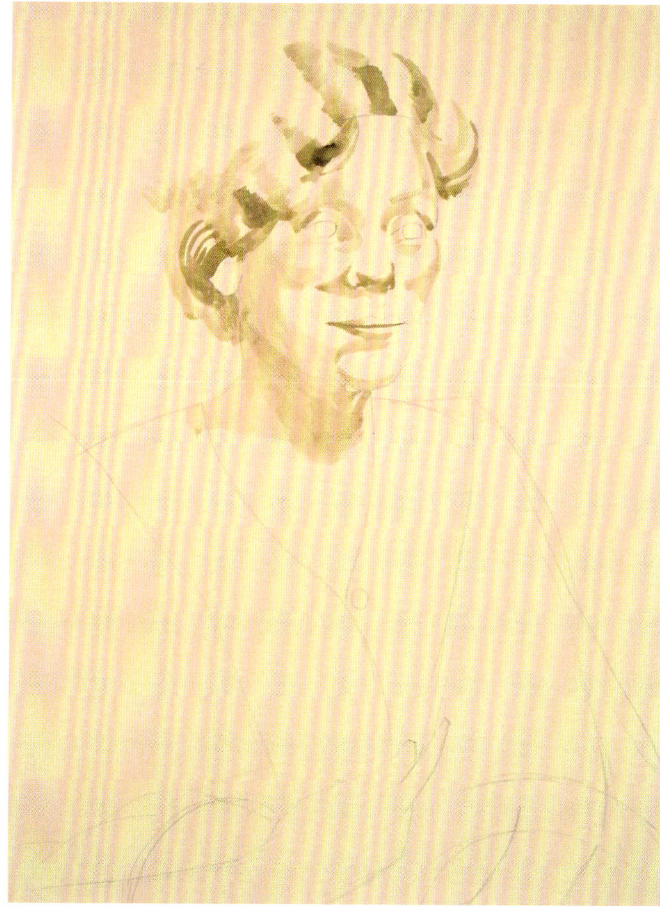

**1** Ich präsentiere die erste Entwurfsphase in dieser Übung schon etwas „komprimierter“. Ich zeichne die Proportionen in den eiförmigen Bereich des Kopfes. Ich markiere die Höhe der Augenbrauen, der Augen, der Nase und der Lippen. Ich skizziere den Abstand der Augen in der Dreiviertelansicht – was bedeutet, dass das eine sichtbare Auge nur angerissen wird – sowie die Breite der Nasenwurzel, der Lippen, des Gesichts und den Kopfumfang. Das Gesicht des Modells ist sehr gleichmäßig, wie ein Quadrat. Ich skizziere die Arme und zeichne darauf den Hals. Als Nächstes markiere ich die Hände und die oberen Falten des Gewebes.

**2** Ich verwische die Konstruktionslinien so, dass sie fast unsichtbar sind. Mit der schwarzen Kreide zeichne ich die Augen. Ich laviere nun das Gesicht. Mit einem dünneren Pinsel und wenig verdünnter Tinte streiche ich über Bereiche, die ganz konkret gezeichnet werden müssen, wie die Mittellinie des Mundes, die Augenlider, die Nasenwurzel, die Kontur des Gesichts. Dann trage ich verwässerte Tuscheflecken auf die Bereiche neben den zuvor gezeichneten Linien auf, um sie weicher zu machen (Augen, Nasenwurzel, Mund, Kinn, Ohren, Hals und Haare).

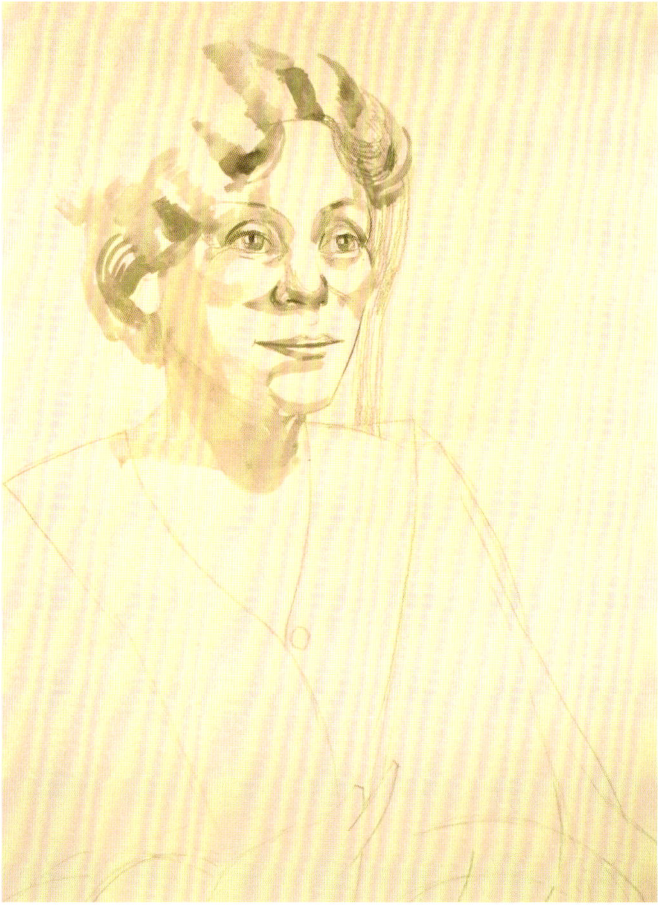

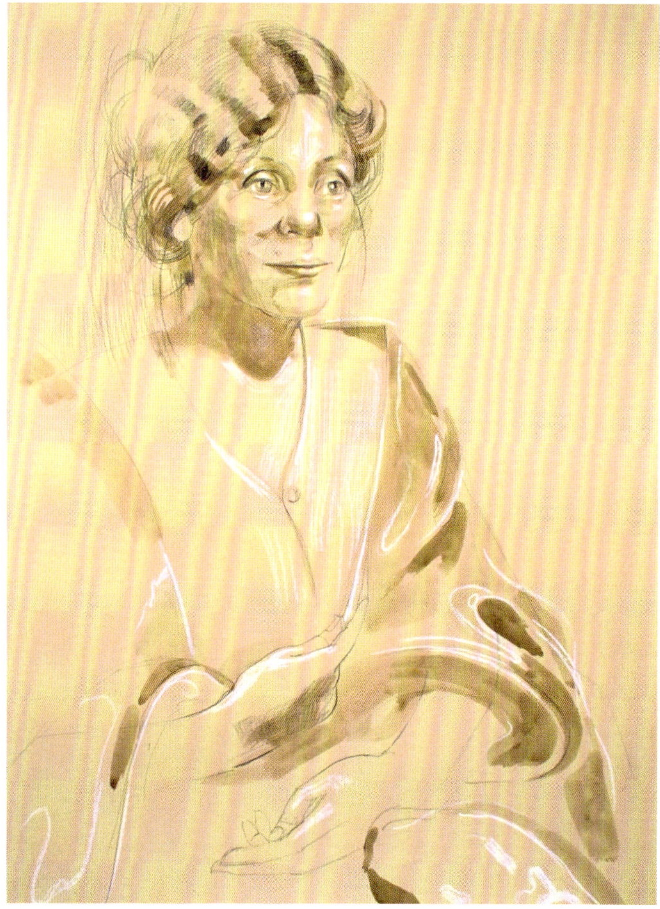

**3** Ich studiere die Augen und zeichne mit schwarzer Kreide ganz genau die Iris und die Pupille. Ich fahre die Lippenpartie nach, den Verlauf der Nase und alle Details an der Nasenwurzel. Zum Schluss zeichne ich mit einer schwarzen Kreide die Haare hinter der sichtbaren Gesichtskontur (der linken Gesichtshälfte des Modells).

**4** Ich schraffiere die Haare an den Stellen, die zuvor laviert wurden, sowie an den Wangen. Ich fange an, den Schal zu lavieren, in den das Modell gekuschelt ist.
Am Anfang setze ich dunklere Tuscheflecken darauf, danach hellere daneben. Ich stelle fest, dass das Material des Schals halbdurchsichtig ist und glänzend. Um diesen Effekt zu erzeugen, muss ich die richtigen Mittel anwenden: An den halbdurchsichtigen Stellen trage ich Tuscheflecken übereinander auf; an den Stellen, wo das Licht auf den Stoff „gleitet" und ihn glänzen lässt, verwende ich die weiße Kreide.

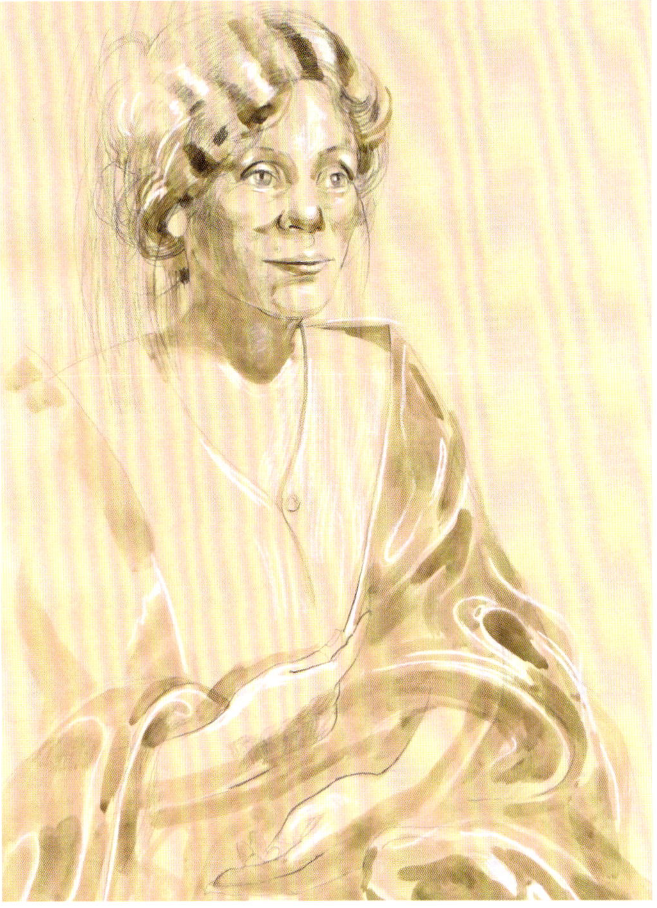

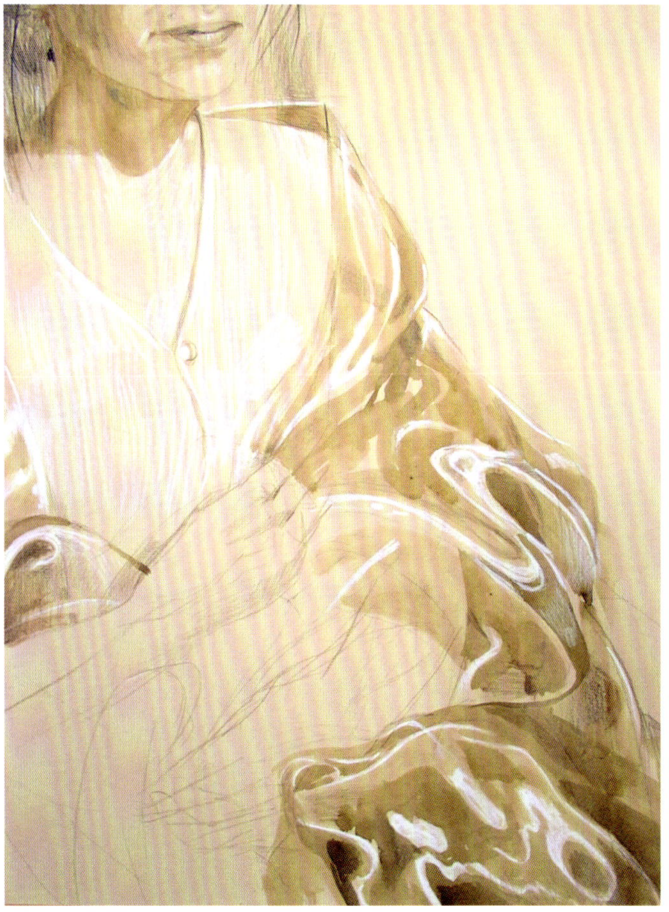

**5** Dort, wo ich Striche (auf dem Stoff) oder Reflexe sehe, zeichne ich mit weißer Kreide (die Nasenspitze, die Stirn). Ich schattiere die Rückseite des Kopfes, damit die Frisur mit dem Hintergrund verschmilzt. Es ist mir wichtig, dass die Partie des Gesichts zusammen mit den schönen, tiefsitzenden Augen gut sichtbar ist und die Partie des Hinterkopfes bewusst weicher gemacht wird.

**6** Ich kehre noch einmal zum Studium der Draperie zurück. An den halbdurchsichtigen Stellen trage ich Tuscheflecken übereinander auf. An den Stellen, wo das Licht auf dem Stoff glänzt und über ihn „gleitet", nehme ich eine weiße Kreide. So sieht das Material des Schals nach einem längeren Studium aus.

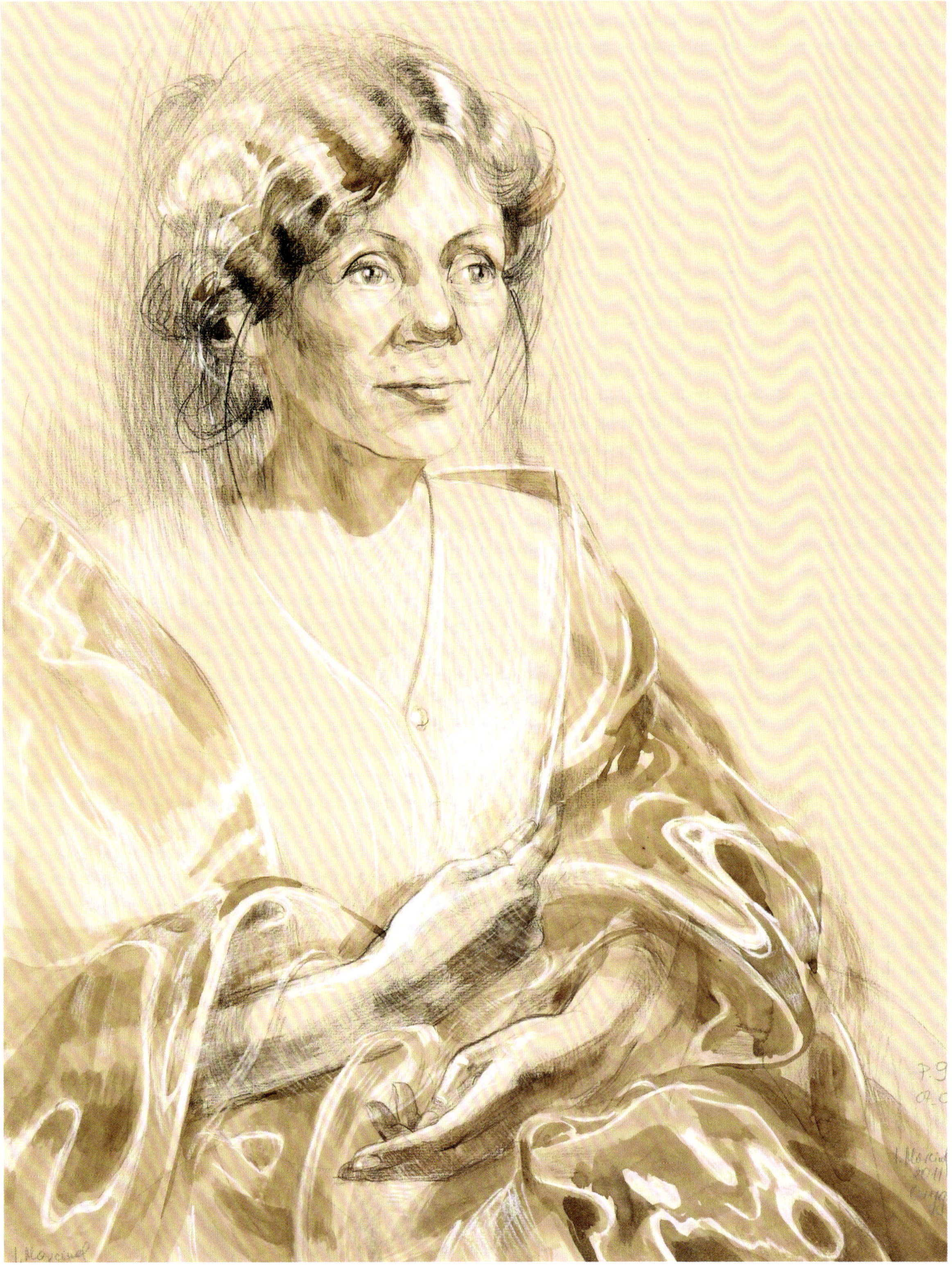

**7** Das fertige Porträt.

## Das Porträt eines jungen Mannes mit Kind

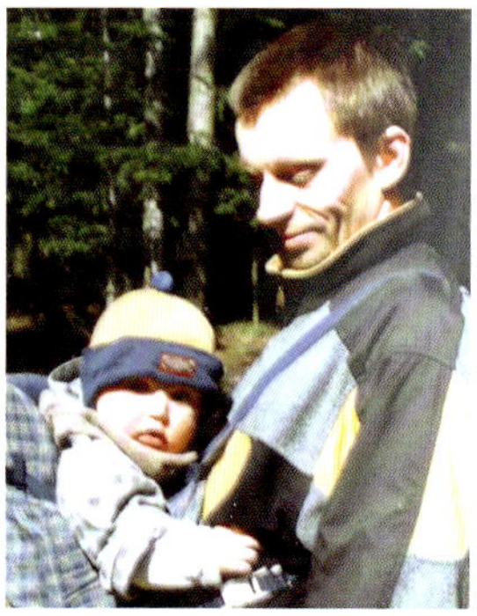

**Technik:** Lavieren mit Tusche

**Material:** Braune und schwarze Tusche, weißes Papier, Format DIN A3

**Themen:**

- Das Gesicht in der Dreiviertelansicht
- Die Proportionen des männlichen Gesichts und das Gesicht des Kindes
- Die Konstruktion des Gesichts mit Licht und Schatten

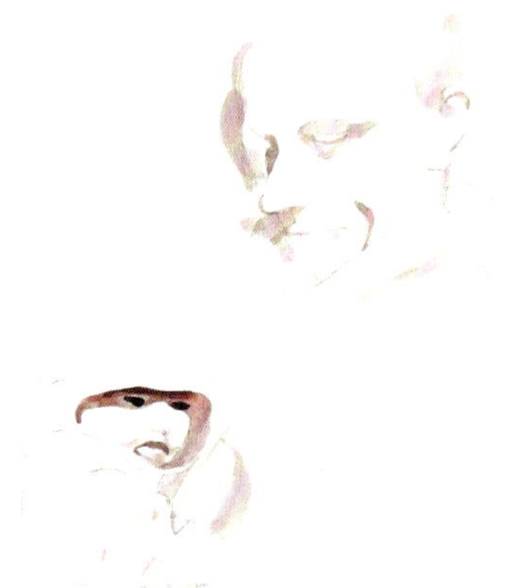

**1** Zunächst zeichne ich zwei verschieden große Kopfformen: die des Mannes und die des Kindes. Als Erstes markiere ich die Symmetrieachse des Kopfes des Erwachsenen (Linie A), dann die Symmetrieachse des Kopfes des Kindes (Linie B). Beide Gesichter sind in der Dreiviertelansicht. Das Kind blickt nach vorne und der Mann nach unten zu ihm. Ich skizziere die oberen Meridiane des Kopfes des Mannes und markiere die Höhe der Augenbrauenbögen, die Augen, den Nasenansatz und die Lippen. Sichtbar ist der Großteil der Stirn sowie der Scheitel von oben. Ich skizziere das Ohr und die Rückseite des Kopfes. Nun zeichne ich den Kopf auf den Hals und skizziere ganz frei Linien für den Rest des Körpers und die Kleidung. Ich messe genau aus, wie viel kleiner der Kopf des Kleinkinds im Vergleich zu dem des Vaters ist. Wenn man die Proportionen richtig übernimmt, kann man den Charakter des gesamten Bildes erhalten.

**2** Nun trage ich die erste Schicht stark verdünnter Tusche dort auf, wo sich die Augen des Kindes und des Erwachsenen befinden. Wichtig ist dabei, dass die dünnen Striche der Oberlider ganz deutlich sind. Ich laviere die Konturen der Nasenspitze und des Ansatzes, die Lippen, die Wangenfalten, die sich abzeichnen, während der Vater sein Kind lächelnd anschaut. Stärkere Tuscheflecken platziere ich auf die schattigen Stellen, unter die Mütze des Kindes. Seine Augen sowie die rechte Seite des Mundes sind sehr im Schatten. Mit mittelstark verdünnter Tusche laviere ich Schatten auf einem Drittel des Gesichtes des Vaters, das hinter der stark beleuchteten Nase sichtbar ist.

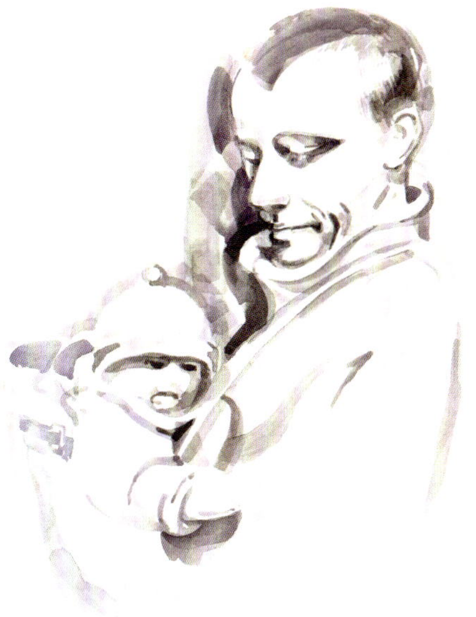

**3** In dieser Phase lege ich die nächsten Schichten verdünnter Tusche auf. Und zwar folgendermaßen: Ich laviere die mittlere Linie der Lippen, die Nasenlöcher, den Schatten, der unter die Nase fällt, die inneren und äußeren Winkel der Augen. Mit dünnen Strichen markiere ich die Wimpern des Mannes. Jetzt laviere ich mit sanften Flecken das Gesicht des Kindes, seine Lippen, die Pausbacken, das Näschen, das Kinn und das Hütchen. Ich platziere mehrere spontane Flecken und hebe die Kleidung hervor: die Ärmel, das Gurtzeug der Trage, den Rand des Kragens. Ich laviere den Schatten, der auf den Mann fällt. An dieser Stelle kann frei mit den Flecken gespielt werden, um den unbestimmten Raum hinter dem Modell zu bearbeiten.

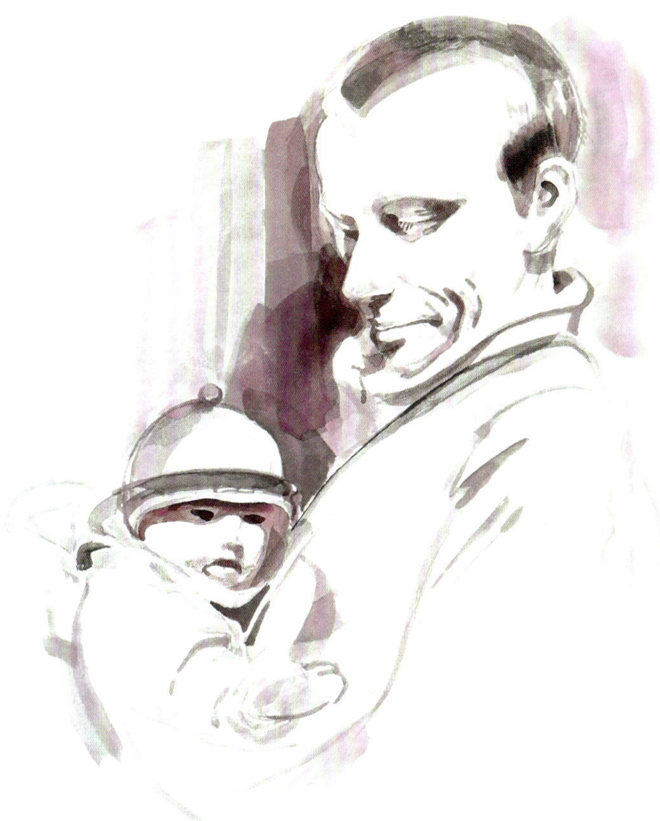

**4** Das fertige Porträt.

## Das expressive Porträt eines Mannes mit Brille

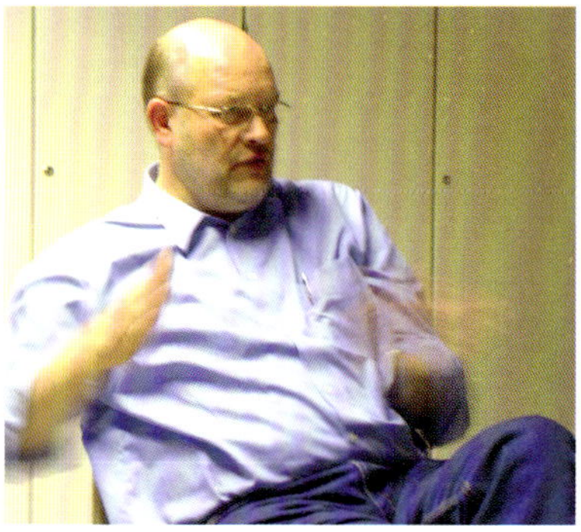

**Technik:** Zeichnung in Mischtechnik mit Verwischungen

**Material:** Braune und schwarze Tusche oder Acryl,
Papier, das mit Emulsionsfarbe grundiert ist, Format 55 x 70 cm

**Themen:**
- Das Gesicht in der Dreivierteltansicht
- Die Proportionen eines Mannes
- Der Gesichtsentwurf mit Schatten und Licht
- Die expressive Methode der Präsentation

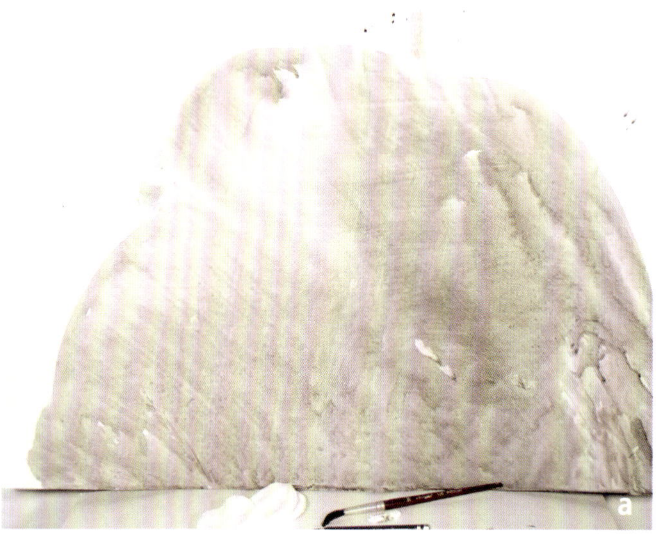

a

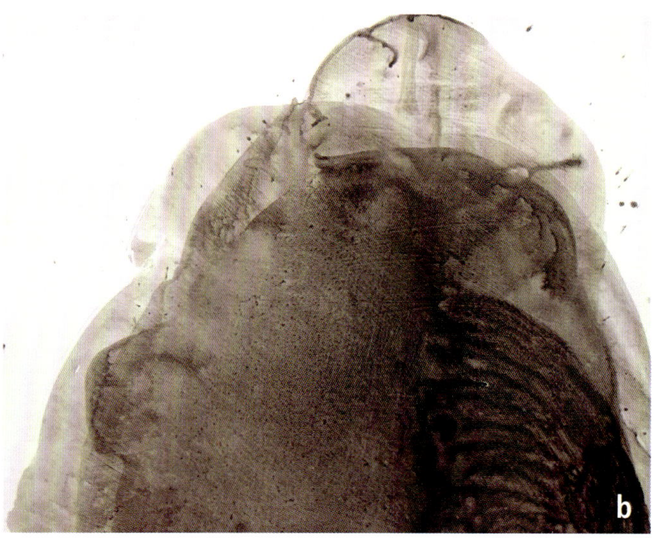

b

Das ist auch eine Zeichentechnik aus dem Grenzbereich der Mischtechniken:
Sie beruht auf dem Abwischen der hellen Teile von dem dunklen Hintergrund auf dem zuvor grundierten Papier.

**1** Wir grundieren das Papier mit einer Farbemulsion unter Zugabe von Holzleim (z.B. Vicol), damit die weggewischte Tusche (oder Acrylfarbe) sich nicht mit dem weißen Untergrund mischt und keine ungewollten Farbübergänge erzeugt. Den dunklen Hintergrund dieser Zeichnung erzeugen wir durch das initiale Auftragen von 2 bis 3 flachen Flecken verdünnter Tusche (Abb. a und b). Am besten ist es, die Flecken im Badezimmer oder in einer speziellen Wanne auf den Untergrund laufen zu lassen, damit die Tusche ganz frei fließen kann. Dadurch entstehen interessante Tonübergänge, ähnlich wie beim Lavieren. Im nächsten Schritt zeichne ich die Kopfform (Abb. c), auf die Skizze trage ich noch eine Schicht Tusche mit dem Pinsel auf entlang der Hilfslinien des Entwurfs oder der Ellipsen (Abb. d).

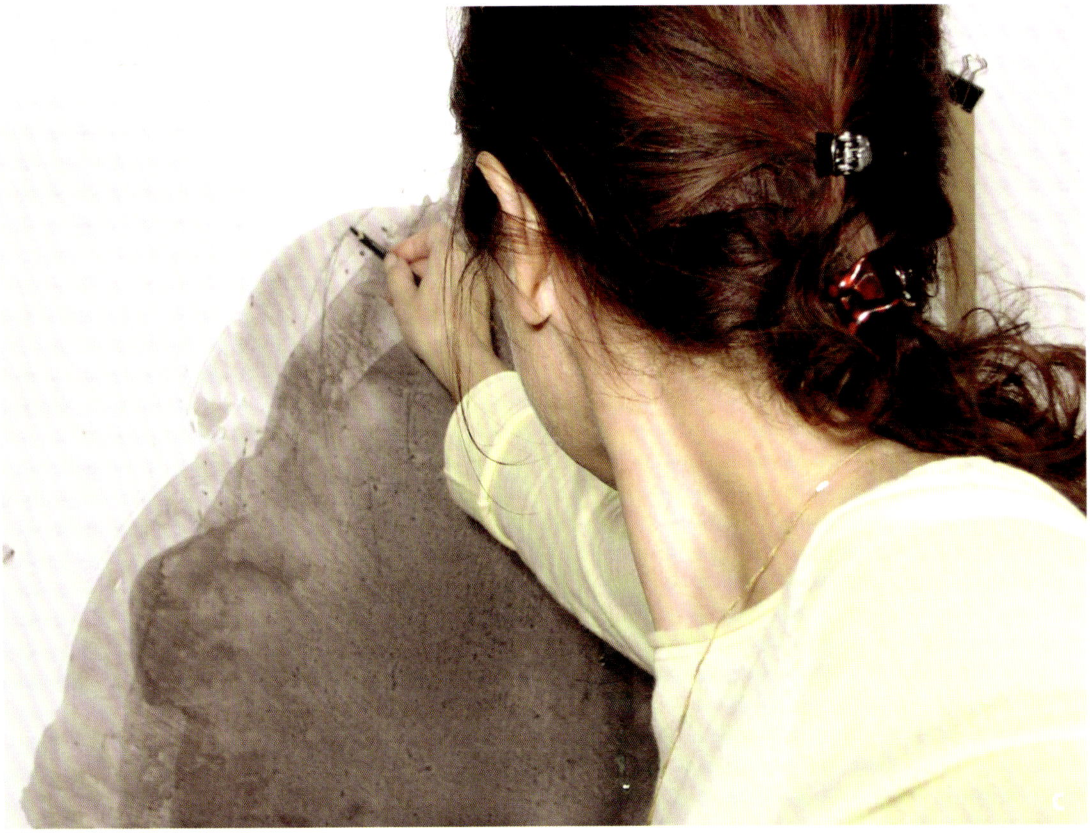

c

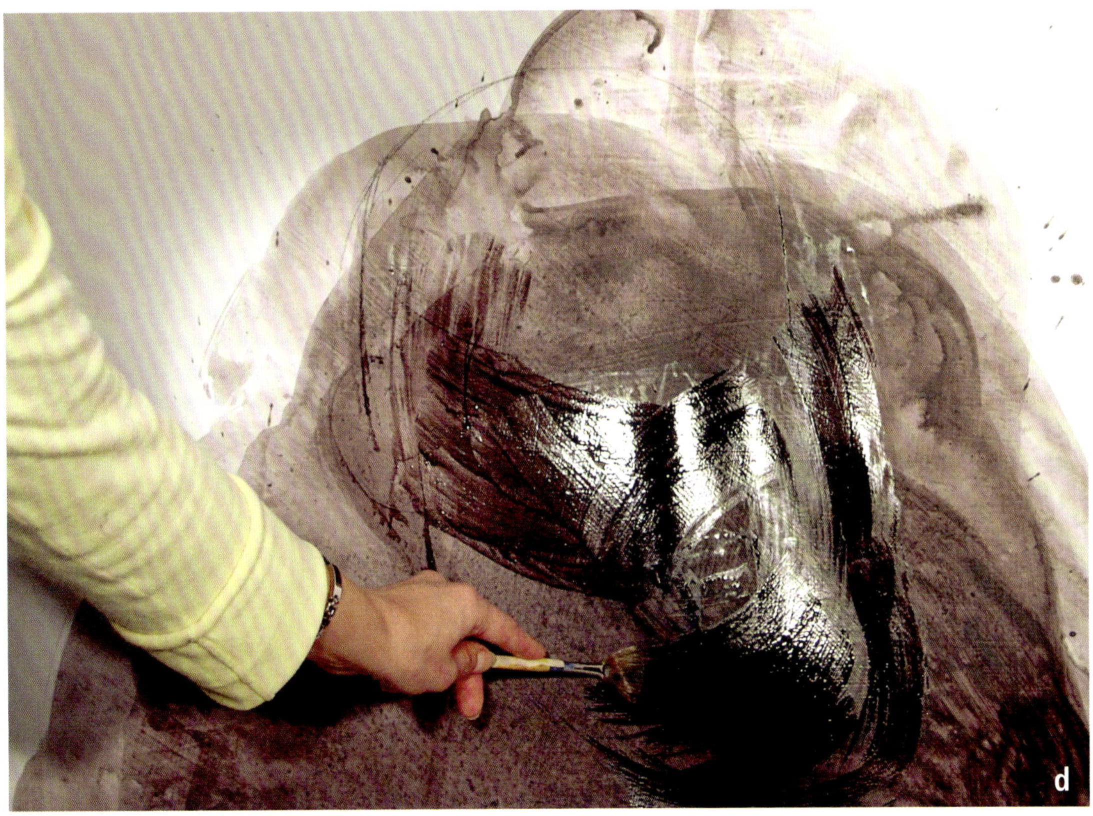

d

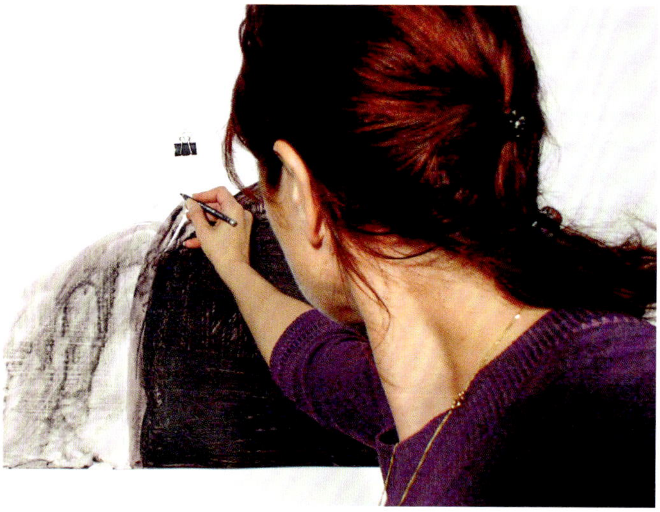

**2** Auf dem so vorbereiteten Untergrund kann man eine genauere Zeichnung anfertigen, die die Grenzen der hellen Flecken markiert.

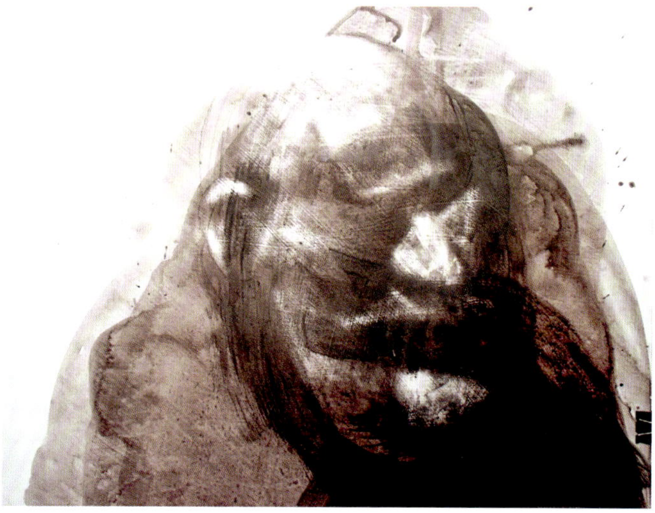

**3** Als Nächstes wische ich die hellsten Bereiche des Gesichts ab: die Nase, die Stirn, das Ohr, die Wangen und das Kinn. Zum Abwischen eignet sich am besten die borstige Seite eines Schwamms. Ich reibe mit dem in Wasser getauchten Schwamm so lange über die Fläche, bis der weiße Untergrund zum Vorschein kommt. Ich verreibe die Stellen entlang der logischen Richtung. So entsteht hier mithilfe des Schwamms die Skizze und nicht mit Bleistift- oder Kreidestrichen.

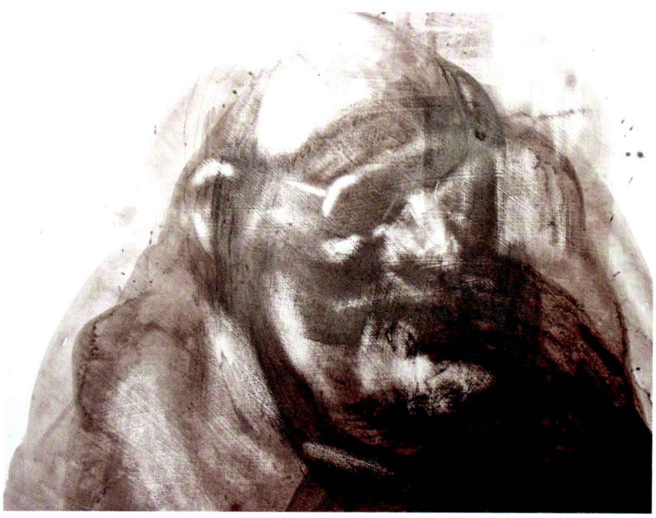

**4** Auf diese Weise konstruiere ich die Kopfform. Die Form ist in dieser Technik stark strukturiert und kontrastierend. Dabei entstehen viele zusätzliche Effekte, also betrachte ich diese Übung eher als Spiel und nicht als präzises Studium. Die Spuren der abgewischten Flecken sind expressiv und einzigartig. In diesem Schritt habe ich den oberen Teil des Kopfes geschaffen, ich habe die Brille skizziert und bin zur unteren Partie des Gesichts übergegangen, indem ich das Kinn, einen Teil des Kiefers und den Hals freigelegt habe.

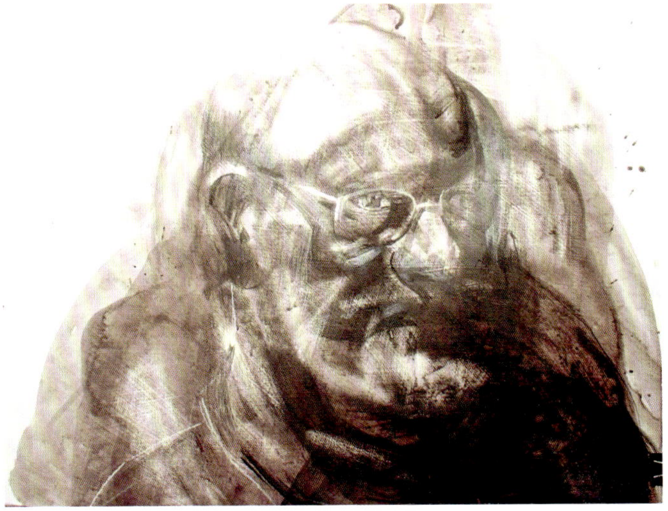

**5** In dieser Phase fängt der Spaß erst richtig an!
Ich wasche nach wie vor die Tusche ab und beginne an den abgewischten Stellen mit einer genauen Zeichnung mithilfe einer weißen und schwarzen Kreide. Dort, wo ich auf den abgewischten Stellen hellere Reflexe brauche, füge ich Striche oder weiße Flecken hinzu.
An den Stellen, wo ich eine Verdunkelung oder stärkere Konturen brauche, benutze ich schwarze Kreide.

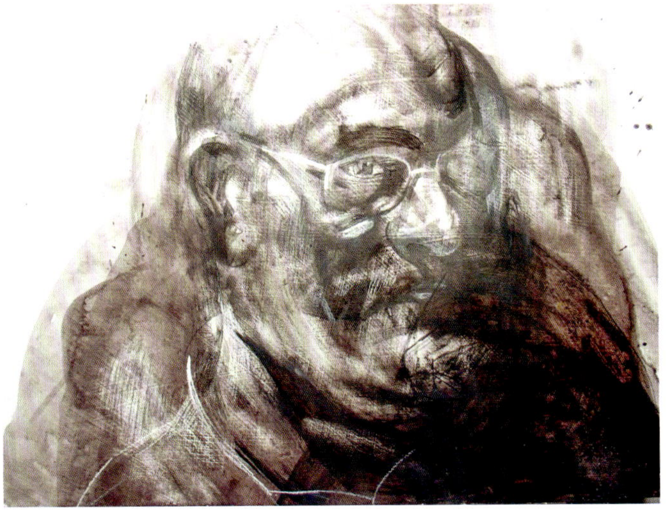

**6** Ich überarbeite die Details, z.B. das Brillengestell, das Ohr und den Blick des Modells. An dieser Technik ist das Nebeneinander von Freiheit und Spontanität mit den Details an ausgewählten Stellen sehr interessant.

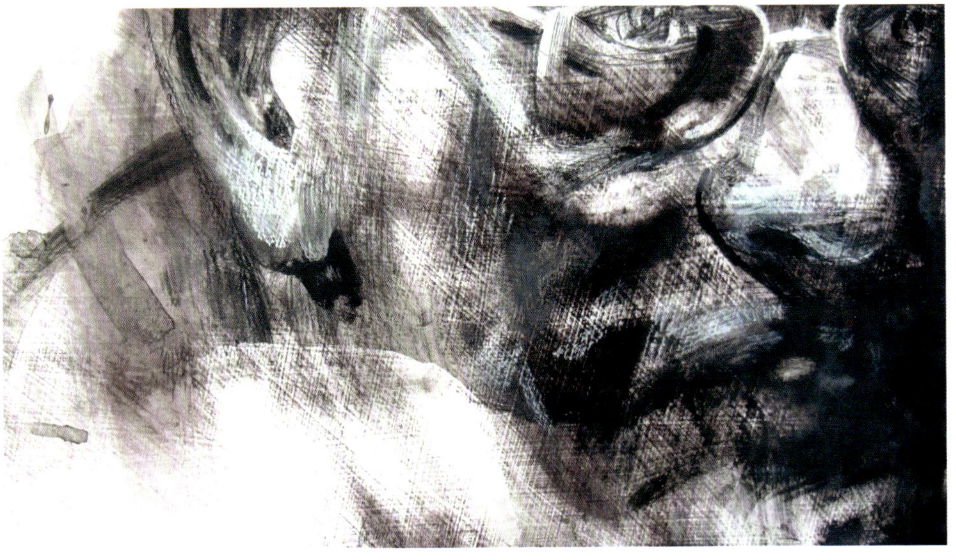

**7** Das ist ein Fragment des Porträts in der Vergrößerung.

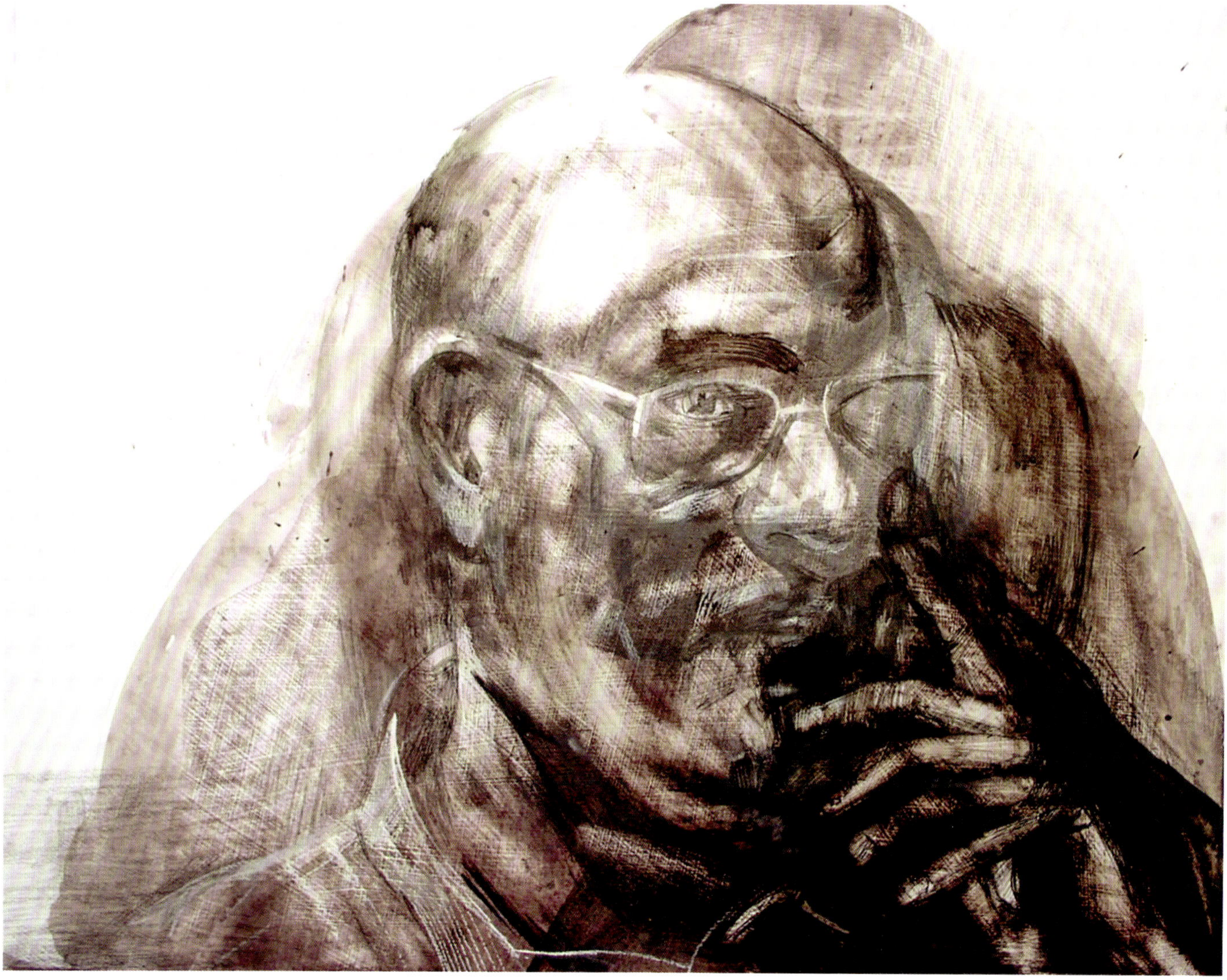

**8** Das fertige Porträt.

## Das Gruppenporträt in der Streifenkomposition

Diese Zeichnung stellt drei verschiedene Ansichten des Gesichts von ein und derselben jungen Frau dar. Das mittlere Porträt ist im Frontalformat mit leichter Neigung des Kopfes nach vorne, das linke Porträt ist in der Dreiviertelansicht, fast schon im Profil, und das rechte Porträt ist in der Dreiviertelansicht mit einer Neigung des Kopfes nach unten. Ganz wichtig bei dieser Komposition ist die Gesichtsmimik der dargestellten Figur, deren Wiedergabe eine genaue Beobachtung der anatomischen Struktur der Muskeln und des Lächelns erfordert.
Diese Zeichnung können wir auf andere Weise angehen als sonst. Unten stelle ich die Grundlagen für jede Ansicht dar, auf denen wir selbstständig die individuellen Kopfformen konstruieren können. So kann der individuelle Zeichenstil zum Vorschein kommen.

**Technik:** Die Bleistiftzeichnung

**Material:** Bleistifte mit der Härte 2B–8B, weißer Bristol, Format 70 x 100 cm

**Themen:**
- Die Ansicht des Kopfes im Frontalformat und Dreiviertelformat in verschiedenen Neigungen
- Der anatomische Aufbau des Kopfes – Verkürzte Darstellungen
- Schraffurtechniken
- Streifenkomposition
- Die Wiedergabe der Mimik

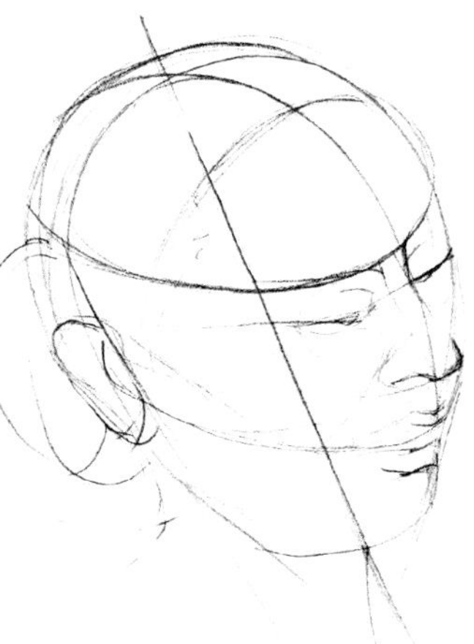

**1** Ich beginne die Entwurfsphase mit dem Zeichnen der Symmetrieachse, die leicht nach links geneigt ist, d.h. der Scheitel neigt sich zur linken und das Kinn zur rechten Seite der Zeichnung. Als Nächstes zeichne ich ein Ei, das der Grundform des Kopfes entspricht. Ich umreiße den Scheitel sowie das Ende des Kinns. Auf dieser Form skizziere ich die Meridiane auf Höhe der Augenbrauen, Augen, Lippen, des Kinns und des Haaransatzes. Dann unterteile ich mit einer horizontalen Linie das skizzierte Gesicht im Verhältnis 3:4. Die Linie markiert die Mitte der Augenbrauen, Augen, der Nasenspitze, der Lippen und des Kinns. Ich markiere den Neigungswinkel des Auges und skizziere mit ein paar Strichen den Übergang des Kopfes zum Hals. Der auf diese Weise entworfene Kopf des Modells ist eine solide Grundlage, um darauf die Zeichnung aufzubauen.

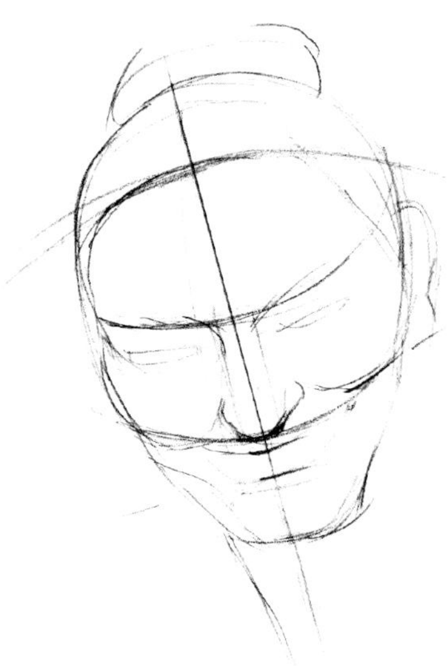

**2** Das mittlere Porträt zeigt den Kopf *en face*, von oben, zusätzlich ist der Kopf geneigt. Daher ist unsere Aufgabe von Anfang an, alle perspektivischen Besonderheiten der Ansicht genau darzustellen.
Ich zeichne die Symmetrieachse, die nach links geneigt ist. Als Nächstes zeichne ich symmetrisch auf beiden Seiten der Symmetrieachse den eiförmigen Kopf. Ich markiere die Meridiane, indem ich die Form entlang des Porträtschemas teile (siehe Seite 74–80). Der obere Abschnitt mit der Stirn wird am längsten und der Bereich entlang der Nase etwas kürzer, am kürzesten wird der Bereich unter der Nase bis zum Kinn. Ich skizziere die symmetrisch liegenden Augen, die Wangen und die Ohren (im Hinblick auf die Neigung des Kopfes nach links sieht man nur das eine Ohr vollständig) sowie die Linie des Halses.

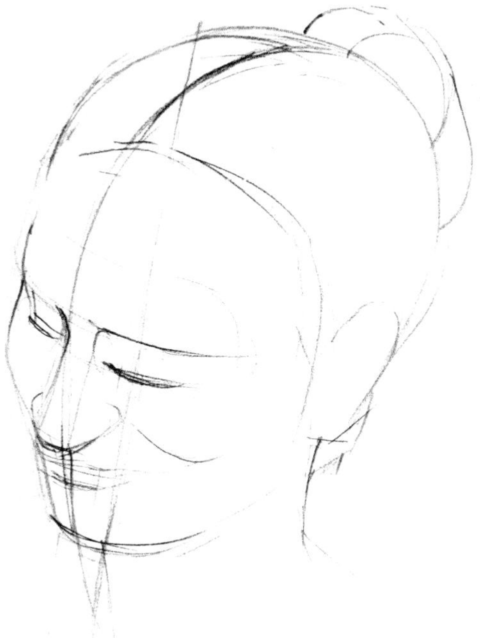

**3** Das dritte Porträt ist in der Dreiviertelansicht gezeichnet (andersherum als das erste). Zusätzlich sieht man den Kopf von oben.
Ich zeichne die Symmetrieachse, die leicht nach rechts geneigt ist. Als Nächstes kommt der grundlegende, eiförmige Kopf. Von oben ziehe ich eine vertikale Entwurfslinie, die das Gesicht im Verhältnis 3:4 teilt. Auf dieser Linie markiere ich die Höhe der Augenbrauen, Augen, die Nasenspitze, die Lippen sowie das Kinn, im oberen Teil lege ich die Haare und den Hinterkopf an. Ich skizziere das Ohr, den Übergang des Kopfes zum Hals, die Linie des Halses sowie die Frisur. Und wieder ist die Stirn der längste Bereich, die Länge der Nase – etwas kürzer und der Abschnitt von der Nasenspitze bis zum Kinn am kürzesten.

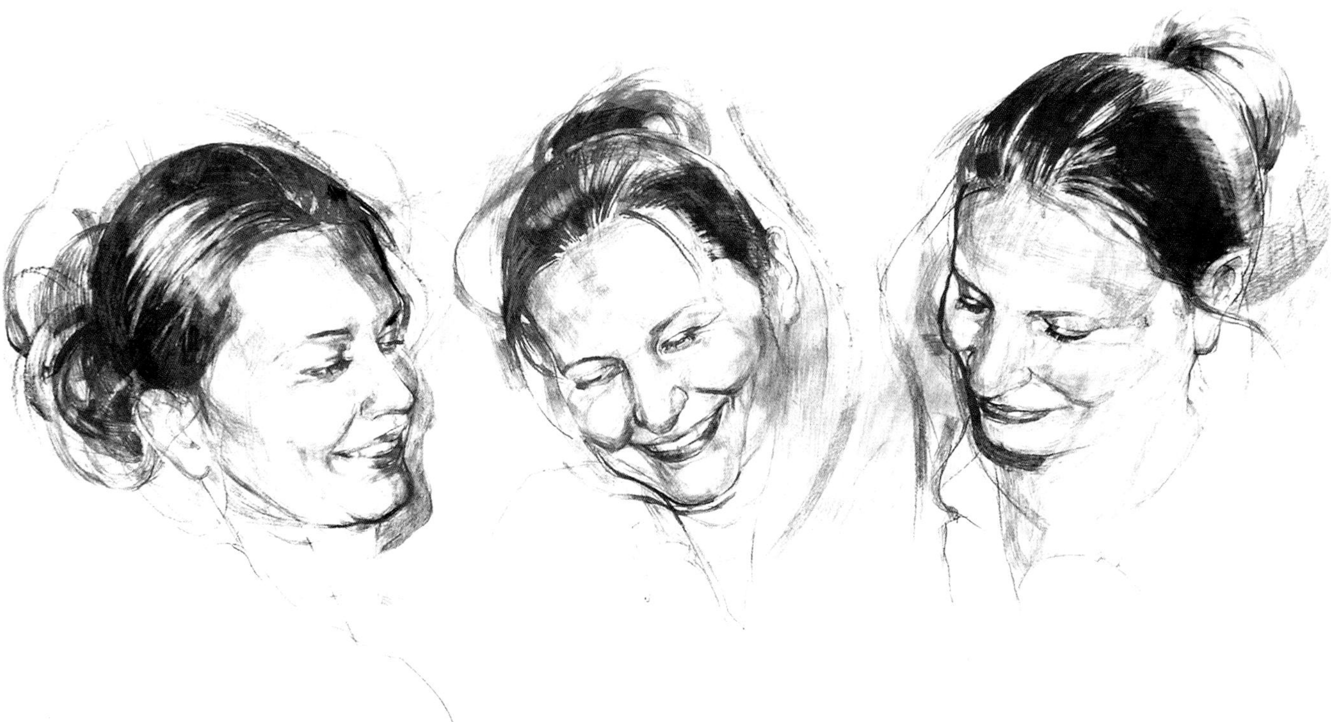

**4** Das Porträt ist fertig.

# Trockenpastell

Das Zeichnen mit trockenen Pastellfarben ist eine Technik zwischen dem klassischen Zeichnen und der Malerei. Als Material wird hier Pastellkreide verwendet und das Ausdrucksmittel ist der Farbfleck. Die Farben werden durch Malen oder Zeichnen aufgetragen. In der Pastelltechnik vermischen sich die Farben durch das Verwischen der Flecken des Pastellpulvers, ohne dass man Flüssigkeiten verwendet. Die Flecken kann man mit der flachen Hand, den Fingern, einem weichen Tuch, einem Wattestäbchen oder – seltener – mit einem Radiergummi verwischen. Man kann mit der Seite einer Kreide oder ihrer Spitze bewusste Linien zeichnen oder malen, indem man die Kreide fest oder sanft auf den Untergrund drückt. Man kann mit der breiten Seite der Kreide malen, wodurch weiche Flecken entstehen, oder zwei Farben auftragen, sodass Verwischungen entstehen.

Doch was ist mit dem Malen präziser Details?

Man könnte meinen, dass das mit Pastellfarben schwierig ist. Doch so ist es nicht – man muss nur eine Kreide durchbrechen und das Detail mit ihrer Kante malen oder härtere Pastellkreide nehmen oder solche in quadratischer Form. Sie sind nicht so pulverig und erlauben ein präzises Erarbeiten der Feinheiten.

## Das Porträt eines hellhaarigen Jungen

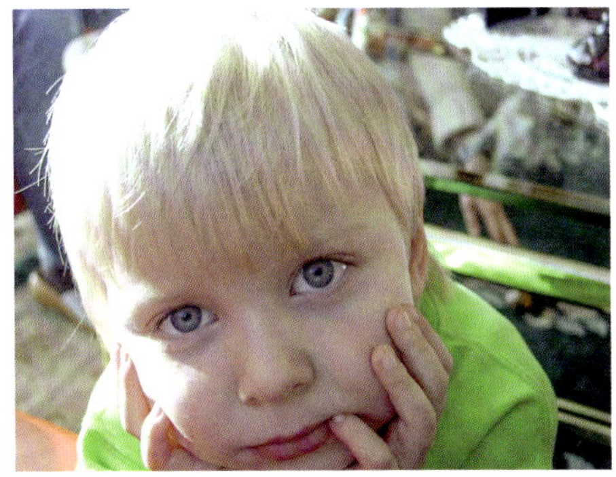

**Technik:** Trockenpastell

**Material:** Pastellkreide, hellgraues Papier, Format DIN A3

**Themen:**

- Die Ansicht des Kopfes *en face*
- Das Studium der Augen
- Die helle Haut des Kindes
- Die Farbpalette der Pastelltöne

Doch zunächst üben wir die Grundlagen des Porträts zu Ende mit Pastellkreiden auf Ingres- oder Canson-Papier, dann auf Velourpapier.

**1** In der Entwurfsphase messe ich die oberen Teile des Gesichts innerhalb einer runden Form ab, die typisch für Kinder ist. Dazu nehme ich den mittleren Abschnitt – zwischen der Nasenspitze und dem Punkt zwischen den Augenbrauen – als Beispiel. Der Abstand zwischen der Nasenwurzel und dem Ende des Kinns des Jungen ist etwas kürzer als der Musterabschnitt. Als Nächstes übertrage ich den Musterabschnitt drei Mal nach oben und markiere auf diese Weise die Höhe der Stirn des Kindes. Ich finde die Breite der Augen, die in diesem Fall sehr groß sind. Der in Augenhöhe um das 1,5-fache nach links und rechts verschobene Referenzabschnitt ergibt die Breite des Kopfes.

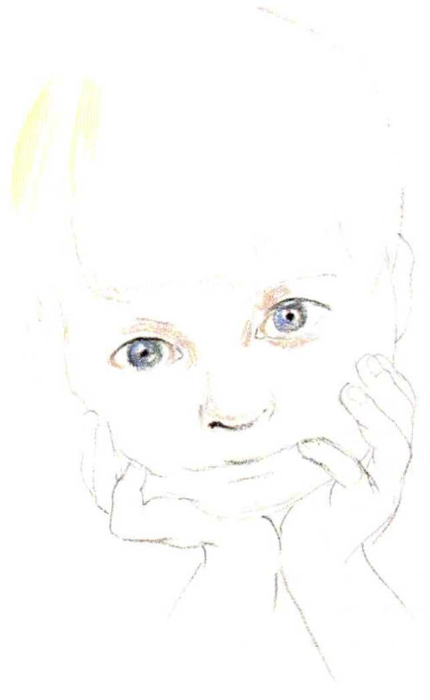

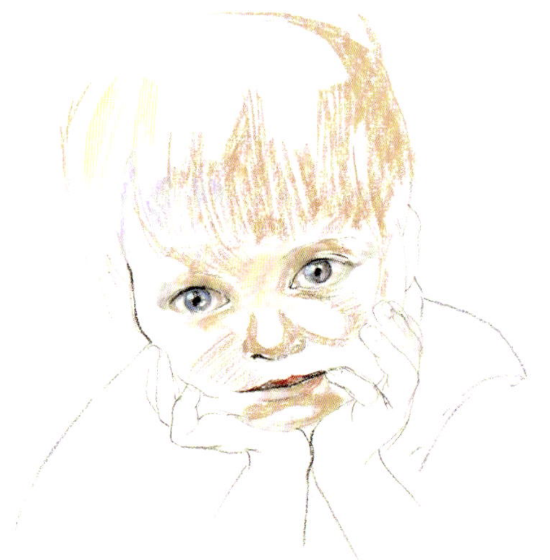

**2** Ich verwische die Entwurfslinien und positioniere die Augen, die Nase, die Lippenlinie und die Ohren. Ich skizziere den Umriss des Kopfes. Als Nächstes zeichne ich die Augen mit ihren Details, die Iris und die blauen Pupillen. Die Augen befinden sich im Schatten und liegen flach in den Augenhöhlen, was auch ein typisches Merkmal für Kinder ist; deshalb haben sie, obwohl sie im Schatten liegen, viele weiße Reflexe.

**3** Ich suche eine Pastellkreide aus, deren Ton zwischen allen anderen Farben liegt, die man auf dem Objekt erkennen kann. Es handelt sich um eine beige Farbe, mit der ich in Form von einzelnen Linien oder breiteren Flecken das Gesicht und die Haare des Jungen schraffiere. Mit dunkelroter und brauner Kreide skizziere ich außerdem die Lippen. Ich füge dem beigen Ton der Haare an der rechten Gesichtshälfte des Modells einen violetten und gelben Ton hinzu. Diese Seite des Gesichts ist stark beleuchtet und an der Grenze zwischen Licht und leichtem Schatten befinden sich viele Farbtöne.

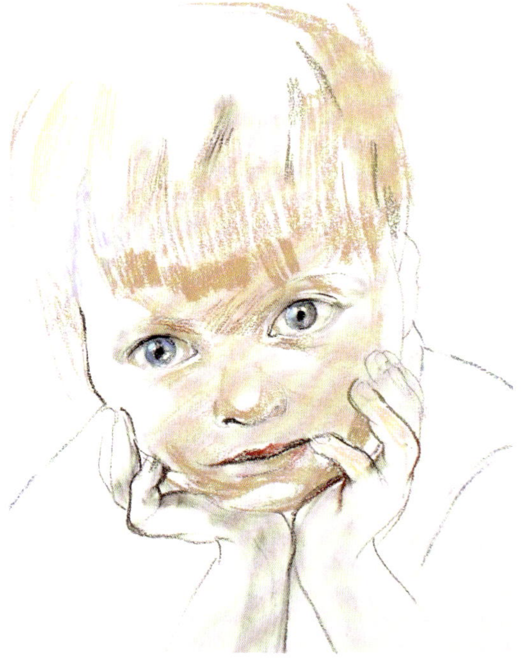

**4** Dies ist die Phase des Verwischens: Ich verwische mit einem weichen Tupfer die Flecken und Striche der beigen Kreide an den Stellen, die weich erscheinen. Ich verwische die Kreide an den Wangen und auf der gesamten Stirn, sodass sich die Töne der Haare mit denen der Stirn vermischen. Auch die schwarzen Konturen der oberen Augenlider verwische ich mit einem Wattestäbchen nach oben, sodass sich die schwarze Farbe mit der beigen mischt. So entsteht über den Augen eine Mischfarbe mit einem weichen Verlauf, der die Augen noch schattiger wirken lässt. Als Nächstes zeichne ich auf dem gleichmäßig verwischten Beigeton der Stirn eine zweite Schicht, einen Streifen aus beigen Strichen. Das ist die Grenze des Ponys. Ich verwische mit dem Radiergummi die Konturen der Hände und erzeuge auf ihnen einen Schatten.

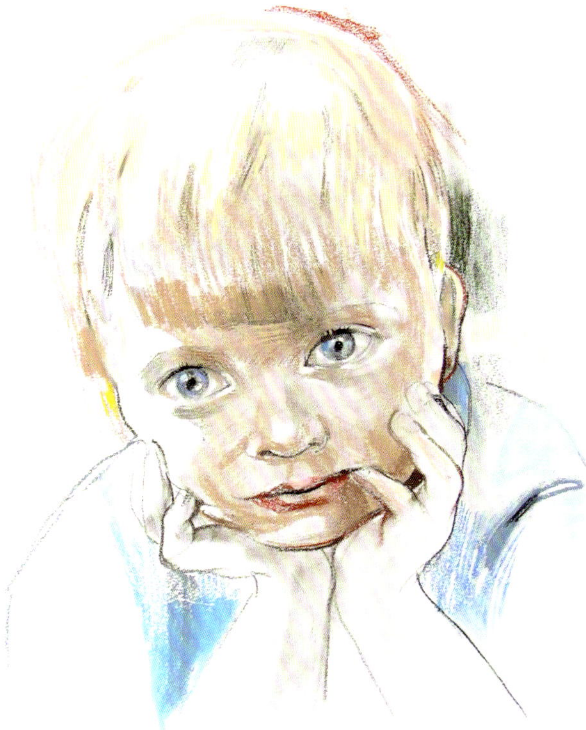

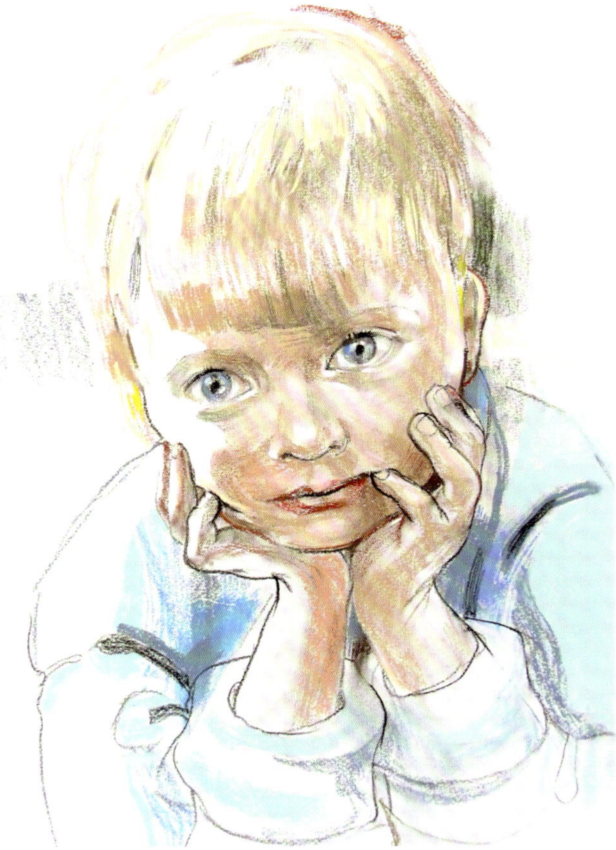

**5** Auf die weich verwischten Farbflecken der Wangen male ich hellrosafarbene Striche dorthin, wo ich hellere Farbtöne sehe. Mit der rosafarbenen Kreide zeichne ich dünne Striche auf die Lider und die Augenwinkel. Als Nächstes widme ich mich den Haaren, die ich mit zwei Kreidefarben auf die beigefarbene Schicht zeichne: Hellgelb und Kaki (oder Olive). Ich zeichne ganz sanft Striche auf die dunklen Haarsträhnen. Mit derselben kakifarbenen Kreide markiere ich auf der linken Seite am Hinterkopf den Hintergrund. Auf diese Weise erhalten die Haare Kontur. Ich zeichne das Ohr, verstärke die gesamte linke Gesichtshälfte – von der Schläfe bis zur schattierten Stelle unter den Fingern – noch einmal mit beigefarbener Kreide.

**6** Nun zeichne ich den Pullover des Kindes mit drei verschiedenen türkisfarbenen Kreiden. Für die Falten auf der Kleidung benutze ich schwarze Kreide. Mit weißer Kreide markiere ich den Lichteinfall auf der rechten Gesichtshälfte des Jungen. Interessant ist die Stelle, wo der kleine Finger der rechten Hand die Wange berührt – hier habe ich eine zusätzliche Schicht Kreide (hellbraune Kreide mit „ziegelroter" Nuance) verwendet. Mit hellrosa Kreide habe ich (mit festem Druck) eine seitliche Linie am Finger gezeichnet. Auf diese Weise entsteht ein Kontrast von Licht und Schatten, der an dieser Stelle auf der gesamten rechten Gesichtshälfte am deutlichsten ist. Mit beigefarbener und brauner Kreide zeichne ich die Hände; dort, wo die Farbe der Hände heller ist, lasse ich die Farbe des Papiers stehen. Mit spontanen Kreidestrichen (mit Strichen oder der breiten Seite der Kreide) entwerfe ich den Pullover und die Ärmel.

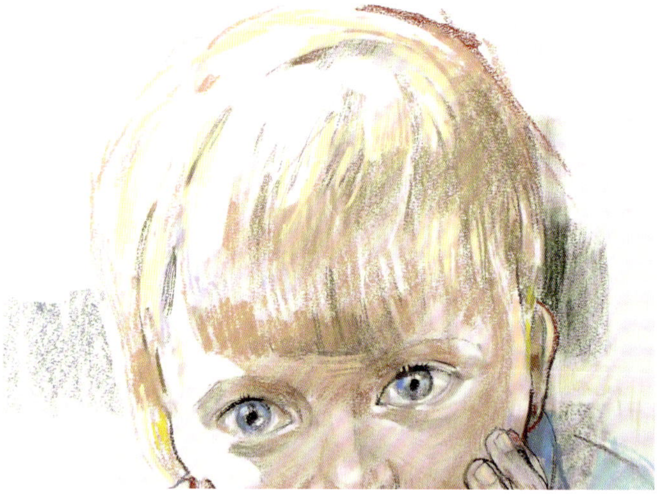

**7** Mit der breiten Seite der kakifarbenen Kreide lege ich einen Farbstreifen auf die Haare, angefangen an der linken Seite des Kopfes. Das ist die Stelle, an der sich die flache Stirn bricht und in den Schädel übergeht, sodass diese Stelle auch die Grenzen von Licht und Schatten auf dem Haar markiert.

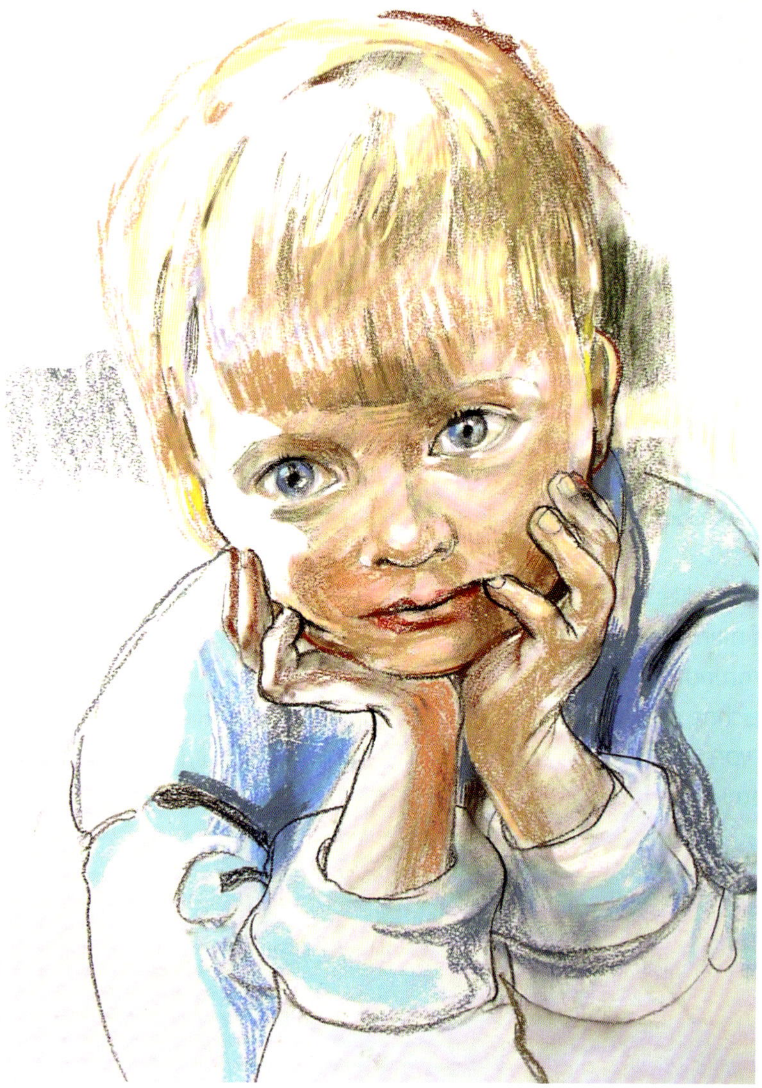

**8** Das fertige Porträt.

## Das Porträt eines Mädchens

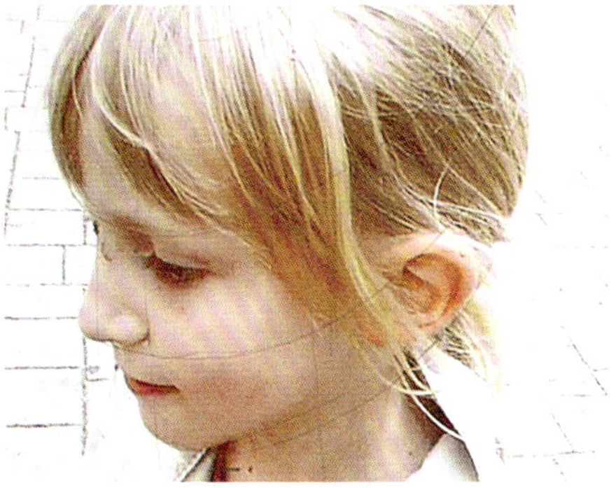

**Technik:** Trockenpastell

**Material:** Pastellkreiden, ein grauer Karton, Format 38 x 50 cm

**Themen:**
- Die Ansicht des Kopfes im Profil
- Die Meridiane
- Die Perspektive von oben – verkürzte Darstellungen

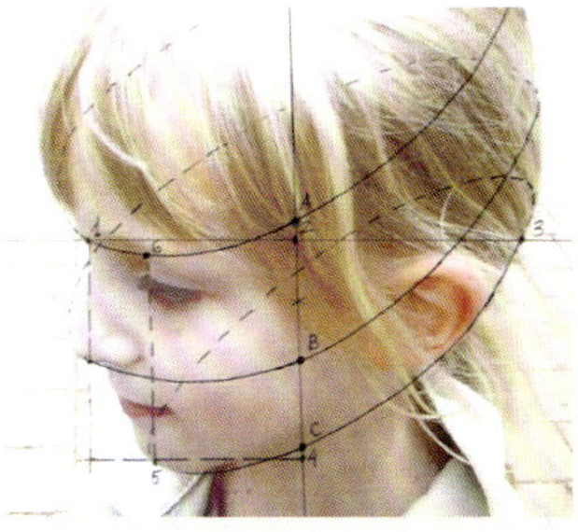

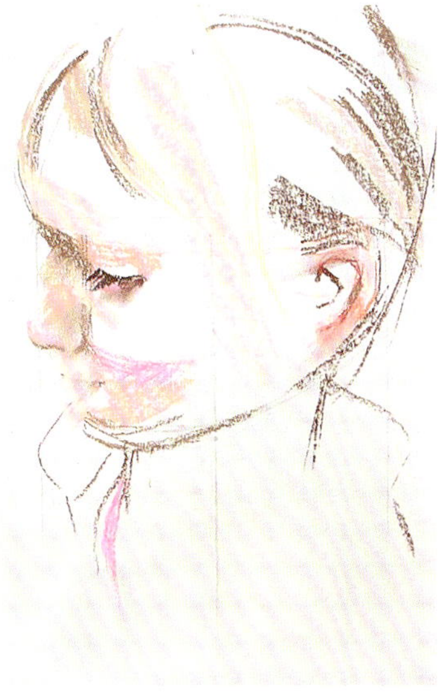

**1** Die Abbildung zeigt den Kopf eines Mädchens in der Profilansicht von oben. Zu Beginn zeichne ich die Symmetrieachse, die genau durch die Mitte des Kopfes geht. Als Nächstes zeichnen wir drei Ellipsen (Meridiane) um den Umfang des Kopfes auf der Höhe von den Augenbrauen, der Nasenspitze und des Kinns. Die Ellipsen schneiden die Symmetrieachse an den Punkten, die wir folgendermaßen nennen: A, B, C und D. Wir beachten, dass die Bereiche zwischen diesen Punkten, die in der Ansicht *en face* gerade sind, jetzt eine unterschiedliche Entfernung aufweisen. Der mittlere Abschnitt AB ist die Entfernung zwischen den Augenbrauen und der Nasenspitze, der Abschnitt BC liegt zwischen der Nasenwurzel und dem Kinn, es ist der kürzeste, und der Abschnitt AD markiert die – längste – Entfernung zwischen der Augenbrauenhöhe und des Scheitels. Die porträtierte Person wird von oben betrachtet, also ist der obere Teil des Kopfes am besten sichtbar und das Kinn am schlechtesten. Jede Gesichtspartie ist gleichermaßen sichtbar in dieser Perspektive. Jetzt fange ich mit den Hilfspunkten an: Punkt 1 – die Mitte zwischen den Augenbrauen, Punkt 6 – der Augenwinkel. Von diesen Punkten aus lasse ich vertikale Hilfslinien nach unten gleiten und erhalte auf den Meridianen den Punkt 5 – die Mitte des Kinns. Am Schnittpunkt des unteren Meridians mit der Mitte der Breite des Kopfes markiere ich den Punkt 3 – das Hinterhauptbein, d.h. die hintere Kontur des Kopfes des Modells.

**2** Nach diesem Schema erarbeite ich die Anordnung der Hilfslinien, die die Lage der wichtigsten Gesichtspartien, die Form und die Konturen des Kopfes sowie die wichtigsten Richtungen der Farbflecken – auf der Stirn, der Nase, den Wangen betonen. Dadurch kann ich skizzenhaft das Auge, das Ohr, die Nase, die Lippen, das Kinn sowie den Hinterkopf positionieren.

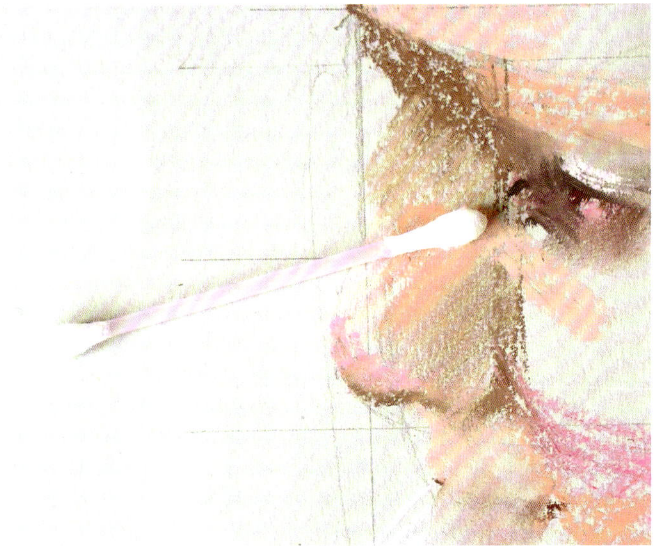

**3** Bei dieser Zeichnung benutze ich Pastellkreide sowie – an Stellen, die präziser sind – Wattestäbchen, um die Wischungen durchzuführen. Die Kreidespuren auf dem Ingres-Papier sind zunächst recht rau, was sich aber durch einfaches Abwischen der Oberfläche beseitigen lässt.

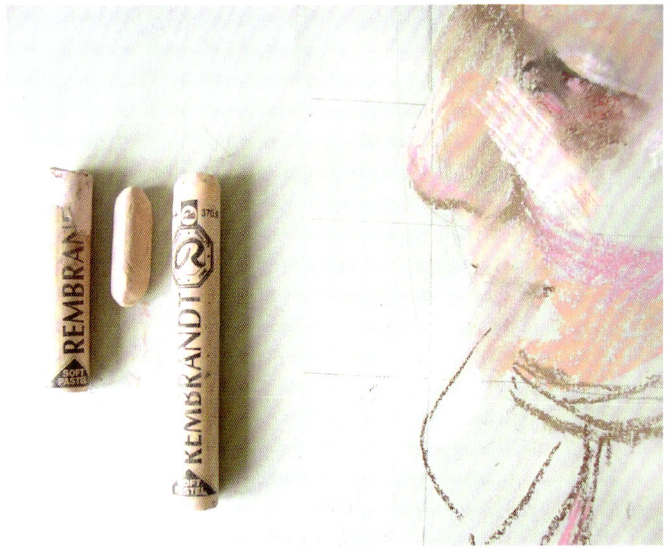


**4** Um eine Hautfarbe zu erhalten, muss ich Kreide in den Tönen rosa-fleischfarben vorbereiten.

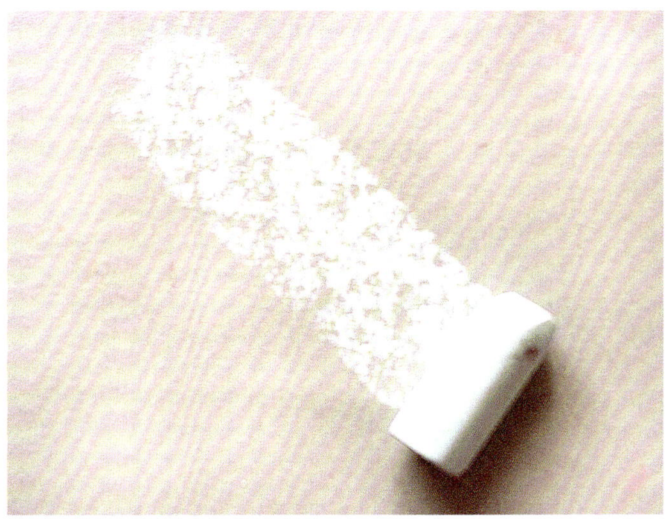

**5** Bei dieser Zeichnung male ich mit der gesamten Fläche der Kreide.

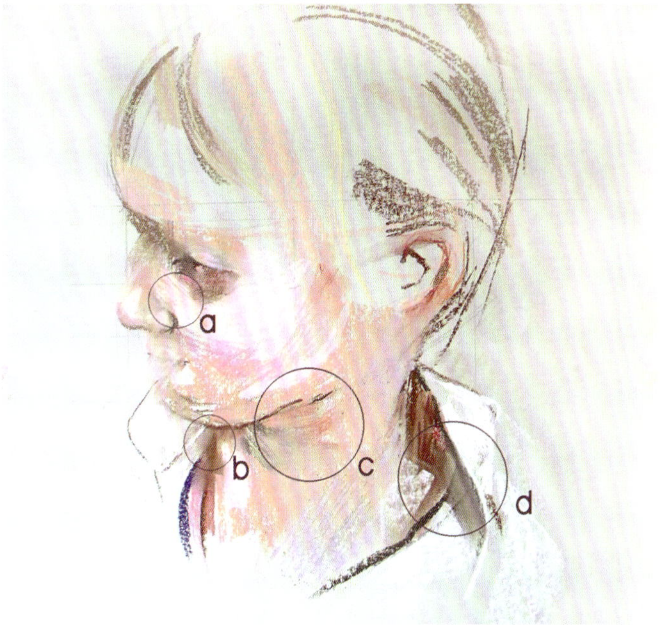


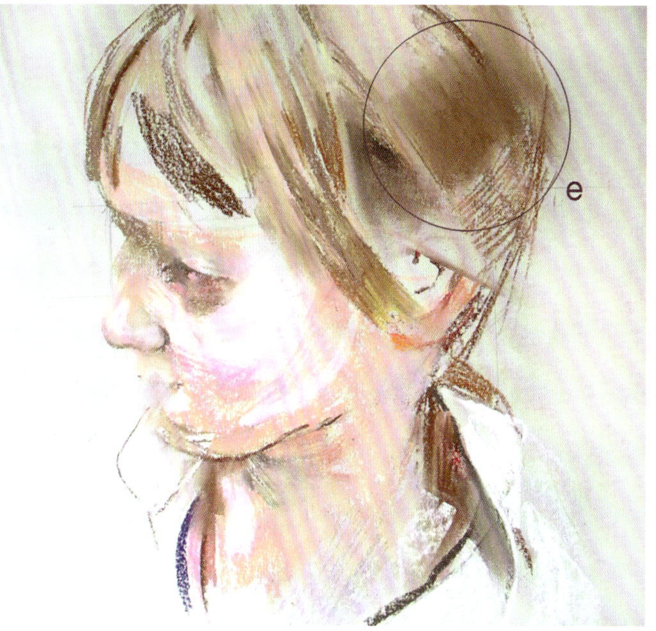


**6** Im nächsten Schritt male ich Farbflecken auf den zentralen Teil des Porträts. Mit rosafarbener Kreide zeichne ich die Flügel sowie die Vorderseite der Nase, die Haut unter den Augen (a) bis zum oberen Teil der Wangen. Die fleischfarbene Kreide verwende ich für die Stirn, das Kinn und den Hals (c). Die Stelle unter dem Kinn ist am dunkelsten (b) – hier markiere ich mit einer braunen Kreide die Kontur des Kinns. An der Stelle, wo die Haut dunkler ist, verreibe ich die Kreide. Diese Aufweichung in der Nähe der Kinnkontur hat eine räumliche Wirkung. Von der Rückseite des Halses aus, zwischen dem Hals und dem Kragen, zeichne ich mit brauner, grauer und lilienfarbener Pastellfarbe einen Schatten (d). Ich verreibe diese Stelle und zeichne mit der breiten Seite der weißen Kreide auf dieser Schicht eine helle Ebene, die das Hautfragment unter dem Kragen imitieren soll.

**7** Ich zeichne die Haare des Mädchens und betone dabei ihre – dunklen und hellen – Strähnen. Dort, wo die Haare einen weichen Übergang haben, verreibe ich die Kreide und weiche ihren Abdruck auf. Die Haare legen sich hier gemäß der Form des Kopfes, also muss ich kennzeichnen, dass ein Teil der Haare entlang des Meridians an der Stelle (e) verläuft, die ich mit der breiten Seite der hellbraunen Pastellfarbe zeichne und anschließend aufweiche.

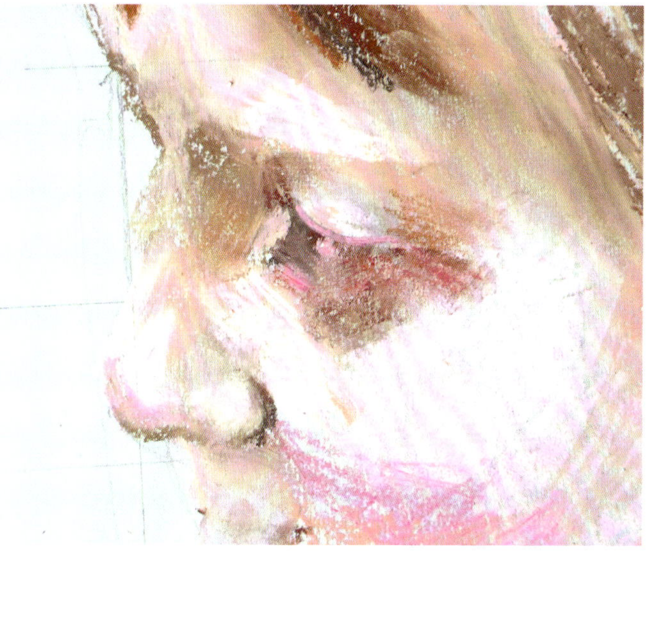

**8** Jetzt konzentriere ich mich auf das Profil des Gesichts des Modells. Ich zeichne das Auge ganz exakt und bearbeite dessen Winkel. Ich zeichne das Lichtreflexe auf der Mitte der Stirn, zwischen den Augenbrauen und weiche die Farbflecken in Richtung des Ponys auf. Ich zeichne den äußeren Winkel des Auges mit einem dunkelroten Pastellstift, damit die Farbe belebt wird.

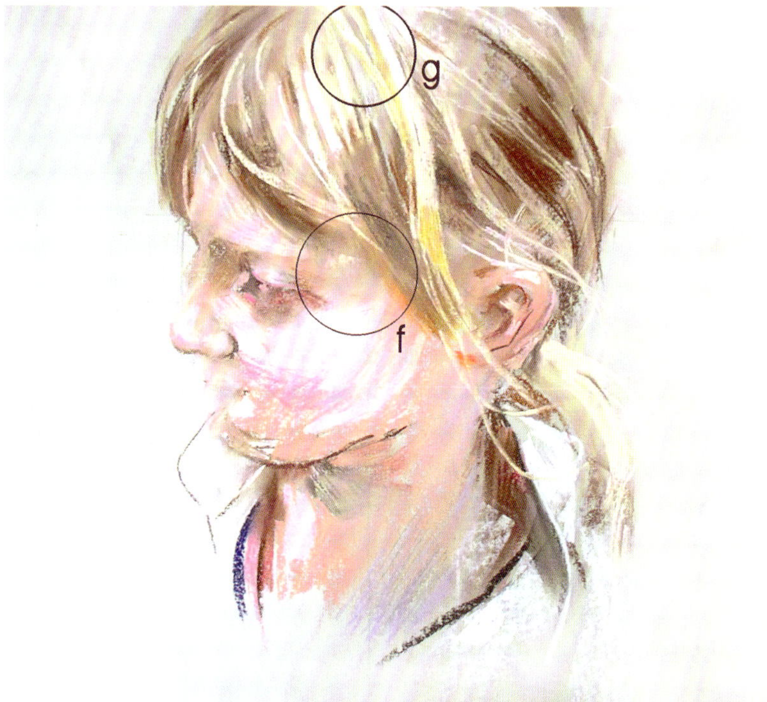


**9** Nun studiere ich die Haare und die Kopfform. Ich zeichne die Haarsträhnen an der Stelle, wo ich vorher verwischt habe. Der Bereich zwischen den äußeren Augenwinkeln und den Haaren ist sehr weich (f). Ich benutze hier fleischfarbene Pastellfarben und verwische die braune Kreide, die ich zuvor für den Pony verwendet habe. Darunter mache ich mit orangefarbener Kreide einen Abdruck und verwische die drei Farben in Richtung des Auges. Anschließend zeichne ich helle Haarsträhnen am oberen Teil des Kopfes, dort, wo das Licht einfällt (g). Ich zeichne den Pferdeschwanz am Hinterkopf.

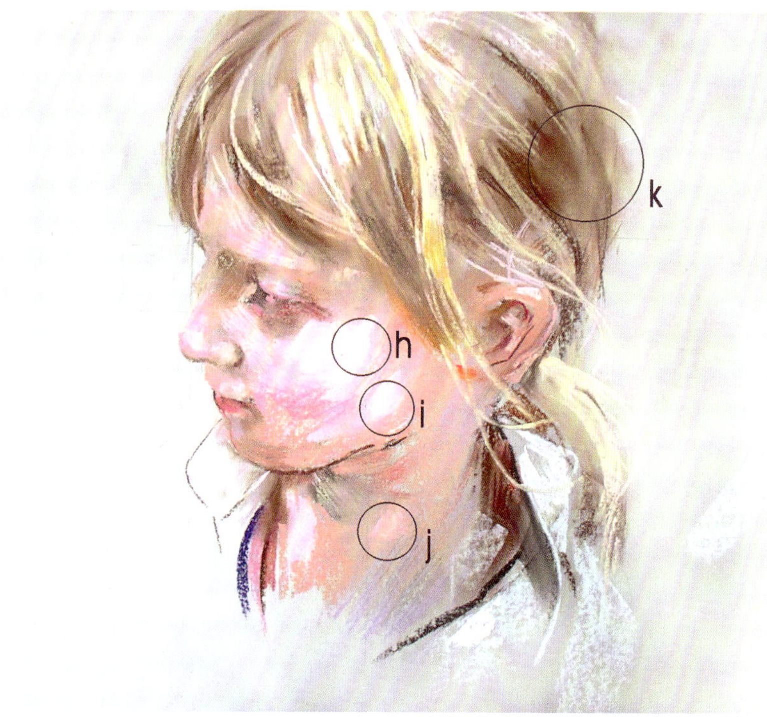


**10** Ich kehre erneut zum Gesicht des kleinen Modells zurück. Ich zeichne die helleren Bereiche (h, i, j), indem ich die Pastellkreide fester aufs Papier drücke. Die kräftigen, braunen Striche auf den Haaren am Hinterkopf (k) verwische ich noch einmal, ohne auf die Kontur des Hinterkopfes zu achten.

Auf diese Weise verwischt sich dieser Bereich ganz fließend in Richtung des Hinterkopfes. Ich zeichne die Lippen mit roter Kreide und stelle das Profil entlang der Nase fertig.

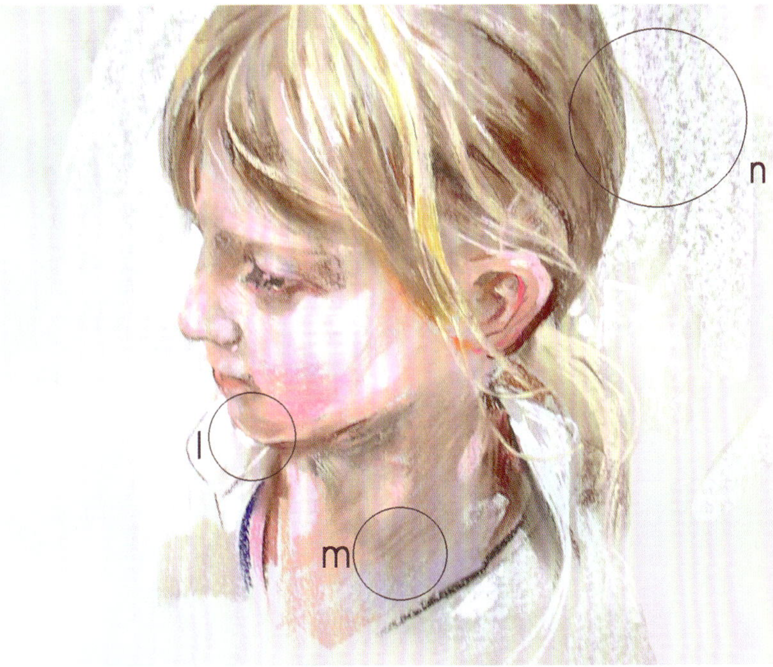


**11** Als Nächstes erzeuge ich mit der breiten Seite der weißen Pastellkreide den Hintergrund hinter dem Kopf, indem ich das Weiß (n) auf die zuvor weich gemachte braune Farbe (k) zeichne. Mit einem perfekten weißen Bogen markiere ich die Kontur des Hinterkopfes. Jetzt zeichne ich das Kinn (l), indem ich auf diese Stelle einen lebendigeren Rosaton auflege. Ich fertige eine genaue Zeichnung des Ohrs an. An der Stelle, wo der Hals mit der Bluse in Berührung kommt, verstärke ich den Schatten mithilfe einer hellbraunen und lilienfarbenen Kreide (m).

**12** Das fertige Porträt (unten).

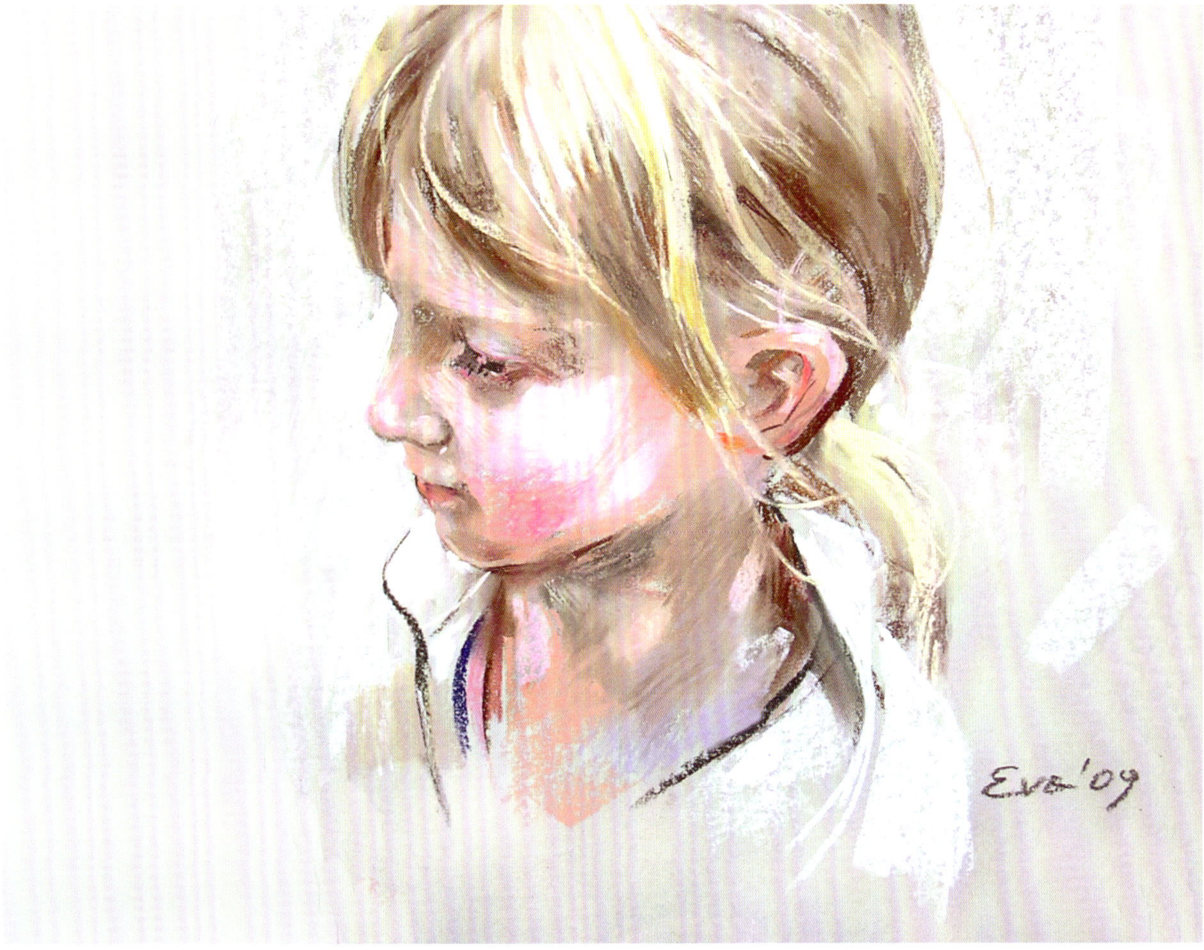

## Das Porträt eines Mädchens auf rosafarbenem Hintergrund – in der Dreiviertelansicht

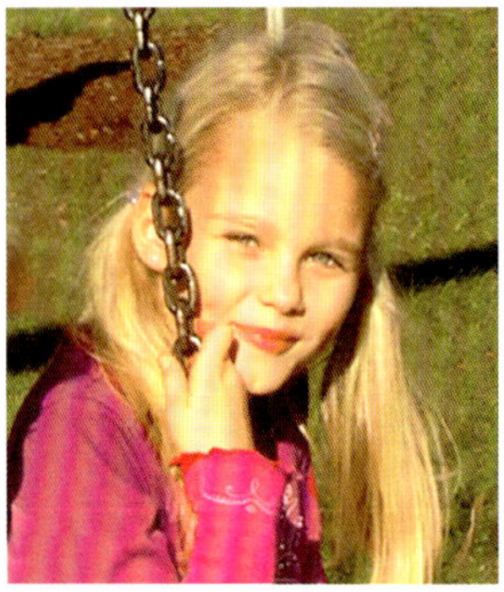

**Technik:** Trockenpastell

**Material:** Pastellkreiden, rosafarbenes Papier, Format 50 x 70 cm

**Themen:**

- Die Frontalansicht, der Kopf ist geneigt
- Das Studium der anatomischen Details
- Das Studium der Haare
- Der Aufbau der Form mit Licht

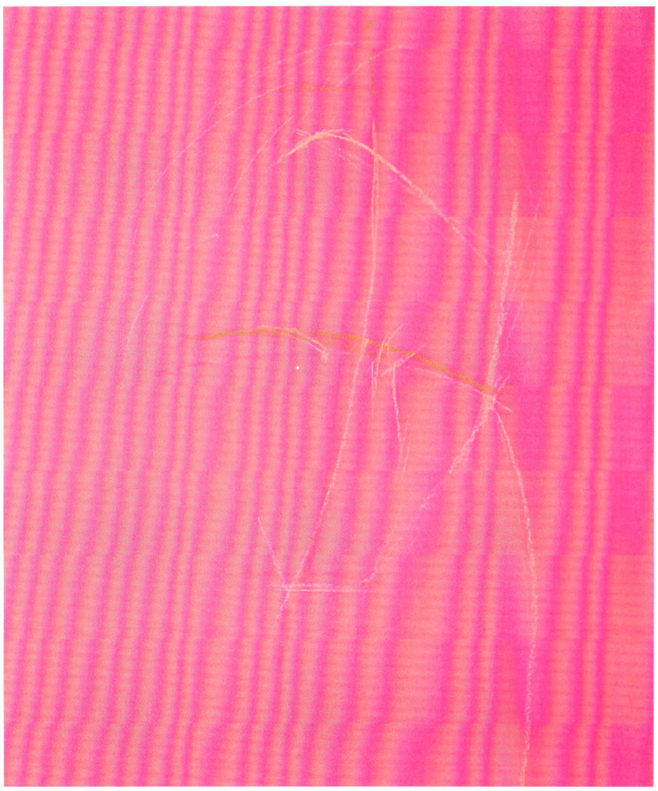

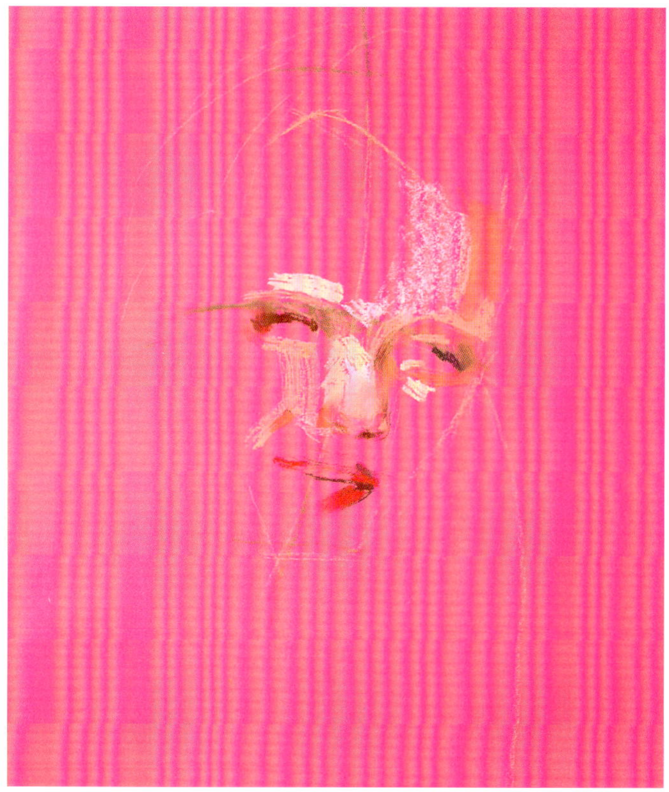

**1** In der ersten Phase zeichne ich mehrere Entwurfslinien: die schräge Darstellung des geneigten Kopfes, die Höhe der Augen, des Kinns und den Haaransatz.

**2** Auf diesen einfachen Entwurf zeichne ich Farbflecken, die den oberen Bereich des Gesichts hervorheben: die Augen, die Nase, die Augenbrauenbögen, die Lippen, die Haare.

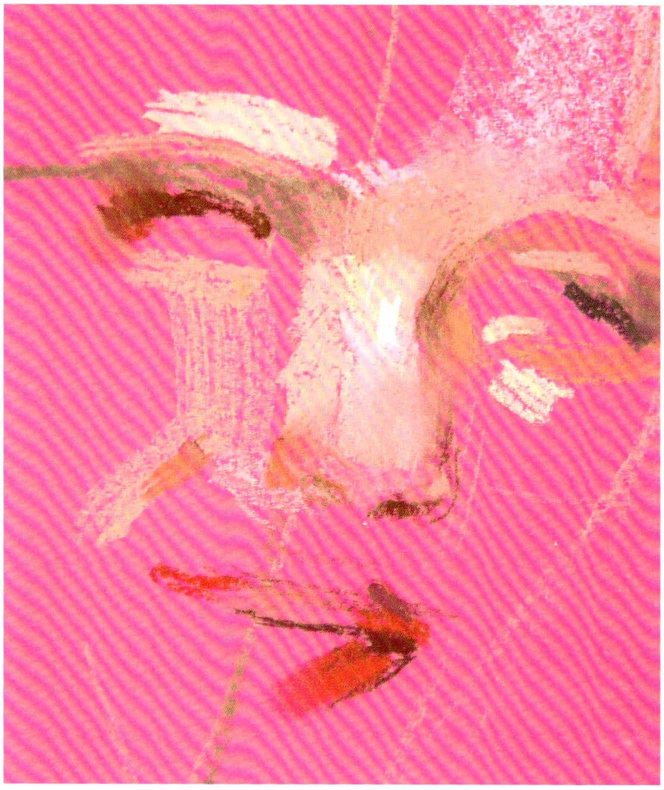

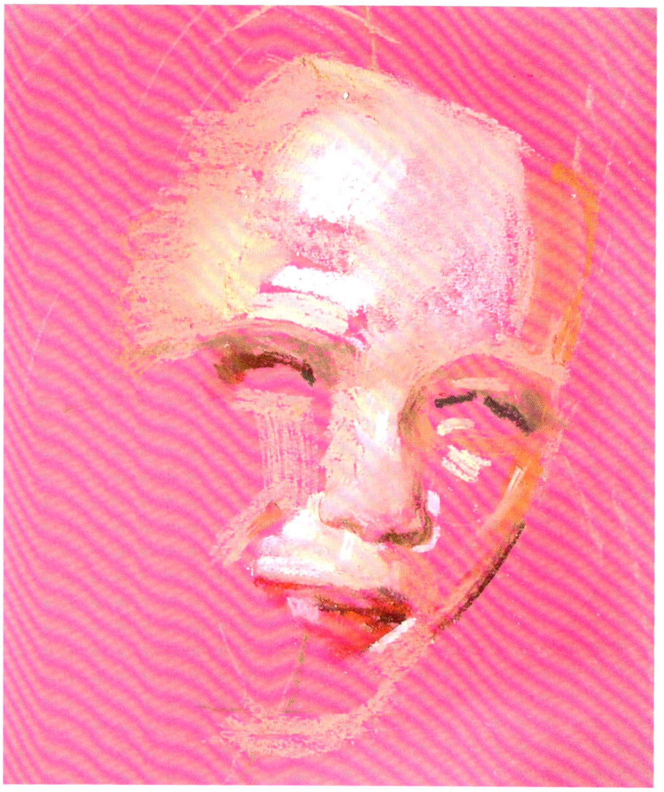

**3** So sehen die skizzierten Teile des Gesichts des Modells aus. Ich verwische die Farbflecke auf der Nase so, dass die dunklere Farbe die Grundrisse der Nase markiert, und die hellere Farbe entlang der vorderen Nasenwand verläuft. Auf die Nasenspitze lege ich einen hellbraunen und dunkelrosafarbenen Fleck, die leicht ineinanderlaufen. Ich markiere mit brauner Kreide die Nasenlöcher.

**4** Mit einem Tuch verwische ich sanft die auf der Stirn aufgezeichneten Farbflecken, sodass ein sanfter Übergang in Form der Stirn entsteht. Die honigfarbenen Striche auf der linken Seite des Gesichts ergeben die Grundlage für die weitere Zeichnung der Konturen. Ich studiere die Lippen, indem ich an dieser Stelle mit verschiedenen Rot- und Rosatönen spiele. Ich setze kleine Akzente an die Winkel der Lippen, die Nasenflügel und unter das linke Auge des Modells. Ich zeichne einen hellen Farbfleck unter die Nasenwurzel, sodass sich dort, wo sich die beiden Farben kreuzen, ihr Umriss bildet.

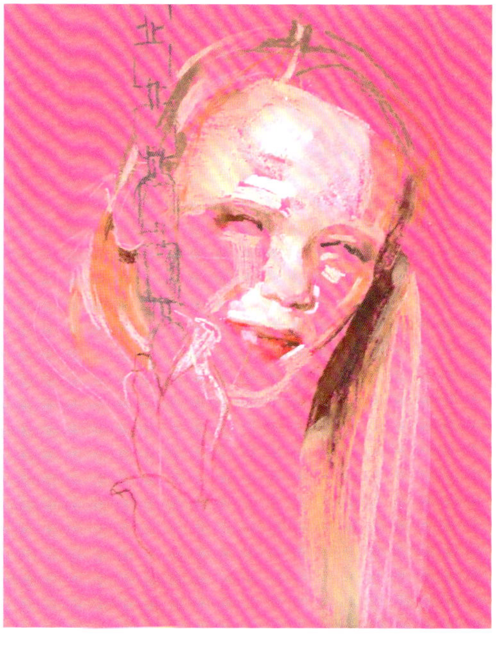

**5** Mit spontanen Strichen zeichne ich die Frisur: den Haaransatz und den Scheitel, die Haare in „Zöpfen". Mit drei verschiedenen Brauntönen zeichne ich einen Schatten, der locker von der linken Wangenseite auf den linken „Zopf" des Modells fällt. Ich skizziere die Glieder der Schaukelkette, an der sich das Mädchen festhält.

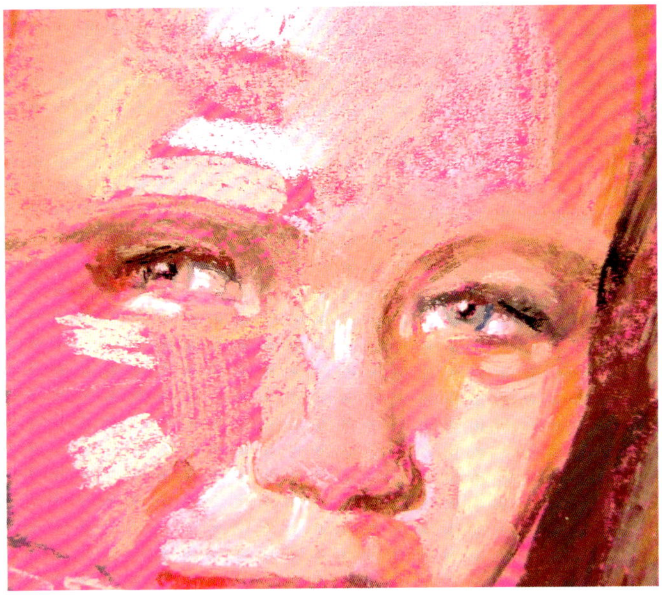

**6** Nun zeichne ich die Augen. Ihre Farbe ist hellgrau, da das Sonnenlicht stark auf das Gesicht fällt. Ich markiere die Lichtstrahlen in den Pupillen der Augen und zeichne Als Nächstes die Umgebung: Den Bereich über den oberen Augenlidern gestalte ich mit beigefarbener und ockerfarbener Kreide, den Bereich von den unteren Augenlidern aus zeichne ich mit fleischfarbener und rosafarbener Kreide.

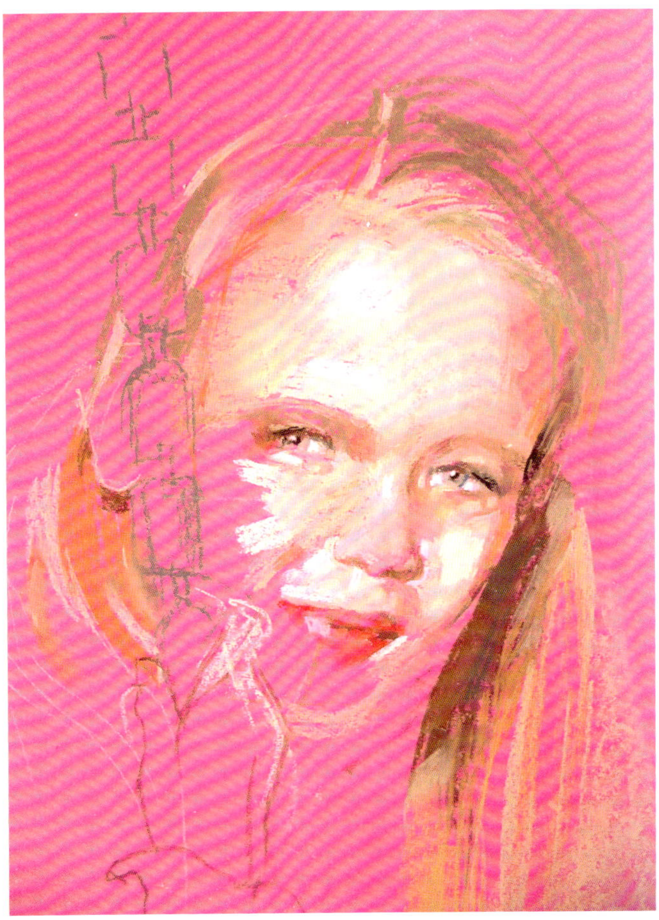

**7** Im Anschluss ziehe ich die Farbflecken in Richtung Lippen. Auf den Wangen sind sie am intensivsten. Ich studiere die linke Gesichtshälfte, die halb im Schatten liegt. Unter der Nasenwurzel ist die linke Seite des Gesichts leicht mit einer Mischung aus den Farben Ocker und Rosa schattiert, die ich durch Verwischen der Kreiden erreiche. Zum Schattieren benutze ich auch eine Schicht der Honigfarbe, die ich in Schritt 2 bereits verwendet habe.

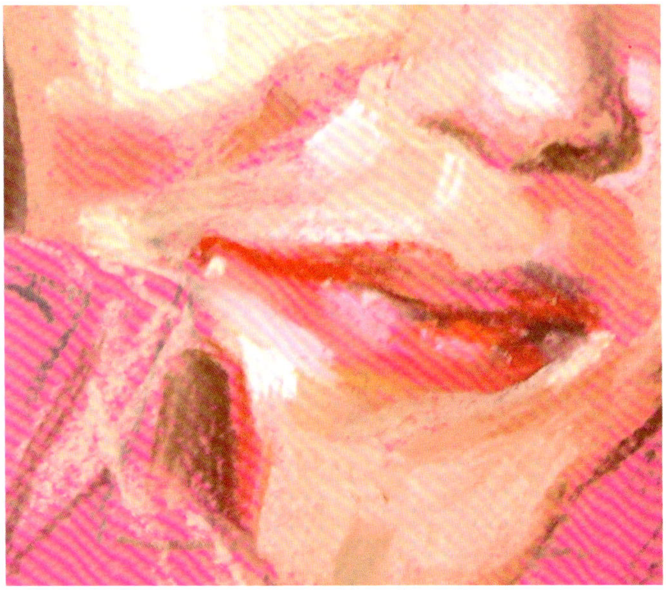

**8** So sieht die Zeichnung der Lippen und der rechten Wange in der Nahaufnahme aus.

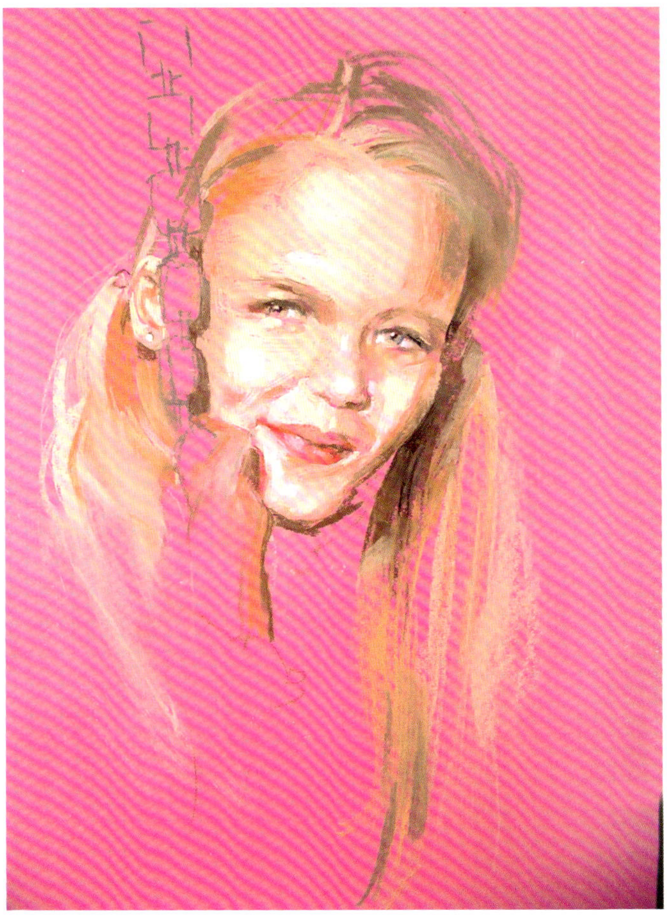

**9** Jetzt bearbeite ich die rechte Gesichtshälfte des Mädchens. Ich zeichne ganz genau den Schatten, der von den Gliedern der Schaukelkette aufs Gesicht fällt. Neben diesem Schatten zeichne ich einen graurosafarbenen Fleck von der Stirn bis zur Hand.

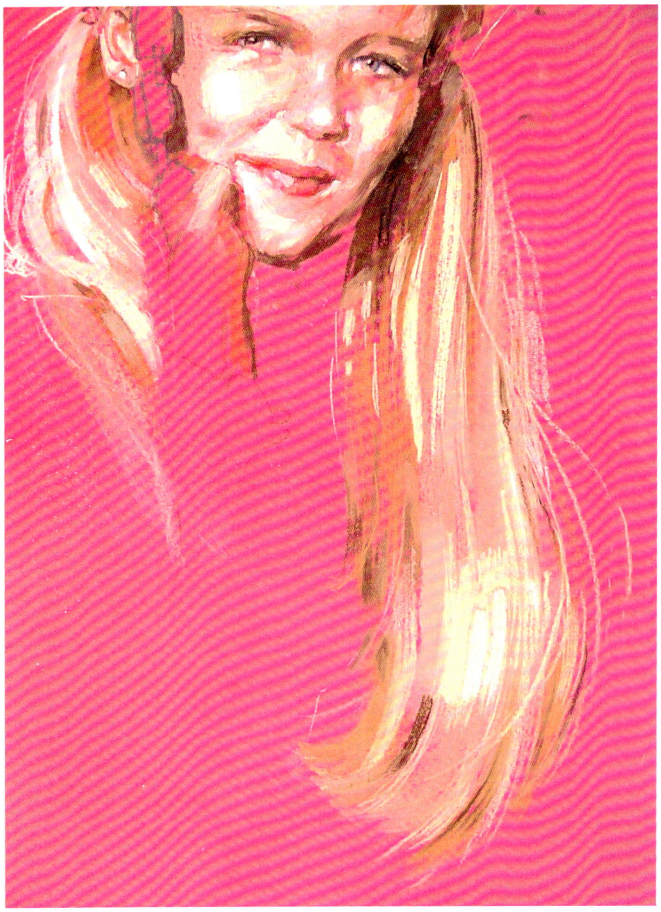

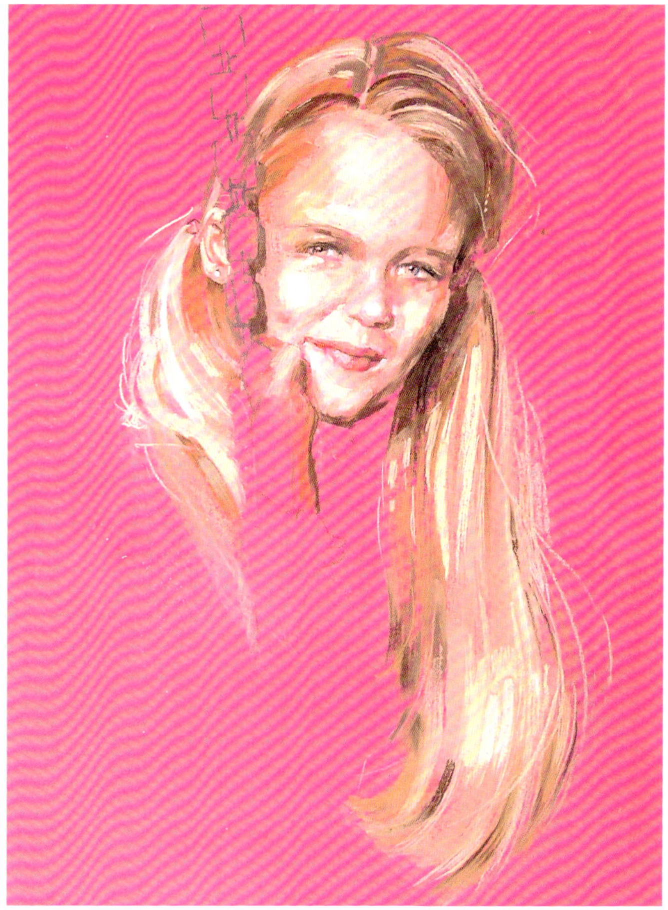

**10** Als Nächstes gehe ich über zur präzisen Zeichnung der Hand sowie zum Studium des Ohres und der Haare. Ich sehe mir genau an, an welchen Stellen ich den Haaransatz markieren kann und an welchen die Haare einen weichen Übergang bilden. An diesen Stellen verwische ich die verschiedenen, nebeneinander liegenden Farben der Pastellkreide. Danach zeichne ich auf dieser Schicht mit hellgelber Pastellfarbe die Lichtreflexe. Das ist eine spannende Übung für das Studium der Haare, was die Farbe und das Beobachten des Lichts angeht. Zusätzlich trage ich sanft einzelne Striche auf den Rand der Frisur auf, so als würden die Haare vom Wind weggeweht.

**11** Mit mehreren Farben erzeuge ich den oberen Bereich der Frisur, ohne zu vergessen, zwischendurch die Farbflecken aufzuweichen. Am Ende dieses Studiums markiere ich noch zwei dünne Strähnen mit hellen Haaren. Zuletzt zeichne ich die Hand und die Kleidung ganz detailliert.

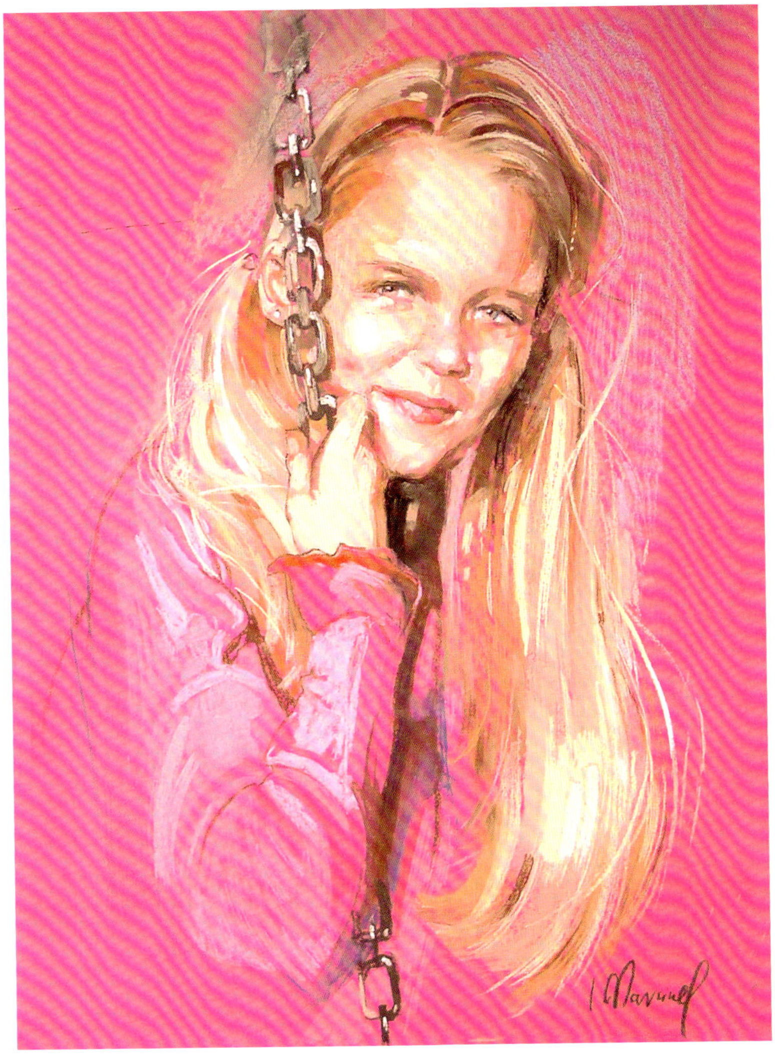

**12** Das Porträt des Mädchens ist fertig.

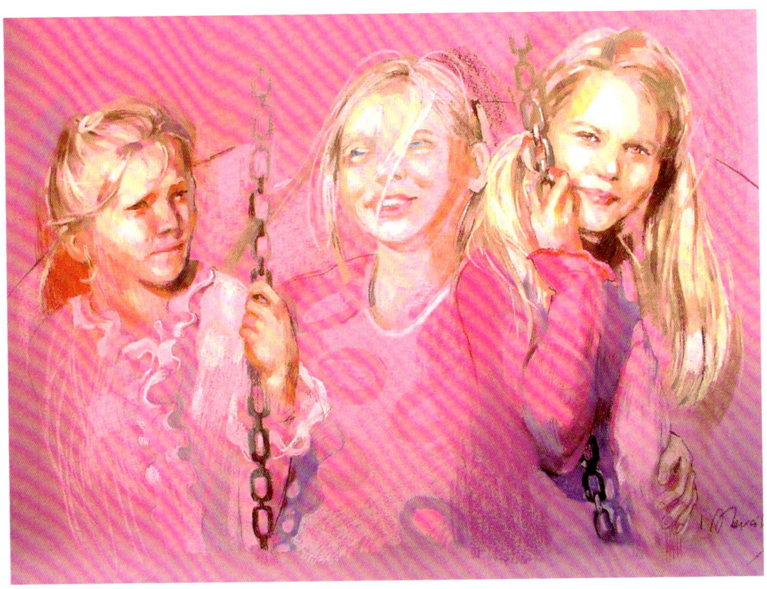

**13** Dieses Porträt ist ein Fragment einer größeren Komposition – eines Gruppenporträts dreier Schwestern.

## Das Porträt einer Mutter und ihres zweijährigen Sohnes

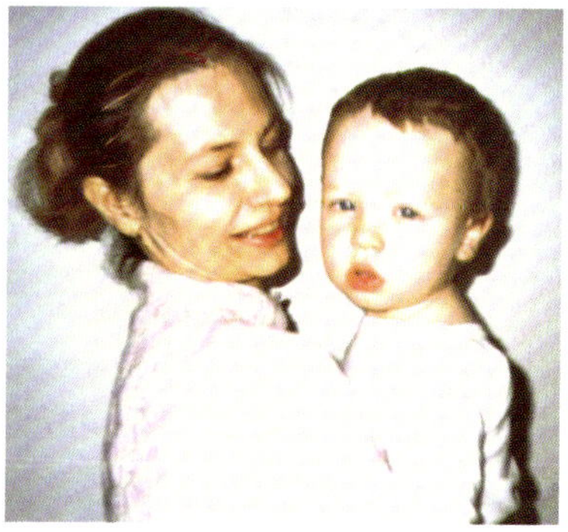

**Technik:** Trockenpastell

**Material:** Pastellkreiden, graues Papier, Format 50 x 60 cm

**Themen:**

- Die Proportionen des Kopfes und des Gesichts verschiedener Altersgruppen
- Die Frontalansicht und Dreiviertelansicht des Kopfes in Neigung
- Das Studium anatomischer Details
- Das psychologische Porträt: das Einfangen einer Stimmung

Dieses Porträt lehnt sich an den Entwurf des Porträts der Frau und des Kindes an (S. 123–124, 133–136). Die genaue Konstruktion des Gesichts und dessen Proportionen sind die Grundlage für die Ausführung der Porträts dieser Personen in Farbe. Wir gehen die Übung dieser Themen auf Grundlage der oben genannten Erfahrungen mutig an. Der Kopf der Frau weist hier die Dreiviertelansicht auf und die Symmetrieachse ist leicht geneigt.

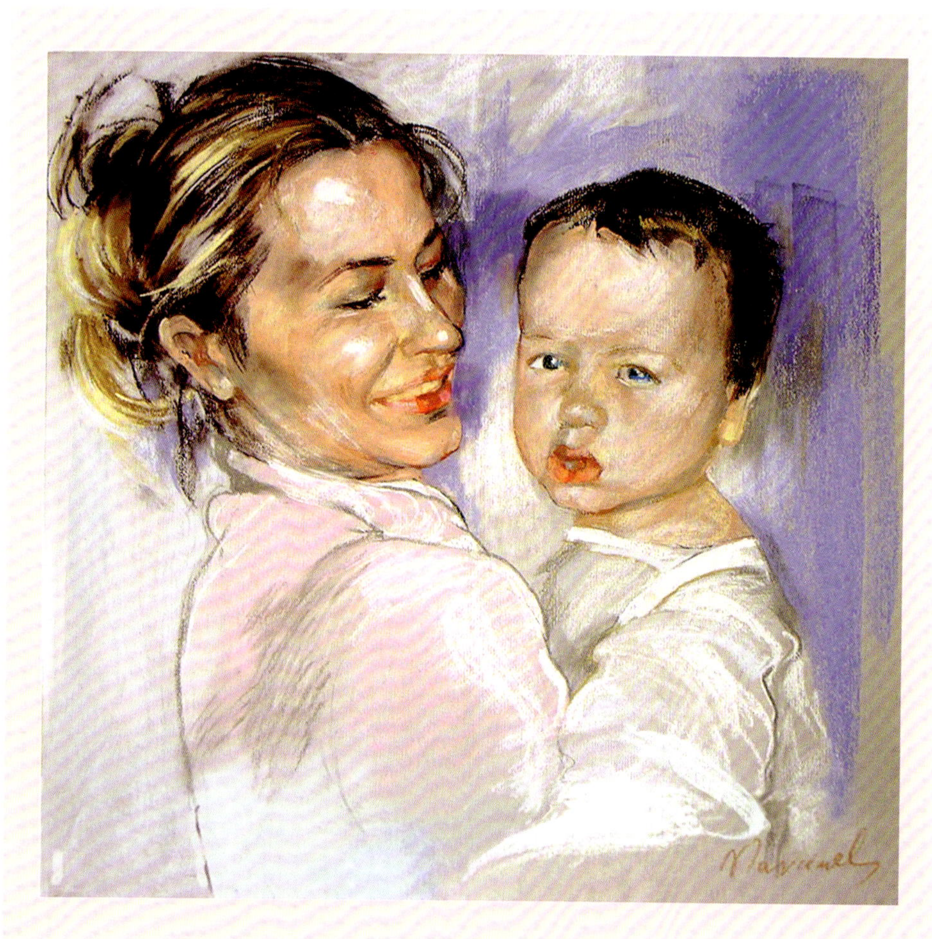

Das fertige Porträt.

## Das Porträt einer hellhaarigen Frau – das verlorene Profil

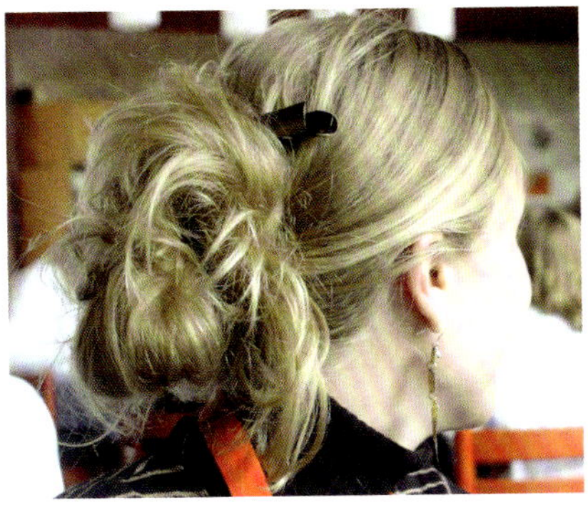

**Technik:** Trockenpastell, Sepia

**Material:** Pastellkreiden, Sepia, grau-beigefarbenes Papier, Format 50 x 70 cm

**Themen:**

- Das „verlorene Profil" (*profil perdu*)
- Das Studium der Haare und des Ohres
- Form gestalten mit Licht

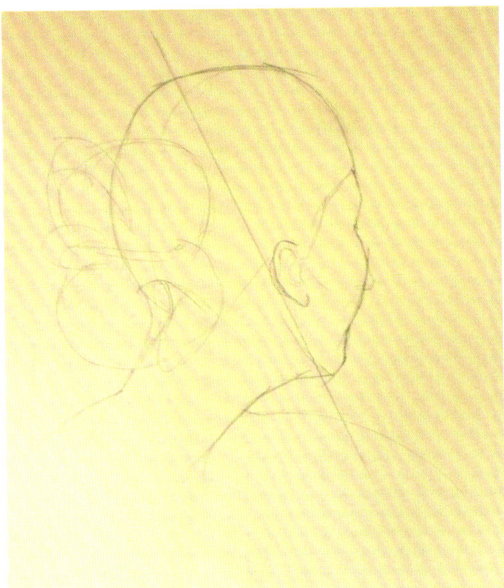

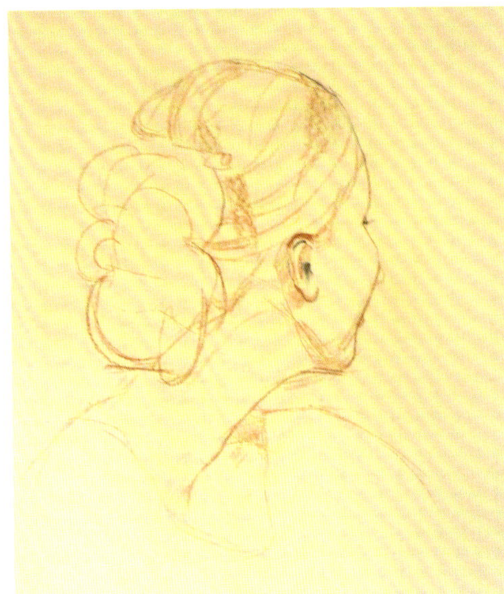

**1** In der ersten Entwurfsphase fange ich mit der Symmetrieachse des Kopfes an, die schräg von der linken Seite des Papiers zur rechten Seite nach unten verläuft. Der obere Bereich dieser Achse markiert die Kopfkrone, während die untere Achse das Ende des Kinns markiert. Auf der linken Seite der Achse liegt der Hinterkopf, die Rückseite, und auf der rechten das Gesicht. Dieser Teil des Gesichts ist das Profil, das nur sehr vage zu sehen ist. Man sieht keine Augen, nur den Umriss ihrer Lage. Die Profilumrisse erzeugen hier die Wangenknochen und die Stirn, die wir mit zarten Entwurfslinien skizzieren, so ähnlich wie beim Ohr. Von der Kopfkrone übertrage ich die Entwurfslinien, die die Erhebung des Kopfes sowie den Übergang des Halses zum Hinterhauptbein beschreiben.

**2** Ich zeichne Skizzierlinien auf den Kopf und die Haare, die zu einem großen Dutt hochgesteckt sind. Ganz zart zeichne ich die Konturen vom Hals und die Linien des Nackens. Die Ohrmuschel, die aus dem Profil in ihrer Gesamtheit sichtbar ist, wird im Fall des verlorenen Profils von hinten skizziert. Ich skizziere also die hintere Wand der Ohrmuschel, schraffiere das Ohr sowie den Schatten hinter dem Ohr und anschließend den Kieferknochen unter der Ohrmuschel. Ich zeichne das Kinn, indem ich die Kreide fester andrücke und markiere die Kontur des Profils sichtbarer.

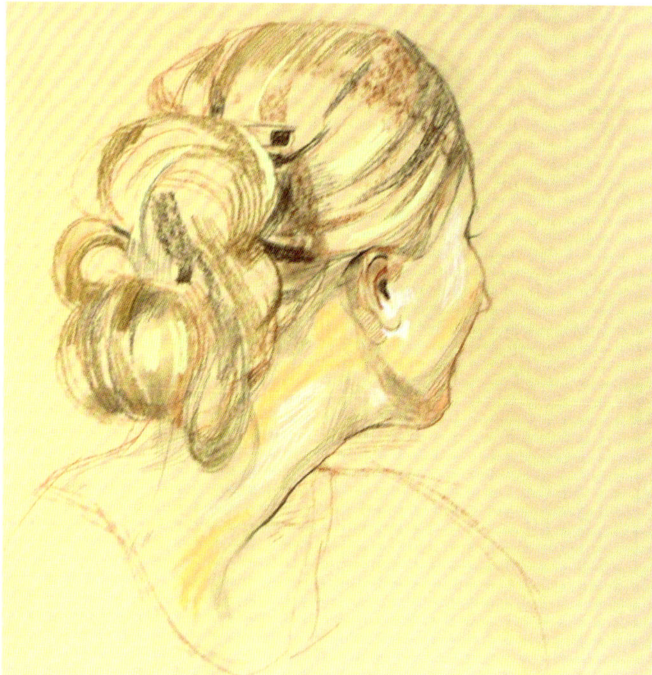

**3** Ich beginne, die Skizze mit Farben zu füllen, damit das Volumen des Kopfes erhalten bleibt. An den dunklen Stellen benutze ich braune und dunkelbraune Kreide und an den hellen Stellen Kreide in gelbem oder weißem Farbton. Die Frisur des Modells ist in diesem Fall ein hervorragendes Thema für die Raumplanung sowie die Struktur. Die Haarsträhnen auf dem Kopf zeichne ich mit Kreidestrichen und verwische anschließend die Farbflecken, danach zeichne ich helle Reflexe.
Die Gesichtshaut und den Hals erzeuge ich, indem ich hell schraffiere. Die Vertiefungen des Körpers, z.B. den Übergang vom Hals zum Körper oder dem Schlüsselbein, markiere ich mit einem dunklen Kreideton in der Farbe Sepia.

Bei diesem Porträt ist die angemessene Positionierung des Gesichts vor dem Hintergrund sehr wichtig. Dazu schraffiere ich den Bereich hinter dem Kopf sowie den unteren Bereich des Profils dunkel und hell. So verstärke ich die Drehung des Kopfes.

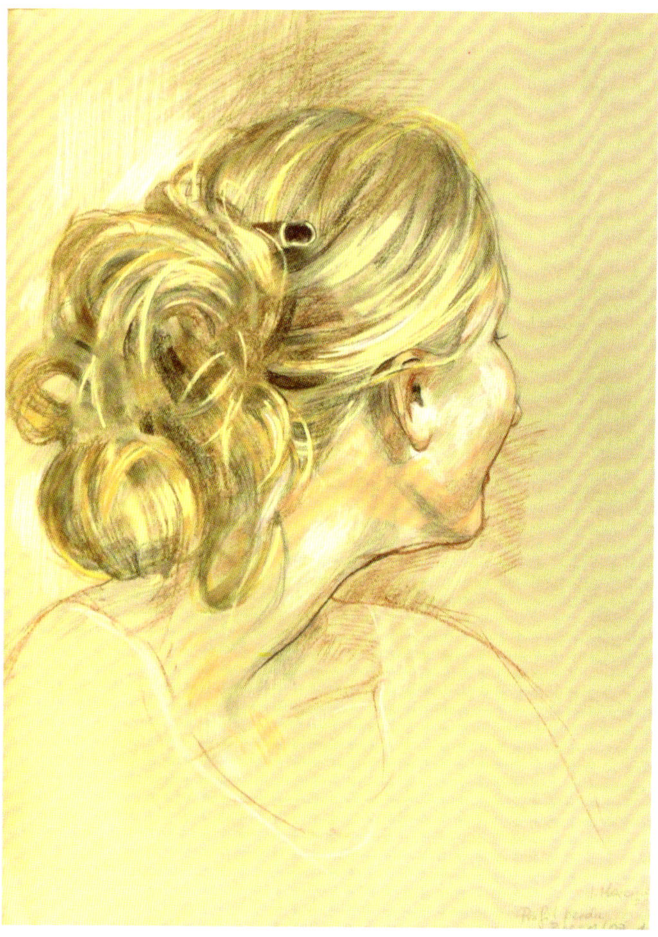

**4** Das fertige Porträt.

## Das Porträt eines Mädchens vor dunklem Hintergrund

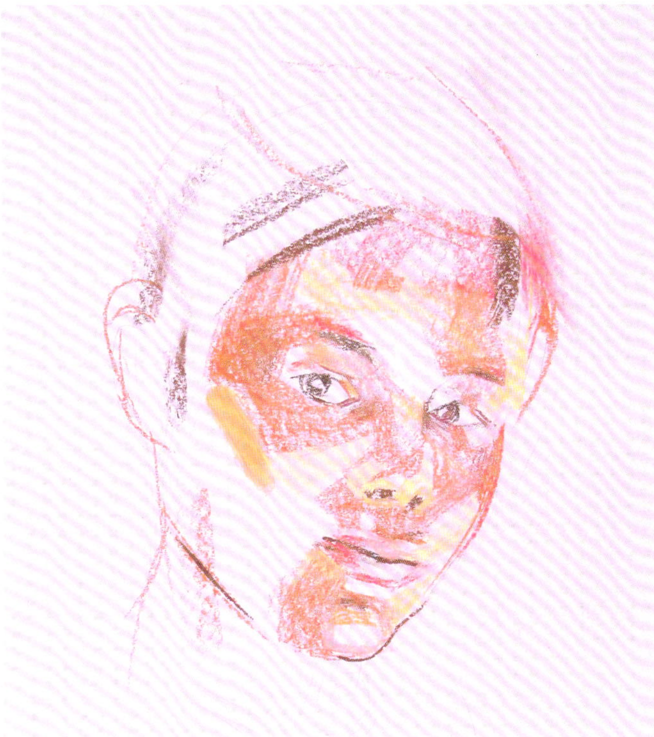

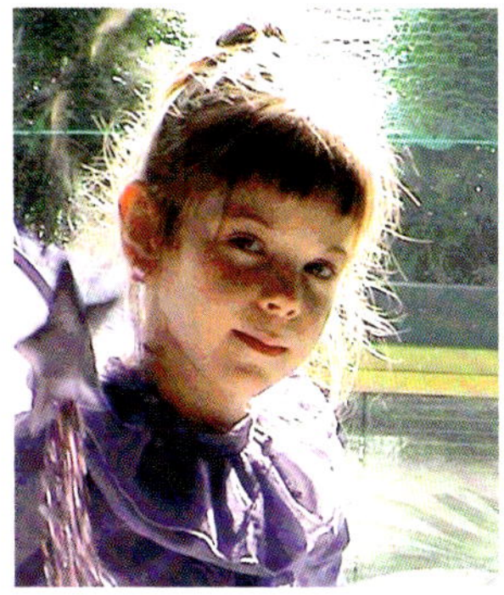

**Technik:** Trockenpastell

**Material:** Pastellkreiden, violettes Papier, Format 50 x 70 cm

**Themen:**
- Ansicht *en face*
- Das Studium von Licht und Schatten
- Der Kontrast

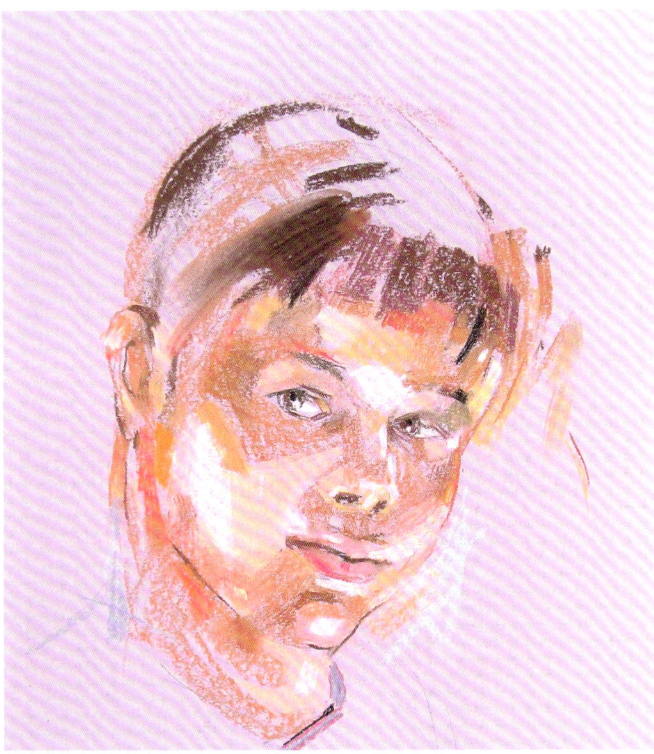

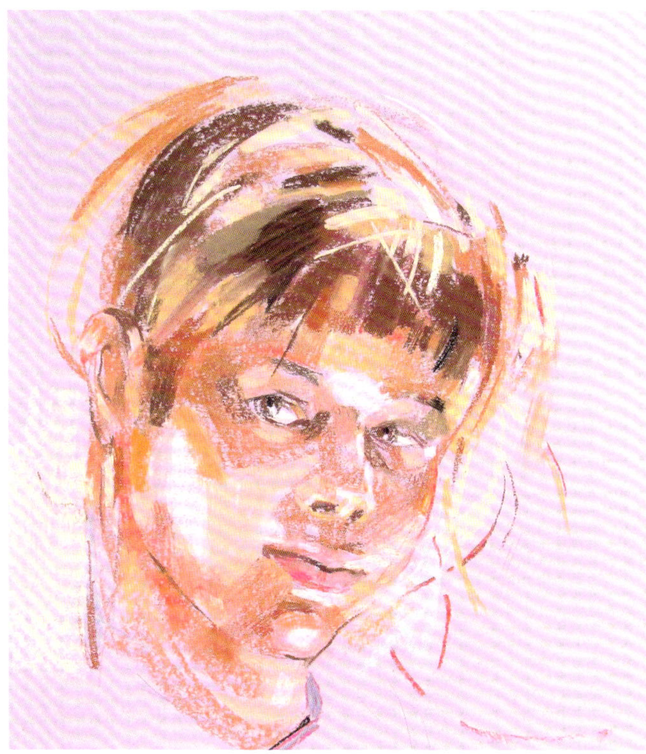

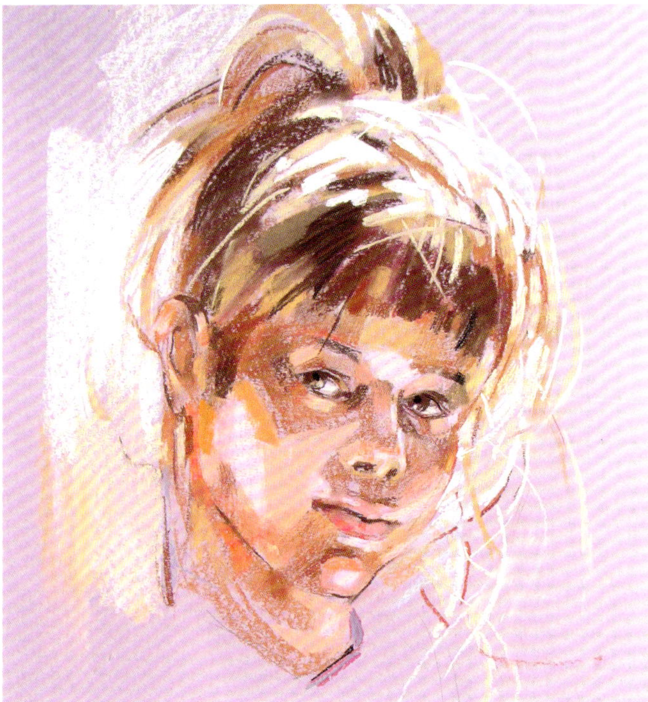

**1** Jetzt gehen wir über zum Porträt des elfjährigen Mädchens, dessen Gesicht ganz im Schatten liegt. Das Licht befindet sich auf ihr, „rutscht" in den oberen Bereich der Haare und durch den Arm, erzeugt so ein interessantes Licht-Schatten-Spiel auf den Haaren des kleinen Modells, wie eine Aura. Das ist eine sehr spannende Übung, wenn es um das Anfertigen eines Porträts mit Licht geht.

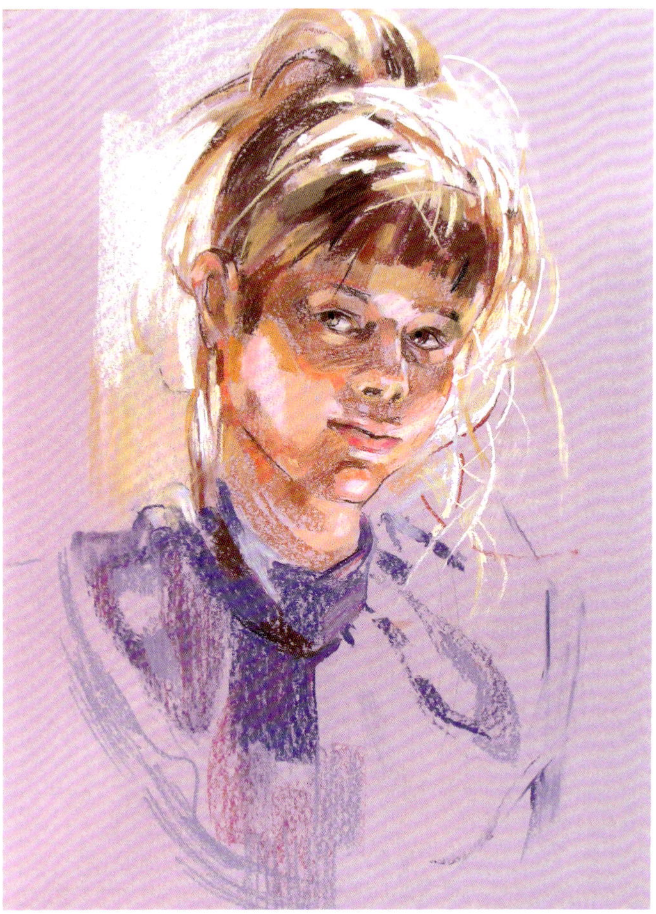

**2** Ich schlage vor, dass Sie das Porträt diesmal ganz eigenständig üben, ohne die Beschreibung der Phasen. Vergessen Sie nicht, dass die Entwurfsgrundlagen dieselben sind wie in den letzten Übungen.

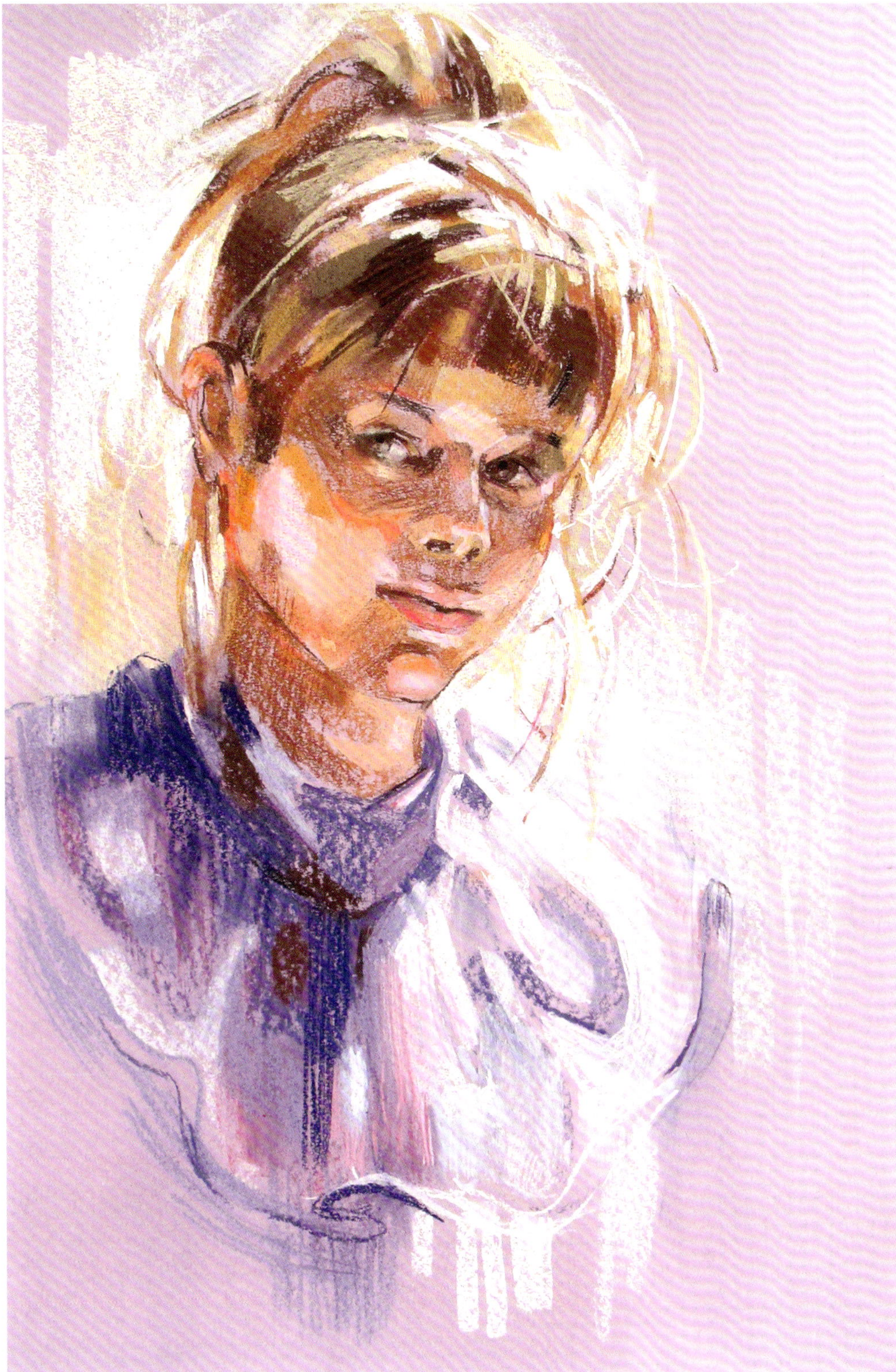

**3** Das fertige Porträt.

## Das Porträt der jungen Frau

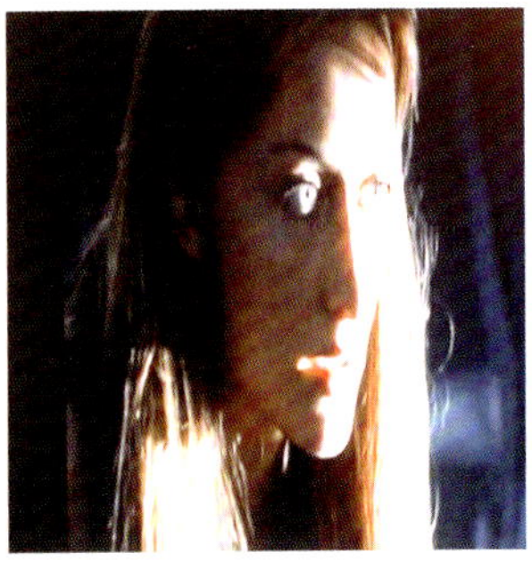

**Technik:** Trockenpastell

**Material:** Pastellkreiden, Velourpapier, Format 50 x 70 cm

**Themen:**

- Dreiviertelansicht
- Das Studium von Schatten und Licht
- Kontraste

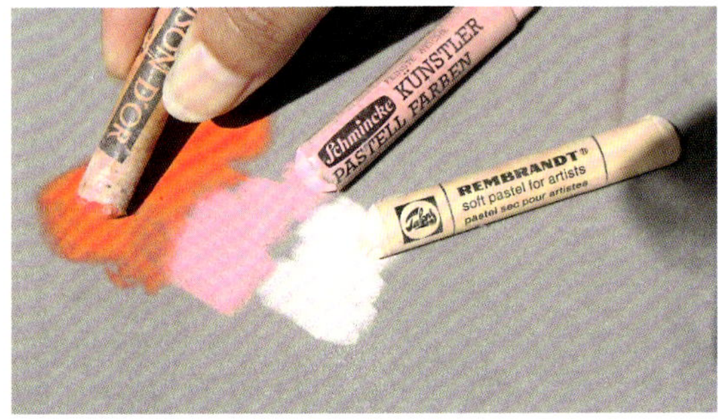


Ein interessanter Untergrund für trockene Pastellfarben ist **Velourpapier**. Velour ist ein sehr weiches Material. Auch das Abdecken des Papiers mit einem stoffähnlichen Vlies ergibt einen interessanten Effekt. Die Haare des auf das Papier aufgetragenen Velours stehen in einem bestimmten Winkel vom Karton ab, sodass das Pulver der Pastellkreiden zwischen sie gelangt und in den Vertiefungen hängenbleibt. Diese Technik erfordert Vorsicht bis zum Moment der Fertigstellung der Arbeit und ihrer Fixierung. Denn Pastellpigmente können beim Bewegen des Bildes, beim Verschieben usw. auslaufen. Doch diese Technik verleiht einen einzigartigen Effekt von Weichheit und Leichtigkeit. Trockene Pastellfarben auf Velourpapier sind sehr stimmungsvoll und die Porträts werden weich und flüchtig. Hier folgen einige Beispiele von Porträts in dieser Technik.

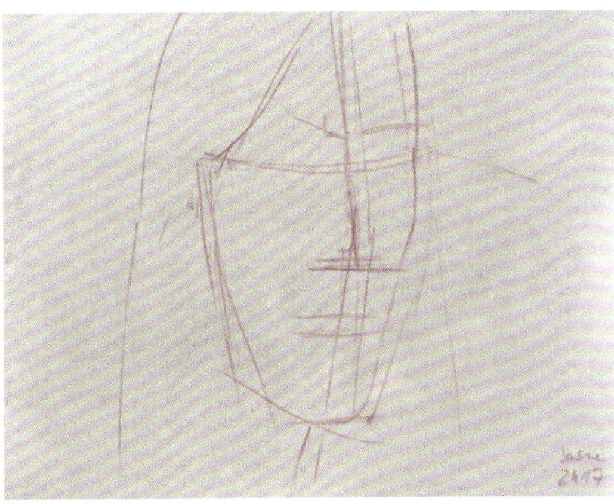

**1** Der erste Schritt ist das Skizzieren der Gesichtsproportionen. Ich markiere also deren oberen Bereich und teile das Gesicht im Verhältnis 3:4. Nach den bisherigen Übungen ist die Konstruktionsskizze wohl schon freier, was aber nicht zulasten der Genauigkeit gehen darf.

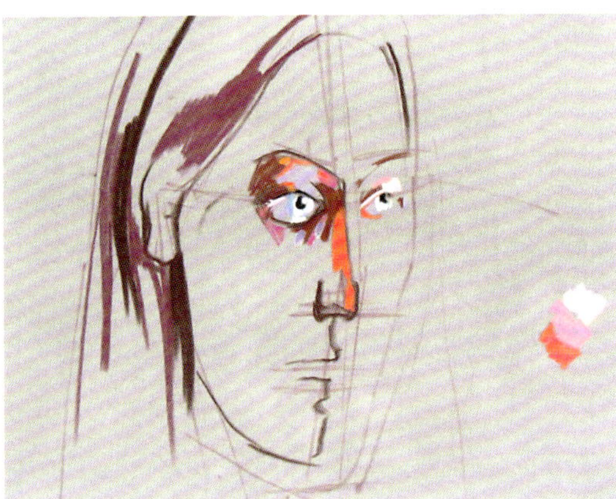

**2** Nun markiere ich mit Kreide die Details: die Augen (das linke Auge ist nicht ganz sichtbar), die Nase, die Haare und – ganz skizzenhaft, da das Licht sehr viel Kontrast an dieser Stelle erzeugt – das Kinn und die Lippen. In dieser Phase benutze ich verschiedene Farben: Braun, Violett, drei Rottöne und Orange. In der Vergrößerung können wir sehen, was für einen Abdruck die Pastellkreiden erzeugen. Wenn wir mit der Mitte der Kreide malen, erhalten wir weiche Flecken, die verschmierte Ränder haben. Auf diese Weise wird die Farbe satt (mit Nachdruck) oder erzeugt durchscheinende Flecken (mit weniger Nachdruck).

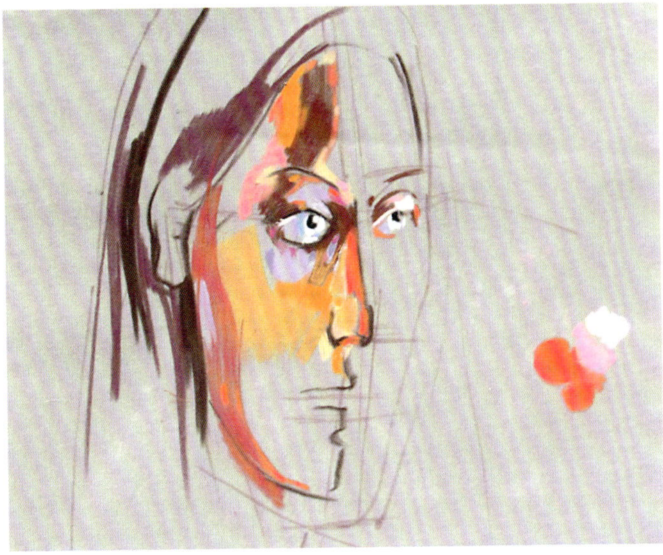

**3** Ich gebe noch eine Ockerfarbe hinzu und male die rechte Gesichtshälfte des Modells, die sich im Schatten befindet. Auf der Stirn male ich einen dunkelbraunen Fleck und von ihm „ziehe" ich hellere Töne heraus, um den Schatten zu vergrößern. Wie ich bereits sagte, erhält man den Effekt der weichen Tonübergänge bei Pastellfarben nicht durch das Verdünnen, sondern Abstufen der benachbarten Farbtöne.

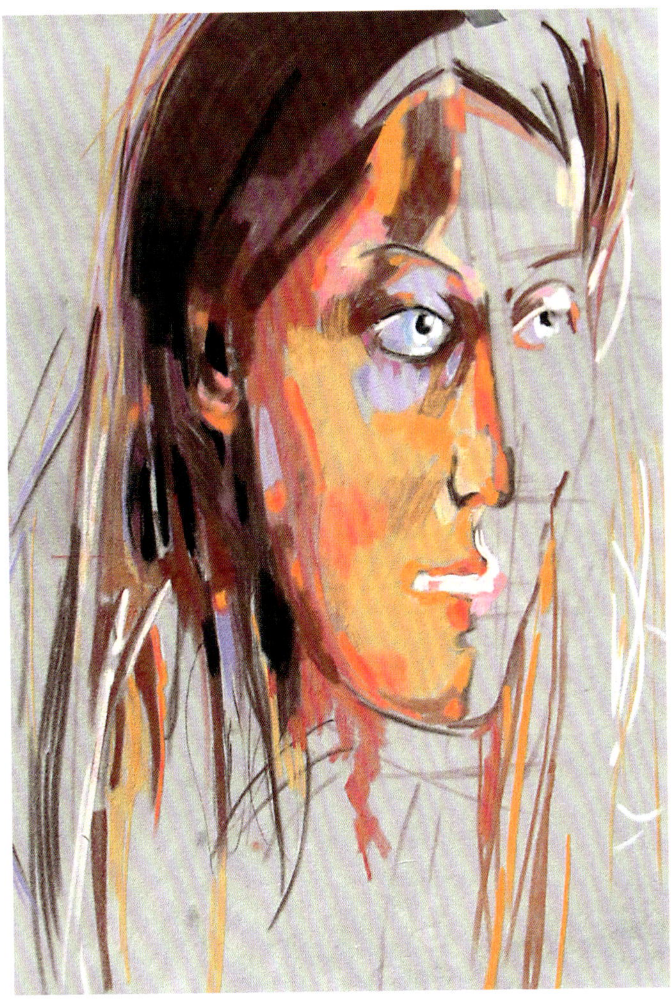

**4** Ich mache weiter mit der dunkleren Seite des Gesichts, indem ich die Zwischentöne am Kinn, die Mimikfalte an den Nasenflügeln und der Lippen hervorhebe.

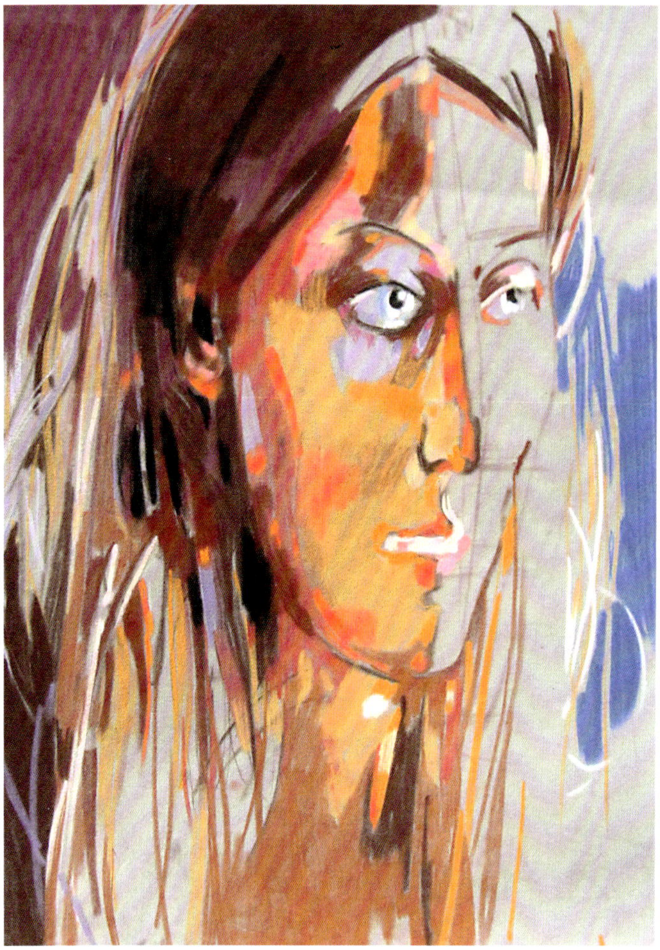

**5** Als Nächstes konzentriere ich mich auf den dunkleren Teil der Haare und den Teil, wo die Frisur auf das Ohr und den Unterkiefer trifft. Ich male also mit rötlichem Braun den Hals. Mit entschlossenen Linien male ich die Haarsträhnen, die auf die Schulter des Modells fallen. Dafür verwende ich zunächst dunkle Kreide, anschließend helle, um die beleuchteten Strähnen zu betonen.

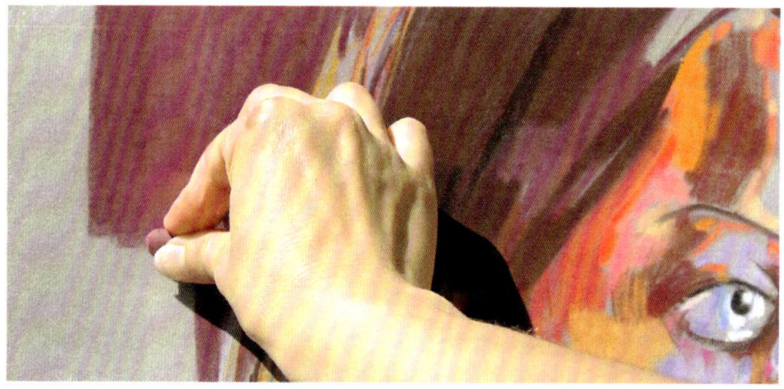

**6** Für den Hintergrund des Modells verwende ich rotbraune Kreide und male mit ihrer breiten Seite. Diesmal drücke ich fester auf, sodass der Bereich besser bedeckt wird.

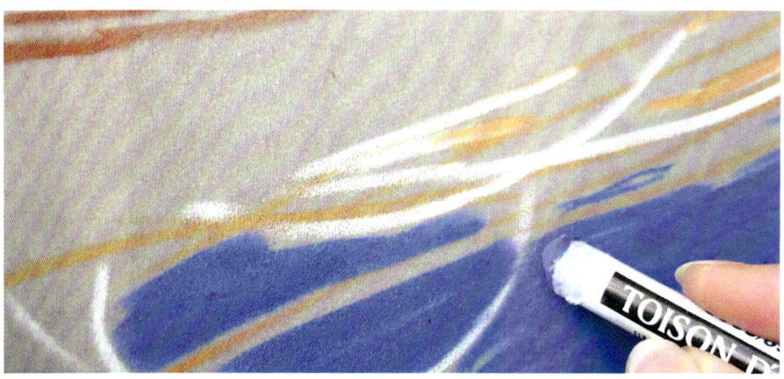


**7** Zwischen den Haarsträhnen auf der rechten Seite arbeite ich mit blauer Kreide, die die Hintergrundfarbe darstellt. Ich trage also die blaue Farbe zwischen den Linien der Haare auf.

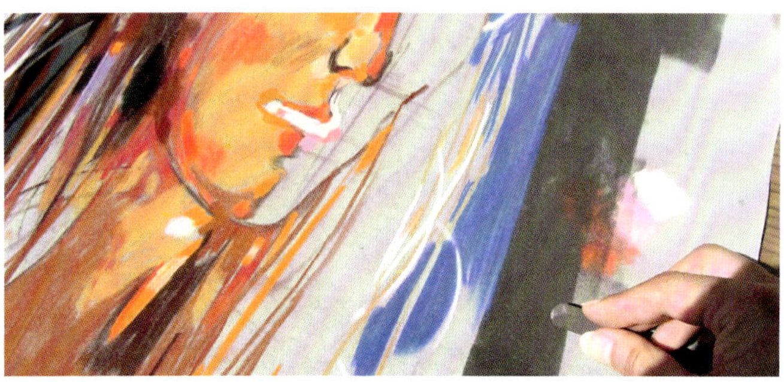

**8** Auf derselben Seite mal ich den Hintergrund mit der breiten Seite der Kreide aus. Durch die Überlagerung zweier Farben entsteht ein durchscheinender Effekt.

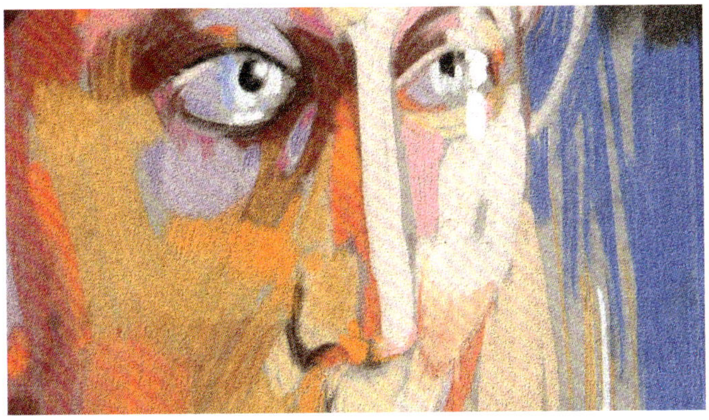

**9** Sehen wir uns Teile des Porträts in der Vergrößerung an: Der Effekt ist sensationell! Je nachdem, wie fest die Kreide aufgedrückt wird, erkennt man die Details der Farbtonabstufungen, während die kleinen Härchen der Velourschicht den Eindruck von Weichheit geben, den man mit keiner anderen Technik erzeugen kann.

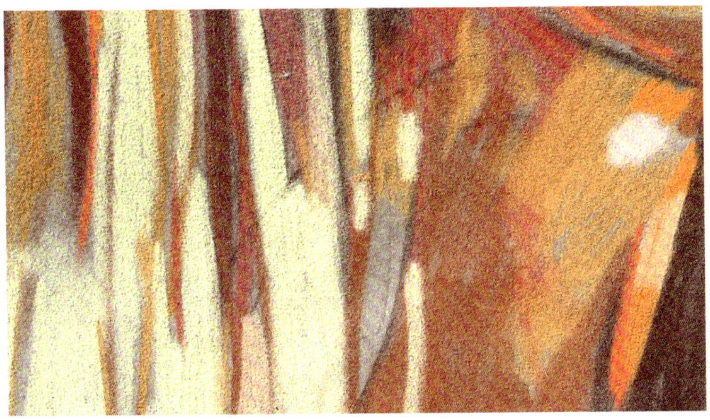

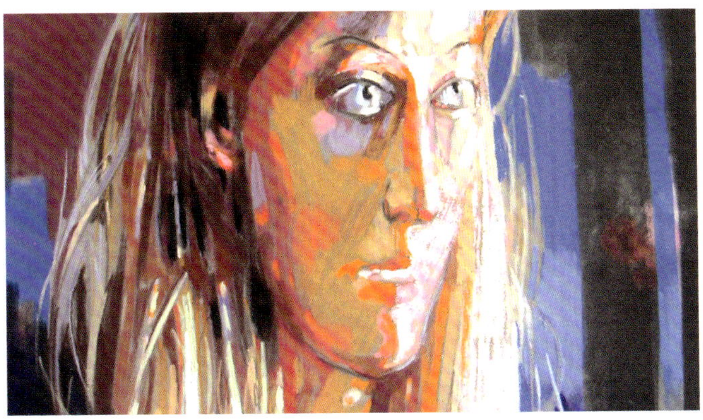

**10** Die letzte Phase besteht darin, das Spiel aus Schatten und Licht wiederzugeben. Dazu wird der beleuchtete Teil des Gesichts mit hellen Flecken in einem Hautton erzeugt – mit rosafarbener, cremefarbener und weißer Kreide. Auch der beleuchtete Teil der Haare auf der linken Gesichtshälfte erfordert das Auftragen hellbeigefarbener Töne als Grundlage unter das Weiß und Gelb. Mit diesen beiden Farben male ich – wie mit Licht – die hellsten Stellen des Bildes.

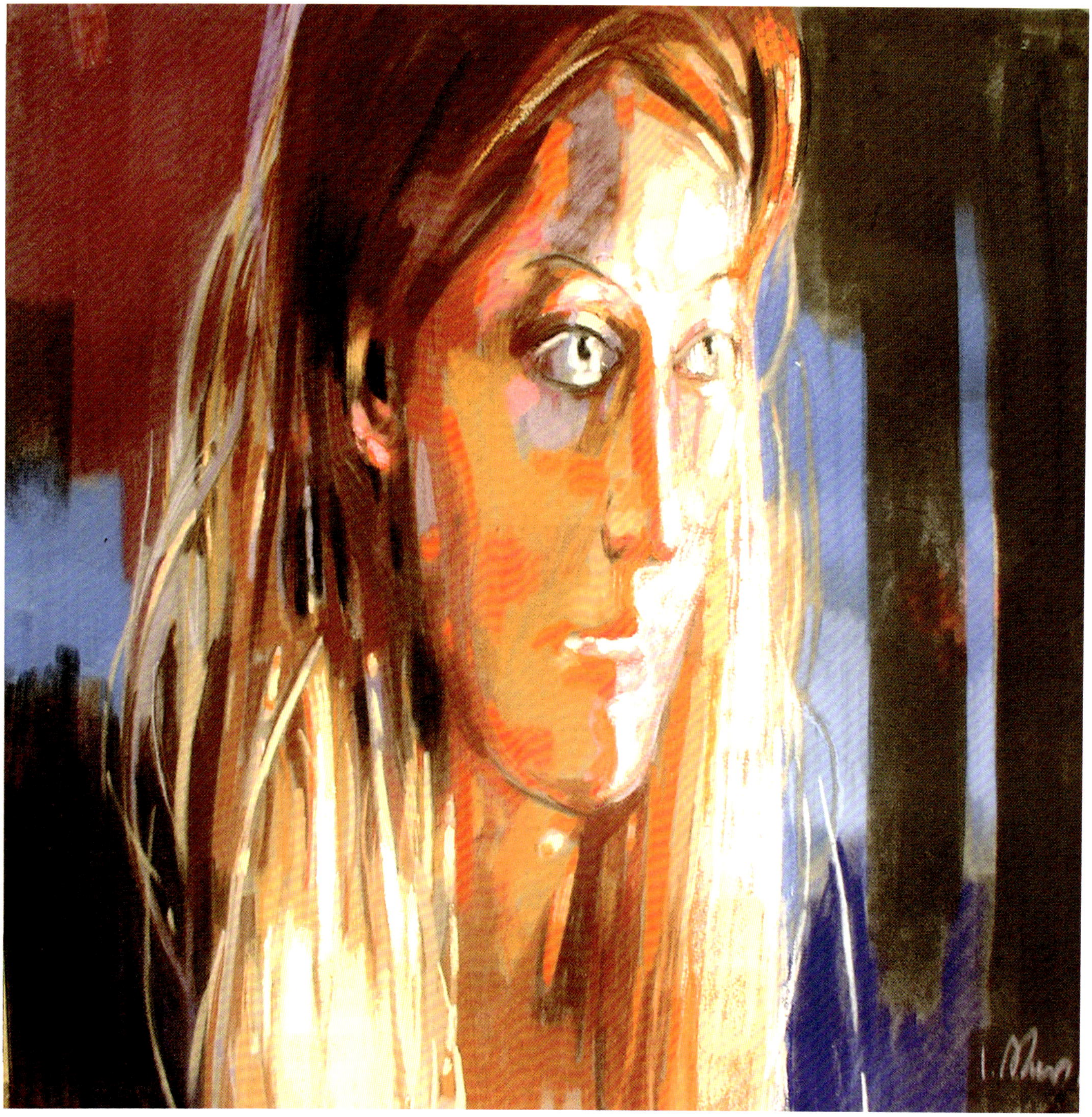

**11** Das fertige Porträt.

## Porträt des Sängers

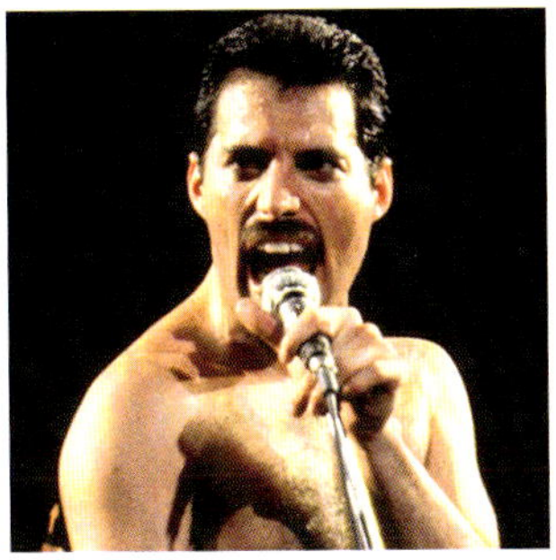

**Technik:** Trockenpastell

**Material:** Trockene Pastellkreiden, schwarzes Velourpapier

**Themen:**

- Position des Gesichtes, leicht dreiviertel
- Licht-Schatten-Studium
- Kontraste
- Mimik des Gesichtes

Für dieses Porträt habe ich den Sänger Freddy Mercury gewählt. Sein Gesicht hat mich zu einem Licht-Schatten-Bild auf einem schwarzen Hintergrund in der Trockenpastell-Technik inspiriert. Die dunkelbraunen Augen des Sängers, sein expressiver Blick und seine besondere Mimik sind ein tolles Thema für das malerische Studium.
Die Beschreibung der Phasen der Entstehung dieses Porträts stelle ich hier nur allgemein vor, weil ich die Anwendung der trockenen Pastellkreiden bereits gezeigt habe. Für die Beherrschung dieser Technik ist es wichtig zu beobachten, wie ich die farbigen Flecken mit diesen trockenen Kreiden anlegen werde.

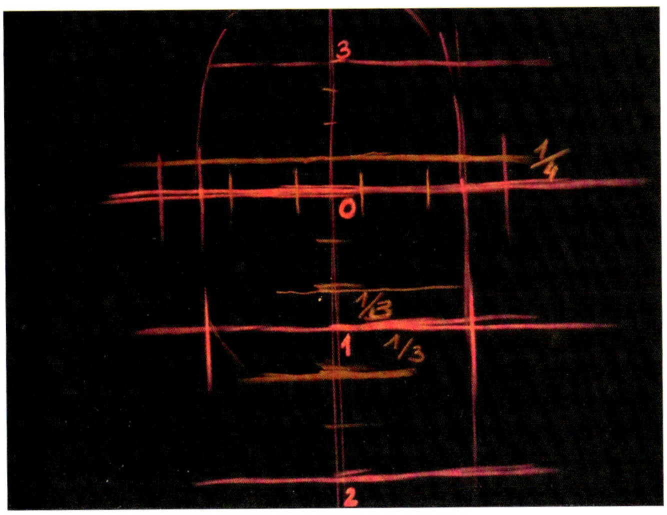


**1** Zuerst zeichne ich eine Symmetrieachse in der Mitte des Kopfes. Dann zeichne ich eine horizontale Hilfslinie in der Teilung, ca. ¾ des ganzen Formats, die unter Grad 90 im Bezug zu Symmetrieachse liegt. Den Punkt, an dem sich die Hilfslinie mit der Symmetrieachse durchschneidet, nenne ich Punkt 0. Unten von diesem Punkt 0, auch horizontal zu der vertikalen Hauptlinie, zeichne ich eine zweite Hilfslinie und markiere Punkt 1 dort, wo sich die zwei Linien durchschneiden. Der Abschnitt 0–1 ist jetzt ein Maß für alle anderen Abschnitte. Ich lege noch unten einen Abschnitt und markiere Punkt 2 für den Rand des Kinns. Oberhalb von dem Punkt 0 markiere ich Punkt 3 für den Ansatz der Haare. ¼ des Abschnittes 0–3 markiert die Position der Augenbrauen. ⅓ des Abschnittes 0–1 gilt als Ende der Nase. ⅓ des Abschnittes 1–2 liegt am Rand des Mikrofons.

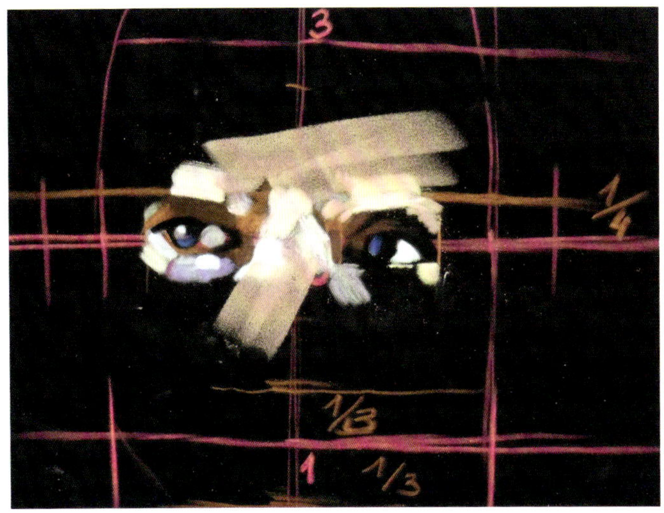


**2** Jetzt setze ich die ersten Farbflecke mit Stellen in den Augen und in der Umrandung der Augen an. In der ersten Phase habe ich die Breite der Augen und den Abschnitt zwischen den Augen positioniert. In der Iris des rechten Auges des Sängers trage ich einen blauen Ton auf, weil im tiefen Schatten kein weißer Pinkt im Auge ist. Dagegen ist die Iris ein wenig heller. Auf dem Velourpapier müssen die Hilfslinien unter den bemalten Stellen nicht mit Radiergummi weggewischt werden. Die trockene Kreiden decken diese automatisch ab. Mit der schwarzen und braunen Kreiden male ich die Augenlinder.

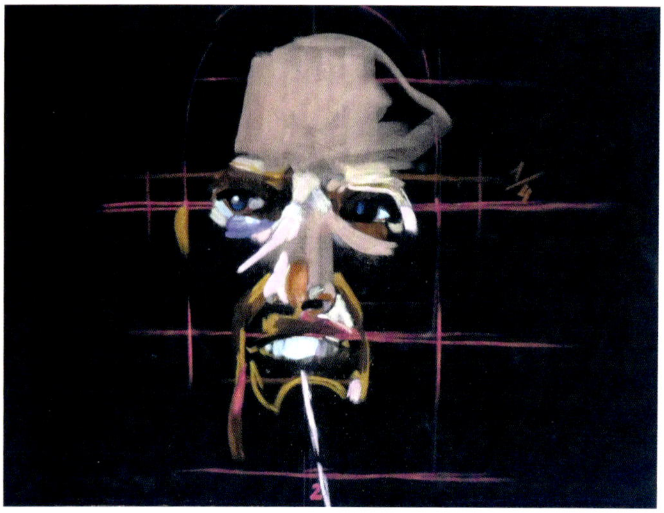

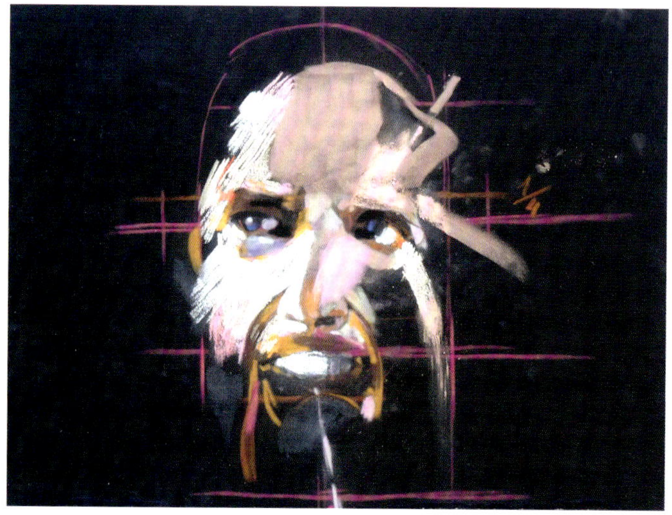

**3** In dieser Phase bearbeite ich die linke (vom Betrachter aus gesehen), hellere Seite des Gesichtes. Ich trage einen beigefarbenen Ton auf die Stirn und auf die Seite der Nase auf. Dann markiere ich mit einer Honig-Tönung die Linien, die den breiten offenen Mund zeigen. Am Ende der Nase platziere ich eine leicht braune und violette Tönung, um die Fläche der Nase räumlich zu knicken. Ich male unter dem Nasenende die Nasenlöcher. Ich markiere mit weißen und hellblauen Kreiden die Zähne. Bei Zähnen ist es wichtig, sie nicht genau zu „zählen", sondern nur einen farbigen Fleck aufzutragen. Dann hat die Stelle mehr Schwung und sieht besser gemalt aus.

**4** Jetzt sind mir die Augen und der Blick in den Augen des Sängers wichtig. Die Augen schauen nach rechts. In dem rechten Auge ist ein kleines Licht. Der innere Augenwinkel liegt im Schatten, was ich mit Schwarz und Braun betone. Ich trage mehr helle Hautfarbe-Tönungen auf die Wangen auf. Die Hilfslinien sind nun fast ganz zugedeckt worden. Dort, wo sich das Mikrofon befindet, markiere ich eine Hilfslinie. Mit der schwarzen und braunen Kreiden male ich die Augenlinder.

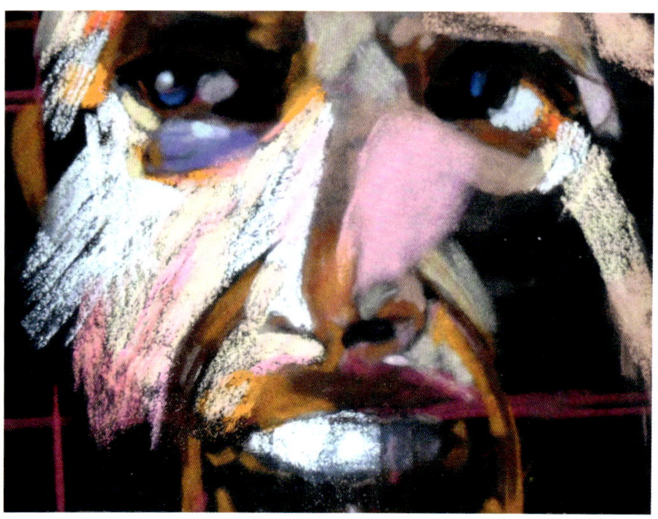

**5** In diesem Bildauschnitt sieht man, wie ich die Striche der Pastellkreiden auflege. Manche Stellen sind weich aufgetragen, denn mit Pastellkreiden kann mit der Spitze oder mit der Breite zeichnen und malen.

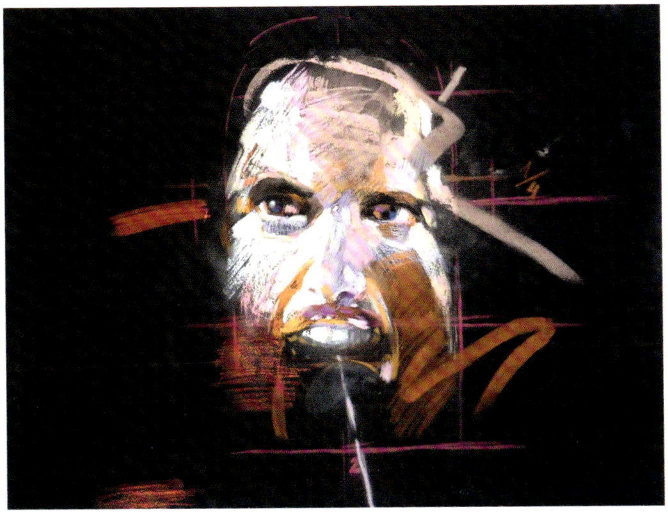

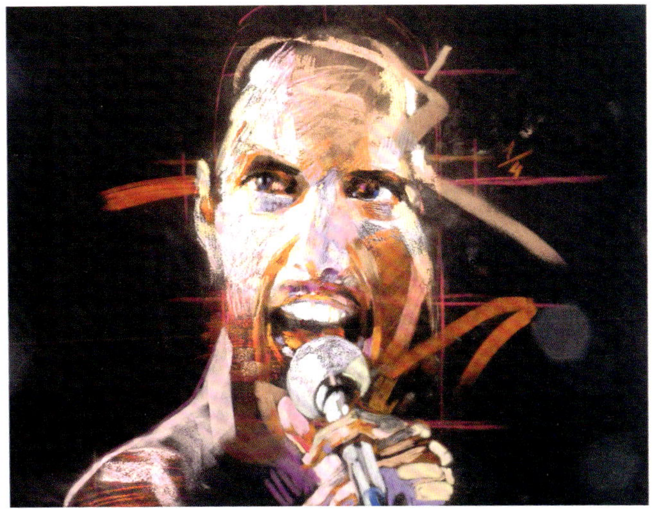

**6** Nun arbeite ich die Augen, Augenbrauen, die Stellen unter den Augen, die Wangen und den Schnurrbart aus. Ich trage dunklere Farbflecken auf die untere Wange links und rechts. Gleichzeitig male ich Streifen rund um den Kopf herum, um den Hintergrund zu arrangieren und räumlich zu machen. Ich markiere den Arm.

**7** Diese Phase ist schon eine genaue Ausarbeitung der Gesichtsdetails. In diesem Schritt stehen Zähne, Mund, untere Zähne, die nur ein wenig zu sehen sind, und der Hals in Fokus und auch die Hand, die das Mikrofon festhält. Im Vergleich zu dem Gesicht ist die Hand locker gemalt, ohne Details. Danach bestimme ich den Ansatz der Hare und male die Haare mit hellgrauen und schwarzen Pastellkreiden.

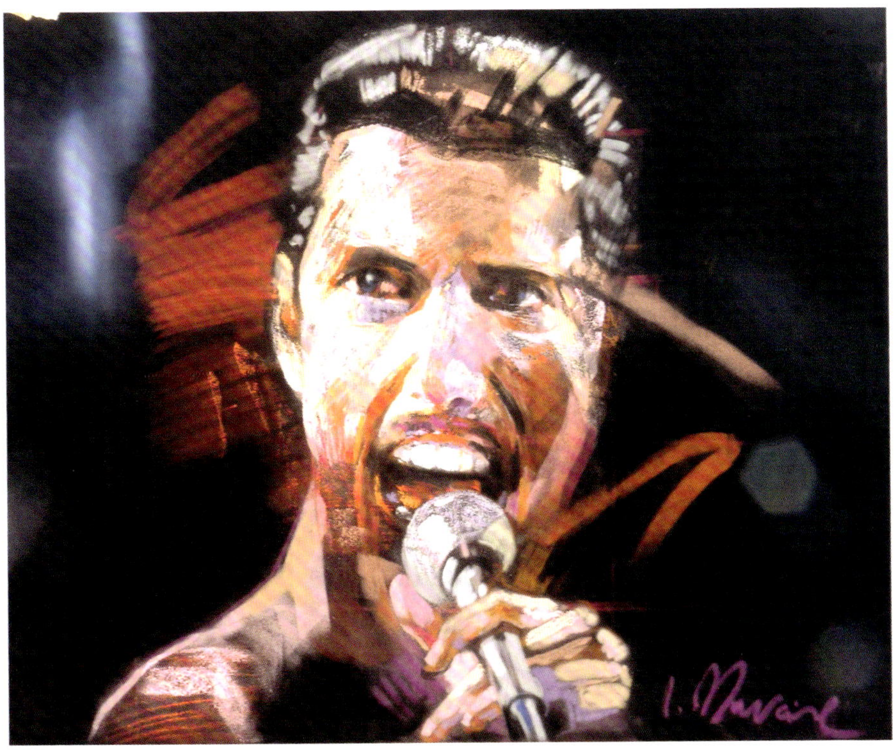

**8** Nun noch die Bearbeitung der Haare sowie ein Farbfleck in einer braunroten Tönung und das Porträt von Freddy Mercury ist fertigt.

# Ölpastell

Wir gehen über zur nächsten Zeichen-Mal-Technik mithilfe von Ölpastellkreiden. Eine Zeichnung in dieser Technik fängt man eigentlich mit der Wahl eines passenden Papiers an. Bereits zu Beginn sollte man das Gesamtergebnis im Blick haben und ein Papier aussuchen, das als Hintergrund für das Objekt geeignet ist.

Zuerst trage ich erste Pastellstriche auf dem bunten Papier auf. Der helle Hintergrund eignet sich am besten für kontrastschwache Motive; graue Hintergründe sind neutral und können sowohl sehr gut dunkler als auch heller gemacht werden.

## Das Porträt einer jungen Frau mit dunklen Haaren

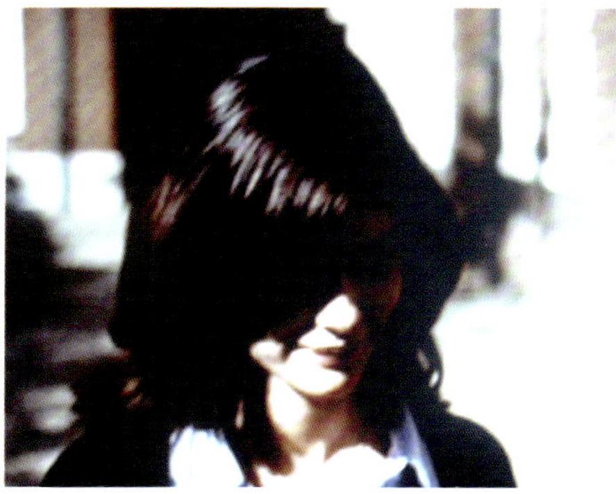

**Technik:** Ölpastell

**Material:** Ölpastellkreide, Papier in einem dunkelbrauen Ton, Format 50 x 70 cm

**Themen:**
- Dreiviertelansicht
- Das Studium von Licht und Schatten
- Kontraste

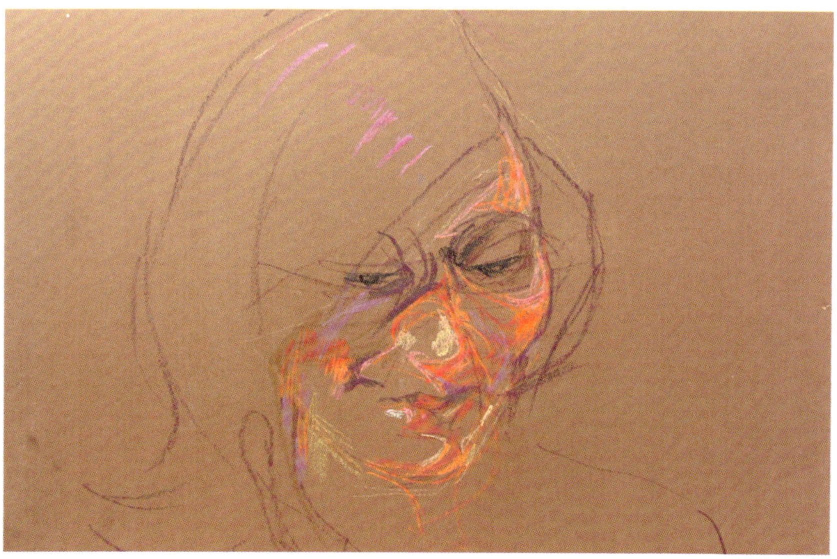

**1** In der ersten Phase skizziere ich ganz frei die grundlegenden anatomischen Details: die Augen, die Nase, die Lippen und das Kinn. Für jedes Detail wähle ich eine entsprechende Farbe: Die Augen male ich mit schwarzer Farbe, den Bereich um die Augen herum dunkelbraun, die Nase mit Rottönen, die Lippen rot und violett. Das Kinn male ich mit hellen Farben, da es am meisten Licht abbekommt. Ich umreiße die Haare und die Form des Kopfes.

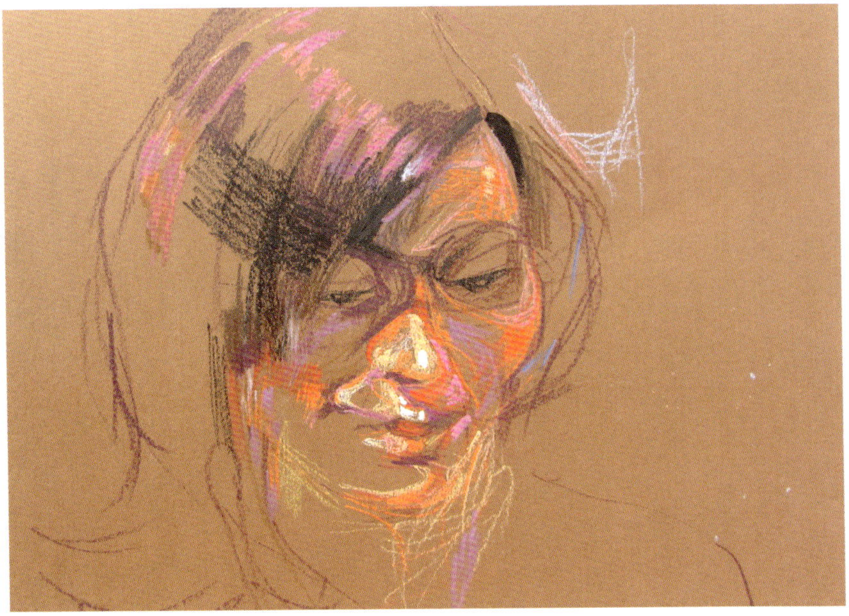

**2** Ich hebe die Stellen im Gesicht hervor, die am meisten hervortreten – die Nase und das Kinn. Ich bedecke die Wangen, die Stirn und den Bereich unter der Nase mit warmen Farben. Ich arbeite Schatten und Licht in die Zeichnung hinein. Die dunkelsten Gesichtspartien des Modells sind die Augenhöhlen sowie die schwarzen Haare, die zur rechten Seite fallen. Diesen Bereich male ich mit schwarzer, brauner und violetter Kreide aus. Ich schraffiere mit spontanen Linien den Umfang des Kopfes und dann von oben nach unten. Die Linien überkreuzen sich und erzeugen so eine dunkle Fläche. Auf der Nase und der Oberlippe male ich kleine, helle Akzente.

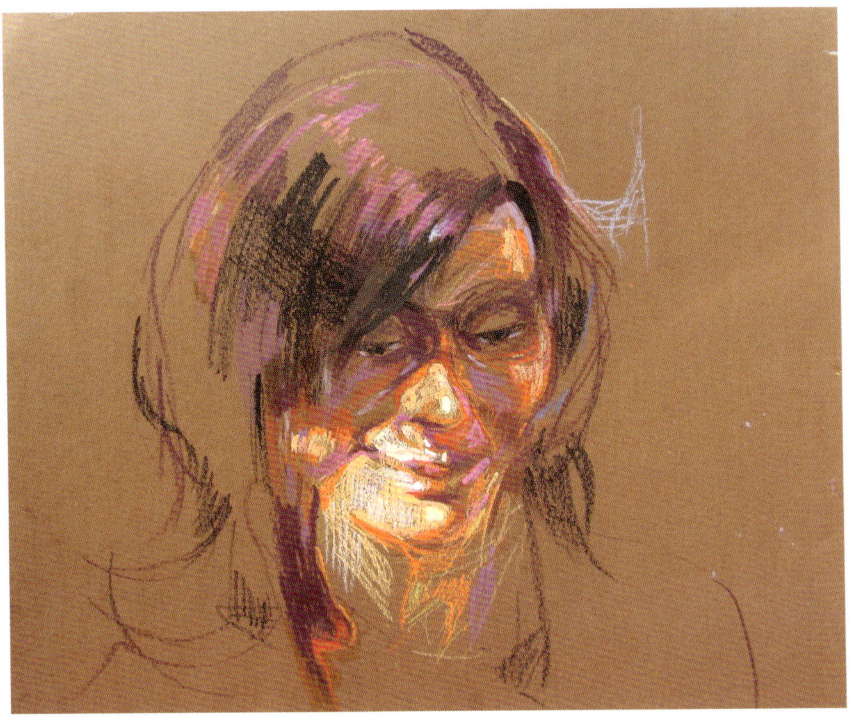

**3** Die nächste Phase ist das Studium von Licht und Schatten. Die rechte Gesichtshälfte befindet sich im Schatten, weshalb ich dort mit violetter, ockerfarbener und brauner Farbe male. Als Nächstes bedecke ich mit Pastellfarben die hellen Bereiche des Gesichts von der Nase aus nach unten – die Stelle über der Oberlippe, die Mundwinkel, das Kinn, den beleuchteten Teil der Wangen sowie den Hals. Ich beobachte ganz genau die Abstufung des Lichteinfalls und entscheide, welche Stellen am hellsten sind.

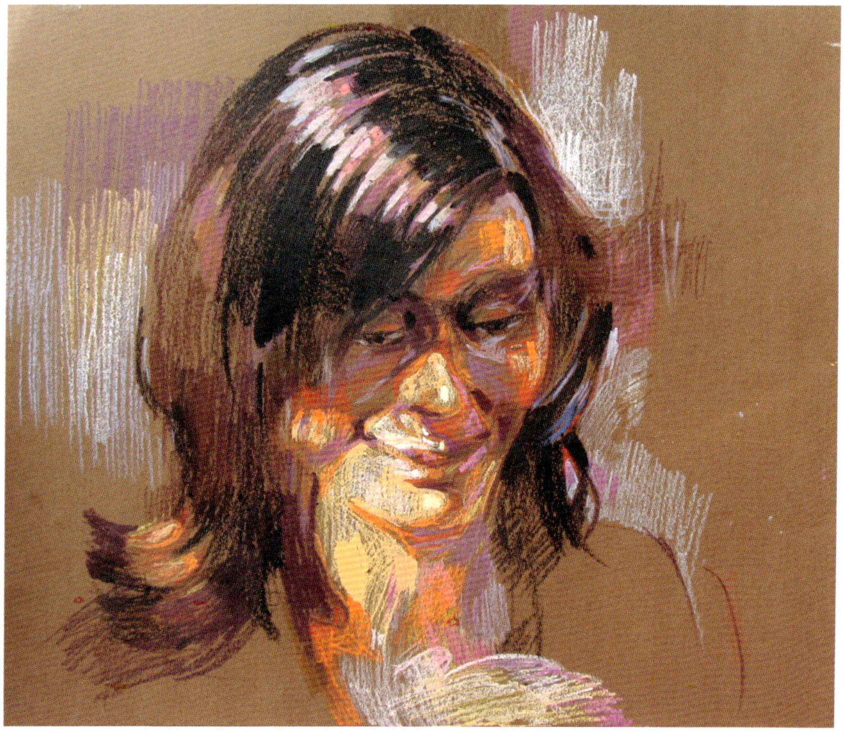

**4** Ich verstärke alle zuvor aufgetragenen Farbflecken. Die Winkel der Lippen und die Grübchen betone ich mit brauner Kreide, die Augenwinkel mit schwarzer Kreide, auf dem Hals male ich einen dickeren, cremefarbenen Fleck. Ich studiere die Haare des Modells. Das Licht fällt der Form nach. Diesen Bereich des Kopfes male ich mit Violetttönen, Rosatönen und Ocker aus, anschließend benutze ich weiße Kreide. Ich schraffiere den Hintergrund des Modells so, dass die Striche leicht wirken und die Farbe des Papiers durchscheint. Darüber trage ich bunte Striche auf.

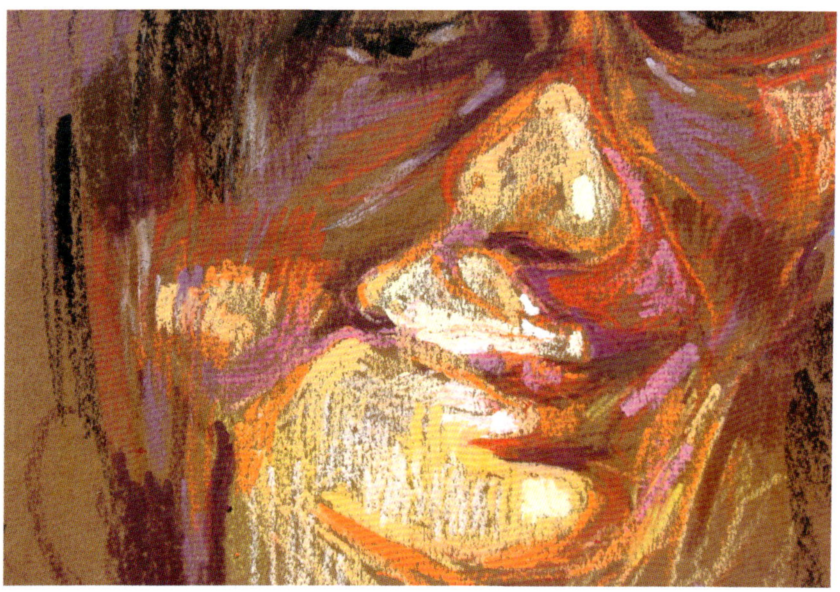

**5** Die nächsten beiden Ausschnitte des Porträts zeigen die Schichten der Pastellkreide. Sie sind weich und ermöglichen ein sanftes Malen, sodass ein Eindruck von Rauheit entsteht. Man kann die Kreiden auch fester auf den Untergrund drücken und so fettige, dicke Flecke malen, ähnlich wie bei Ölfarben. Die Farben entstehen, indem sich die Kreiden beim Auftragen miteinander vermischen. Um eine Dicke zu erhalten, kann man einen Spachtel nutzen. Dabei trägt man so lange Schichten übereinander auf, wie es die Kreide erlaubt, so eine Struktur zu gestalten.

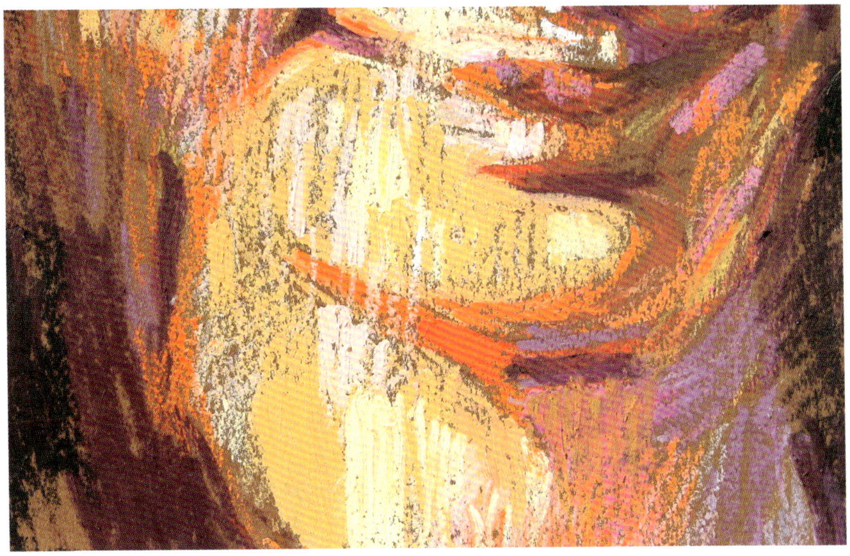

Bevor das Porträt fertiggestellt wird, kann der Hintergrund noch intensiver bearbeitet werden, zum Beispiel kann er bestimmte Formen annehmen, es können helle Reflexe auf den Haarspitzen aufgetragen sowie der Hals, das Dekolleté und der sichtbare Teil der Kleidung aufgemalt werden.

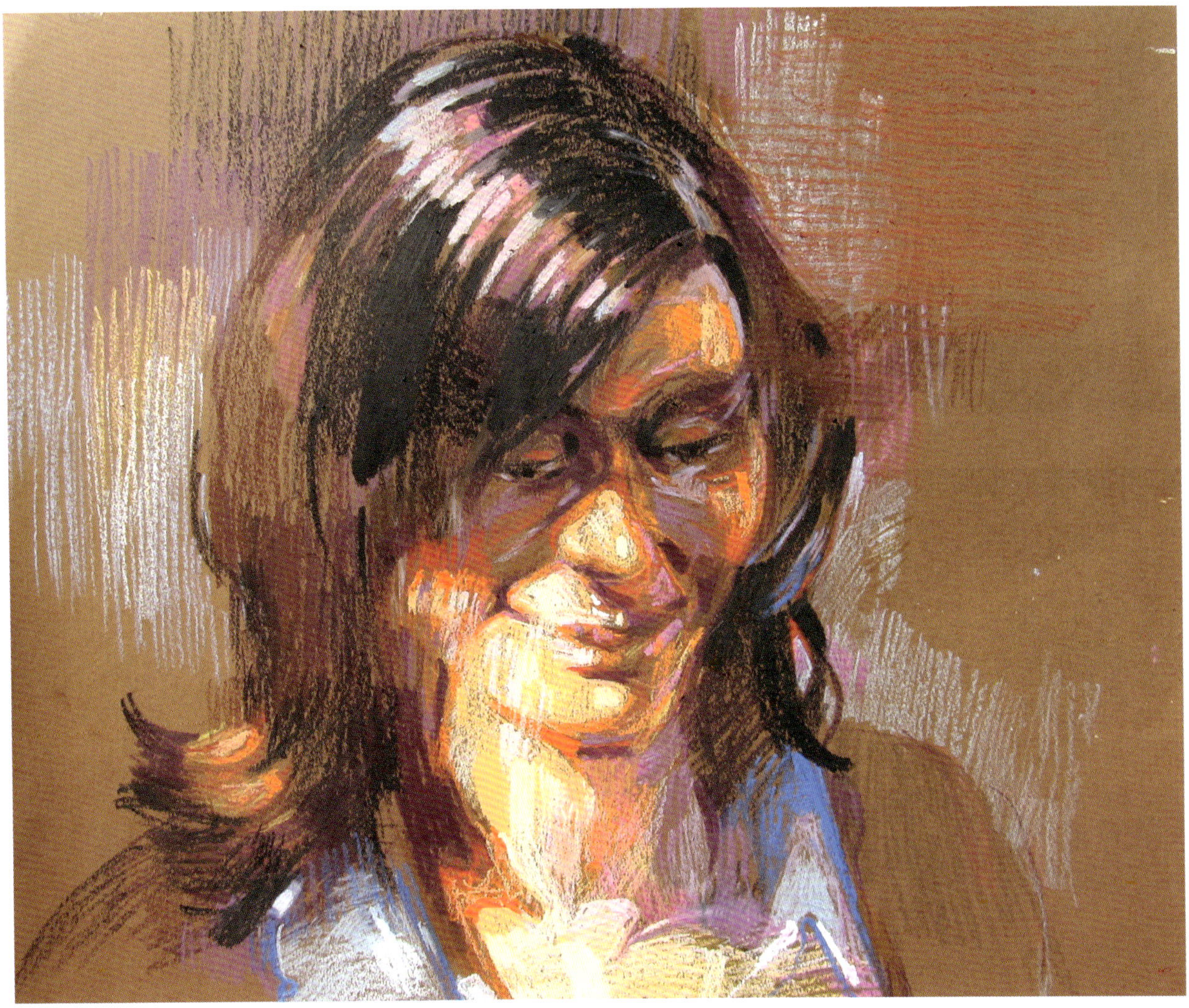

**6** Das fertige Porträt.

## Das Porträt einer Frau mit hellen Haaren

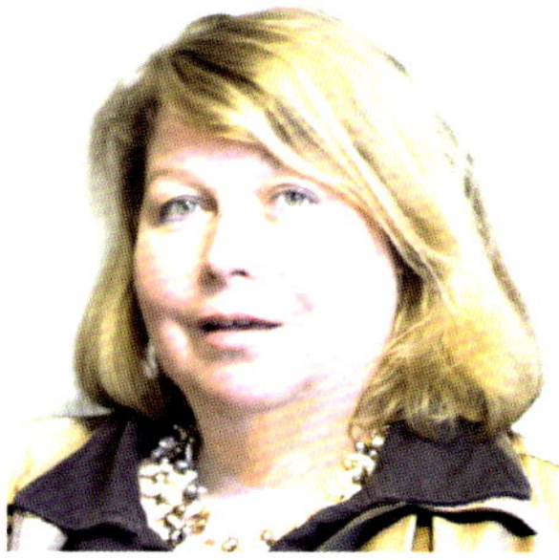

**Technik:** Ölpastell

**Material:** Ölpastellkreiden, grauer Karton, Format 50 x 70 cm

**Themen:**

- *En-face*-Ansicht
- Das Studium der Augen und Haare
- Das Studium der natürlichen Hautfarbe
- Pastellfarbpalette

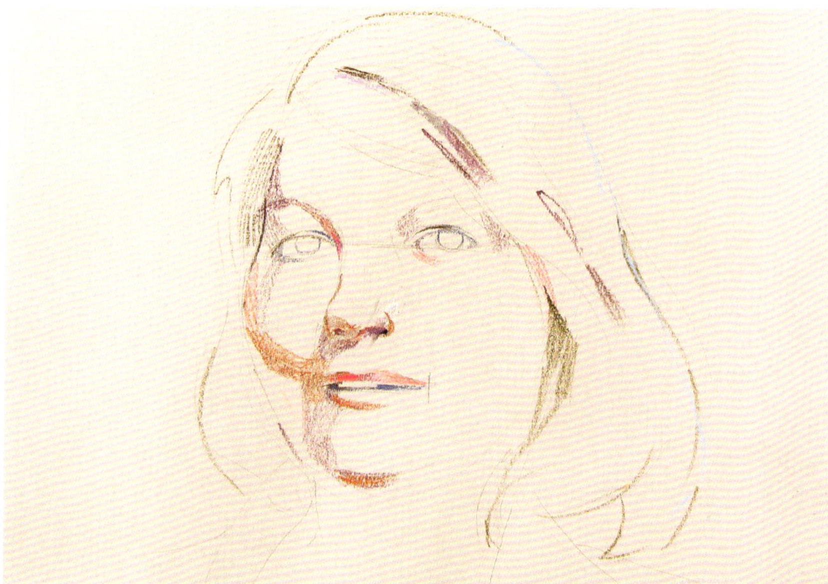

Das ist das Porträt derselben Person, die wir zu Beginn dieses Kapitels betrachtet haben (S. 113).

**1** Ich stelle die Zeichnung ohne genauere Beschreibung der einzelnen Phasen vor. Da wir die Prinzipien bereits aus den vorherigen Beispielen kennen, können wir die bekannten Phasen des Porträts überspringen: die Skizze, den Entwurf, das Studium der Details bis zum Endergebnis.

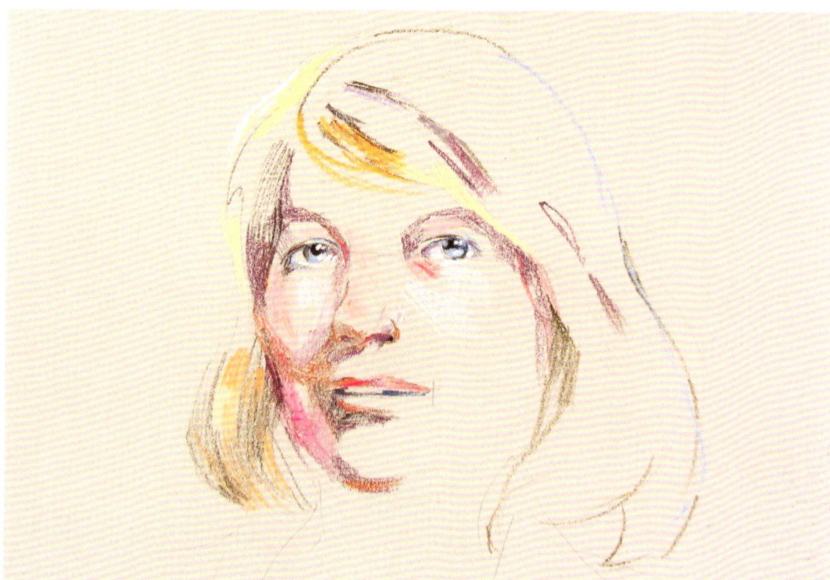

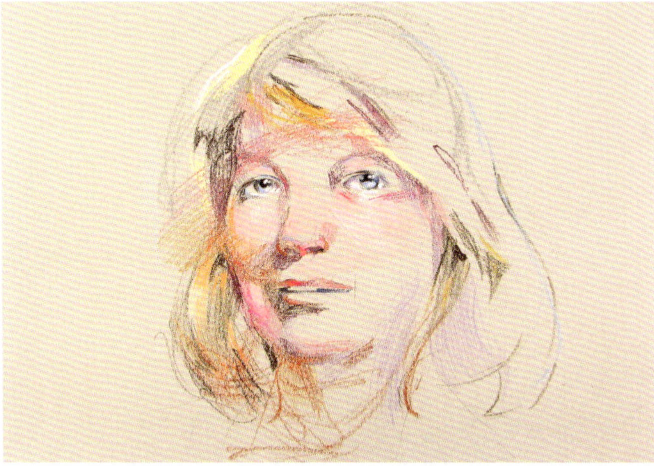

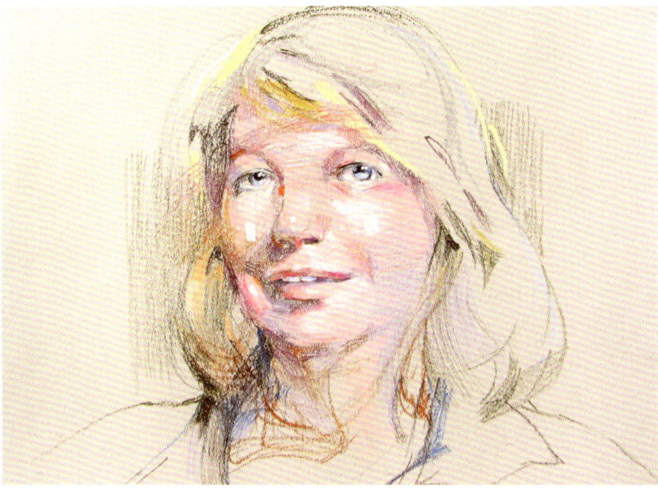

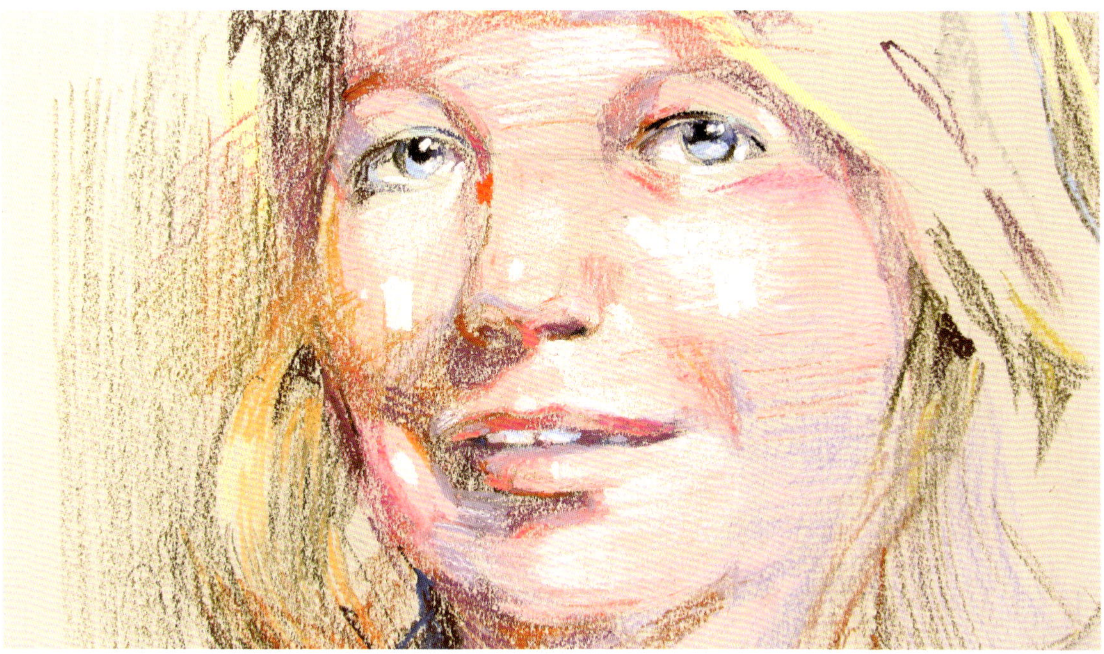

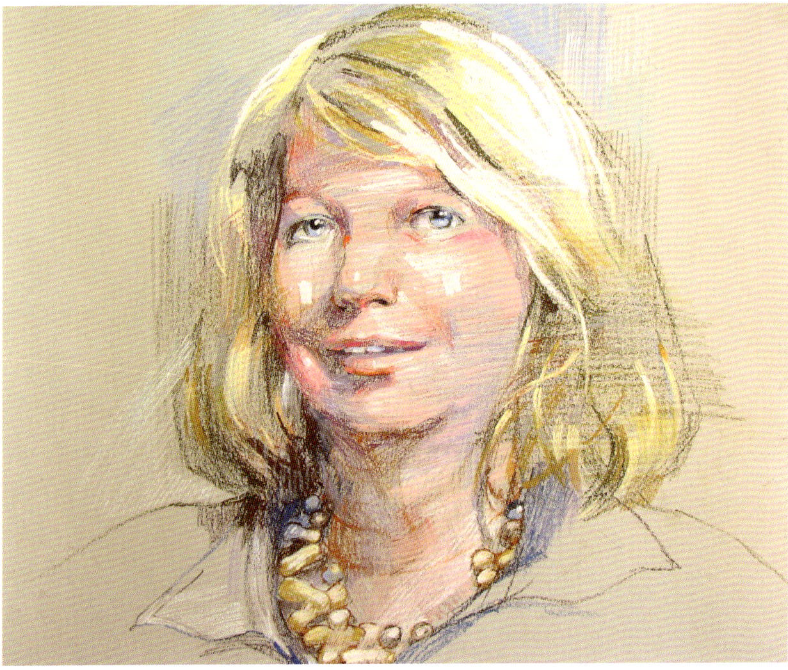

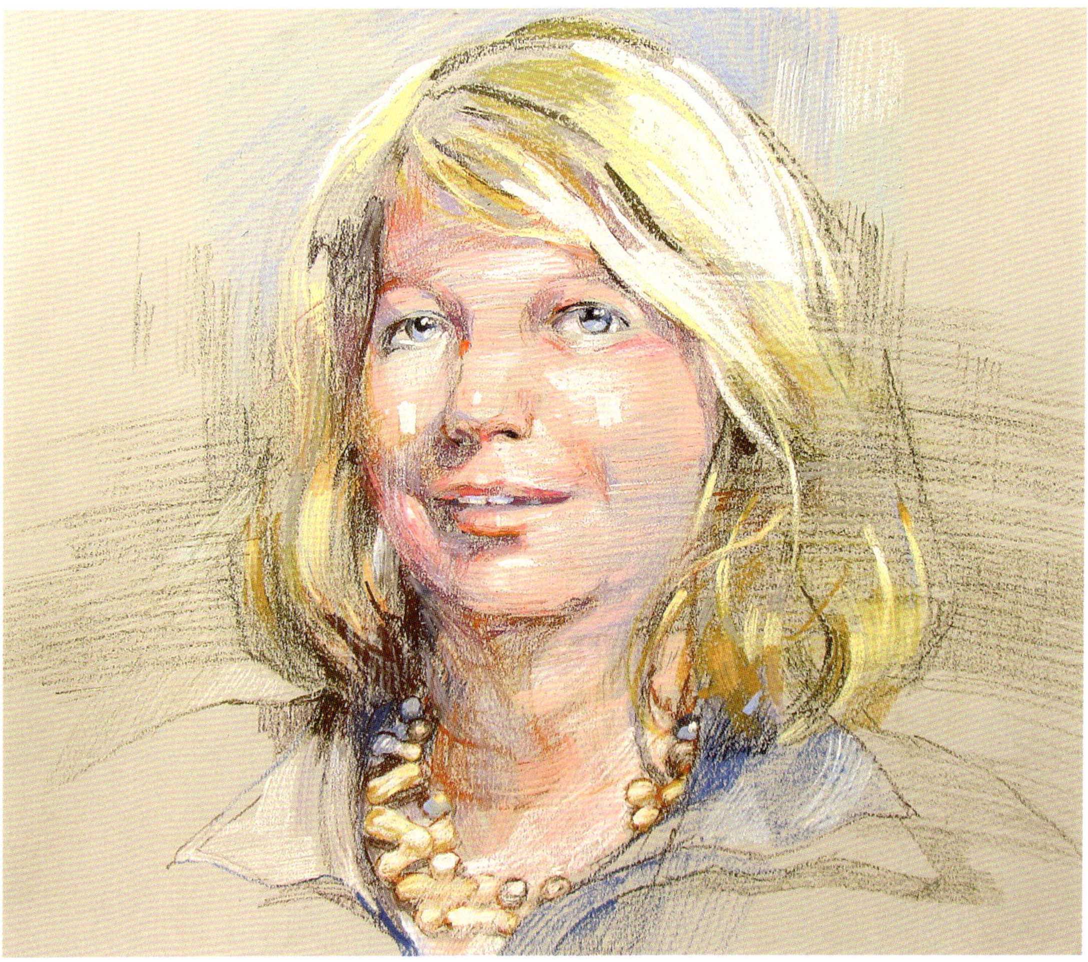

**2** Das fertige Porträt.

## Das Porträt einer Frau mit roten Haaren

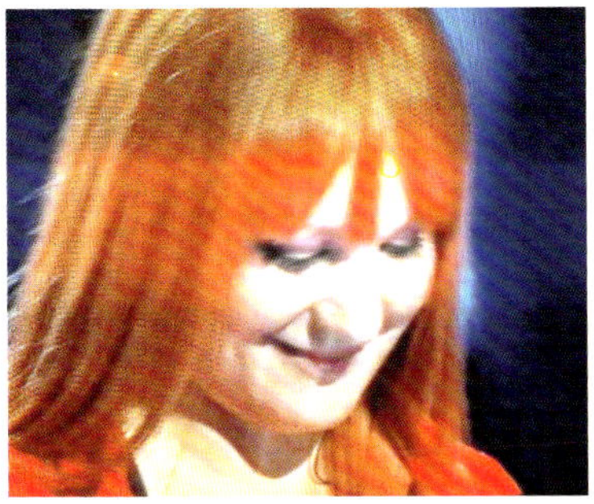

**Technik:** Ölpastell

**Material:** Ölpastellkreiden, braunes Papier mit kalter Färbung, Format 50 x 70 cm

**Themen:**

- Dreiviertelansicht
- Das Gesicht im Schein des Lichts
- Das Studium der Haare

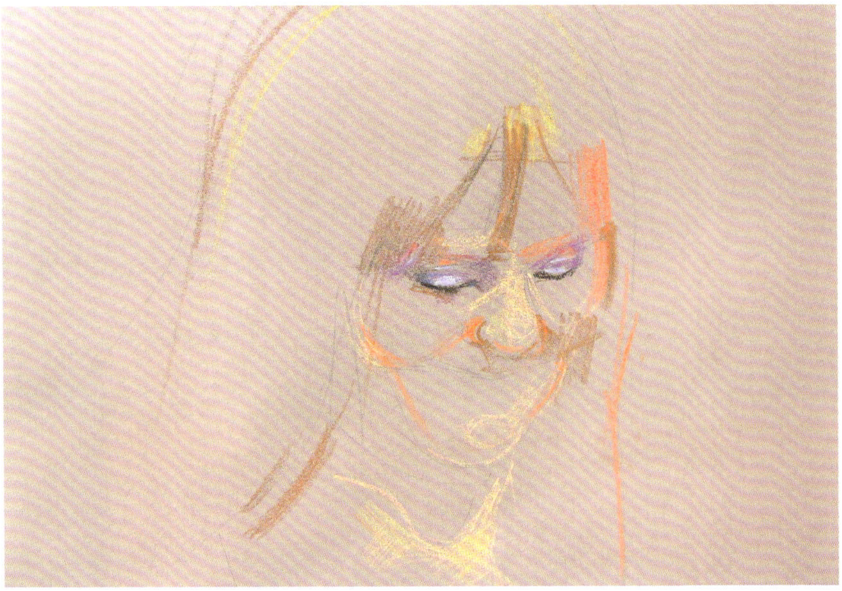

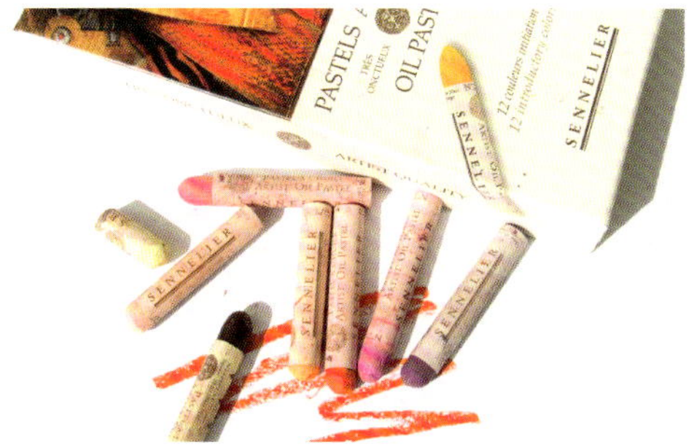


**1** Ein weiteres Anwendungsbeispiel der Technik mit Ölpastellen.

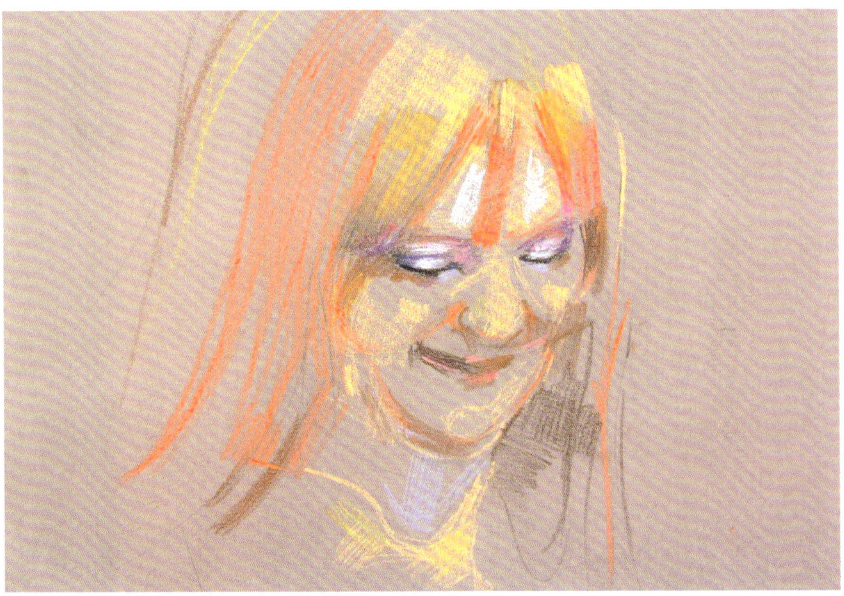

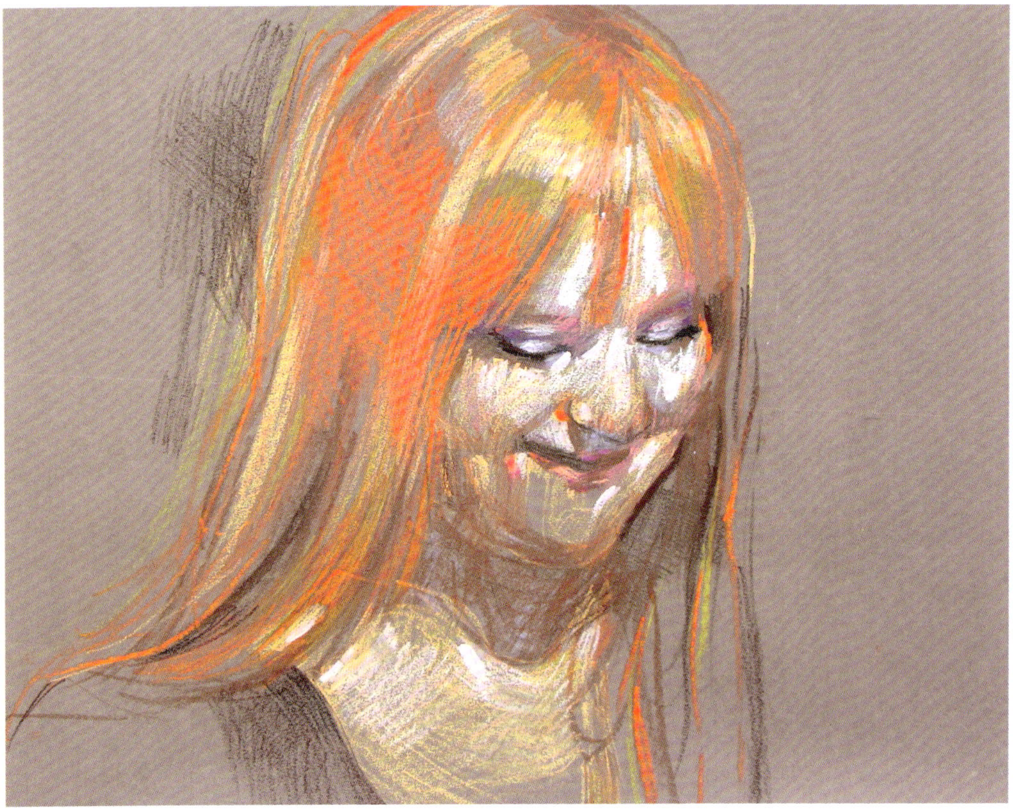

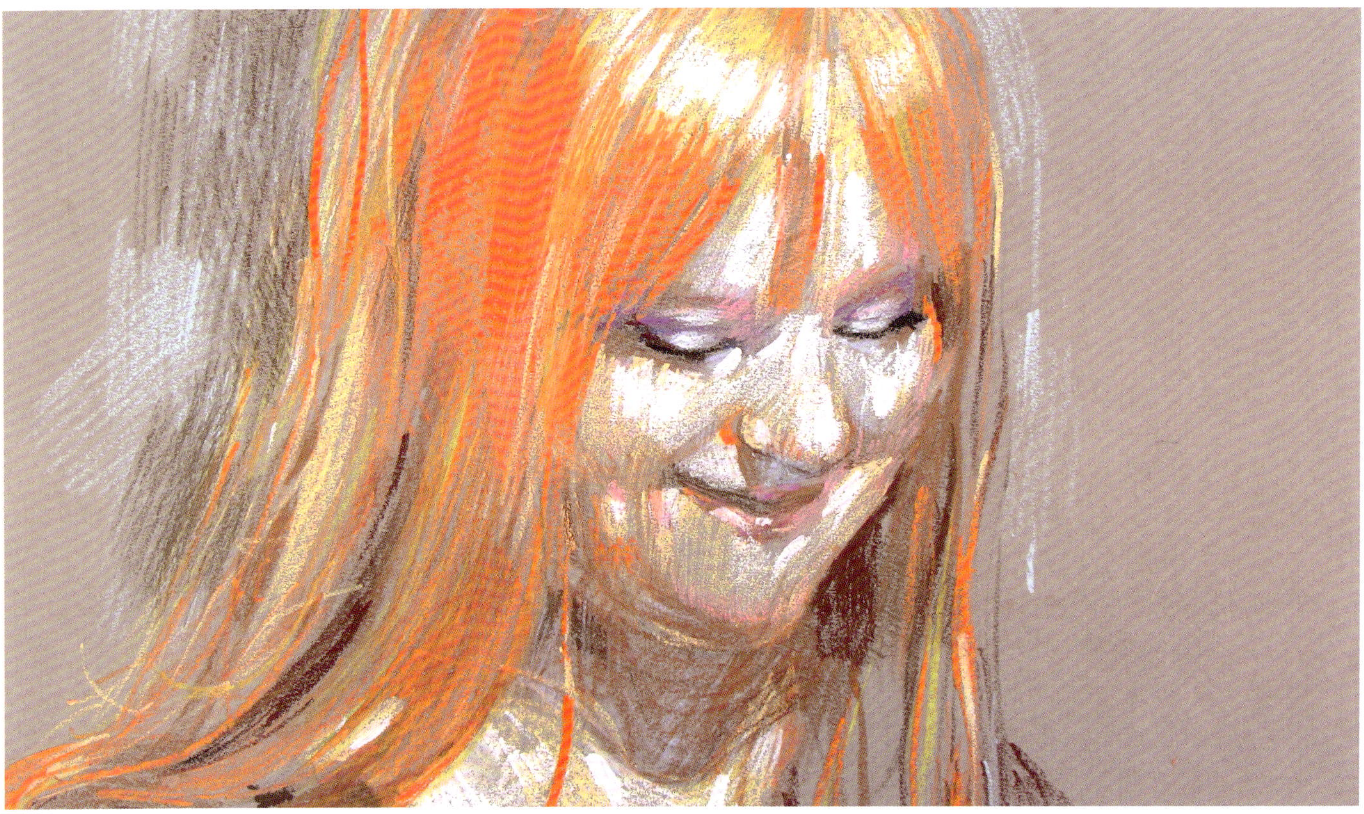

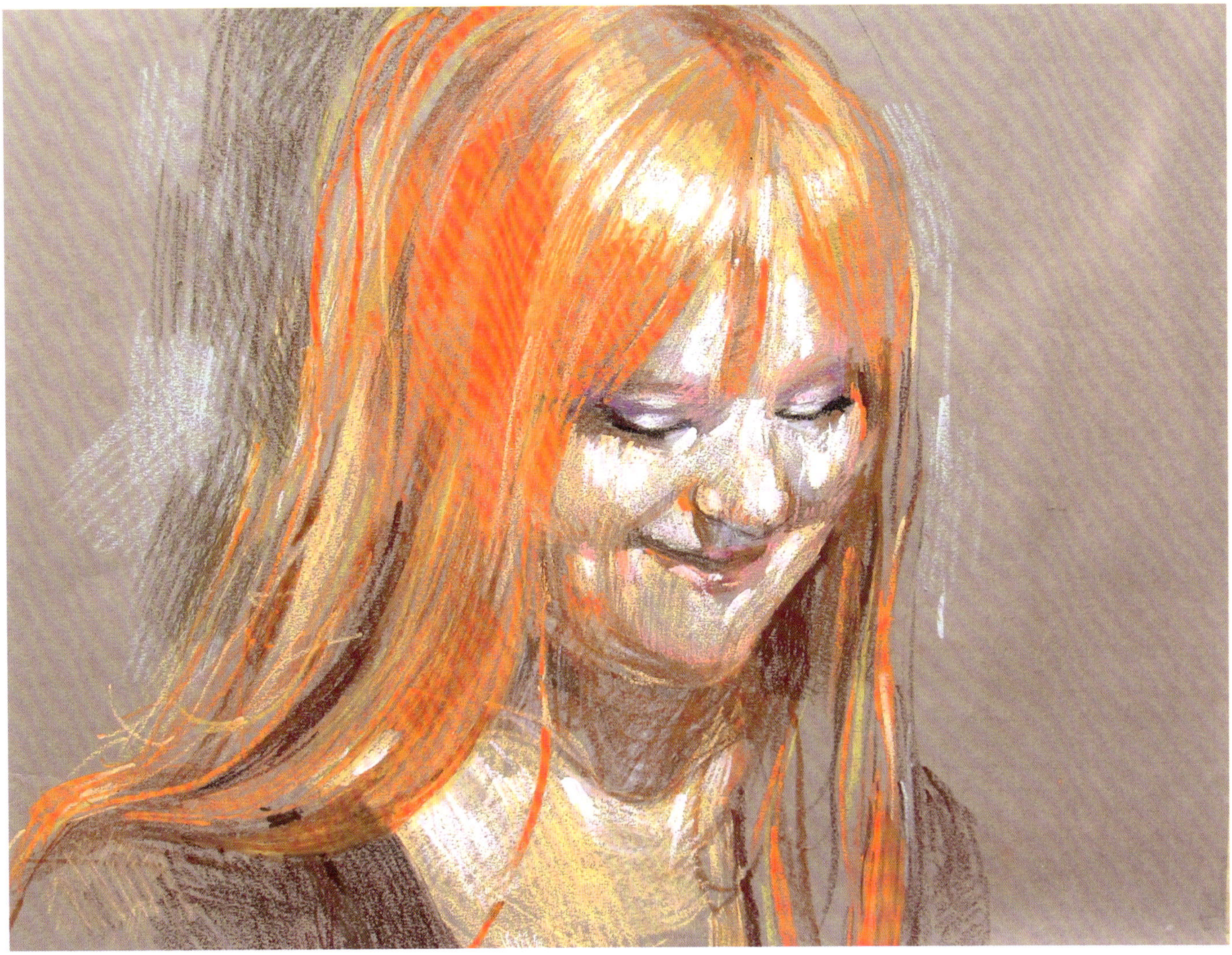

**2** Das fertige Porträt.

# Aquarellmalerei

Die Aquarellmalerei wird als schwierigste Technik des Malens angesehen, da weiße Farbe ausschließlich zur Ausbesserung verwendet wird. Jeder einzelne Pinselstrich mit Aquarellfarbe muss sitzen. Wenn man einen zu hellen Fleck malt, kann man ihn intensiver machen, indem man eine weitere Schicht darauflegt, und noch eine dritte usw., aber sollte man einen zu dunklen Fleck gemalt haben, kann man diesen nicht mehr korrigieren. Die hellsten Stellen, jegliche Art von Reflexen, werden nicht gemalt, da das Weiß des Papiers die weiße Farbe darstellt. Die Aquarellmalerei ist eine Lasurtechnik, das bedeutet, dass die eigentliche Farbe durch das „Durchsickern" mehrerer Farbflecke entsteht. Dazwischen kann es auch deckende Stellen geben, an denen die Farbe sehr wenig verdünnt ist. Die Farbe hinterlässt in dieser Art von Technik nie eine dickere Struktur, nur die Rauheit des Untergrundes kann diesen Eindruck erwecken. Diese Technik erfordert großes Können.

## Das Porträt eines Jungen

Für dieses Porträt habe ich das Foto eines siebenjährigen Jungen genommen, das in einem Schmetterlingshaus aufgenommen wurde (ein kleines Ausstellungshaus mit exotischem Klima und ungewöhnlichen Schmetterlings- und Insektenarten). Der Hintergrund des Bildes eignet sich gut, um den Aquarelleffekt zu üben.

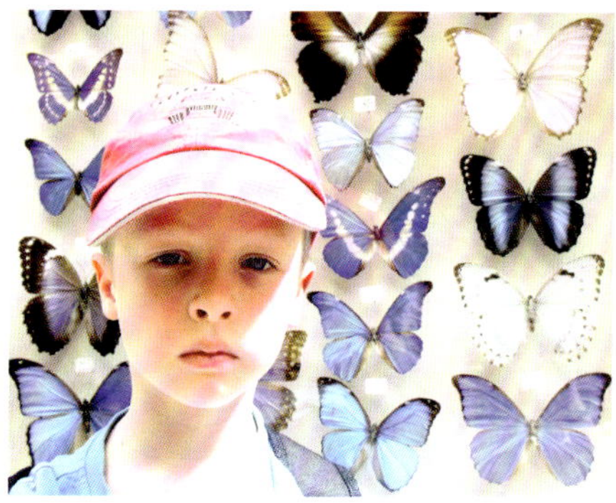

**Technik:** Aquarellmalerei

**Material:** Aquarellfarben, Aquarellpapier, Format 55 x 70 cm

**Themen:**

- Ansicht *en face*
- Das Studium der anatomischen Details
- Die Hautfarbe des Kindes

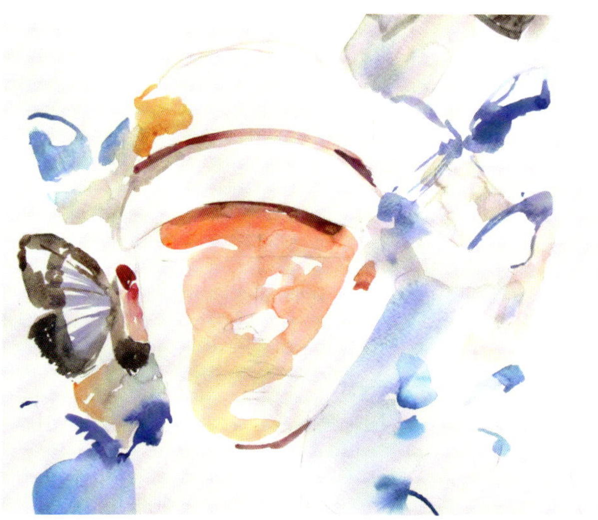

**1** Nachdem ich mehrere Hilfslinien gezogen habe, die die Gesichtsproportionen des Jungen darstellen sollen, male ich die wesentlichen Farbflecken. Ich zeichne die Konturen der Kappe und mit der verdünnten Aquarellfarbe ziehe ich die Farbe nach unten, indem ich die Stellen auslasse, an denen die Lichtreflexe „eingefangen" werden: an der Linie über den Augenbrauenbögen, der Nasenspitze, der Mitte des Kinns.

Ich gehe vom rötlichen Farbfleck zum gelben nach unten. Ich zeichne die Konturen des Kinns sowie die Mittellinie der Kappe nach, die dem Haaransatz entspricht. Ich markiere die Ohren sowie male mehrere Flecken verschiedener Blautöne auf den Hintergrund.

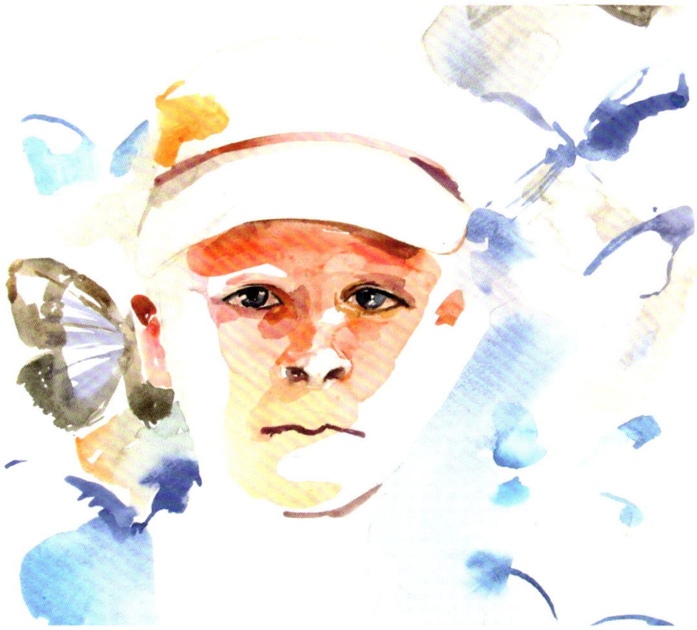

**2** In dieser Phase konzentriere ich mich auf die Augen. Hier sollte darauf geachtet werden, dass das rechte Auge des Modells stark schattiert ist und in der Pupille kein Lichteinfall zu sehen ist. Deshalb lasse ich diese Stelle hier nicht einfach weiß.

Stattdessen habe ich das linke Auge des Jungen unbemalt gelassen, weil dort das Licht einfällt. Ich verstärke nun die Konturen der Augenlider, Nasenflügel sowie der Pupillen, indem ich zur roten Farbe Blau hinzufüge. Das Rot der Aquarellfarbe mischt sich mit dem verdünnten Blau und verleiht den Augen einen blau-grauen Ton.

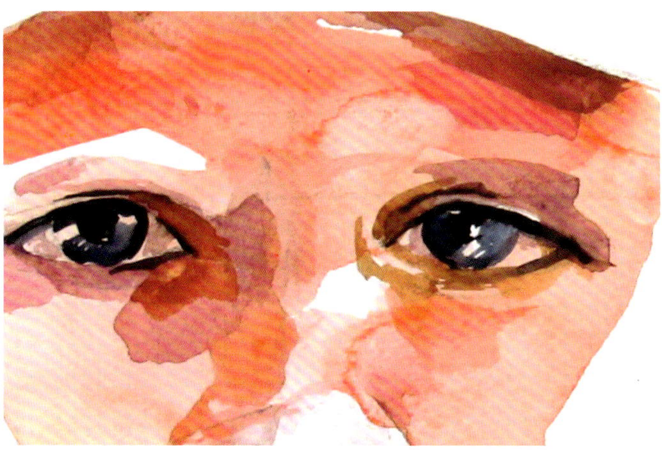

**3** Schauen wir uns die Augen genauer an. Im linken Auge des Jungen ist ein kleiner, weißer Fleck zu sehen – das Weiß des Papiers, keine Farbe. Wohingegen die Farbe der Haut durch das Auftragen leichter Schichten verdünnter Farbe entsteht.

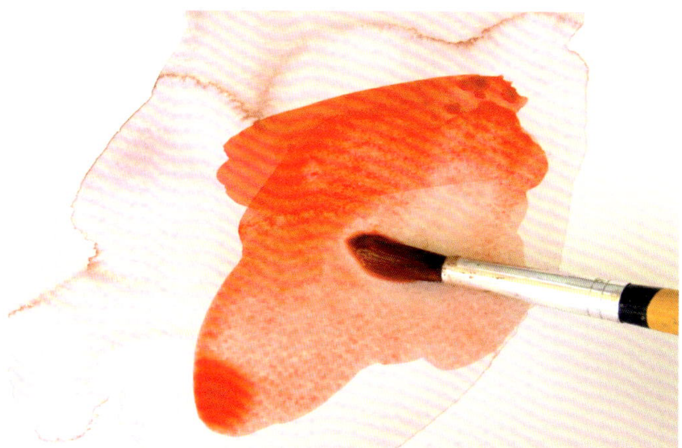

**4** Die erste Schicht ist eine leicht rosafarbene, stark verdünnte Aquarellfarbe. Sobald diese getrocknet ist, male ich mit einer höher konzentrierten orangenen Farbe darüber.

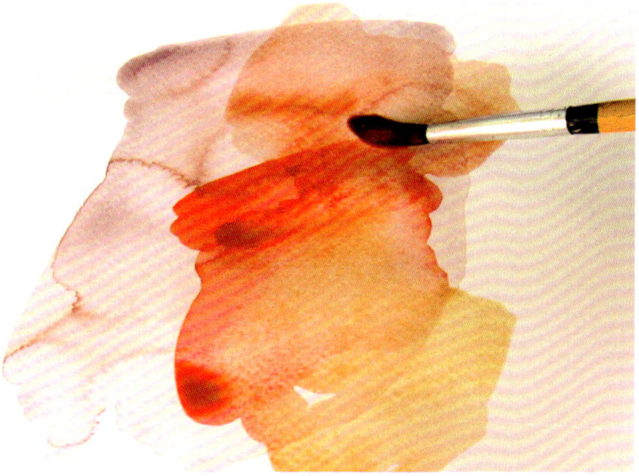

**5** Zum Orange gebe ich eine gelbe Farbe hinzu – sodass sich beide Töne nach Zugabe von Wasser miteinander vermischen. Nach dem Trocknen lege ich eine weitere Schicht stärker verdünnter Ockerfarbe darauf.

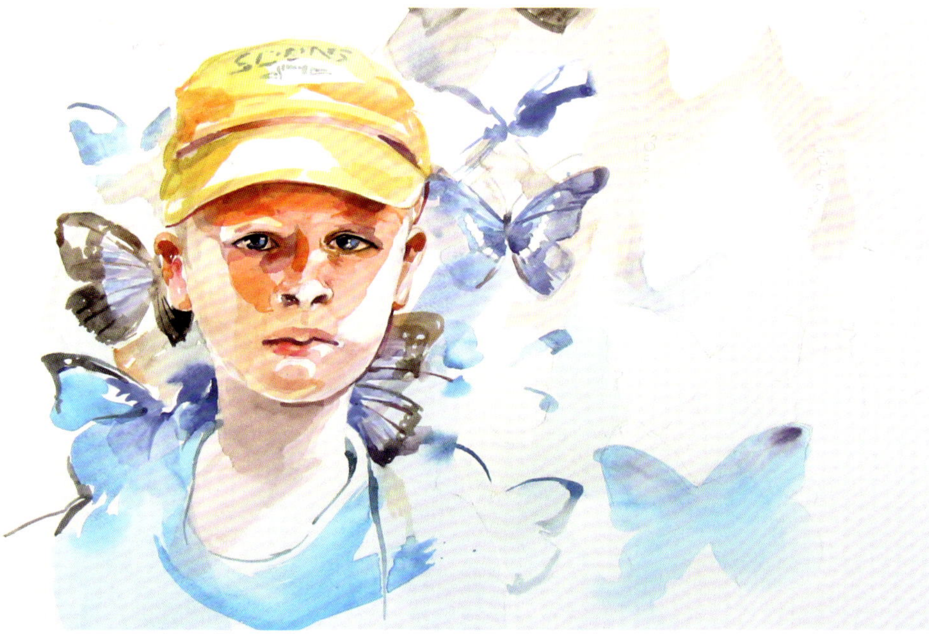

**7** Die Kleidung male ich mit einem dicken Pinsel. Erst nehme ich stark verdünntes Blau, nach dem Trocknen trage ich mit einem breiten Pinsel eine Schicht stärker konzentrierterer Farbe auf (Bild unten).

**6** Ich male die Lippen des Modells und ziehe den rosafarbenen Fleck nach links, um die Hautfarbe unter der Wange zu erzeugen. Die rechte Wange bedecke ich mit stark verdünnter Ockerfarbe, sodass die hellsten Stellen an der Schnittstelle zur orangenen Farbe in der Mitte des Gesichts entstehen. Jetzt male ich den Hals mit einer kälteren Tonfärbung als das Gesicht, da sich Letzteres im Schatten befindet. Dann umreiße ich mit der blauen Farbe des Hintergrundes die Konturen des Halses. Die Form des Halses entsteht an der Schnittstelle der Farben, und nicht als gemalte Linie. Nun male ich noch die Kappe und die Kleidung.

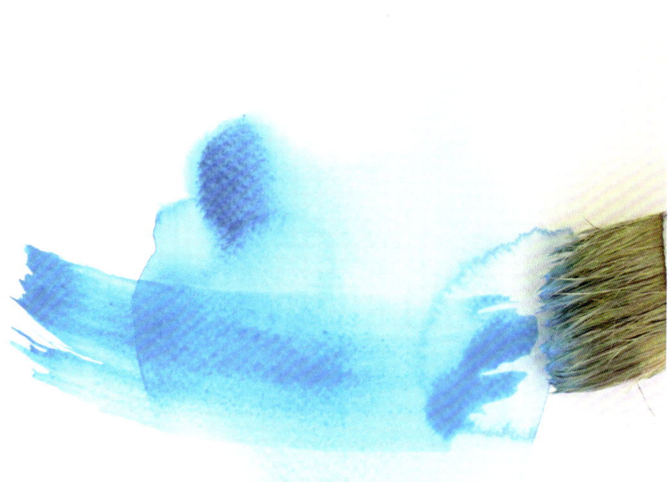

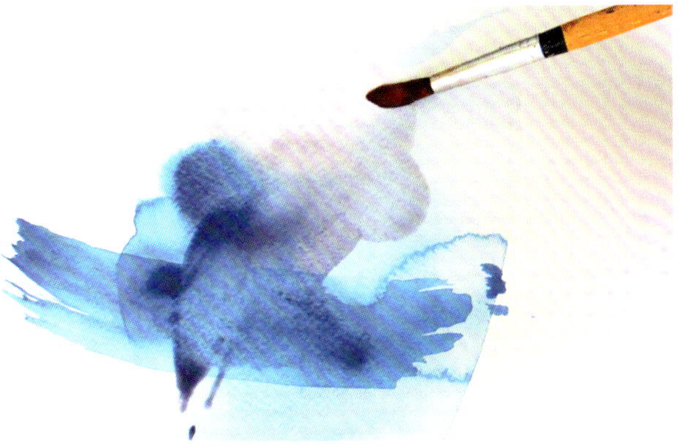

**8** Ich trage eine weitere Schicht auf, diesmal in violetter Farbe, und da die vorherige Farbe noch nicht trocken war, vermischt sich das Violett mit dem Blau. Dieser endgültige Farbton kann für das Malen der Kleidung des Jungen und der Schmetterlinge im Hintergrund verwendet werden.

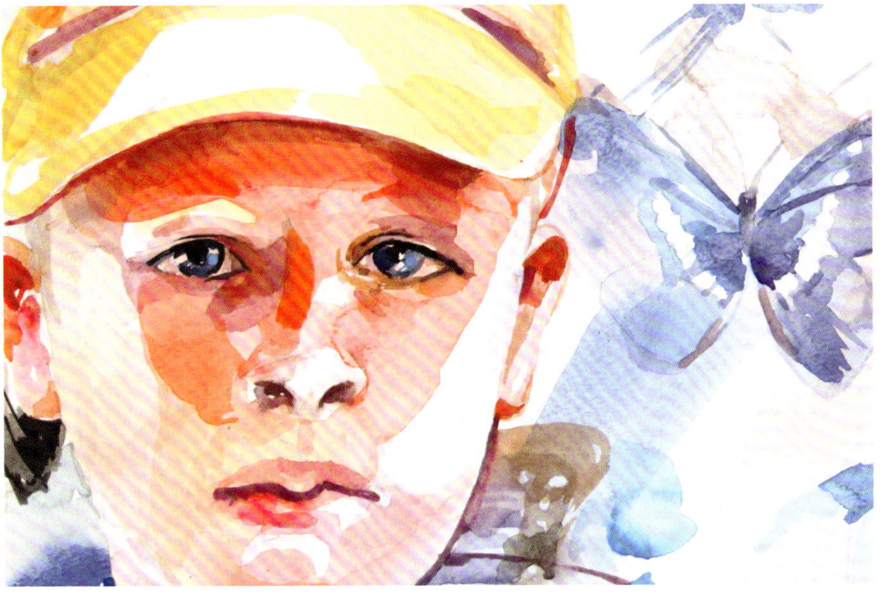

**9** In dieser Phase verstärke ich den Schatten unter der Kappe.

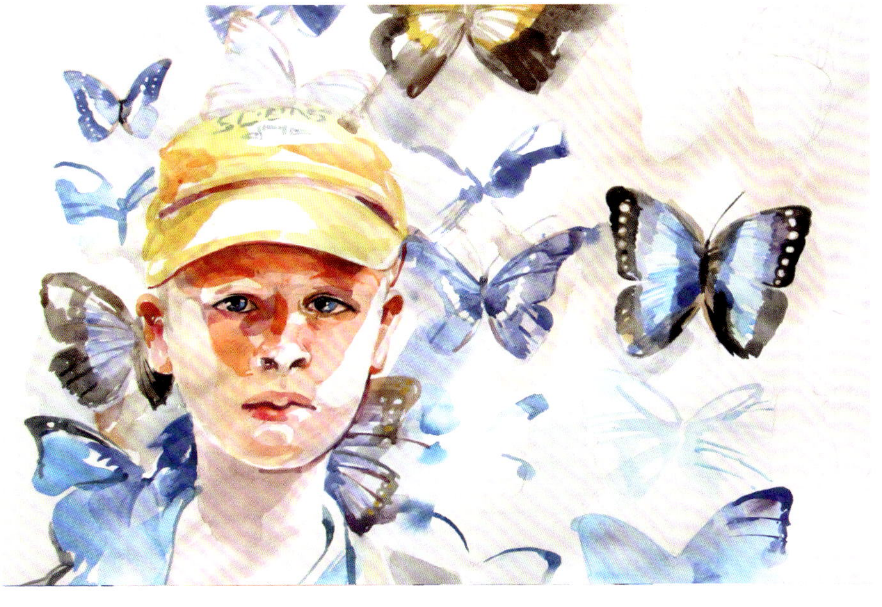

**10** Sobald das Gesicht fertig ist, kann man dazu übergehen, den Hintergrund zu malen. Überall dort, wo die Schmetterlingsflügel am hellsten sind, lasse ich die Stellen unbemalt. So ähnlich geht man bei den Details vor: den Punkten, Strichen, dem Licht an den Konturen usw. Hier verwende ich die ganze Palette blauer und violetter Farbtöne.

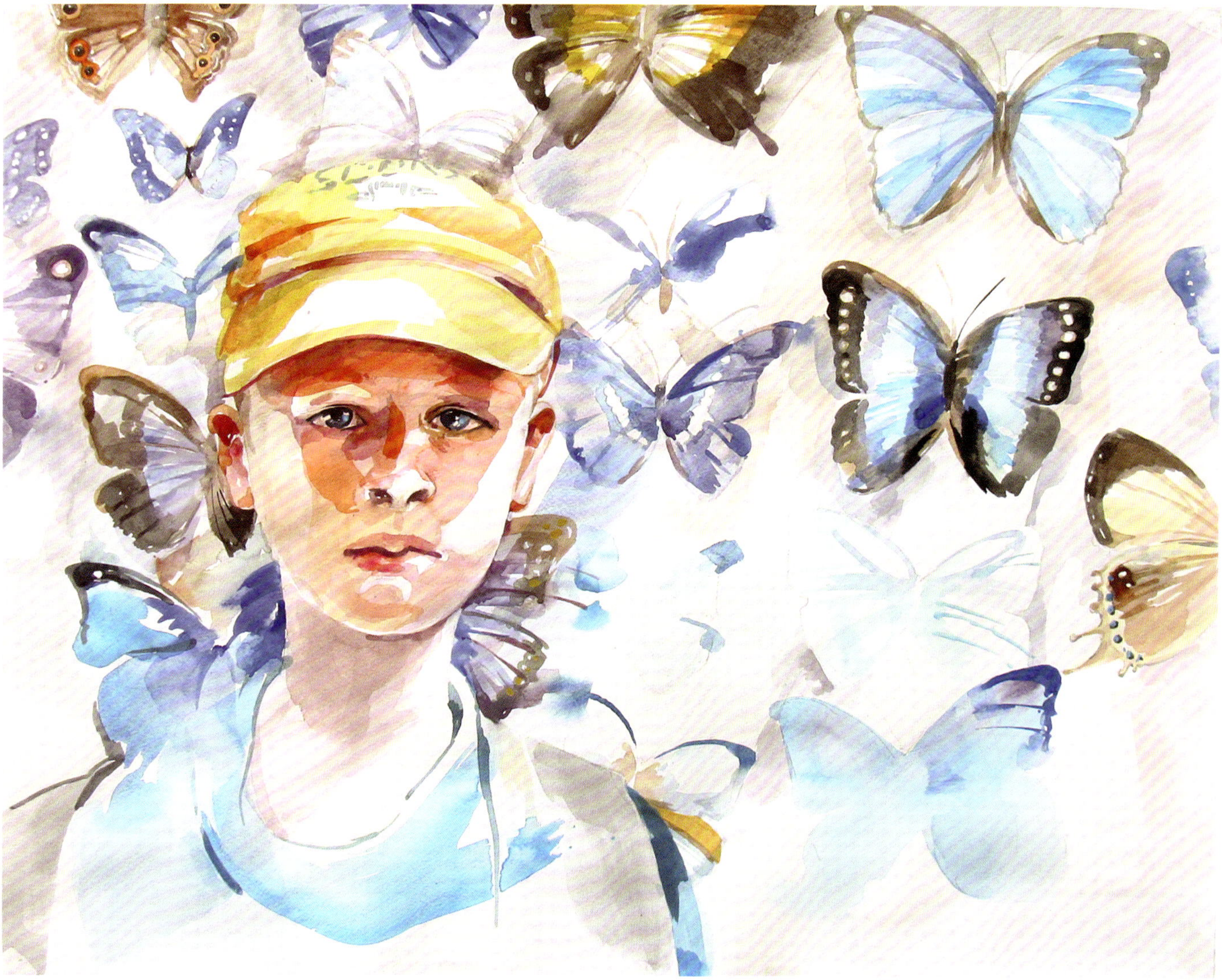

**11** Das fertige Porträt in einer exotischen Umgebung.

## Das Porträt eines Mannes

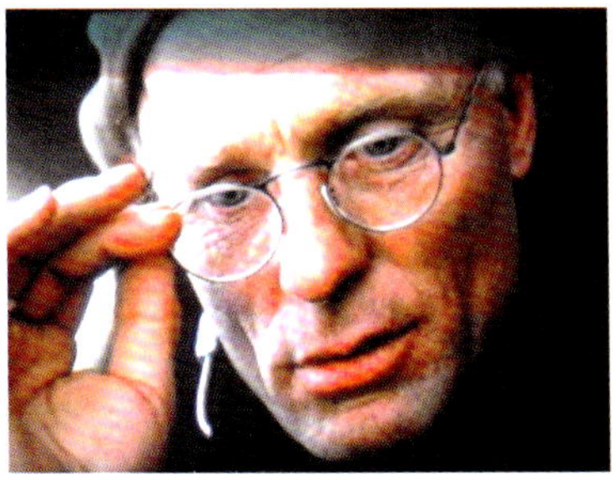

**Technik:** Aquarellmalerei

**Material:** Aquarellfarben, Aquarellpapier, Format 40 x 50 cm

**Themen:**

- *En-face*-Ansicht des Gesichts, leicht verkürzt dargestellt
- Das Studium der Augen hinter der Brille
- Die Hautfarbe eines Erwachsenen

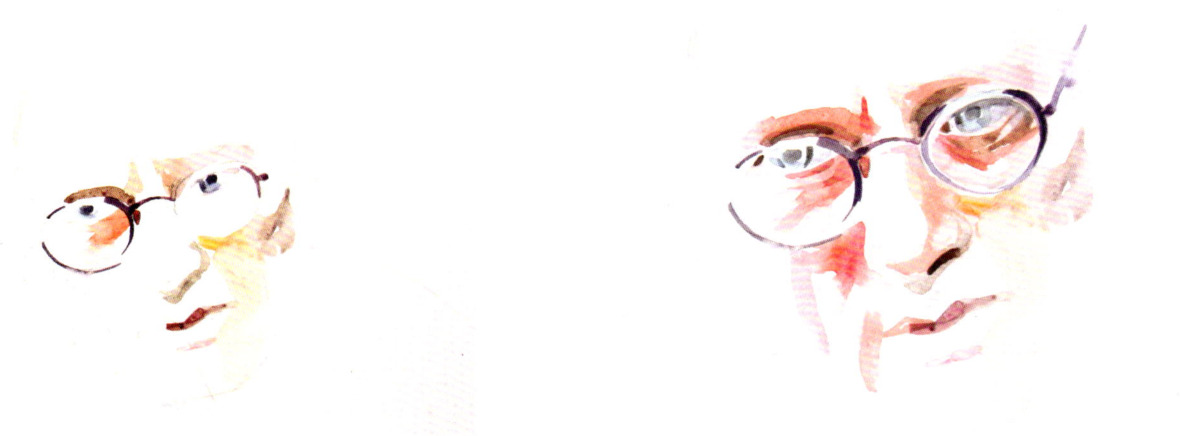

**1** Die Entwurfsphase.

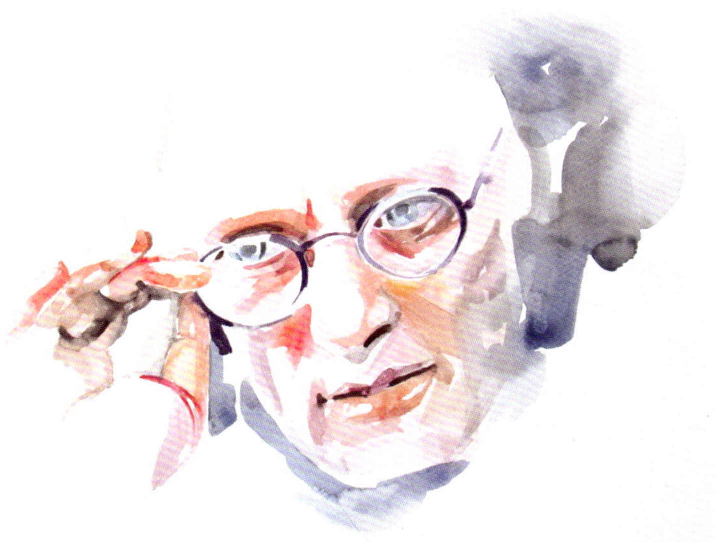

**2** Nach der Entwurfsphase malen wir die Hand und mit freien Strichen die Umgebung und die Kleidung. Es lohnt sich, darauf zu achten, welche Aquarellflecken als erstes aufgetragen werden und welche darauf folgen. Manche Stellen werden nicht bemalt und schaffen so Lichtakzente.

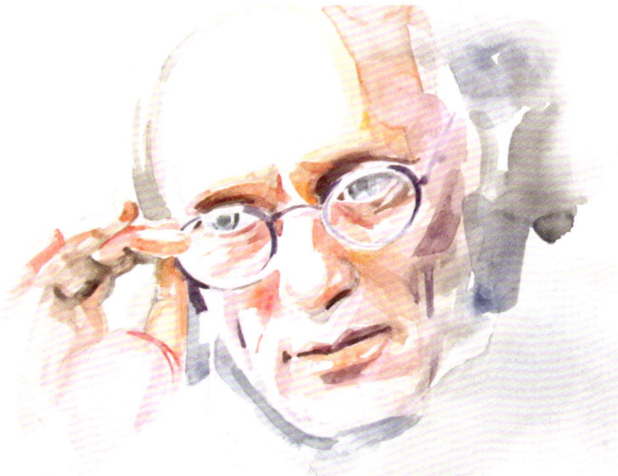

**3** Jetzt erarbeite ich die anatomischen Details. Ich trage weitere Farbschichten auf die Stirn, die Augenbrauenbögen, die linke schattierte Seite des Gesichts sowie die Hände auf.

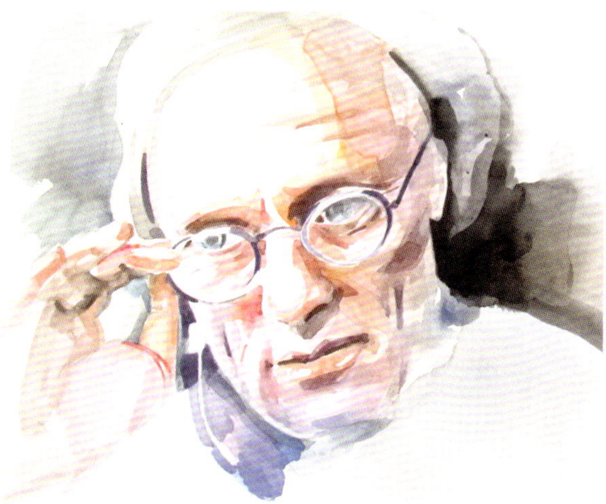

**4** Zum Schluss male ich die Kopfbedeckung und umrande ihre Form: an der rechten Seite durch die Konturierung der Ohren und mit schwarzer Aquarellfarbe, an der linken Seite durch die Umrisse der Mütze, die den grauen Hintergrund hinter dem Kopf hervorheben.

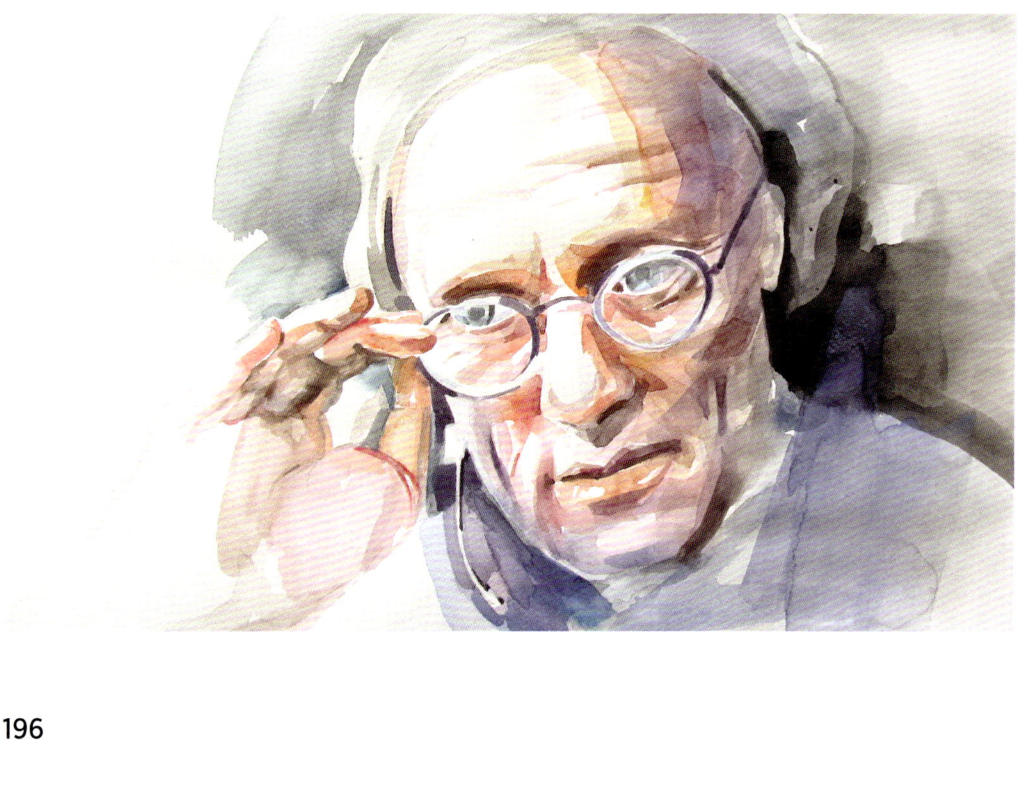

**5** Das fertige Porträt.

## Das Porträt eines Mannes

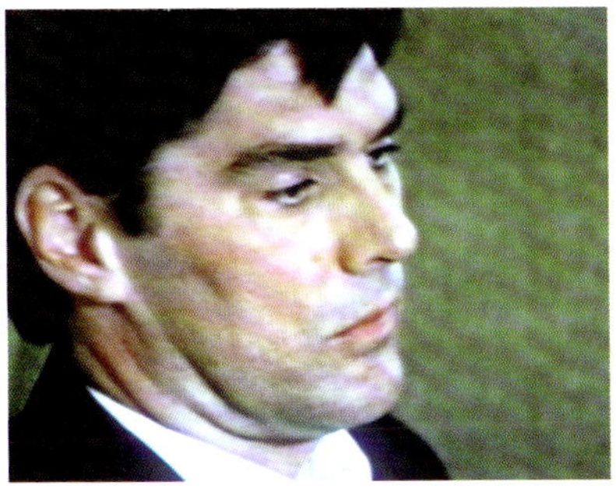

**Technik:** Aquarellmalerei

**Material:** Aquarellfarben, Aquarellpapier, Format 35 x 45 cm

**Themen:**

- Dreiviertelansicht des Gesichts
- Das Studium der anatomischen Details
- Die Hautfarbe eines Erwachsenen
- Das Studium der Haare

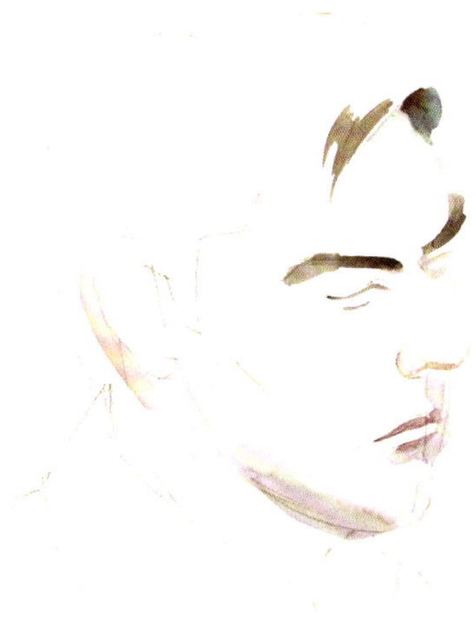

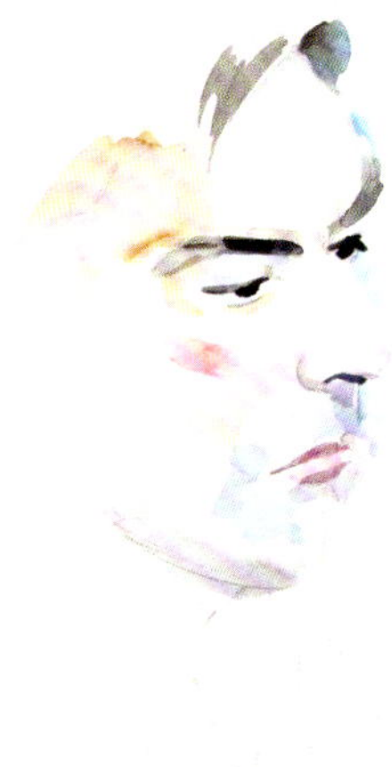

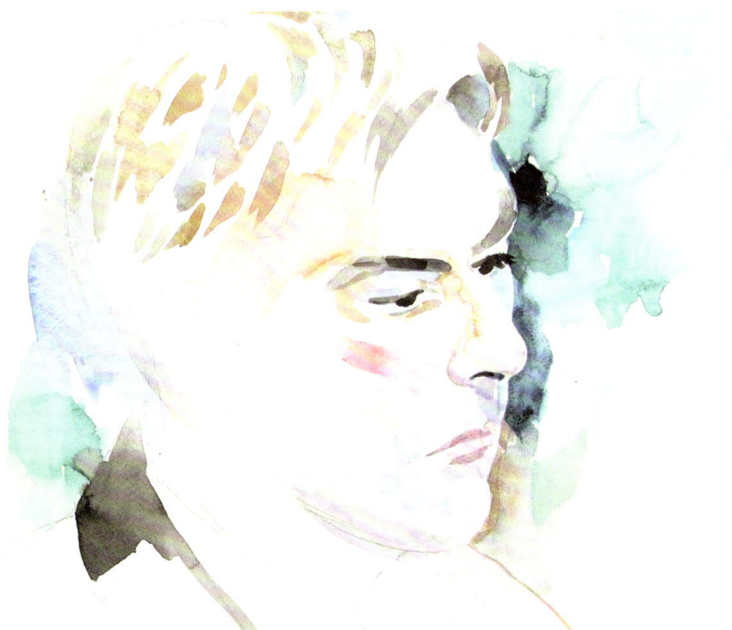

**1** Die einzelnen Phasen der Entstehung des Aquarell-Porträts.

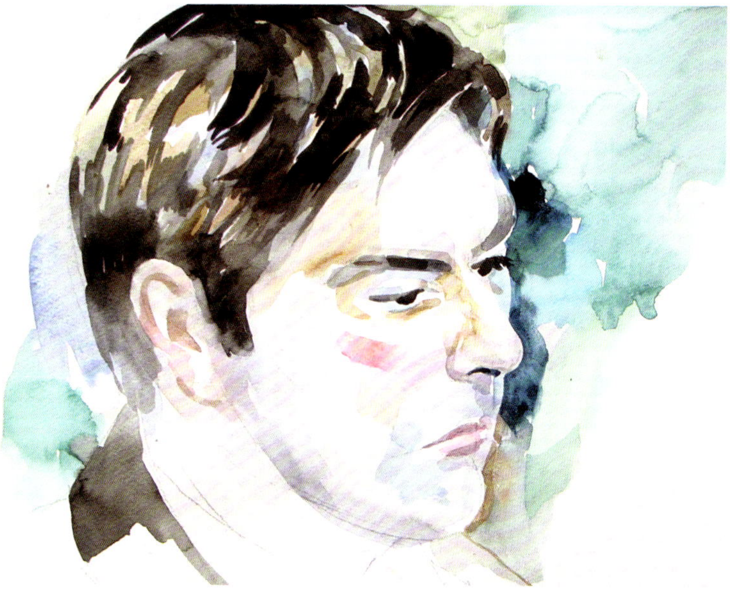

**2** Das fertige Porträt (unten).

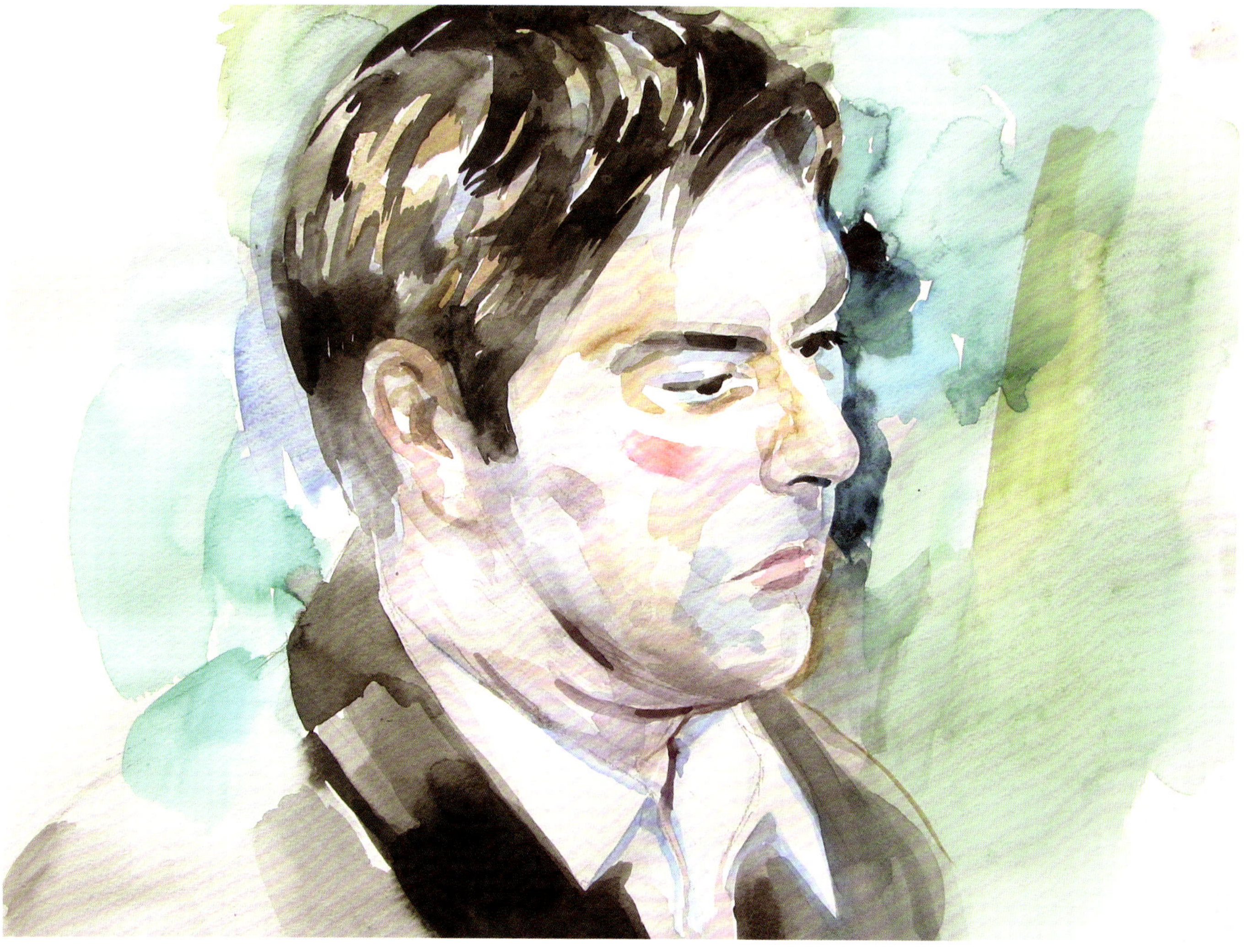

# Ölmalerei auf Leinwand

Kommen wir nun zur Porträttechnik Ölmalerei auf Leinwand. Keine Technik ist so edel wie die der Ölmalerei und die speziellen Verfahren, die dahinterstehen, sind es wert, sie ein Leben lang zu ergründen. In eben dieser Technik sind über Jahrhunderte hinweg Meisterwerke des Porträts entstanden.
Ölfarbe ermöglicht eine unendliche Zahl an Effekten: Man kann Partien des Bildes mit der Lasurtechnik malen, also transparent oder halbtransparent – dabei muss die Leinwand aber unbedingt mit weißer Farbe grundiert werden. Man kann auch deckend malen, fleischig sowie die Farbe mit einem Spachtel auftragen, strukturell – in diesen Fällen kann der Untergrund bunt sein, sodass ein Wischeffekt entstehen kann. Die Farbe braucht eine gewisse Zeit zum Trocknen, je nach Pigmentsorte, Ölgehalt sowie anderer zugesetzter Mittel.

Man kann jedoch allgemein festhalten, dass Ölfarben eine geraume Zeit zum Trocknen brauchen, damit sich die nächsten aufgetragenen Farbstriche nicht mit der noch nicht getrockneten Schicht vermischen. Diese „Nass-in-Nass"-Technik bildet zusätzliche Farbeffekte, die charakteristisch für „Öl" sind.
Die Beherrschung dieser zeitlosen Technik und das Sammeln von Erfahrung in der Verwendung von Ölfarben und all ihrer speziellen Verfahren erfordert viele Jahre Arbeit. Wir werden mehrere Porträts mit „Öl" anfertigen. Da es bei Porträts wichtig ist, die Hautfarbe zu erhalten, die je nach Alter, Geschlecht, Herkunft und anderen Merkmalen der jeweiligen Person unterschiedliche Töne annehmen kann, werde ich Beispiele für Porträts geben, die sich in diesen Merkmalen unterscheiden.

### Das Porträt eines Mannes

Für dieses Porträt habe ich ein vertikales Format gewählt. Der Kopf des Mannes befindet sich im Grunde in einer *En-face*-Ansicht. Außerdem ist er geneigt, und die Augen blicken nach rechts. Das Gesicht dieses Mannes ist unglaublich wirkungsvoll. Der Mann hat dunkle, große Augen und eine hohe Stirn. Dieses Gesicht inspirierte mich dazu, ein spontanes Porträt zu malen.

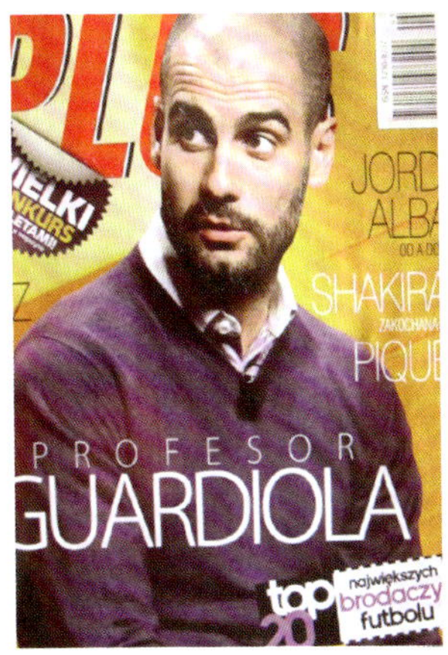


**Technik:** Öl auf Leinwand

**Material:** Ölfarben, mit hellbeiger Farbe grundierter Keilrahmen, Format 60 x 80 cm

**Themen:**
- Ansicht des Gesichts *en face*
- Das Studium der anatomischen Details
- Die Hautfarbe eines Erwachsenen
- Die Erarbeitung des Hintergrundes

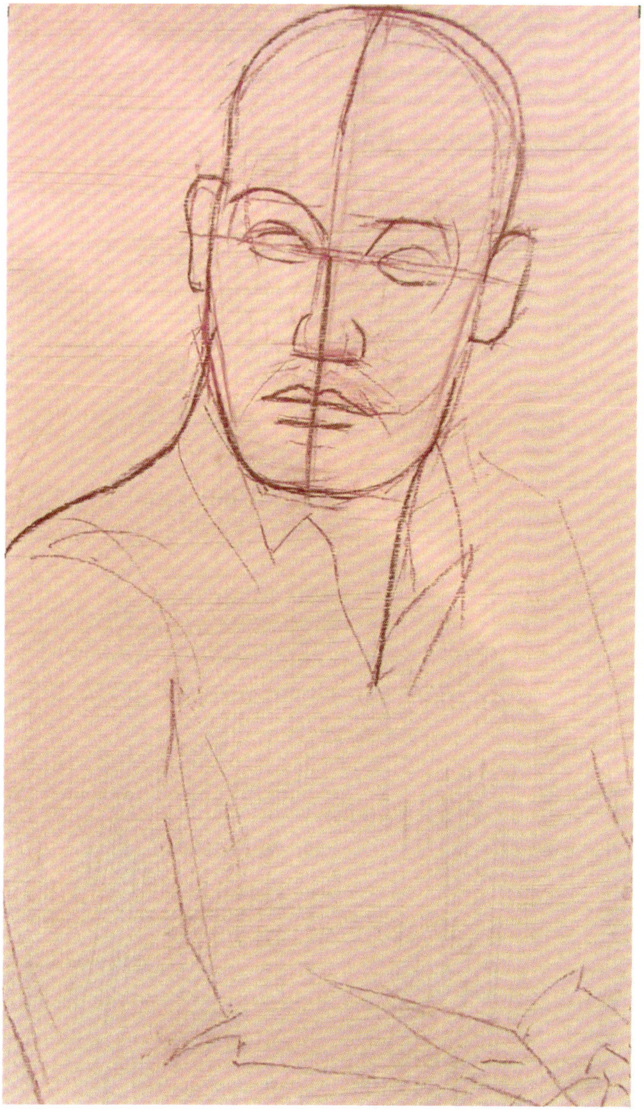

**1** Mit brauner Kreide konstruiere ich den Kopf und die Proportionen. Zu beachten ist, dass der Bereich vom Scheitel des Kopfes über die Stirn bis zu den Augenbrauenbögen genauso groß ist wie der von den Augenbrauen bis zur Linie der Oberlippe. Die Stirn ist sehr weitläufig. Ich skizziere die Details: die Augen, die Augenbrauen, die Nase, die Lippen, die Ohren, das Kinn. Ich zeichne den Kopf, den Nacken und dann den Hals – dies ist ein wichtiger Augenblick, wenn es um die Konstruktion der korrekten Kopfhaltung geht.

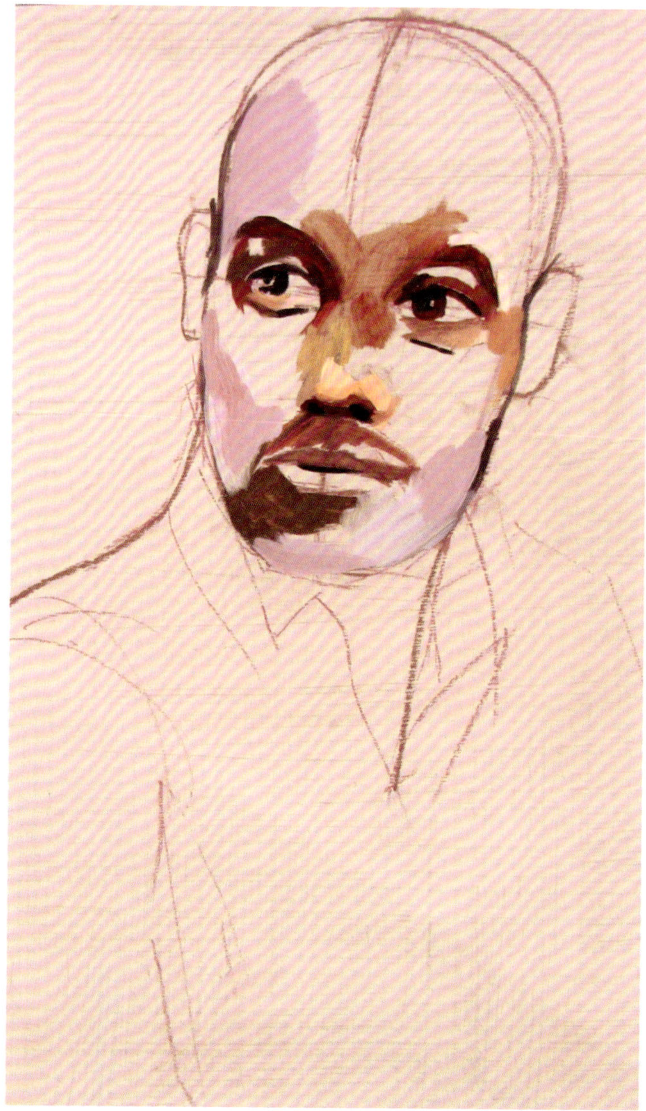

**2** Ich trage die Grundfarben auf. Mit dunkelbrauner Farbe male ich die Augenbrauen, die Iris, die oberen Augenlider, die Nasenspitze sowie die Mittellinie der Lippen. Mit einem Braun, das eine kältere Färbung hat, male ich unter der Unterlippe. Für die Nasenspitze benutze ich ein helles Braun. Außerdem mache ich auch Gebrauch von einem Tuch, mit dem ich über die unteren Augenlider sowie auf der Oberlippe und darüber wische. Mit violetter Farbe male ich über die Konturen des Kopfes (die Stirn, die Wangenknochen, das Kinn). Dann trage ich eine hellbeige Farbe auf die Nasenspitze sowie die linke Augenbraue auf. Die Farbe des Hintergrundes hilft uns dabei, die Hautfarbe zu kreieren.

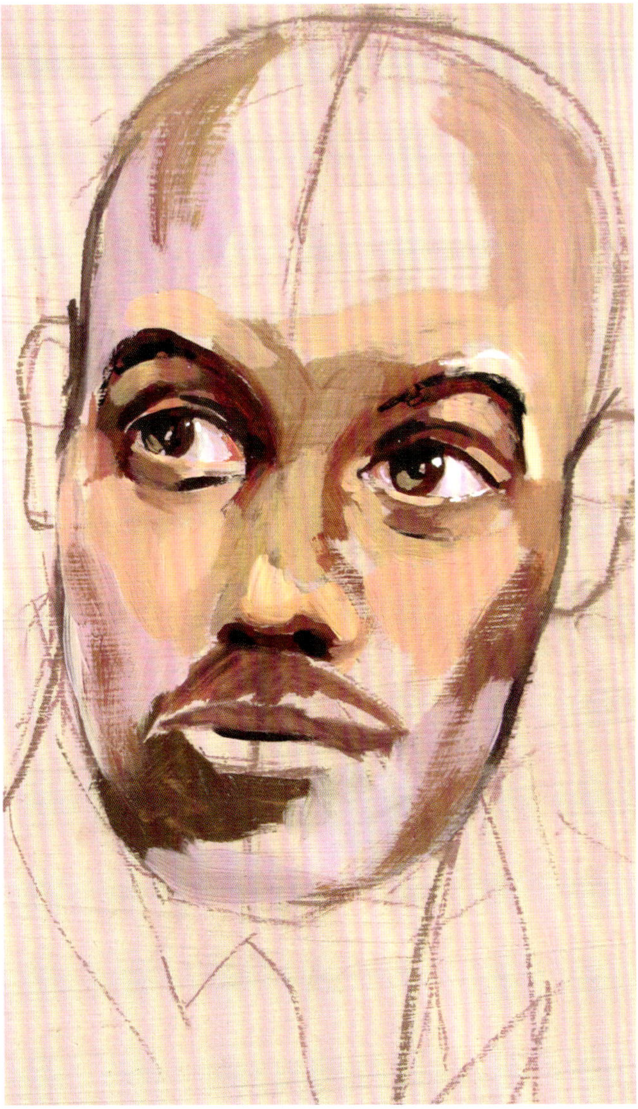

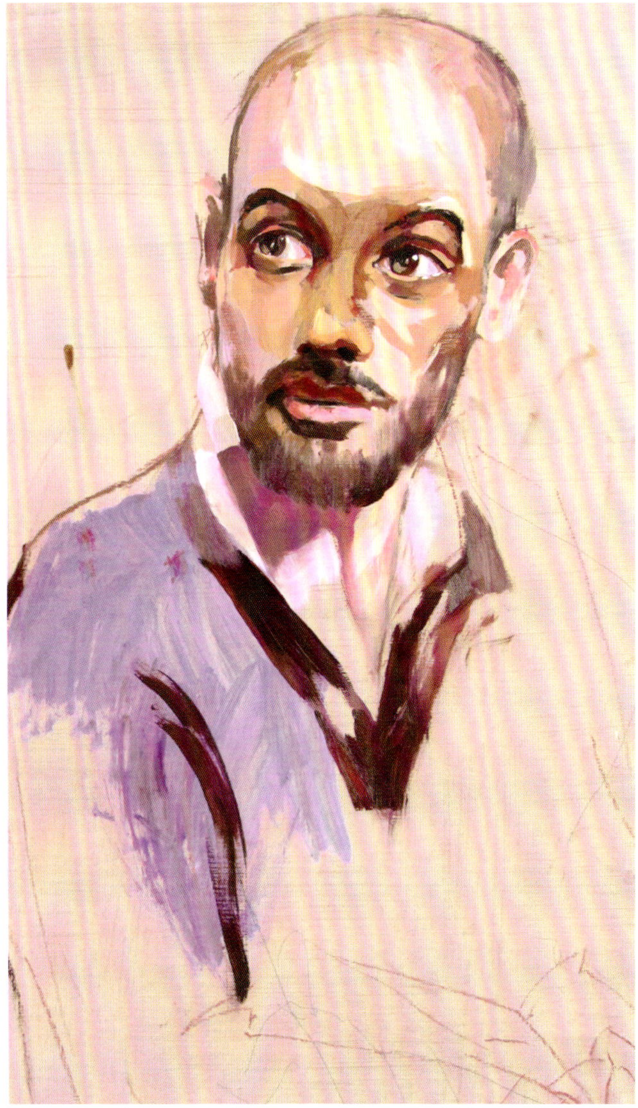

**3** In dieser Phase male ich die Augen. Die Pupillen sowie die Stellen, wo die Augen auf die oberen Augenlider treffen, sind schwarz. Auf die ockerfarbenen Iriden male ich hellere Stellen von der rechten Seite aus – hier ist das Braun der Augen heller, weil das Licht an dieser Stelle einfällt. Ich lasse die helle Farbe des Lichts in den Pupillen. Das Weiß der Augen ist nicht ideal, also suche ich in der Farbpalette den entsprechenden grau-violetten Farbton aus. Die Winkel der Augen haben eine warme, rötliche Farbe. Ich bedecke das gesamte Gesicht mit einer Fleischfarbe.

**4** Jetzt male ich unter Verwendung von verschiedenen Rottönen die Stirn. Auf dieses Rot trage ich eine gelbe Schicht auf. Ich male die Ohren, das Kinn und die Lippen. Als Nächstes male ich das Oberteil und das Hemd mit violetter Farbe. Auf die zuvor aufgetragene Fleischfarbe auf der linken Gesichtshälfte trage ich eine hellere Farbe auf. Die Komposition aller Farben des Objekts ist nun abgeschlossen.

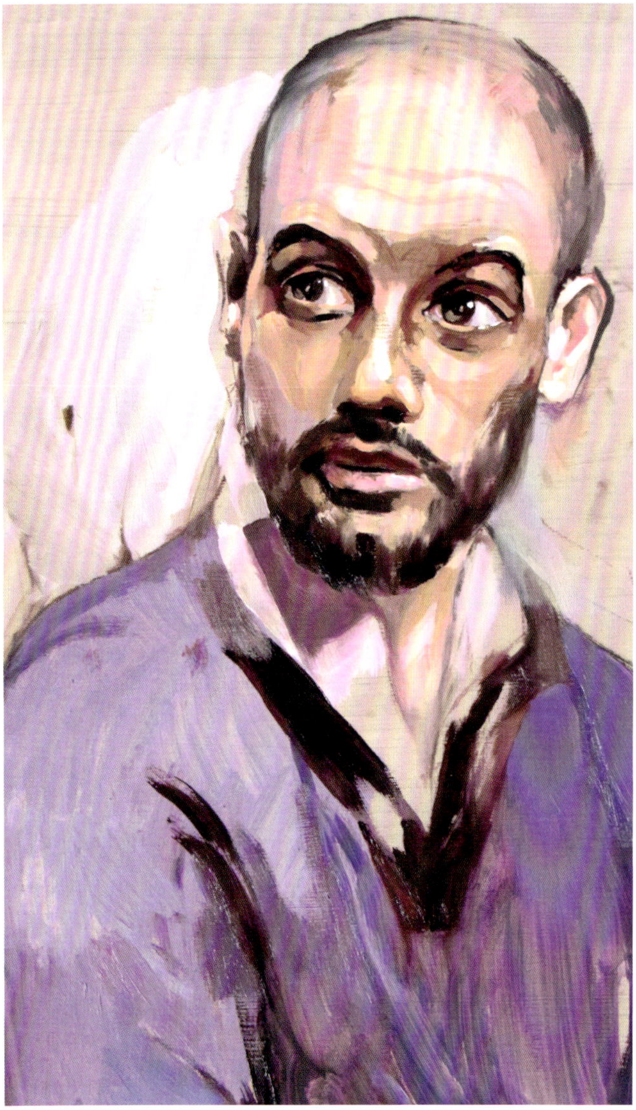

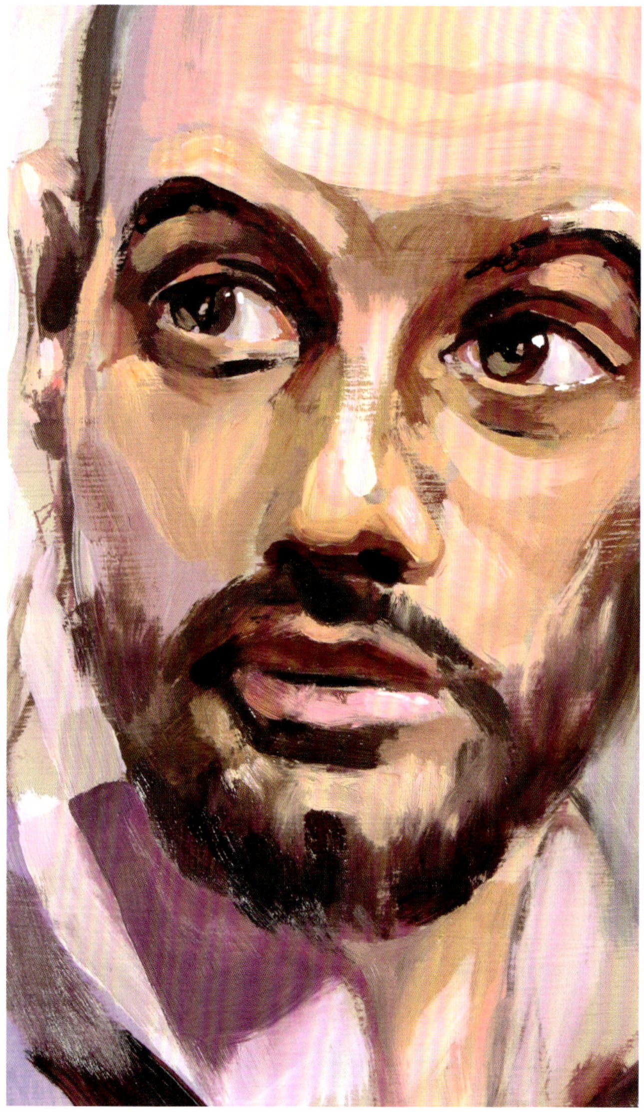

**5** Nachdem ich die Kleidung genauer gezeichnet habe, gehe ich zum Gesicht über. Sorgfältig studiere ich die Stirn des Modells, die Stirnfalten und den richtigen Farbton. Dann gehe ich zum Kinn über und setze hier mehrere stärkere Akzente, während andere Stellen locker gemalt werden. Mit Verwischungen schaffe ich weiche Barthaare. Jetzt male ich die Nase, die ich der Länge nach mit sehr heller Farbe kennzeichne. Ich trage die Farbe mit einer „wischenden" Bewegung des Pinsels auf. Nun male ich noch eine hellrosa Farbe auf die Lippen, um sie zu beleben.

**6** In dieser Vergrößerung sieht man die Stellen, an denen die Farbe stärker und dicker aufgetragen wurde, und die, wo sie verwischt wurde.

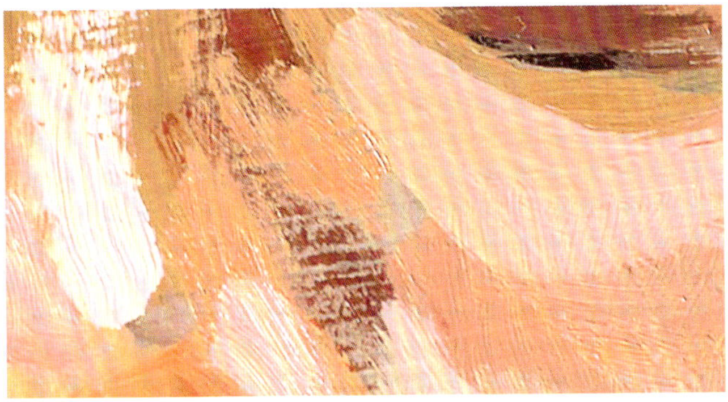

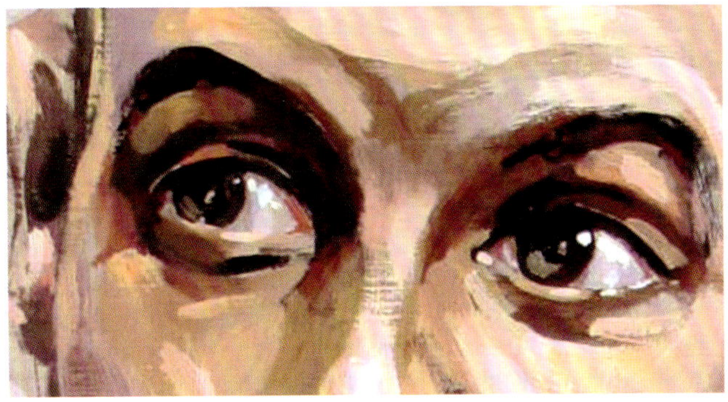

**7** Für die Hautfarbe kann man helle orangefarbene, rosafarbene oder ockerfarbene Töne benutzen. Man kann sie entweder nebeneinander stehenlassen, verwischen oder verdünnen.

**8** Auf diese Weise wurden die Augen gemalt. Mit einem dünnen Pinsel habe ich weiße Farbe auf die Iriden und den oberen Bereich der weißen Pupillen aufgetragen. Um die Lebendigkeit der Augen hervorzuheben, wurde an manchen Stellen mit hellblauer Farbe gearbeitet.

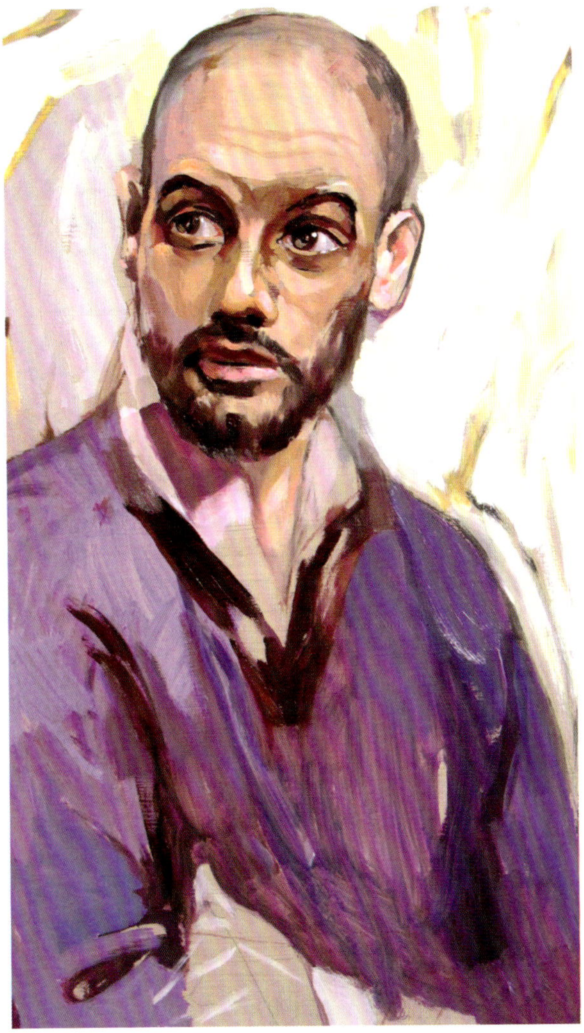

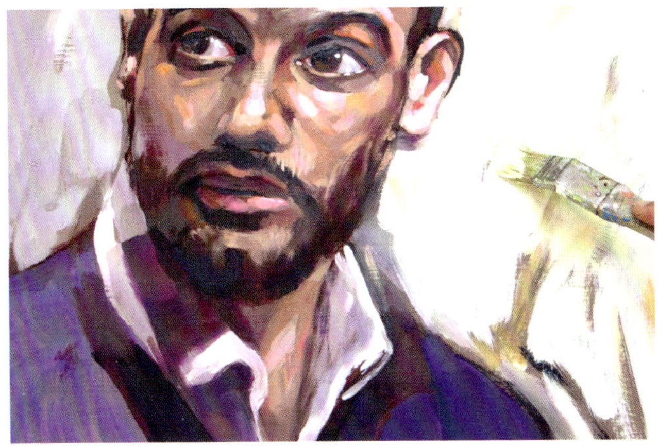

**9** In dieser Phase male ich den Hintergrund. Auf der rechten Seite hinter dem Kopf des Modells schattiere ich mit grau-violetter Farbe und auf der linken Seite mit cremefarbenen Flecken. Auf dem Hintergrund sieht man die ockerfarbenen Pinselstriche. Auf diese Striche trage ich eine Cremefarbe auf und verstreiche sie ganz frei, indem ich mir die farbigen Striche zunutze mache. Auf diese Weise erschaffe ich den gesamten Hintergrund des Bildes.

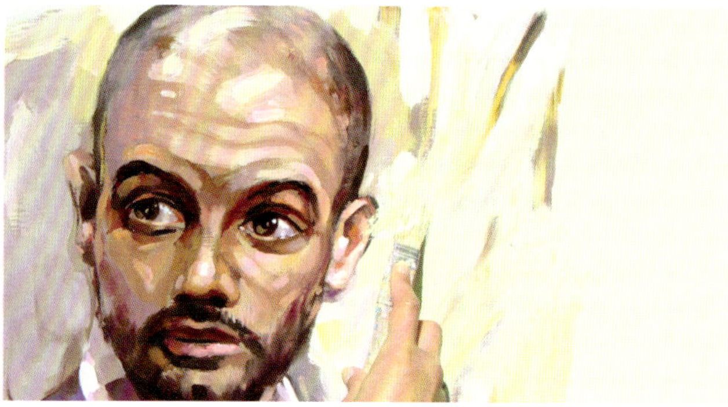

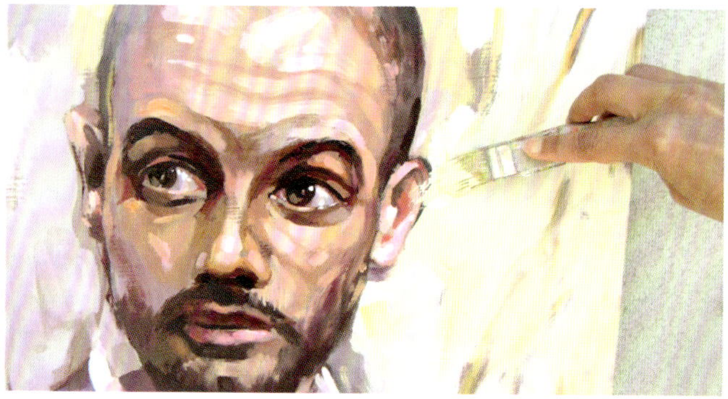

**10** Auf diesen Abbildungen sieht man die Arbeit am Hintergrund: das Verwischen der Farben, das Auftragen weiterer Schichten und das Verstreichen dieser.

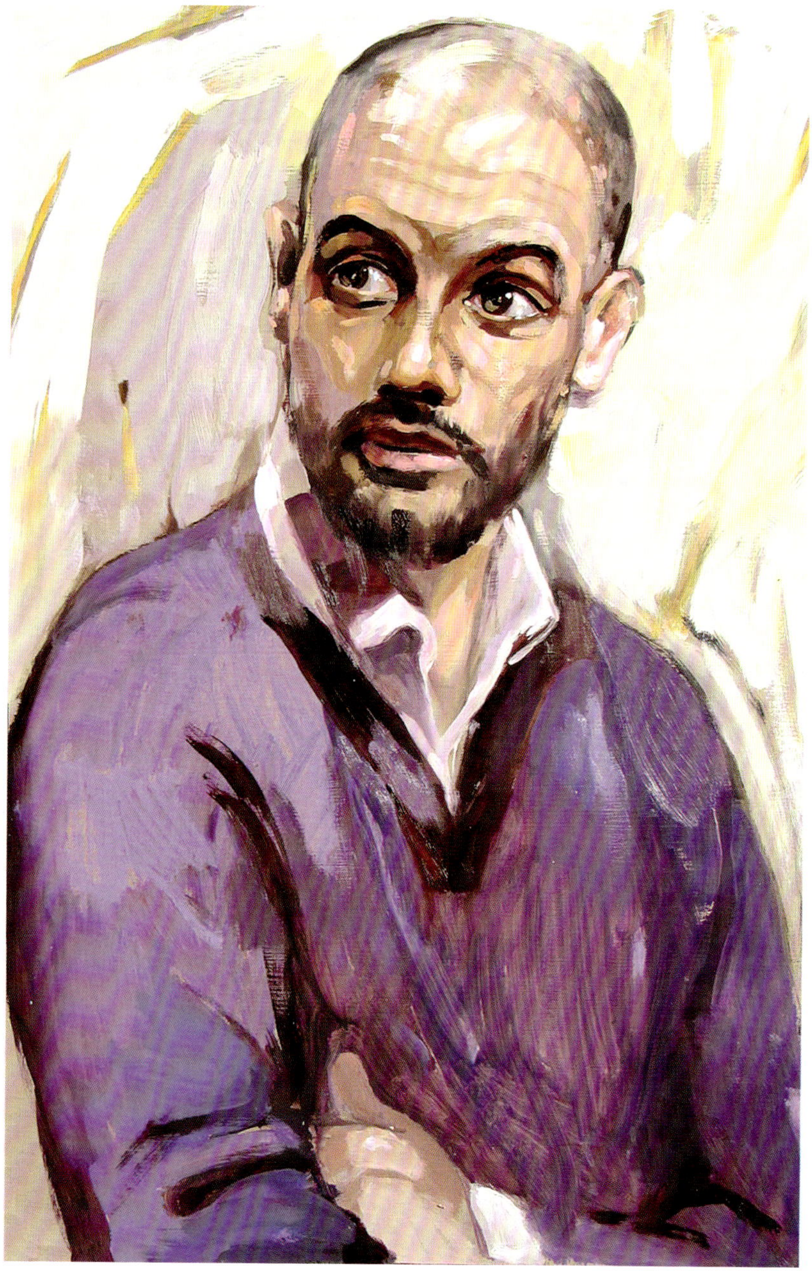

**11** Das fertige Porträt.

## Das Porträt einer jungen Frau

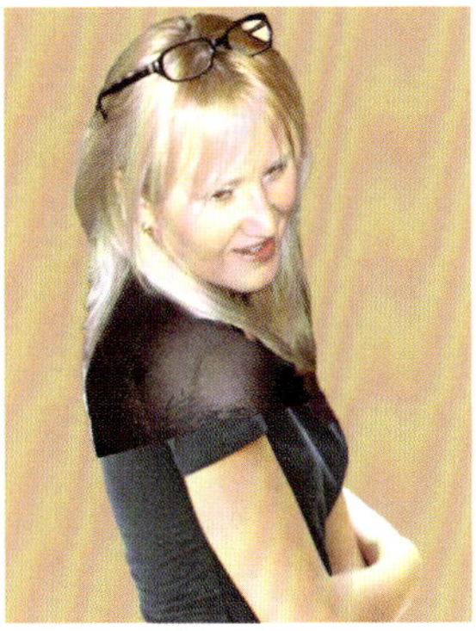

**Technik:** Öl auf Leinwand

**Material:** Ölfarben, ein mit weißer Farbe grundierter Keilrahmen, Format 60 x 80 cm

**Themen:**
- *En-face*-Ansicht des Gesichts
- Das Studium der Details
- Die Hautfarbe eines Erwachsenen
- Das Studium der Haare

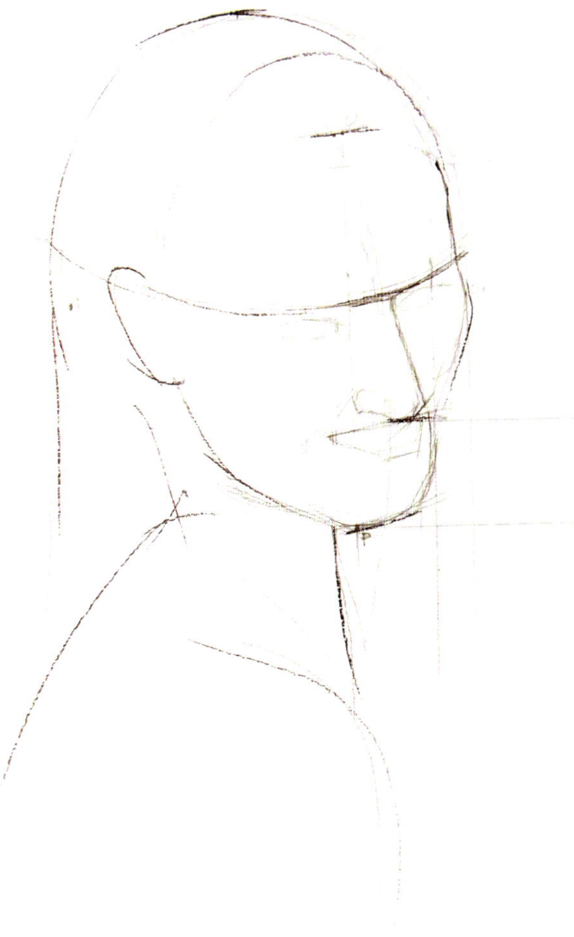

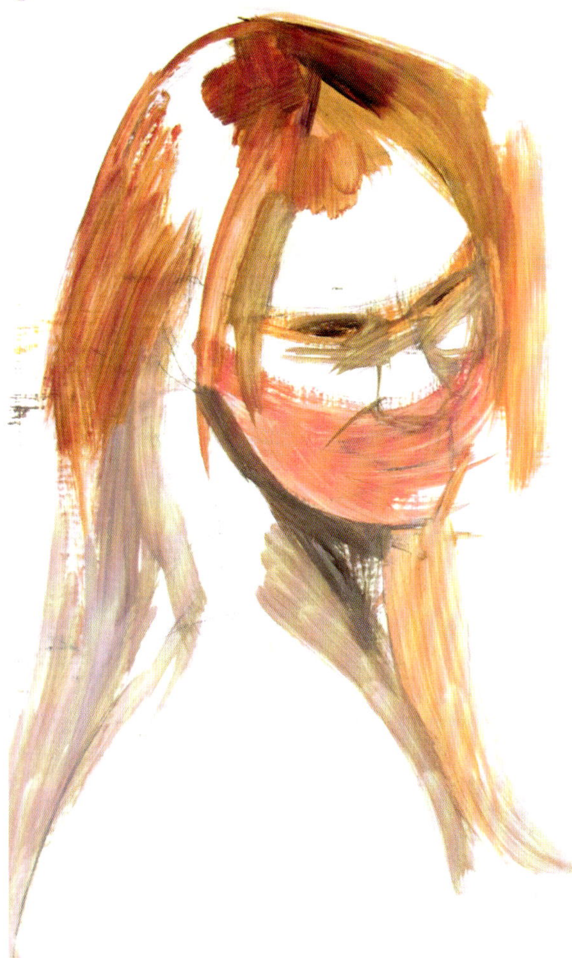

**1** Dieses Gesicht ist nicht vollständig sichtbar. Es ist von oben zu sehen, weshalb der Bereich der Stirn proportional am größten ausfallen wird.

**2** Ich gestalte den Kopf – dabei orientiere ich mich diesmal an den Richtungen – und in Übereinstimmung mit diesen ziehe ich Pinselstriche.

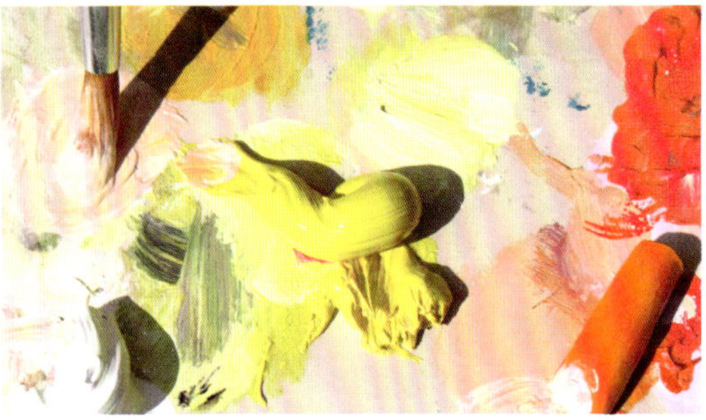

**3** Diese Farben wurden verwendet, um die Hautfarbe des Modells nachzuahmen. Die orangene, gelbe und weiße Farbe diente zum Auftragen der Lichtreflexe auf den Haaren.

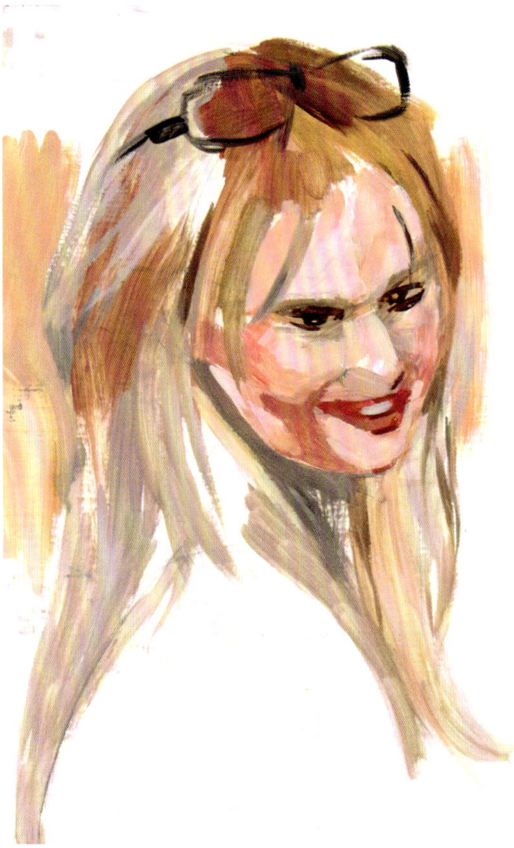

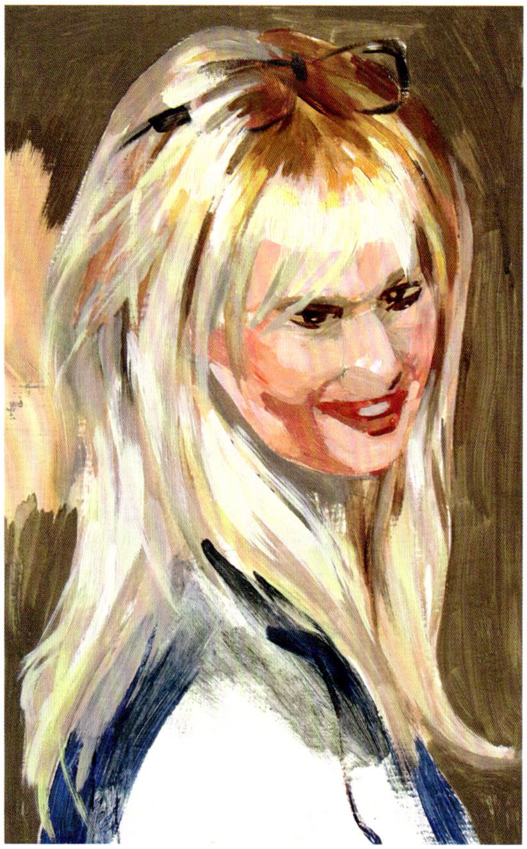

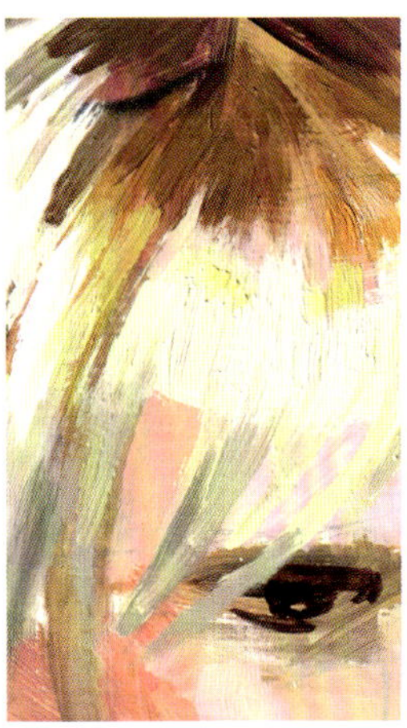

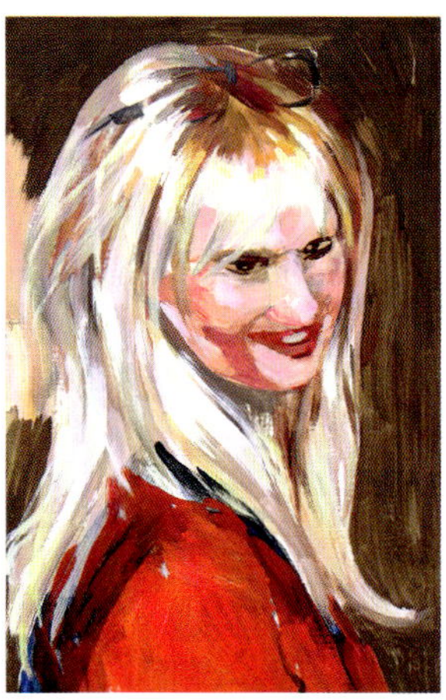

**4** Die weiteren Phasen der Entstehung des Porträts.

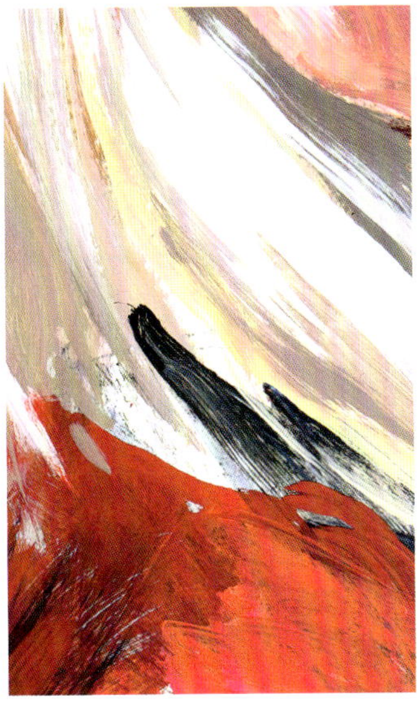

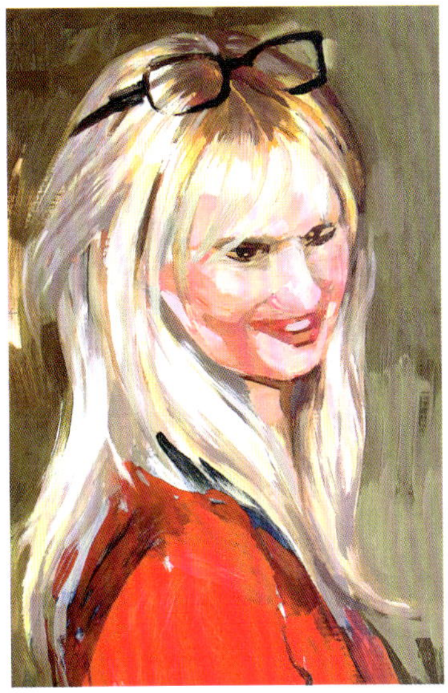

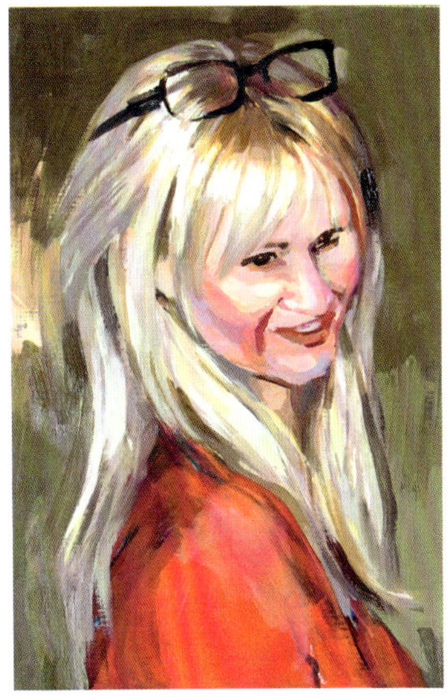

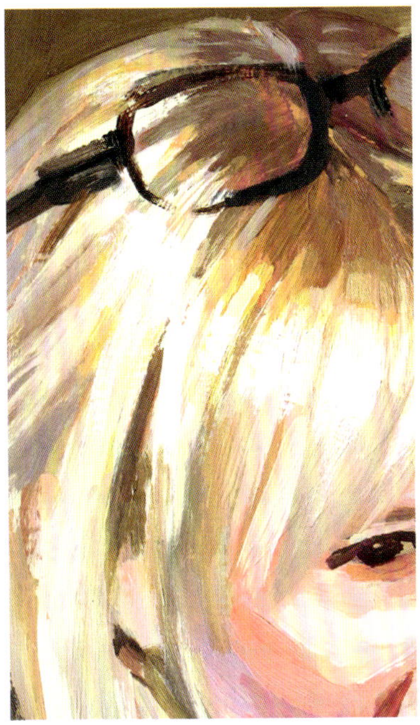

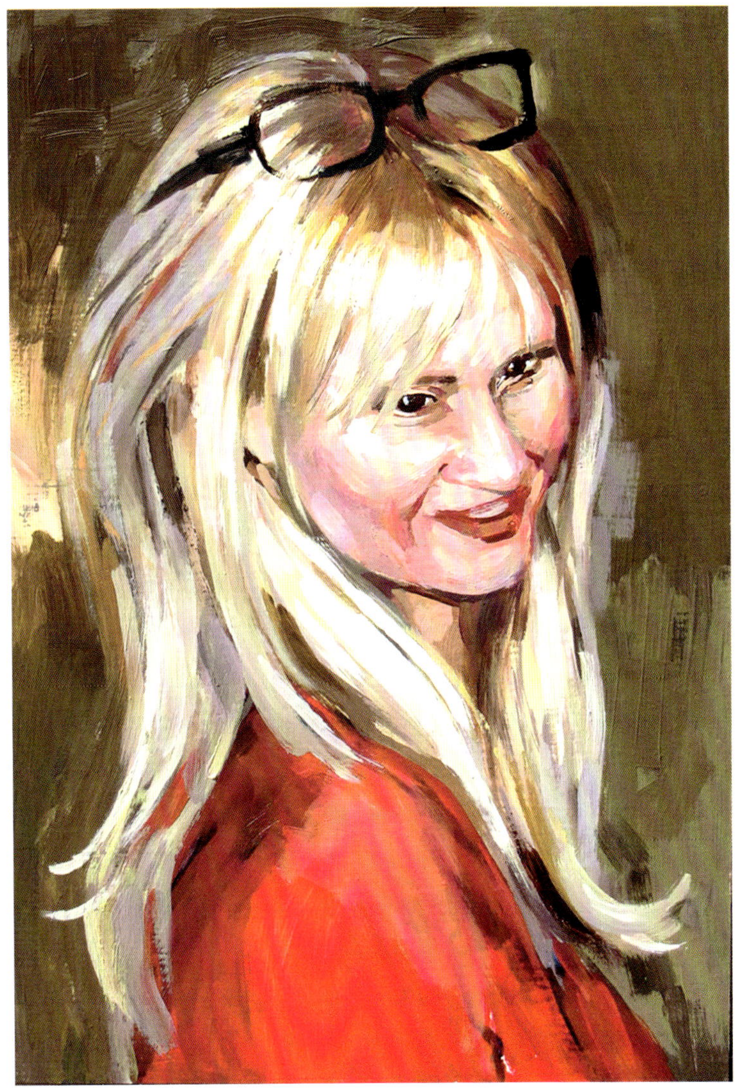

**5** Das fertige Porträt.

## Das Porträt eines fünfjährigen Jungen

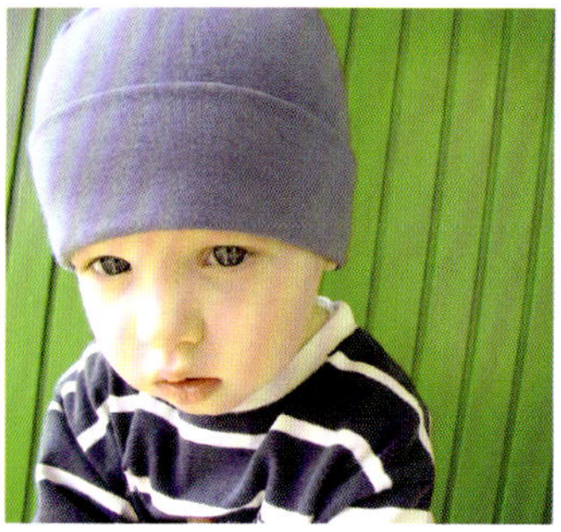

**Technik:** Öl auf Leinwand

**Material:** Ölfarben, ein mit weißer Farbe grundierter Keilrahmen, Format 30 x 40 cm

**Themen:**

- Dreiviertelansicht des Gesichts
- Die Gesichtsproportionen eines Kindes
- Das Studium der anatomischen Details, vor allem der Augen
- Die Hautfarbe eines Kindes

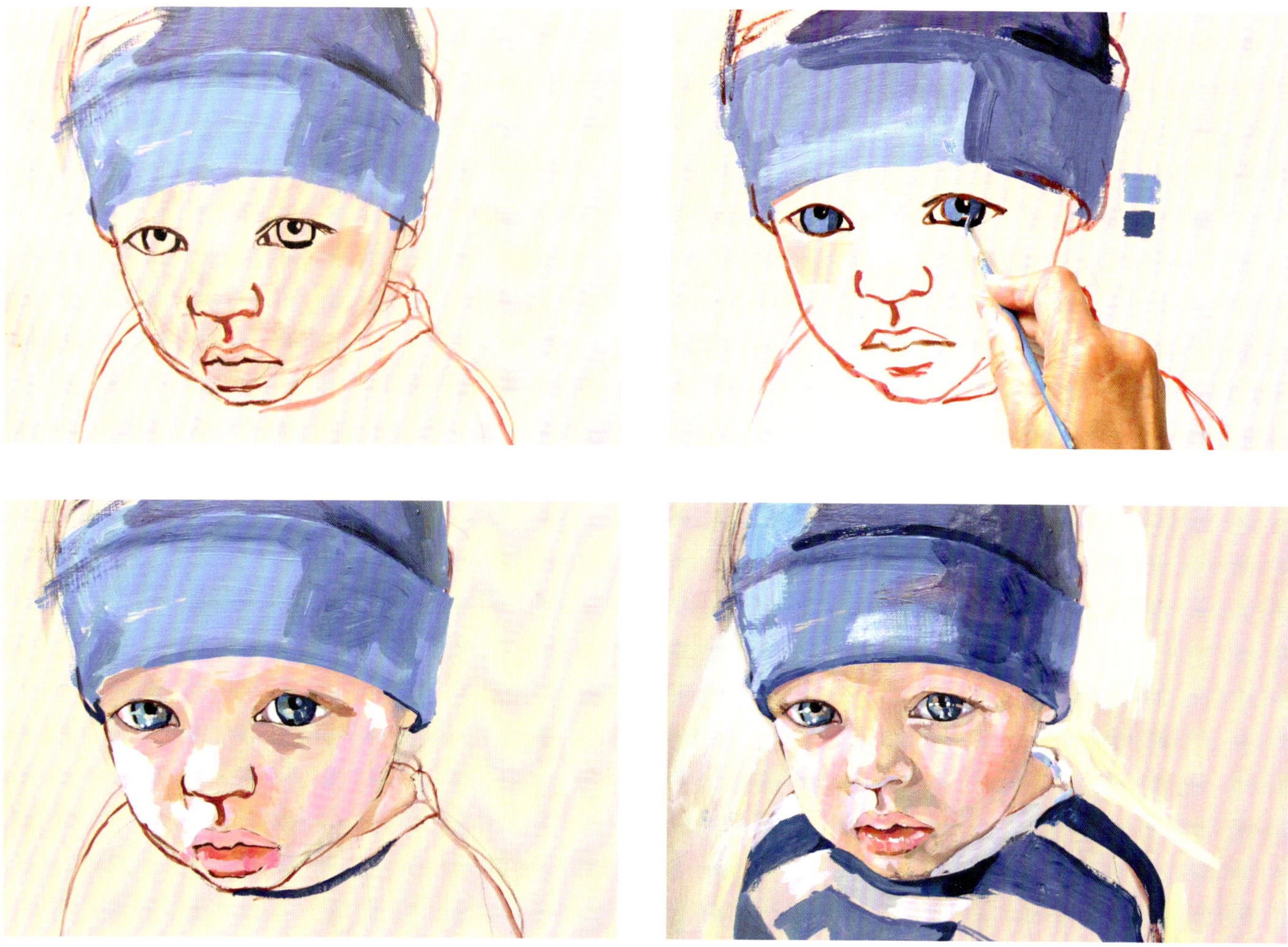

**1** Die ersten Phasen der Entstehung des Porträts eines Jungen.

**2** Bei dieser Übung lenken wir unsere Aufmerksamkeit auf die Proportionen des kindlichen Gesichts (siehe S. 81) sowie die glatte Haut. Da die Gesichtszüge noch nicht ausgebildet sind und sich die Gesichtsknochen unter der dickeren Hautschicht der Wangen befinden, sind die Details – die Augen, die Nase, die Lippen – immer etwas rundlicher, und die Linien und Konturen weicher und gebogener.

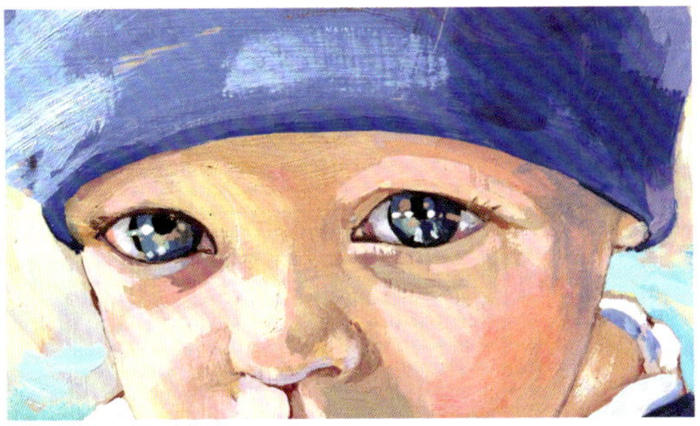

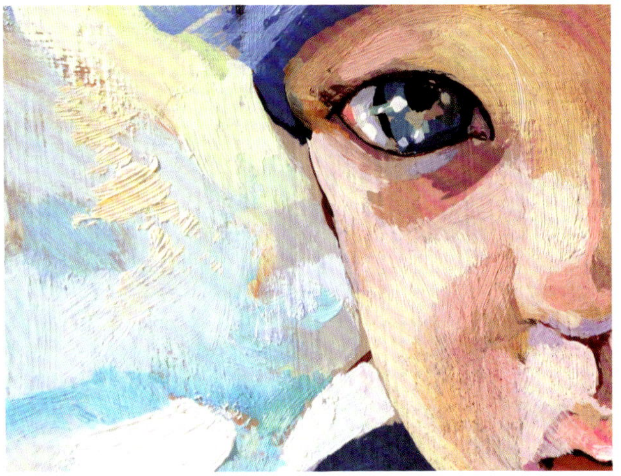

**3** Das fertige Porträt (unten).

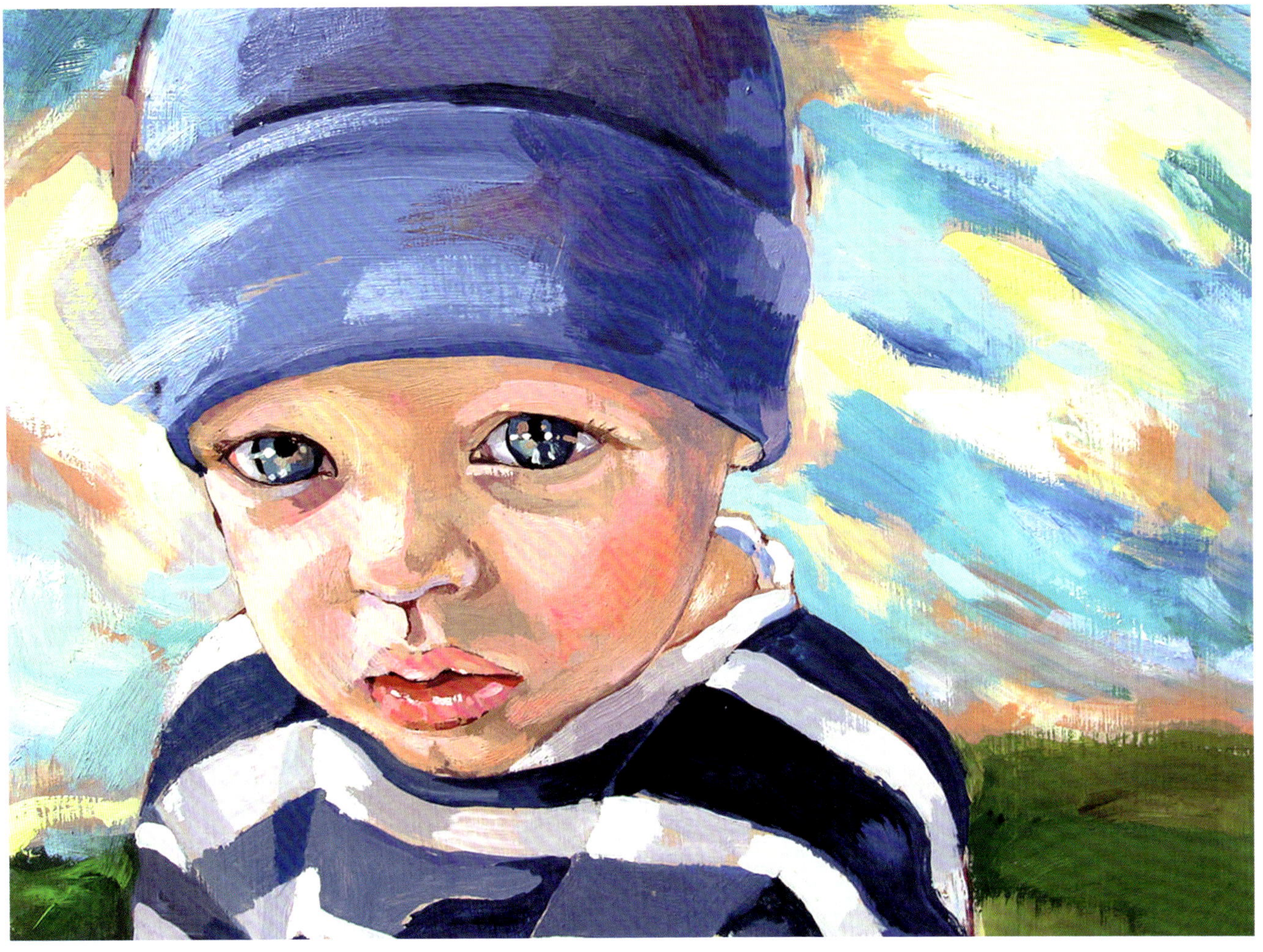

## Das Porträt einer älteren Frau

Das Foto zu diesem Porträt wurde in der Natur aufgenommen, wo das Gesicht stark von der Sonne angestrahlt wurde, die Lichtstrahlen durch die Blätter des Farns schienen und Reflexe in den Haaren des Modells hinterließen. Das Gesicht ist ausgesprochen edel, mit einem sanften Lächeln, charakteristisch für eine Person mit gutmütigem Charakter und friedlichem Geist.

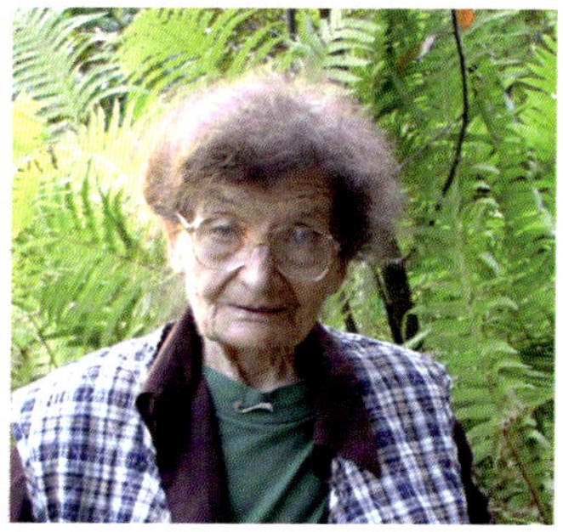

**Technik:** Öl auf Leinwand

**Material:** Ölfarben, ein mit weißer Farbe grundierter Keilrahmen, Format 30 x 40 cm

**Themen:**

- *En-face*-Ansicht
- Das Studium der anatomischen Details
- Das Studium der Augen hinter Brillengläsern
- Das Studium der Hautstruktur einer älteren Person
- Das Studium der Haare

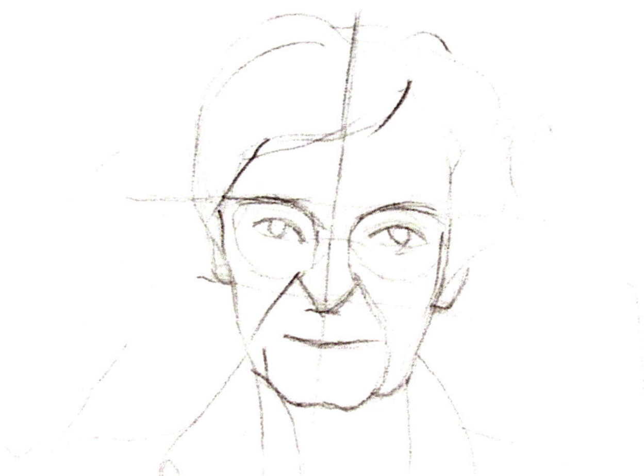

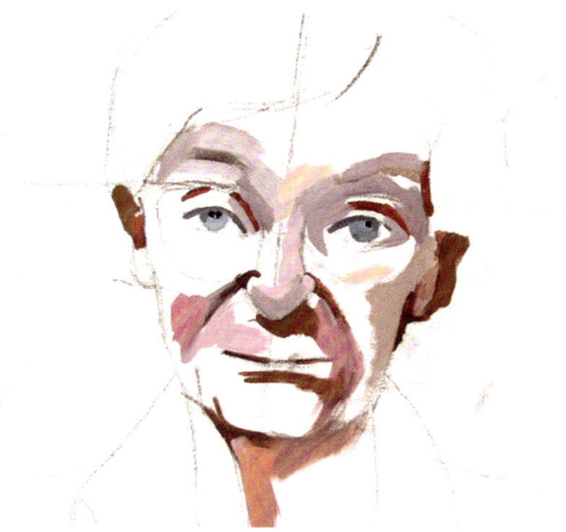

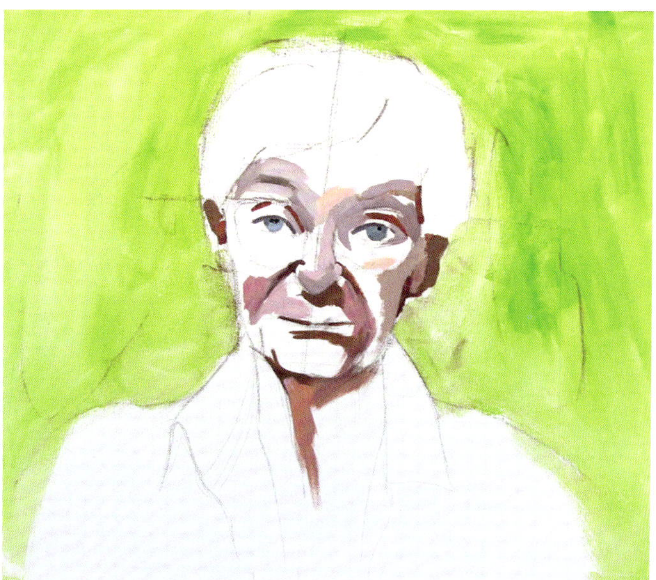

**1** Wie wir bereits wissen, entstehen in der ersten Phase mithilfe eines Bleistifts die Umrisse des Gesichts. Der Kopf des Modells ist leicht geneigt, sodass sich die Symmetrieachse zur rechten Seite verschiebt.
Die Lippen sind dünn, gehen aber weit auseinander und die Form des Kinns ist durch die herunterhängenden Wangen vorgegeben. Die Augen sind tiefliegend und die Pupillen minimal verdeckt durch die sich senkenden Augenlider, was ein typisches Merkmal für ältere Menschen ist. Von der Nasenspitze aus verlaufen tiefere Falten über das Gesicht. Die ersten Farben trage ich auf die dunkelsten Stellen auf.

**2** Nun schaffe ich einen flachen Hintergrund aus grüner, mit Terpentin verdünnter Farbe. Durch Verwischen mit einem Tuch wird er unregelmäßig.

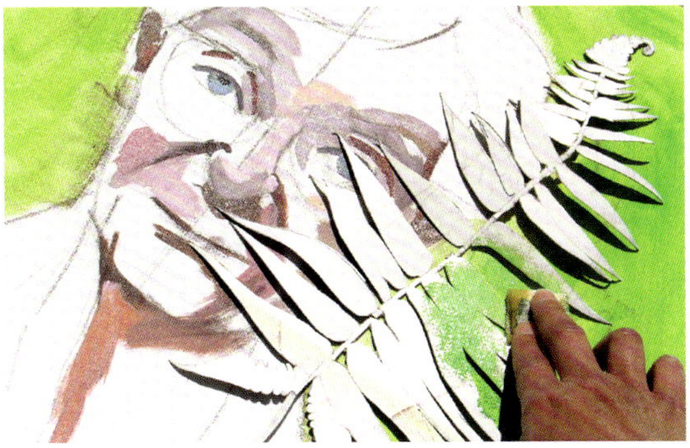

**3** Man kann auch Schablonen zu Hilfe nehmen, in diesem Fall Farnblätter. Mit einem Stück Schwamm tupfe ich die dunklere grüne Farbe zwischen die „Blätter“ der Schablone.

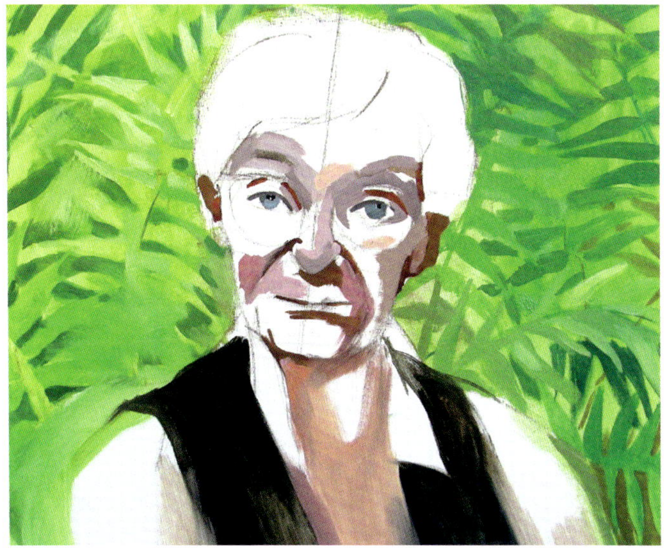

**4** Mit großzügigen Pinselstrichen male ich die Kleidung und den Hals. Ich bearbeite den Hintergrund, da das Grün die Hautfarbe beeinflussen wird.

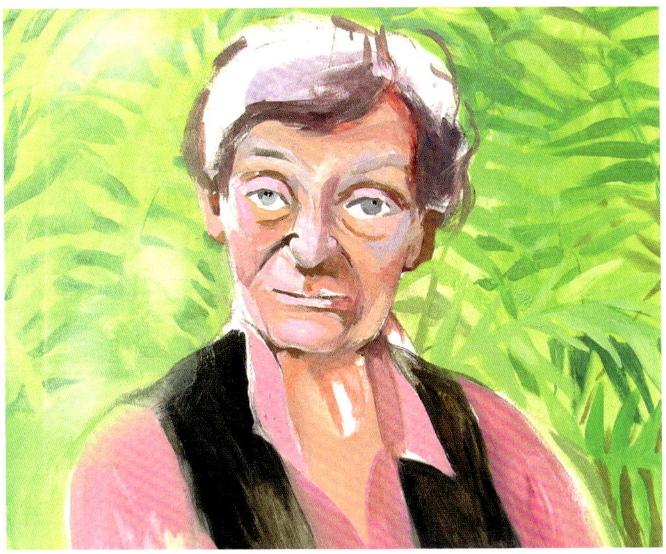

**5** Nun bedecke ich das gesamte Gesicht mit Farbe. Das wird die Grundlage für die nächsten, helleren Farbschichten sein. Zu beachten ist, dass die linke Seite des Gesichts dunkler und der Farbton kühler ist. Ich zeichne die Haare zunächst nur skizzenhaft.

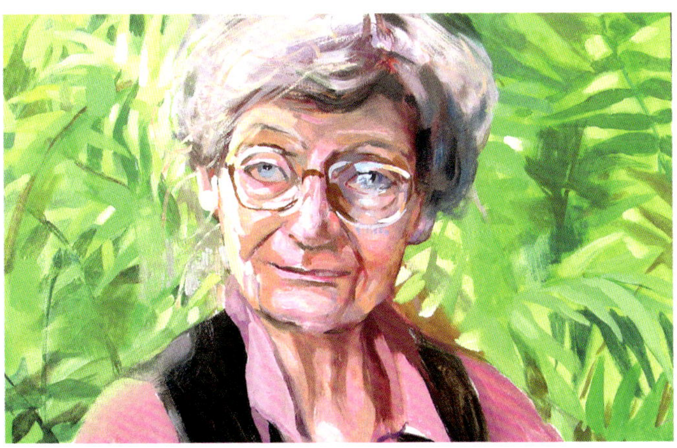

**6** Nun gehe ich zum Studium des Gesichts über. Ich male die Haut mit einem helleren Ton. Ich bearbeite die Iriden der Augen. Wie ich bereits sagte, sind die Pupillen von älteren Menschen teilweise von den oberen Augenlidern bedeckt. Die Augen sind intelligent, fragend, in ihnen spiegelt sich die ruhige Weisheit des Alters. Die Frau lächelt leicht, schaut direkt in die Kamera. Das lässt den Eindruck entstehen, dass ihr Kopf leicht geneigt ist, sodass alle Elemente des Gesichts, die Augen, die Nasenspitze, die Lippen, das Kinn, die Ohren und die Brille, schräg liegen.

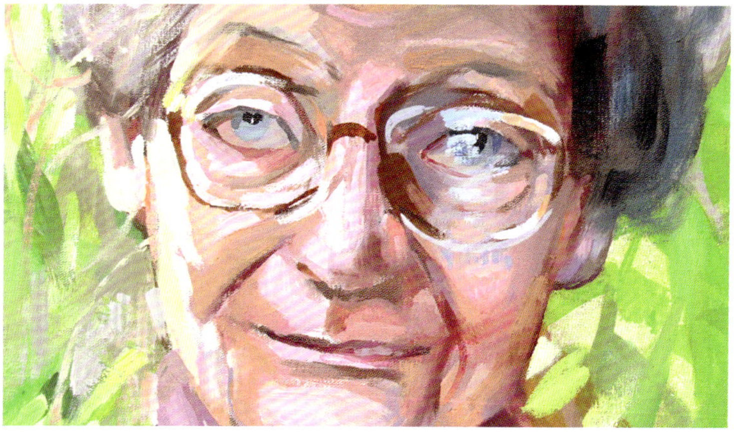

**7** Ich male nun die Augen sowie die Spiegelung der Brille. Das Auge hinter dem linken Brillenglas ist verzerrt, undeutlich. In diesem Bereich ziehe ich mit einem fast trockenen Pinsel sanft Striche vom oberen Glas aus. In dieser Phase werden auch die rechte Gesichtshälfte sowie das rechte Ohr aufgehellt – und zwar mit einer hellen Cremefarbe. Ich bearbeite den Lichtstreifen und die Stelle, wo das Gesicht auf den Hintergrund trifft.

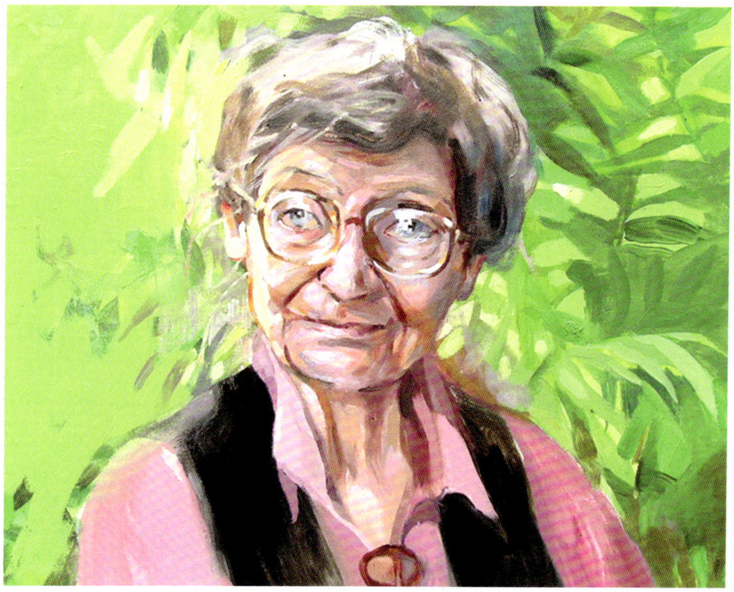

**8** In dieser Phase mache ich mich an die Details des Gesichts und des Halses und lasse beide weich wirken. Ich glätte jede Unebenheit aus, die aus der Überlagerung von fleisch- und rosafarbenen Tönen entstanden ist. Ich bearbeite die Augen und die Brille sorgfältiger. Als Nächstes bemale ich den Hintergrund auf der linken Seite des Bildes mit einem frischen Grün. Der Hintergrund war vorher etwas zu „dicht" geworden und erweckte einen etwas wilden Eindruck, was in Kombination mit dem ruhigen Gesicht unpassend für das Modell erscheint. In solchen Situationen ist es manchmal besser, das Konzept zu ändern und eine bessere Lösung zu finden. So lasse ich manche Farbflecke stehen und beruhige damit den Hintergrund.

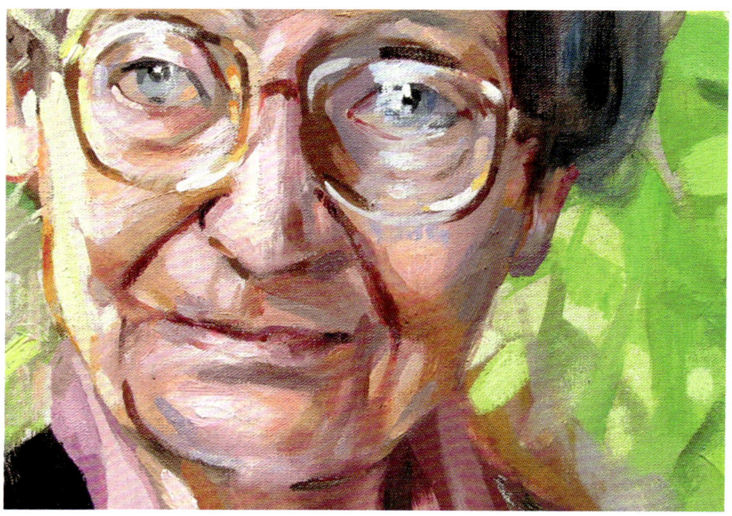

**9** In dieser Vergrößerung sieht man die bearbeiteten Augen, den Bereich um die Augen herum und die Reflexe auf der Brille.

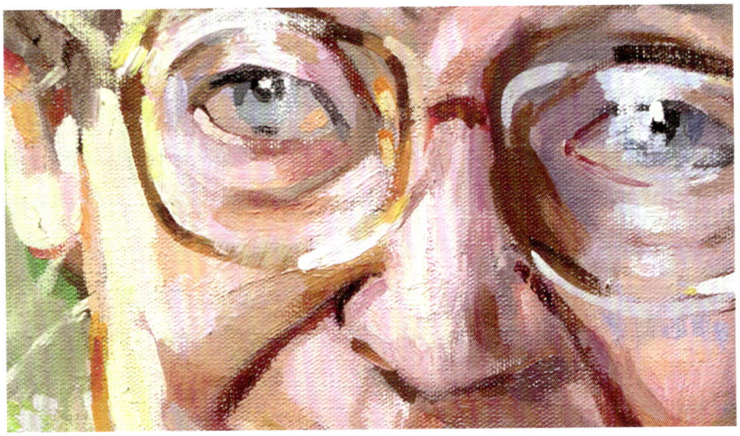

**10** Sehen wir uns noch einmal die Augen an. Sie glänzen und blicken uns neugierig an, was dem Gemüt der Frau entspricht. Doch nicht jede ältere Person, die porträtiert wird, ist so ruhig und optimistisch eingestellt. Bei Personen mit einem traurigen, stumpfen Blick wird der größte Teil der Pupillen durch die schweren oberen Augenlider verdeckt.

**11** Das fertige Porträt einer älteren Frau.

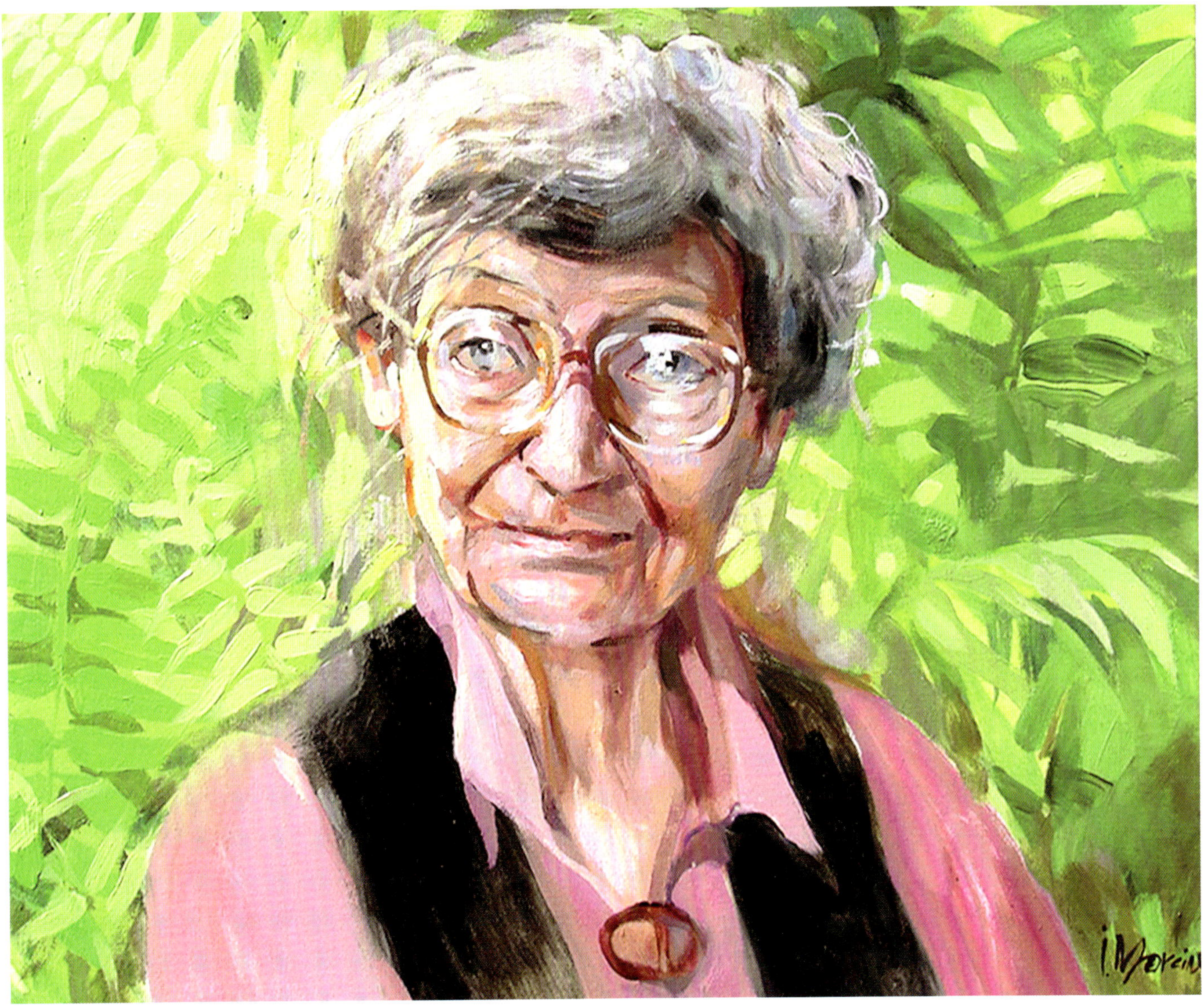

## Das Porträt einer jungen Frau

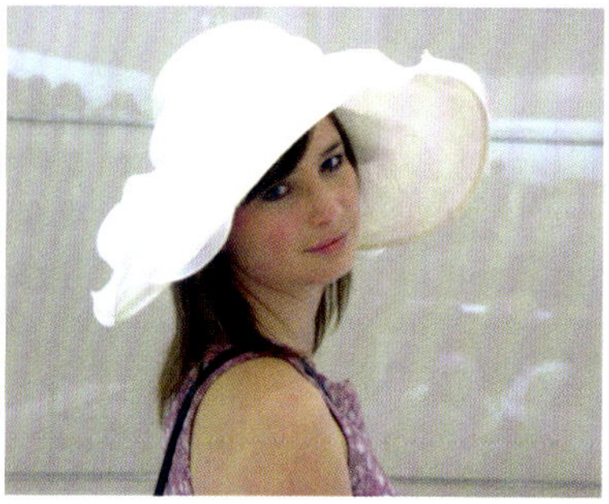

**Technik:** Öl auf Leinwand

**Material:** Ölfarben, ein mit weißer Farbe grundierter Keilrahmen, Format 60 x 70 cm

**Themen:**

- Das Gesicht in der Dreiviertelansicht
- Das Studium der Augen
- Die anatomischen Details der Impression

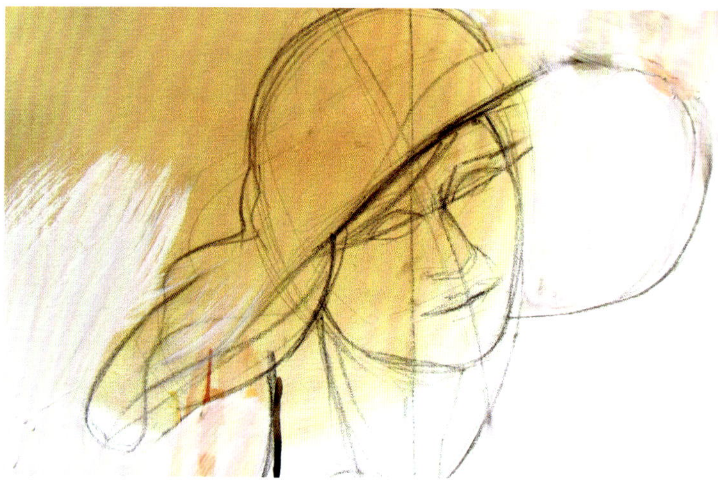

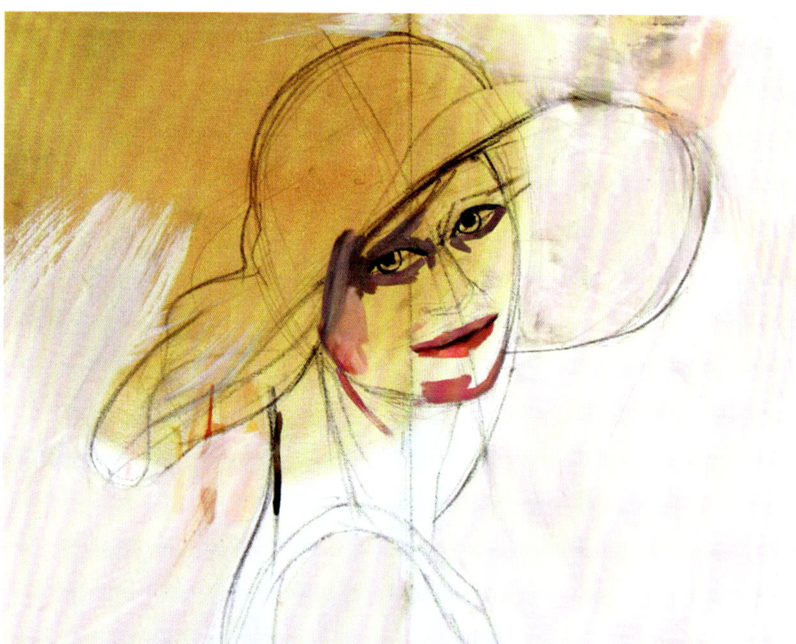

**1** Das Malen dieses Porträts setzt die bereits bekannten, vorher beschriebenen Prinzipien voraus. Auf die Leinwand trage ich eine dünne Schicht Wasserfarbe in den Tönen Ocker und Weiß auf. Auf den getrockneten Untergrund zeichne ich mit Sepiakreide die Form des Kopfes, lege die Proportionen des Gesichts fest und male die Form des Hutes auf. Wichtig ist die Neigung der Symmetrieachse des Kopfes. Als Nächstes male ich mit Ölfarbe die ersten Farbflecke für die anatomischen Details: die Augen, die Lippen, das Kinn.

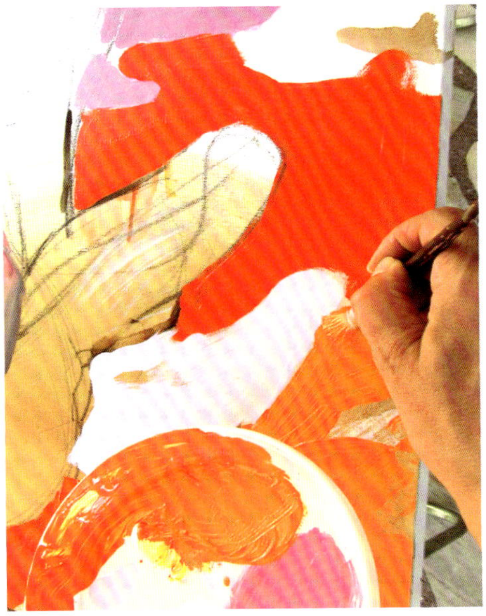

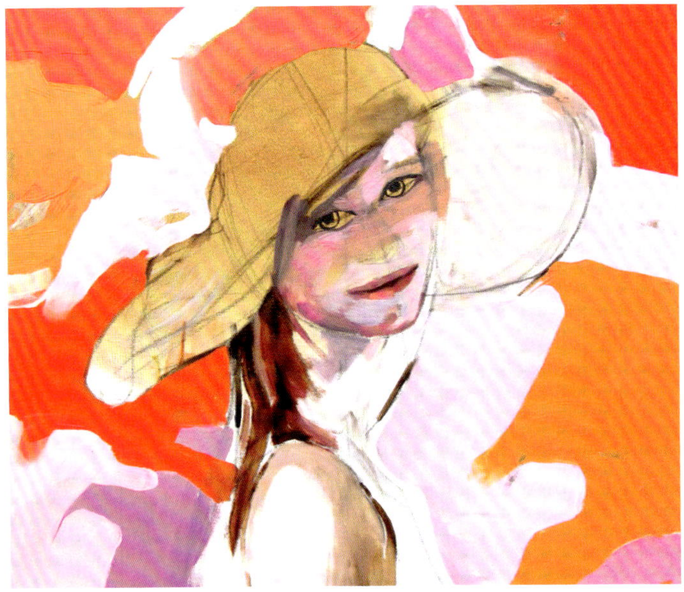

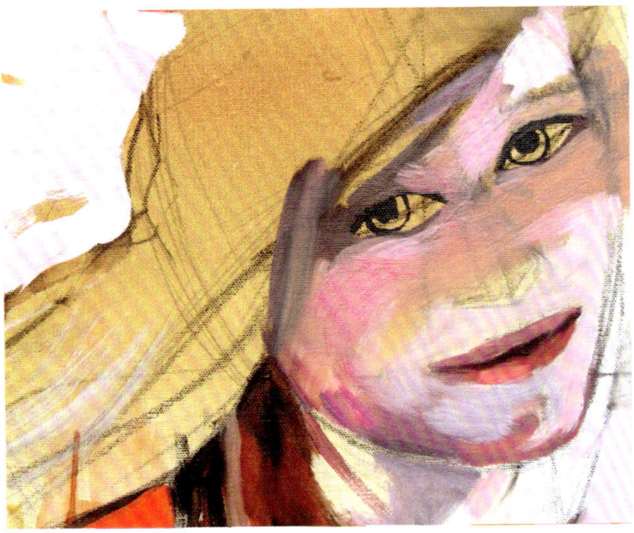

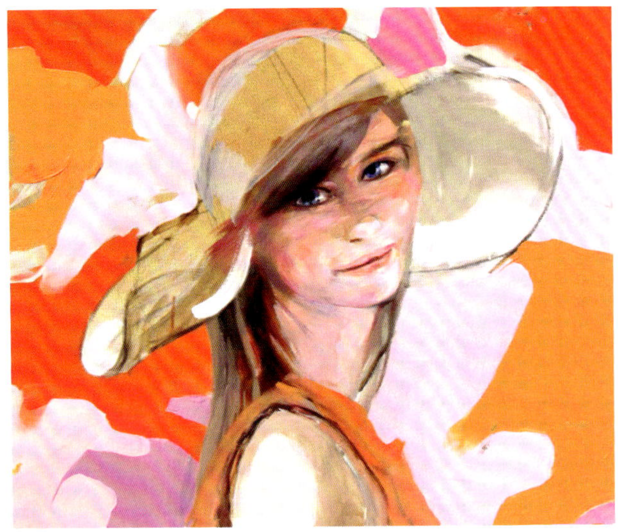

**2** In der nächsten Phase male ich den kontrastierenden Hintergrund. Dessen Färbung wirkt sich auf den Teint des Gesichts aus, weshalb es wichtig ist, ihn zu malen, bevor man zum Studium des Porträts übergeht. Ich male bunte Flecken unter den Hut, wo der Schatten auf das Gesicht fällt, sowie auf die Haare. Anschließend schaue ich mir die Augen, Lippen und Nasenspitze genauer an.

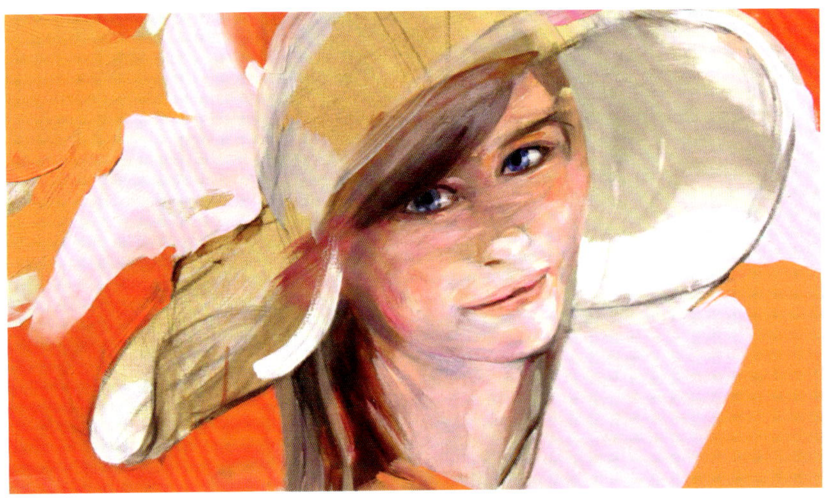

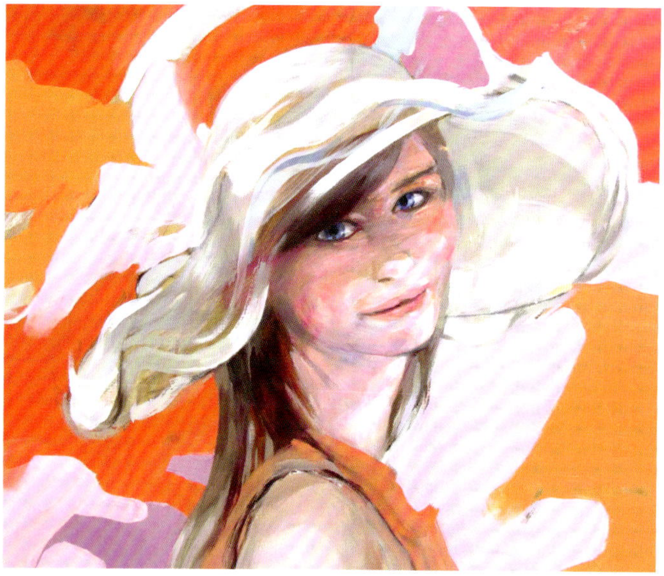

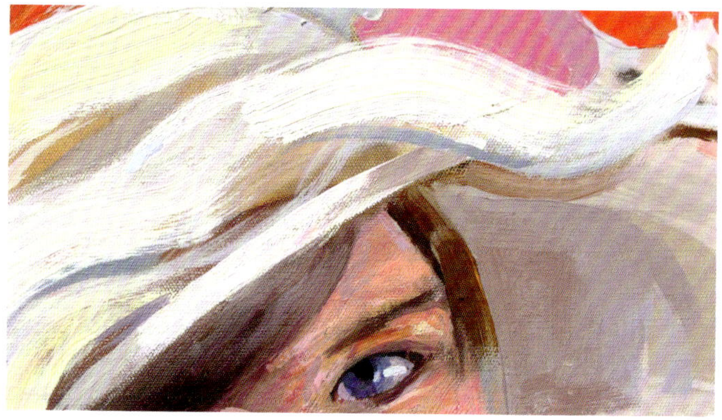

**3** Als Nächstes gilt es den teilweise durchsichtigen Hut aus Tüll zu gestalten.

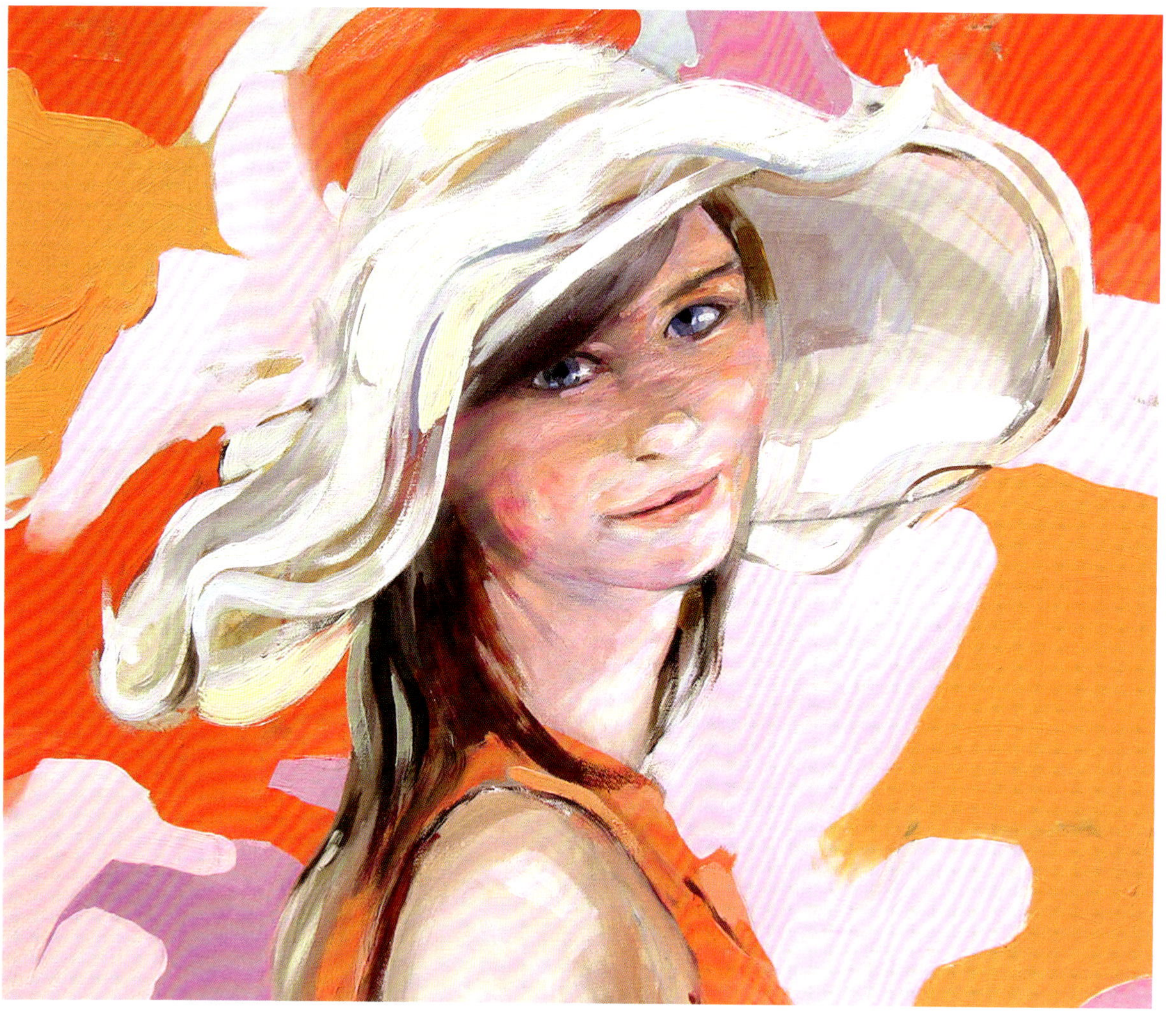

**4** Das fertige Porträt.

# Acrylmalerei

Die nachstehenden Porträts sind in der Technik der Acrylmalerei entstanden. Acrylmalerei ähnelt der Ölmalerei, ist allerdings praktischer, weil die Farben mit Wasser verdünnt werden, was ein schnelleres Malen ermöglicht. Der Effekt von Acryl ist nur insofern ähnlich wie bei „Öl", dass man ihn schneller sieht, denn die Farben trocknen bereits „unter dem Pinsel". Übungsthemen sind Pinselstriche *alla prima*, Verwischungen, Lasuren, Effekte mit Spachteln und diverse Strukturen. Acryl eignet sich gut zum Experimentieren und erfordert keine komplizierte Materialausstattung.

## Das Porträt einer Schauspielerin

**Technik:** Acryl

**Material:** Acrylfarben, ein mit weißer Farbe grundierter Keilrahmen, Format 65 x 80 cm

**Themen:**

- *En-face*-Ansicht
- Das Studium des Gesichts
- Das Studium der Haare

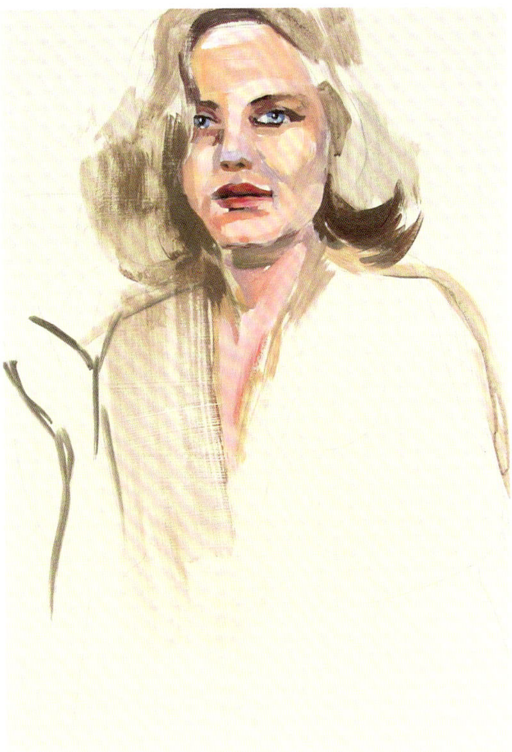

**1** Diese Übung beginne ich mit den Grundfarben, die ich auf das Gesicht und die Frisur auftrage. Mit breiten Pinselstrichen male ich die Kleidung. An diesen Stellen ist die Acrylfarbe stark mit Wasser verdünnt.

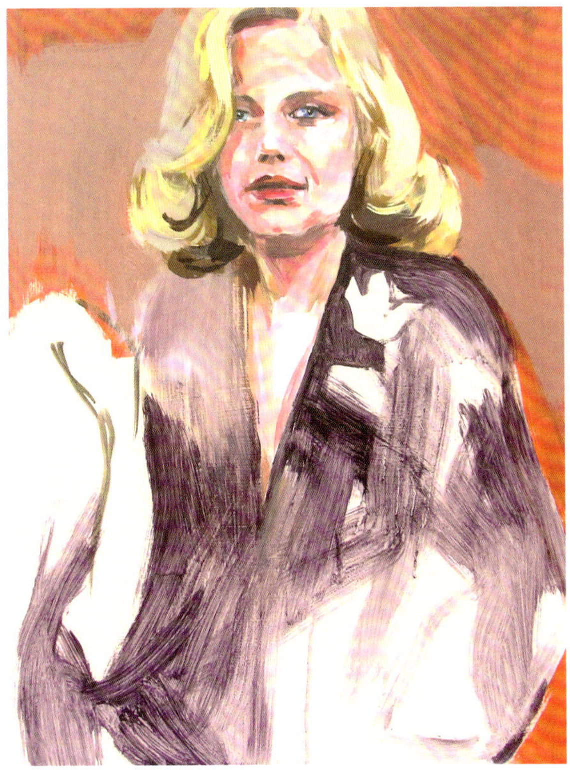

**2** Als Nächstes finde ich die Farbe der Haare und male auf dem vorherigen transparenten Untergrund helle Strähnen. Ich male den Hintergrund des Modells. Dort, wo die Haare auf den Hintergrund treffen, benutze ich eine Zwischenfarbe, damit die Haare sanft ins Rötliche übergehen. Dann skizziere ich die Falten auf der Kleidung des Modells.

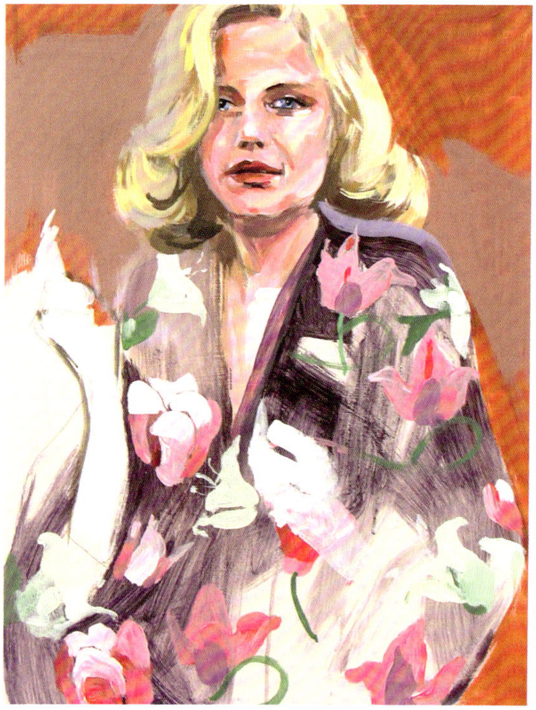

3 In dieser Phase skizziere ich die Hände und zeichne das blumige, dekorative Muster der Kleidung. So entwerfe ich das Bild in seiner Gesamtheit – außer das Gesicht.

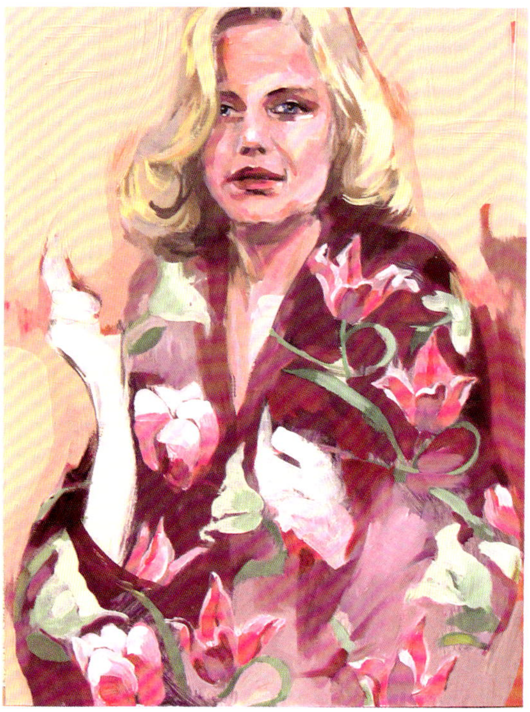

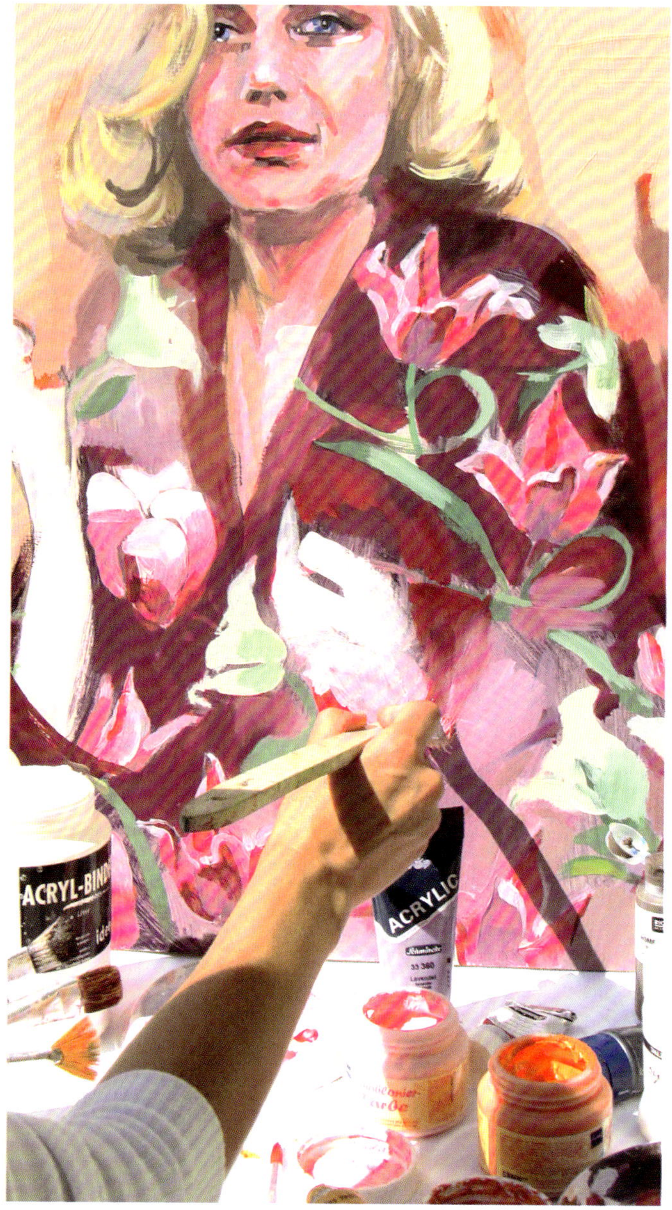


4 Im weiteren Verlauf konzentriere ich mich auf die Kleidung und feile an den Nuancen des Blumenmusters. Auf den vorherigen Untergrund trage ich eine dickere, deckende Schicht Acrylfarbe in einem Pfirsichton auf.

5 Acrylfarbe ermöglicht das mehrfache Ändern der Farbe. Dazu mische ich sie mit Wasser oder einem Bindemittel für Acrylfarbe. Auf diese Weise erhält die Farbe Tiefe.

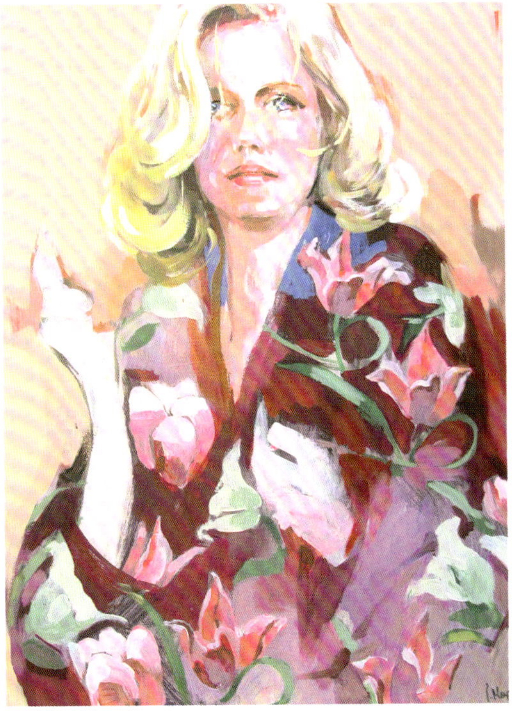

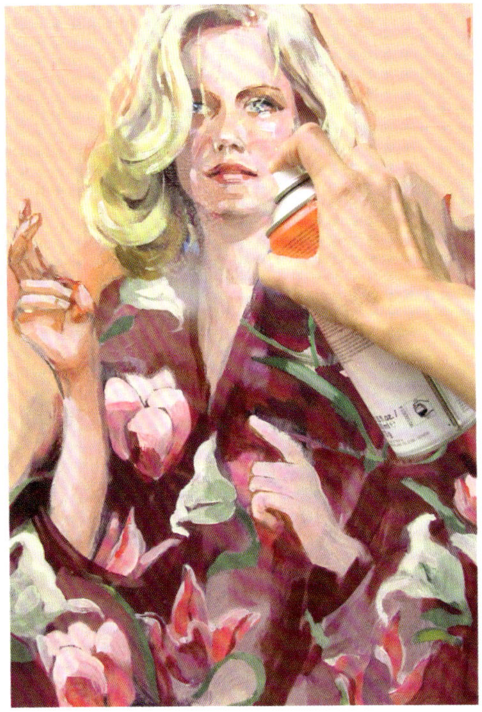

7 Zum Schluss fixiere ich das Bild mit einem matten Acryl-Firnis. Man kann auch einen anderen Firnis nehmen, halbmatt oder glänzend. Firnis soll Wasserfarbe haltbar machen, damit sie gleichmäßig glänzend oder matt ist.

6 Ich schaue mir das Gesicht des Modells genau an, bearbeite die Details an den zuvor aufgetragenen Flecken. Ich helle die Stirn mit einem breiten Pinselstrich auf. Ich male grelle Farbreflexe auf die Wangen, die Nasenspitze, das Kinn. Dann gehe ich zur Zeichnung der Augen und Lippen über. Ich schaue mir die Haare genauestens an und verleihe ihnen eine leichte, weiche Struktur. Rechts neben dem Hals trage ich eine Kobaltfarbe auf, da diese Farbe gut mit den dunklen Strähnen des Haars harmoniert. Anschließend verwische ich diese Stelle mit dem Bordeauxrot der Kleidung, damit sich beide Farben vermischen.

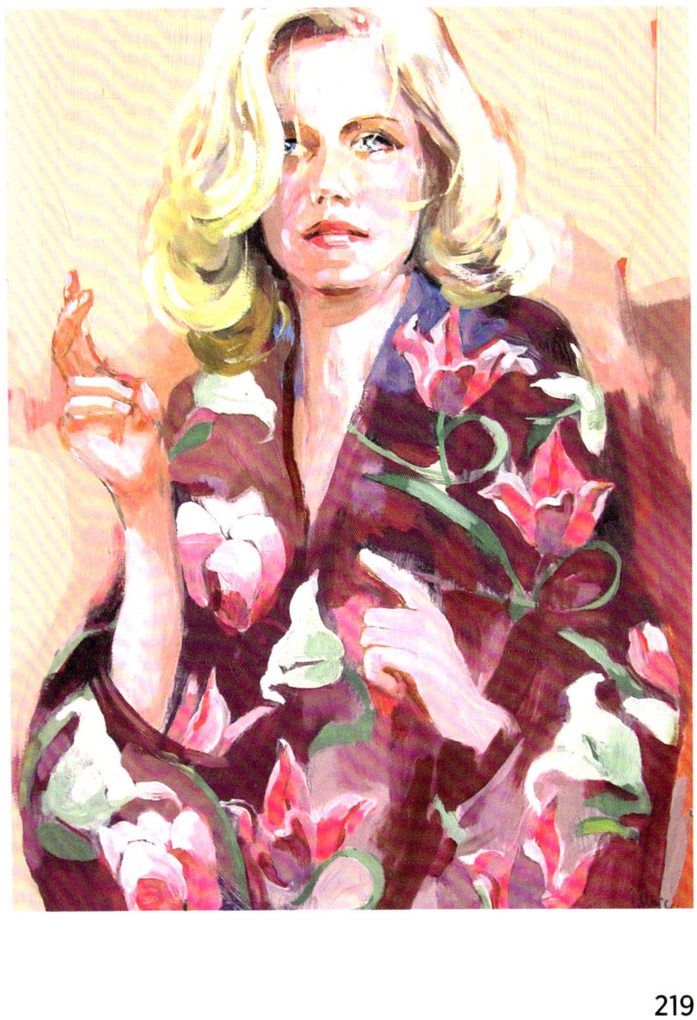

8 Das fertige Porträt.

## Das Porträt eines älteren Mannes

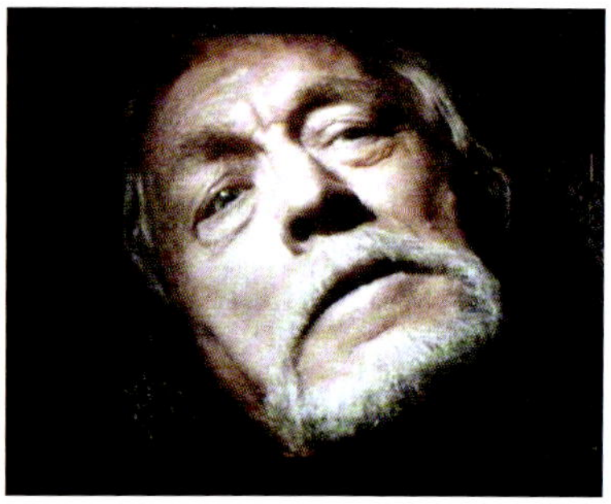

**Technik:** Mischtechnik auf einer Holzfaserplatte

**Material:** Ölfarben, Strukturmasse für Acrylfarben, Acrylfarben, Öl-Pastellkreide, Strukturfarbe, Holzfaserplatte, Format 34 x 50 cm

**Themen:**

• *En-face*-Ansicht des Gesichts

• Der Ausdruck der Augen

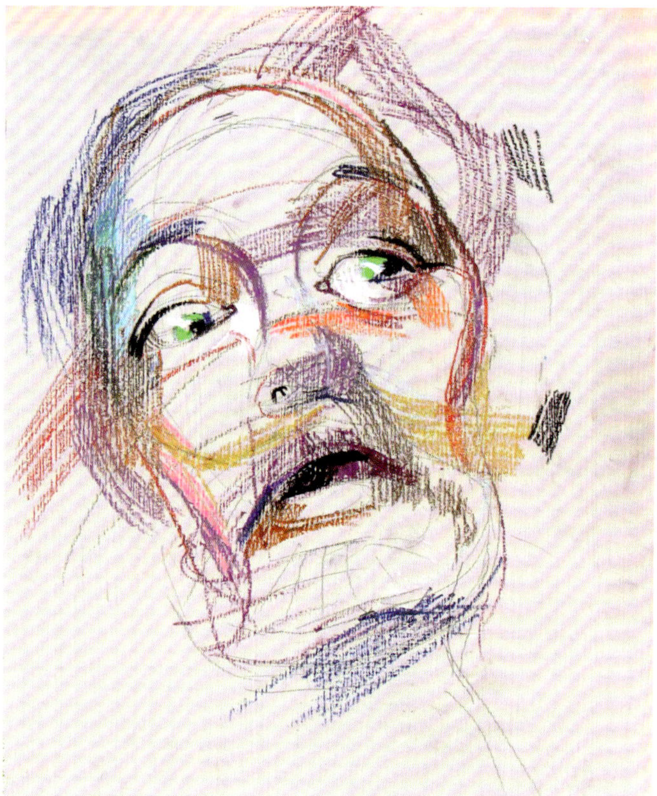

**1** Ich beginne das Porträt mit den Konstruktionsrichtungen und den anatomischen Details. Dazu verwende ich Ölpastellkreiden. Bereits in dieser frühen Phase widme ich mich dem Ausdruck in den Augen des Modells.

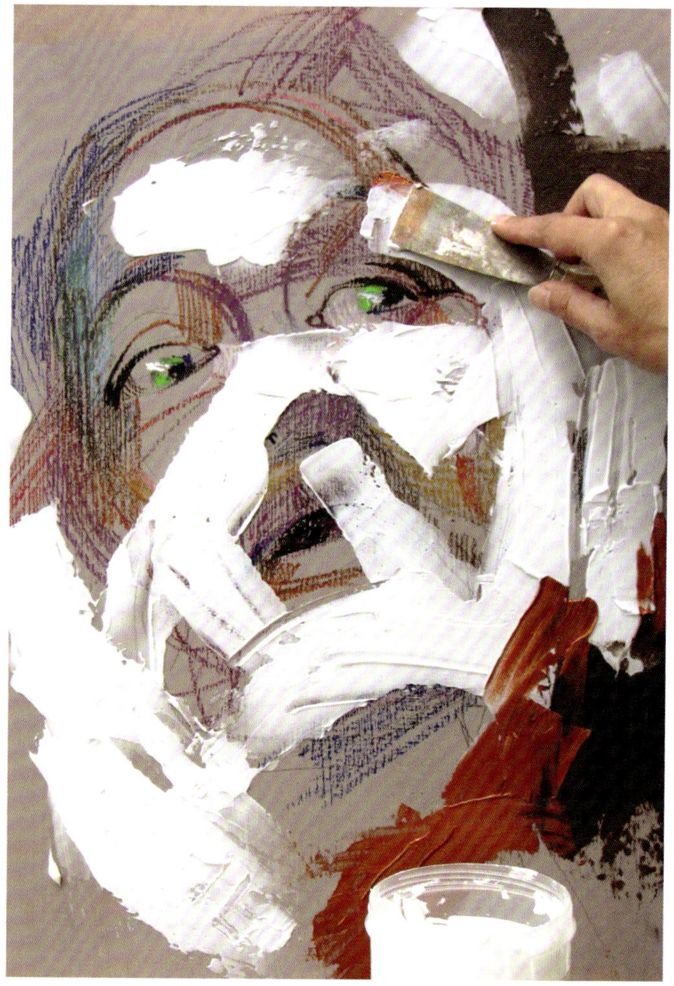

**2** Als Nächstes trage ich mit einem Spachtel willkürlich eine Strukturmasse auf die Oberfläche des Bildes auf, die als Grundlage für die nächsten Farbschichten dient. Die Masse ist weiß und ich trage sie dünn auf oder „spachtle" freie Bereiche des Bildes dicker.

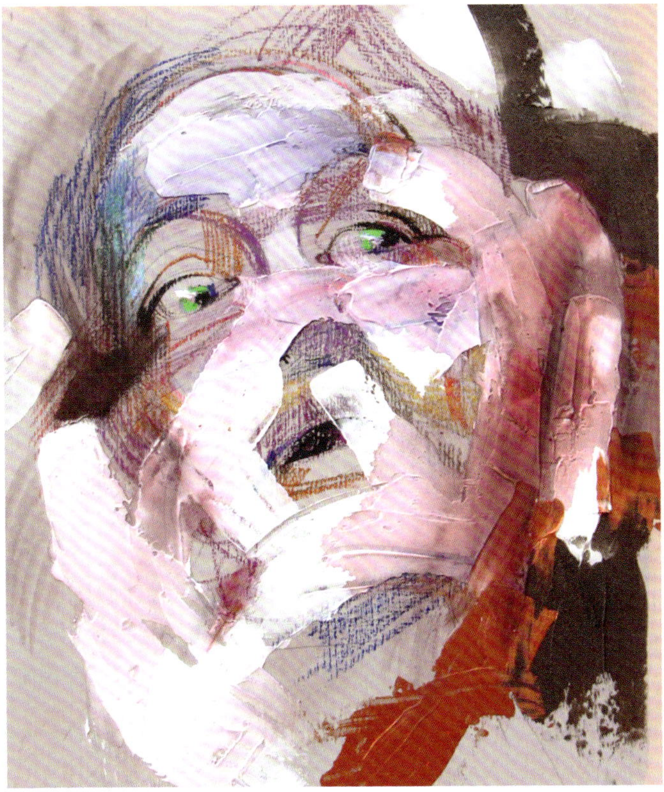

**3** Auf die getrocknete Masse trage ich mit Lasurtechnik Ölfarben auf. Mithilfe eines Spachtels lege ich dicke braune Schichten Strukturfarbe auf.

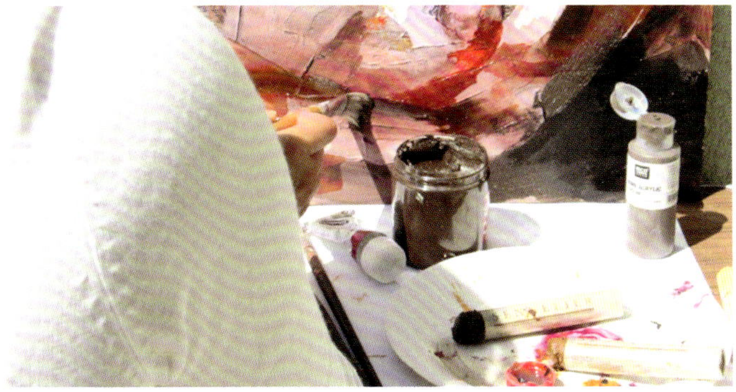

**4** An den dunklen Stellen des Bildes verbinde ich Brauntöne aus verschiedenen Arten von Farben miteinander: z.B. Acryl (aber nur an Stellen, wo noch nicht mit Ölfarbe gemalt wurde) und Strukturfarbe.

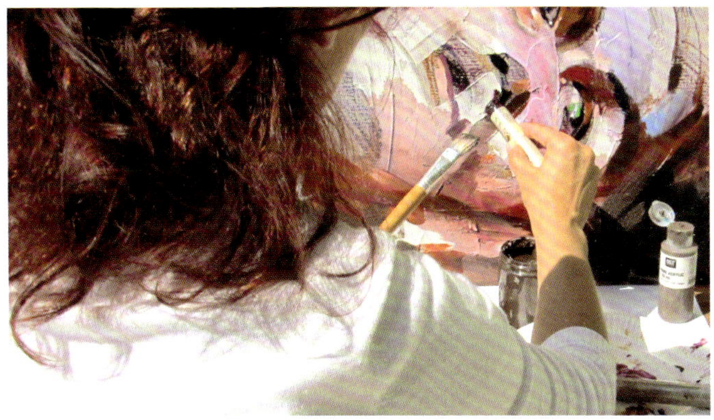

**5** Diese Phase ist sehr kreativ und besteht darin, die richtigen Farben, Strukturen, Effekte und Tonübergänge zu finden.

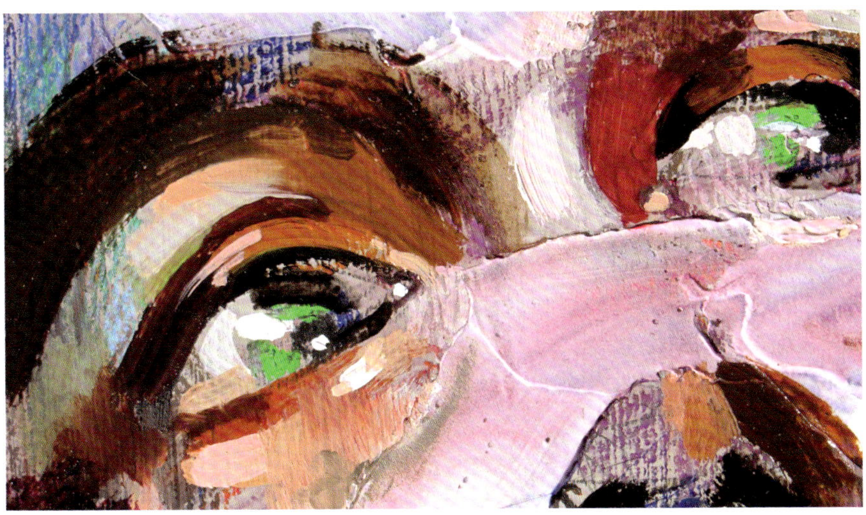

**6** In dieser Vergrößerung sieht man die Bearbeitung der Augen.

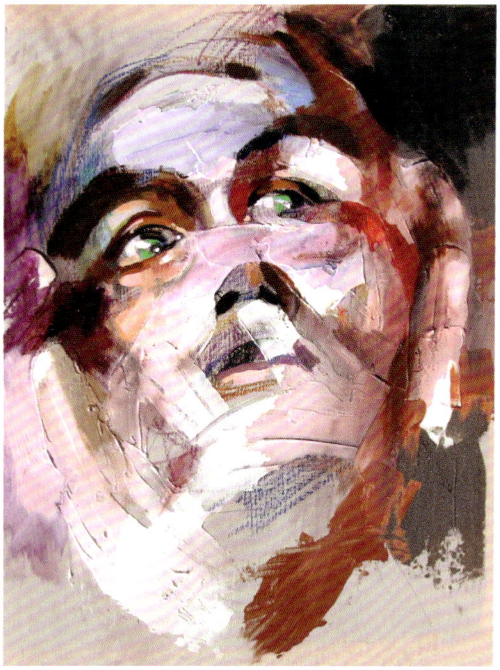

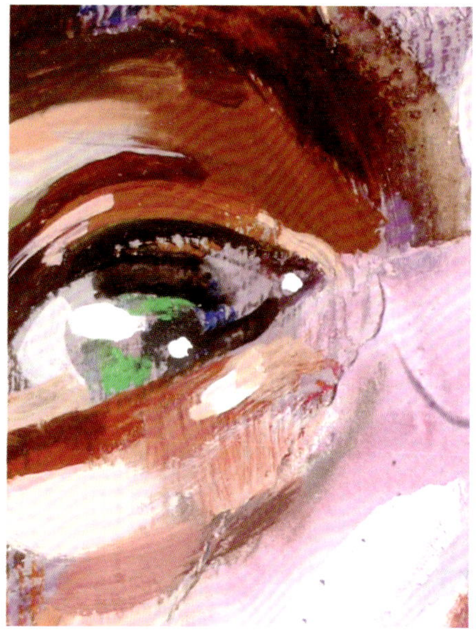

**7** So sieht das Motiv im weiteren Verlauf aus.

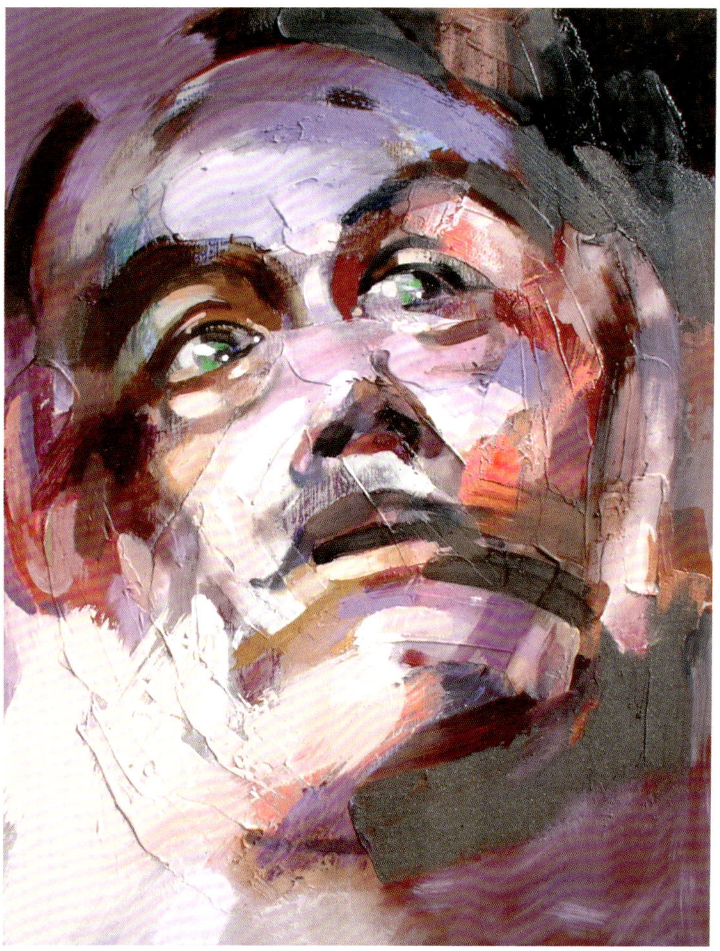

**8** Das Porträt ist fertig.

## Das Porträt einer jungen Frau

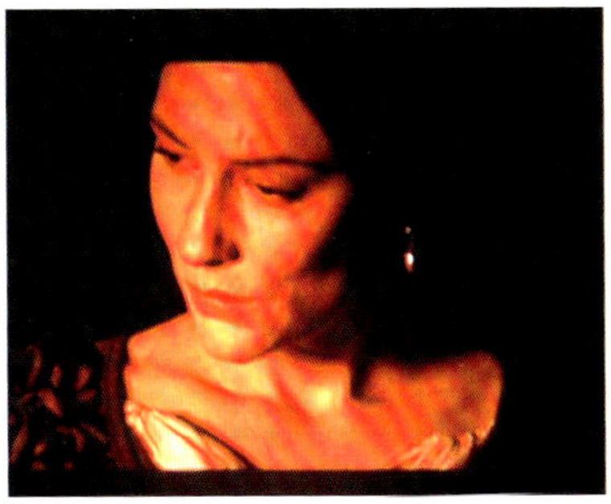

**Technik:** Mischtechnik auf einer Holzfaserplatte

**Material:** Ölkreide, Terpentin, Holzfaserplatte, Format 30 x 50 cm

**Themen:**

- *En-face*-Ansicht
- Die Konstruktion des Gesichts mit Licht und Schatten

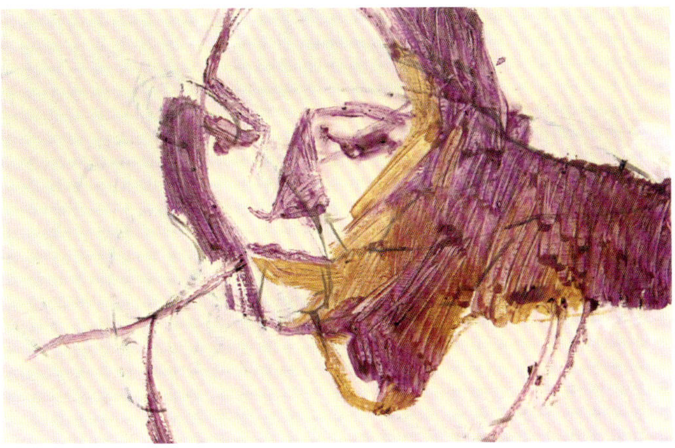

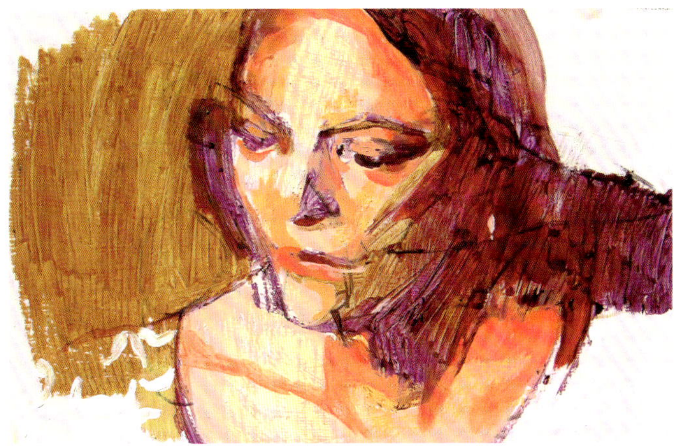

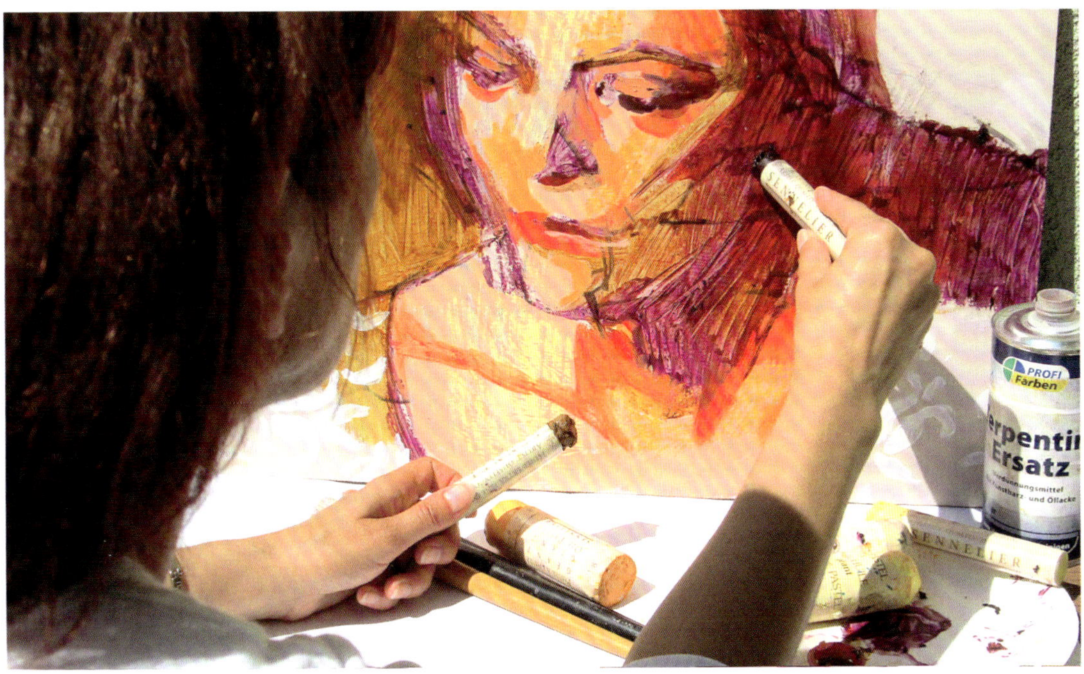


**1** Die verschiedenen Phasen der Entstehung des Porträts einer jungen Frau in der Mischtechnik.

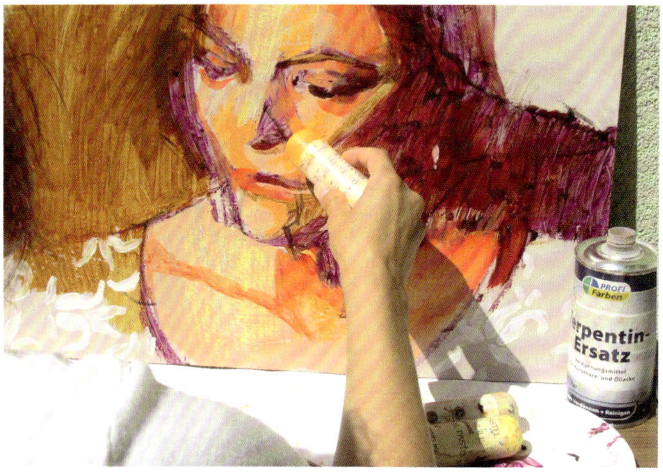


**2** Die Ausarbeitung der Haare und des Hintergrundes.

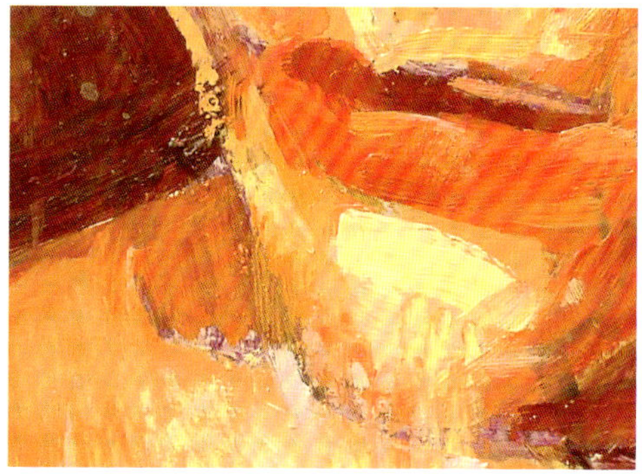

**3** Eine Detailansicht.

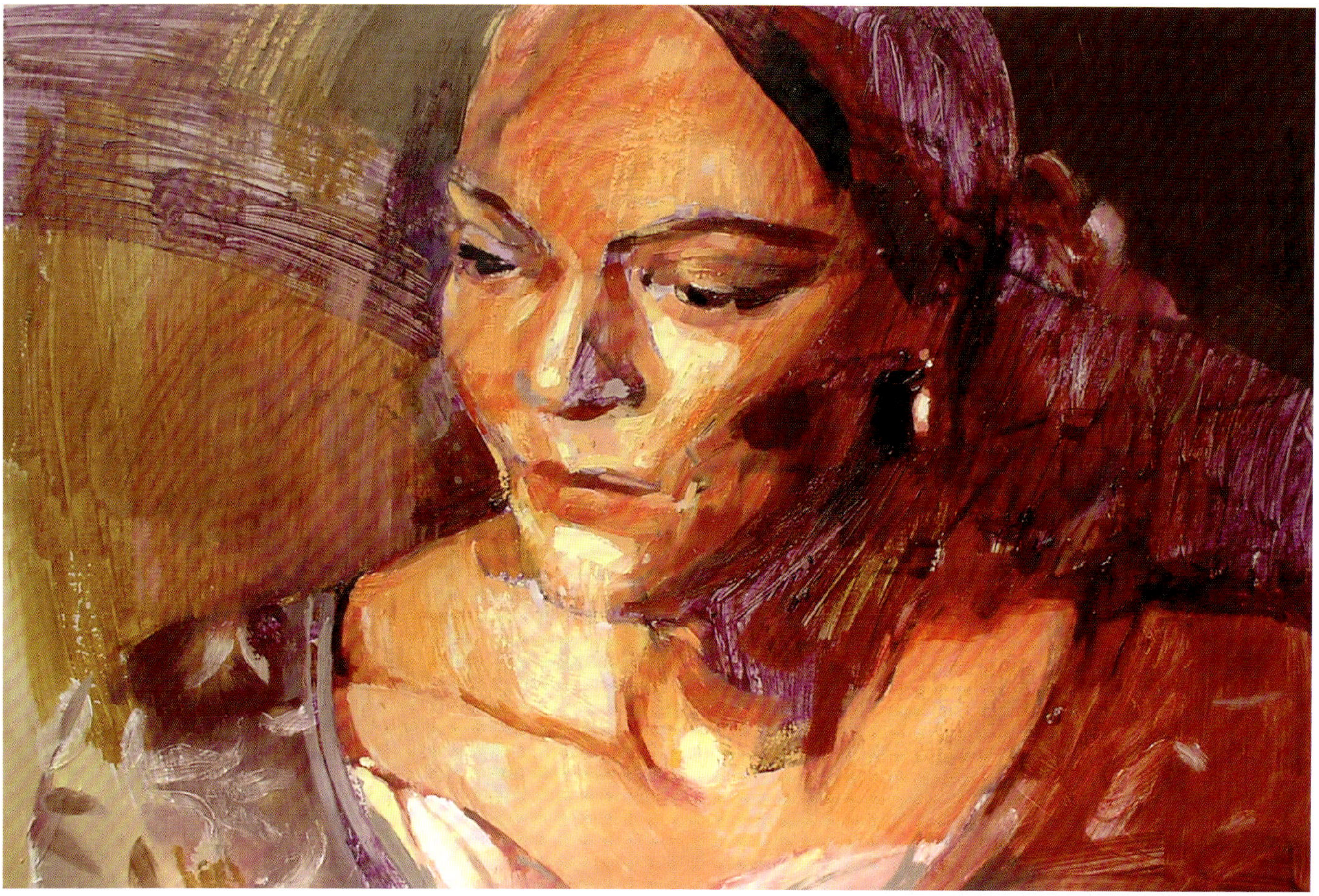

**4** Das fertige Porträt.

# Porträts für Fortgeschrittene

## Lichtquellen in der Porträtmalerei

Das Licht spielt eine genauso wichtige Rolle in der Porträtmalerei wie das Farbspektrum oder die Darstellung der Form – es charakterisiert das Bild, seine Atmosphäre und Dynamik. Im Einklang mit der Farbe „kreiert" das Licht das Gesicht. Man unterscheidet einige Arten von Beleuchtung im Porträt:

- gleichmäßiges, diffuses Tageslicht
- kontrastierendes Licht (Aufteilung in Licht und Schatten)
- punktuelles Licht
- Oberlicht
- Lichtquelle hinter dem Modell

Jahrhundertelang war das reale gleichmäßige, diffuse Tageslicht in der Porträtmalerei an der Tagesordnung. In der Renaissance positionierten Künstler die Modelle vor Landschaften oder Räumlichkeiten, die mit Tageslicht durchflutet waren. Barocke Künstler wie Caravaggio oder Velázquez nutzten sehr häufig künstliches Licht, das das Gesicht in eine beleuchtete und eine schattierte Hälfte teilte. Die Figuren erschienen in der Regel vor einem dunklen Hintergrund.

Rembrandt war ein Meister, wenn es um den Einsatz von Licht ging. Er erzielte mit Licht die außergewöhnlichsten und geheimnisvollsten Effekte. In seinem frühen Gruppenporträt *Die Anatomie des Dr. Tulp* malte er die Gesichter der Figuren noch mit den reellen Farben, doch bei dem Porträt *Die Nachtwache* wandte Rembrandt schon eine Methode an, die das Publikum schockierte: Der Maler bildete in der Tat die wichtigsten Personen im Vordergrund ab, in Übereinstimmung mit den Grundsätzen der Porträtmalerei jener Zeit, allerdings richtete er das Licht auf ein Mädchen hinter ihnen, das ein totes Huhn trug, was für die Grundkomposition eigentlich irrelevant war. Dieser helle Lichteinfall verschob die kompositorische Dominante von den wichtigen Personen auf eine Randfigur im Bild, die dadurch in den Mittelpunkt rückte. Mithilfe von Licht teilte Rembrandt die Bildebene und machte sie lebendig und dynamisch.

Der auffallend andere Umgang mit diesem Porträt fand seinerzeit keine Anerkennung bei Auftraggebern und Mäzenen, wurde aber zu einem Durchbruch in der Malerei in Bezug auf die Konstruktion des Bildes als alleinstehendes Objekt, und nicht nur als Nachbildung von etwas. In seinen Selbstporträts hat Rembrandt häufig Oberlicht verwendet. Diese Beleuchtung, die als „Lichtdreieck" oder das „Rembrandt-Licht" bekannt wurde und bei der die Lampe über dem Modell angebracht war, wird heute in der Fotografie verwendet. Das Licht einer Lampe erzeugt ein charakteristisches Dreieck auf der Wange der porträtierten Person. Diese leicht diffuse Scheinwerfer-Beleuchtung des Gesichts verleiht dem Bild einen magischen Ausdruck.

So wurde das Licht in einem Gemälde zum ersten wichtigen Forschungsgegenstand der Impressionisten.

Sie waren es, die ihm zugestanden, ein Mittel zu sein, das einem Kunstwerk Plastizität verleiht. Die Impressionisten ersetzten die Lichtquelle durch das Spiel der Reflexe und achteten auch auf die Art und Weise, wie das Licht die Farbe beeinflusst. Aufgrund dieser Beobachtung sind die Schatten in ihren Bildern, einschließlich der Porträts, nicht schwarz, wie es bei den Malern früherer Epochen der Fall war, sondern z.B. blau, violett und grün.

Die folgenden Beispiele zeigen, wie die Beleuchtung bei einem Porträt funktioniert:

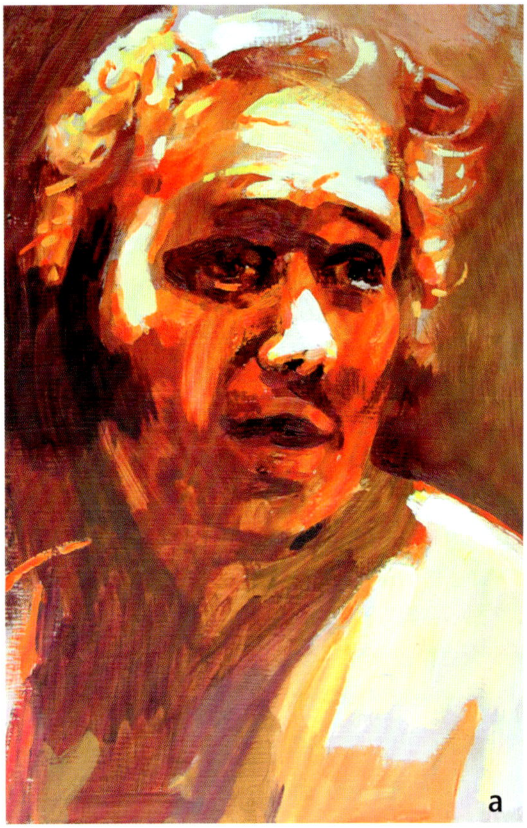

Lichtquelle von oben

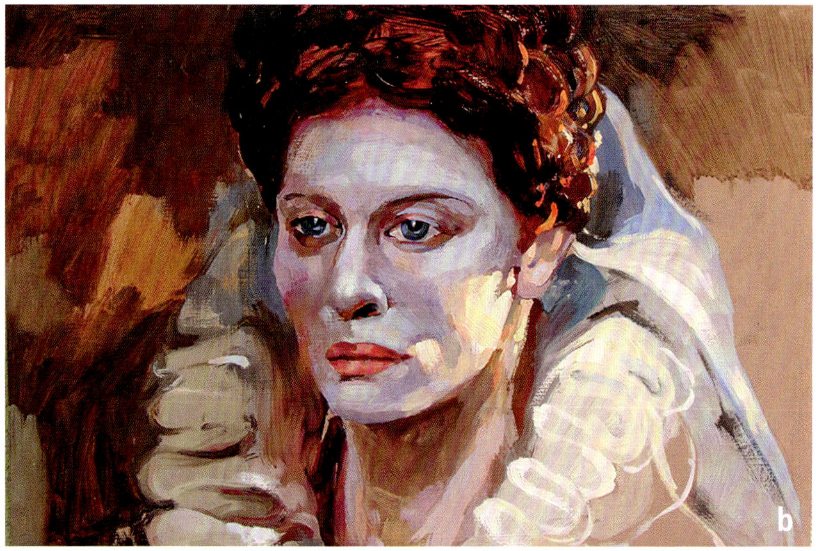

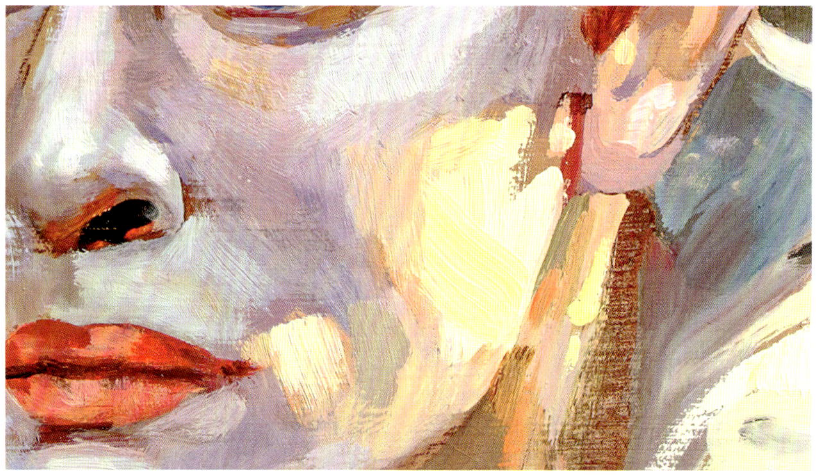

Punktuelles seitliches Licht

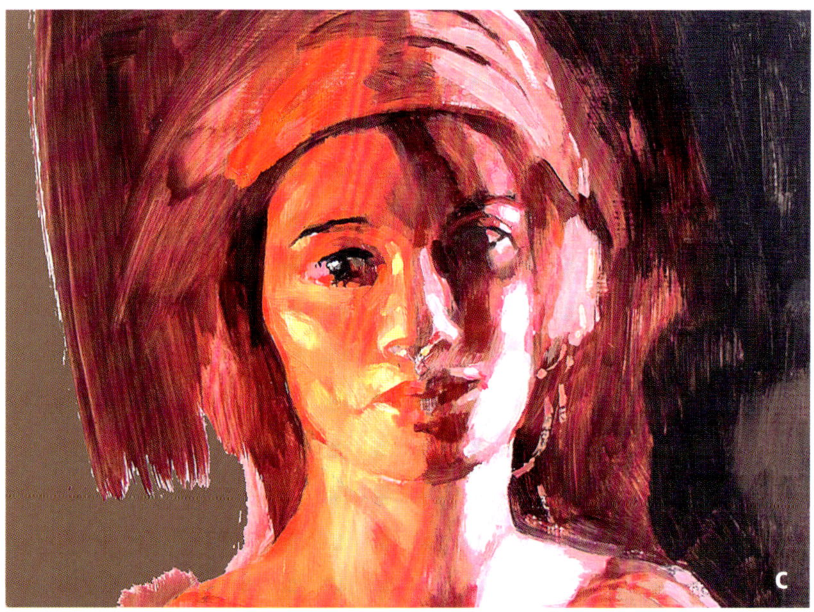

Beidseitiges, kontrastierendes seitliches Licht

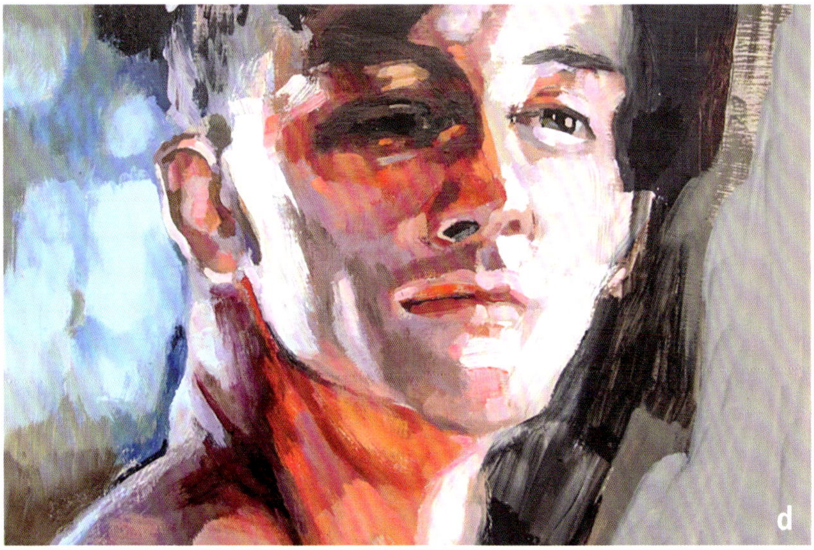


Helles, seitliches Licht

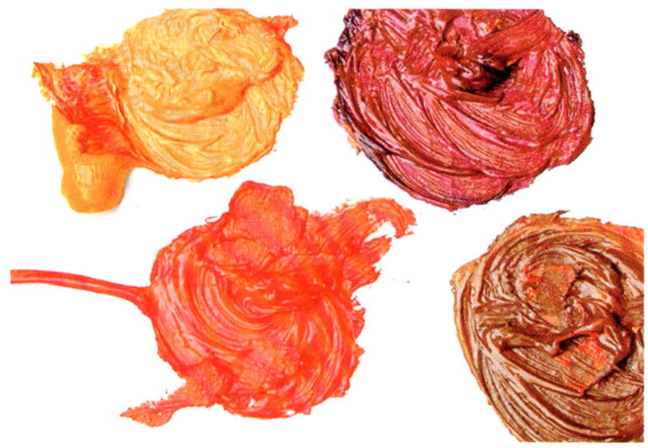

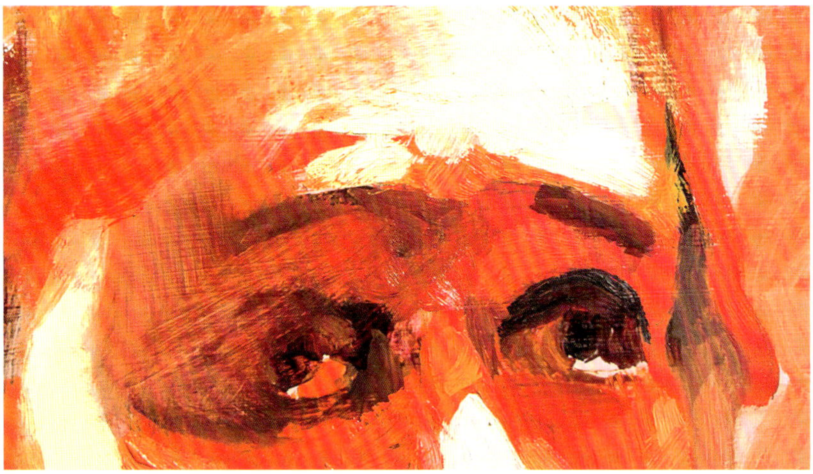

Ausschnitte der Bilder a und c. Das Porträt a wurde aus den vier hier abgebildeten Farben geschaffen.

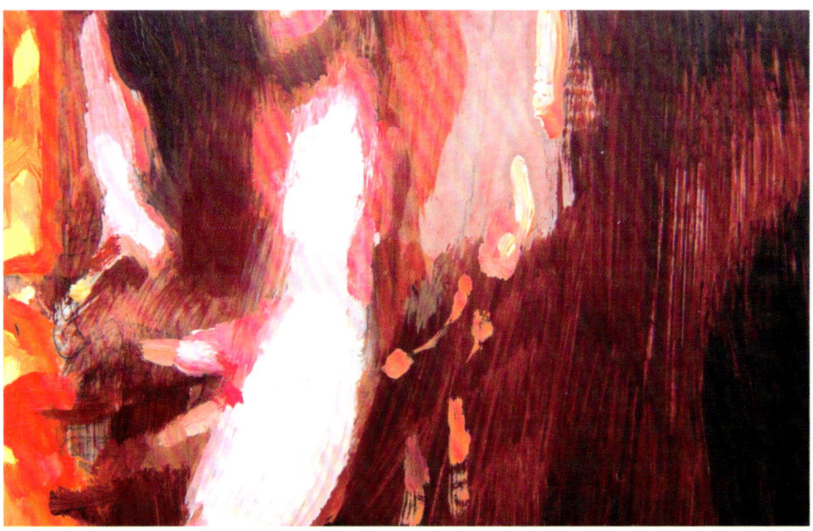

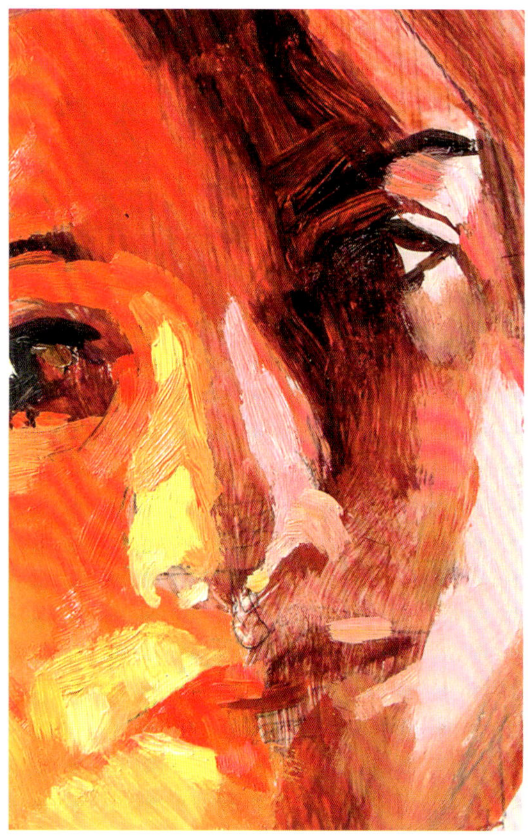

## Das abstrakte Porträt

Im abstrakten Porträt (der Abstraktionismus ist eine Richtung der zeitgenössischen Malerei, die sich durch eine Abkehr von der Nachahmung der Realität auszeichnet) gelten die klassischen Regeln für die Gestaltung von Form und Raum nicht mehr. In dieser Konvention verschwindet der Zwang zur Anwendung der bis dato geltenden Regeln bezüglich Perspektive, Licht und Schatten, Konstruktion und Proportion, sogar bis hin zu Naturgesetzen, z.B. der Erdanziehungskraft (in Chagalls Werken schweben die Figuren in der Luft, die Gesichter sind umgekehrt). Manchmal dient das Modell nur als Vorlage für die reine Form, als Ausgangspunkt für eine abstrakte Form, in der die Merkmale des Modells gar keine Rolle mehr spielen. Künstler, die abstrakte Porträts schaffen, haben bewiesen, dass es möglich ist, ein gutes Werk zu malen, ohne realistische Regeln anzuwenden. Da der Charakter einer Person oft auf einem festgehaltenen Eindruck beruht, fanden Abstraktionisten künstlerische Mittel, um dieses flüchtige Gefühl zu vermitteln.

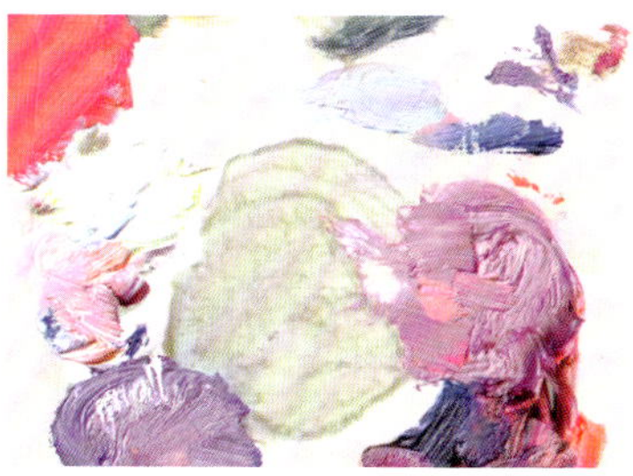

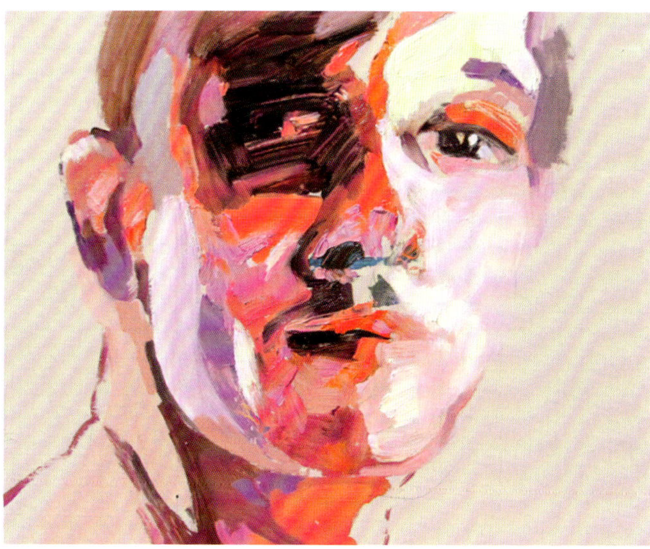

**1** Die erste Phase.

Abstraktion ist eine subjektive Spiegelung der bestehenden Realität. Die Form des Bildes, die Elemente, die bei der Komposition verwendet werden, resultieren aus der Fantasie des Künstlers. Ein abstraktes Porträt ist kein Abbild der Figur, wie sie in der Realität aussieht, sondern eine neue Form des Objekts. Was zählt, ist das Bild, das ein Zeichen ist, ein Spiel aus Linien und Flecken.
Zu den großen Porträts der abstrakten Malerei gehören u.a. die Werke von Pablo Picasso aus der abstrakten Periode und die Porträts von Paul Klee.
Für die Darstellung eines abstrakten Porträts habe ich das Modell von der vorherigen Seite wiederaufgenommen. Dieses Porträt wurde in Öl gemalt, als Malwerkzeug diente ein Spachtel.

**Technik:** Öl auf Leinwand

**Material:** Ölfarben, Spachtel, Pinsel, Keilrahmen, Format 35 x 45 cm

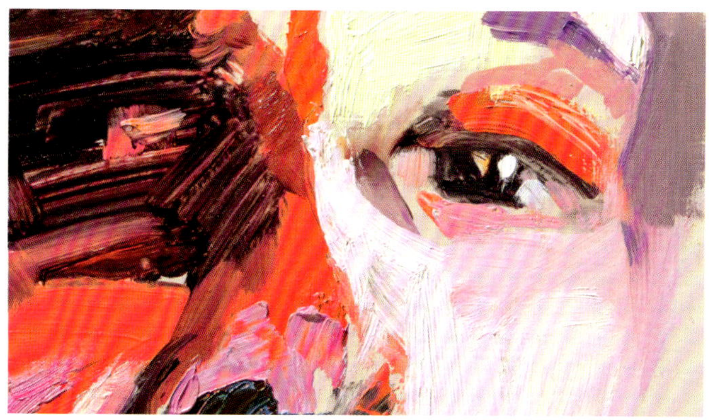

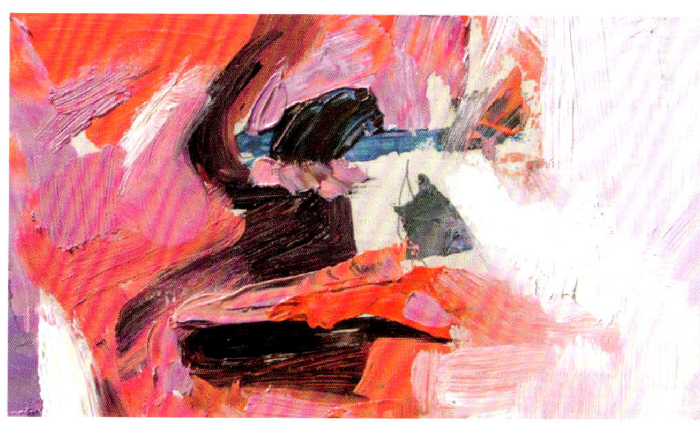

**2** Vergrößerte Ansichten des Porträts im weiteren Verlauf.

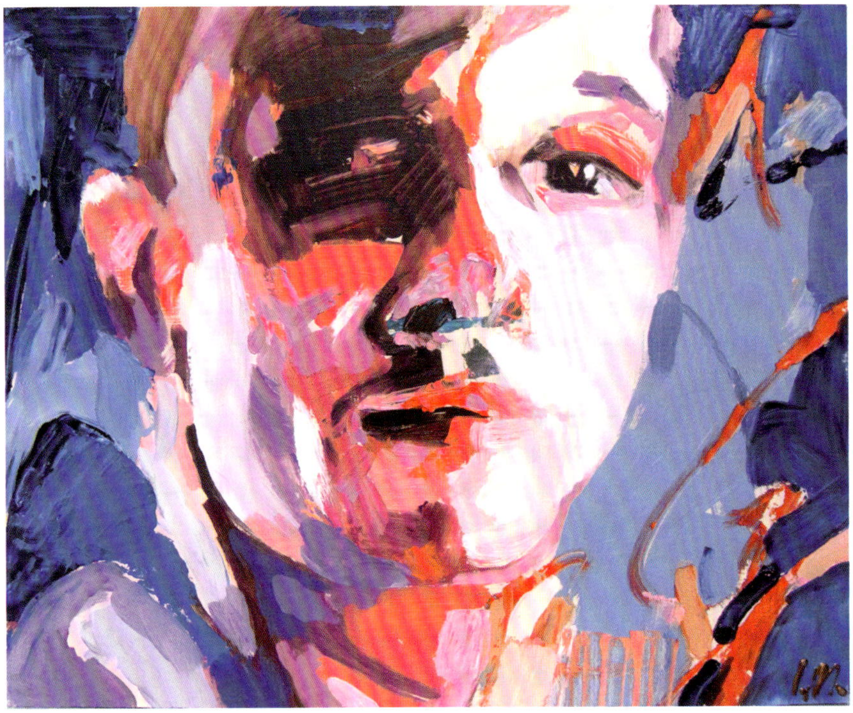

3 Das fertige Porträt des Mannes.

## Das impressionistische Porträt

Obwohl der Impressionismus noch zu den realistischen Konventionen gezählt werden kann, entfernten sich die impressionistischen Maler von der getreuen Wiedergabe von Objekten hin zu einer subjektiven Vision der Realität. Sie verzichteten auf formgebende Konturen, Farbschattierungen der Fläche und auf die traditionelle lineare Perspektive zugunsten der Farbperspektive.

Die zentrale Lichtquelle wurde durch Reflexe ersetzt, sodass das präsentierte Thema „vibrierte" und nicht mehr deutlich und klar war, sondern anfing, Ausdruck zu sein. Impressionistische Bilder sind ausgesprochen schön, leuchtend, stimmungsvoll. Unser impressionistisches Porträt hat vieles mit dem Impressionismus gemein, weil seine wichtigsten Merkmale die Subjektivität und die Wiedergabe eines flüchtigen, momentanen Eindrucks sind.

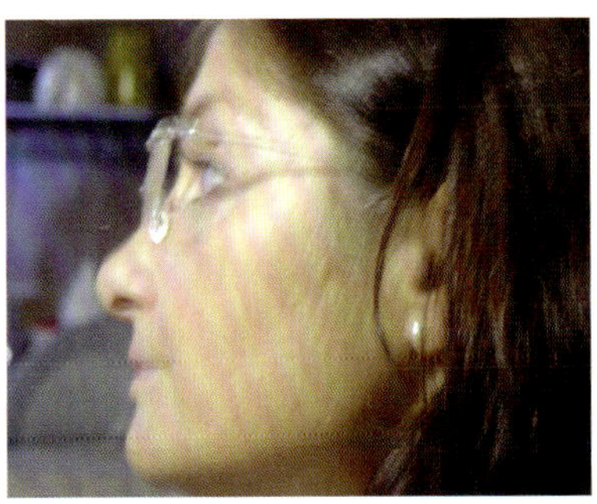

**Technik:** Öl auf Leinwand

**Material:** Ölfarben, breite, flache Pinsel, Keilrahmen, Format 35 x 45 cm

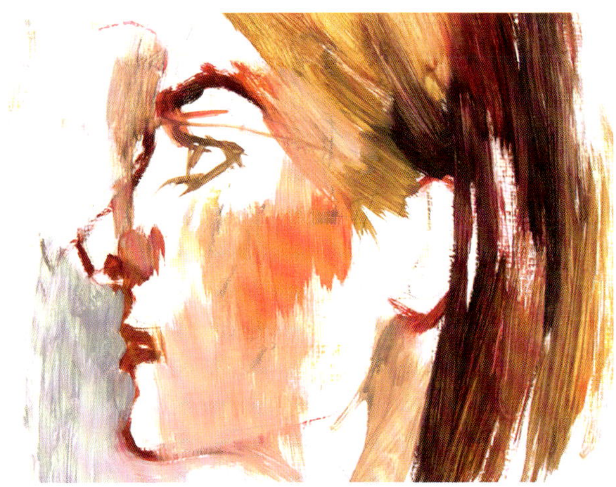

1 Die verschiedenen Entstehungsphasen des Porträts.

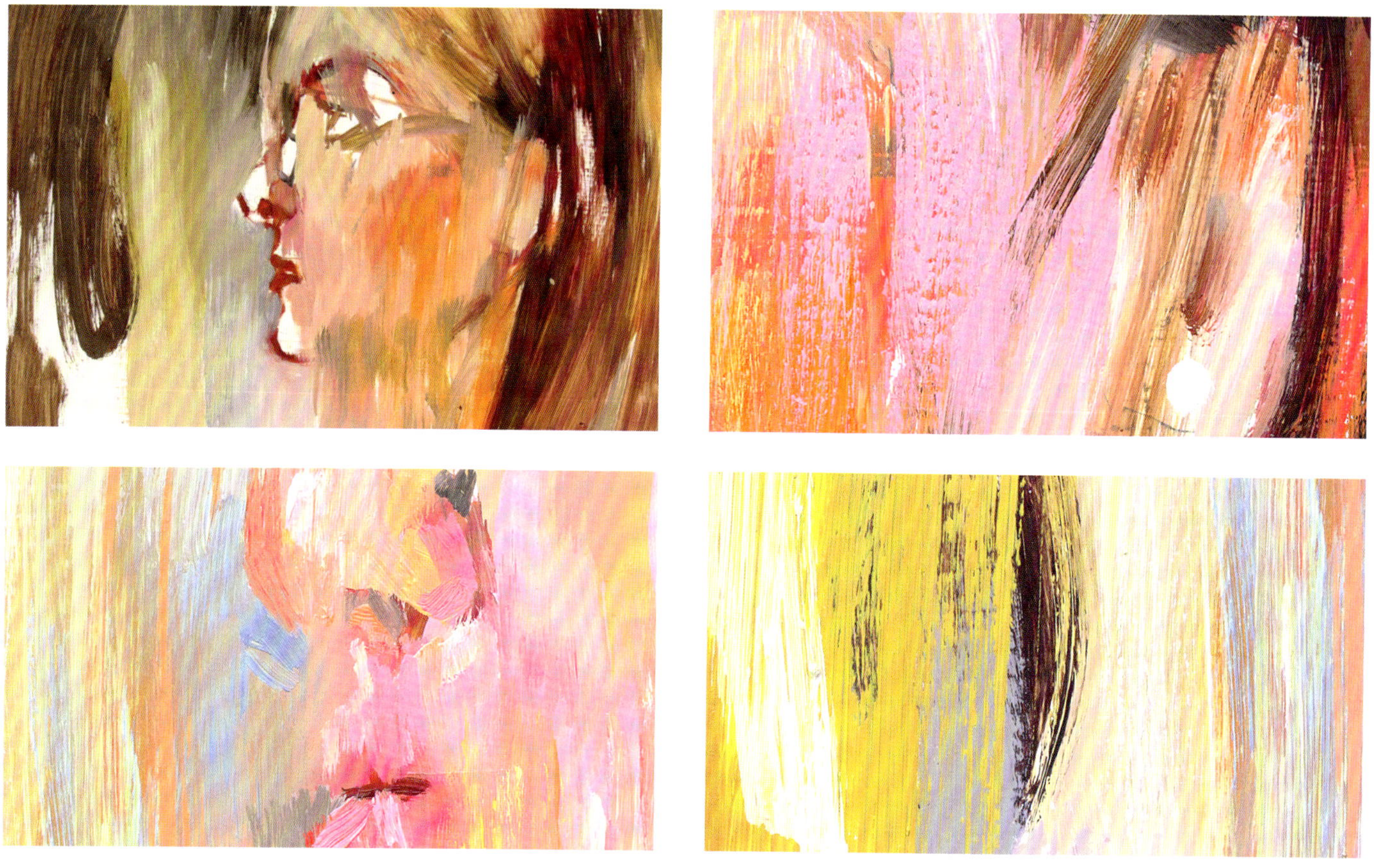

**2** Fragmente dieser Komposition. Zu beachten ist, dass die Pinselstriche spontan geführt werden. Auf diese Weise können mehrere Farbschichten aufgetragen werden.

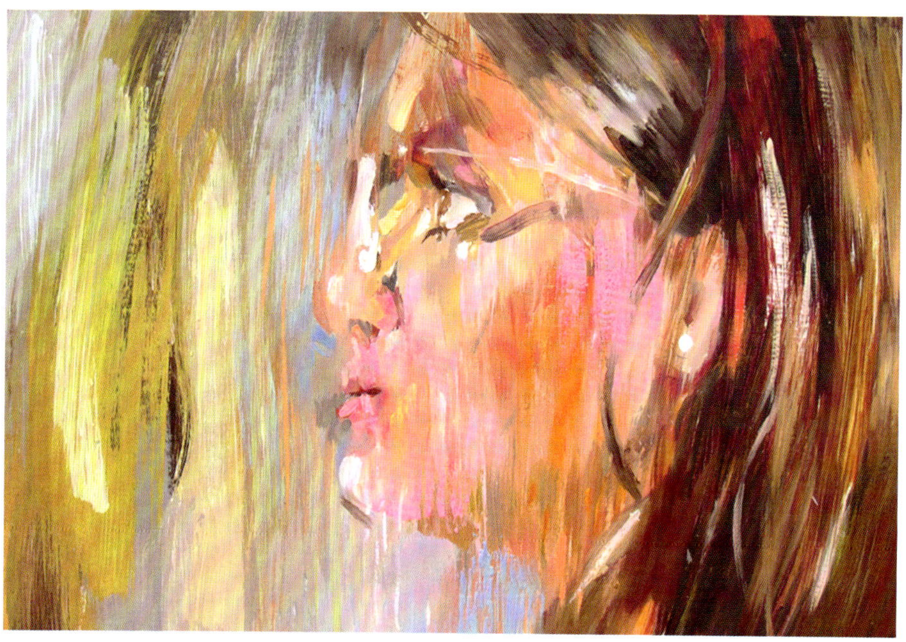

**3** Das fertige Porträt.

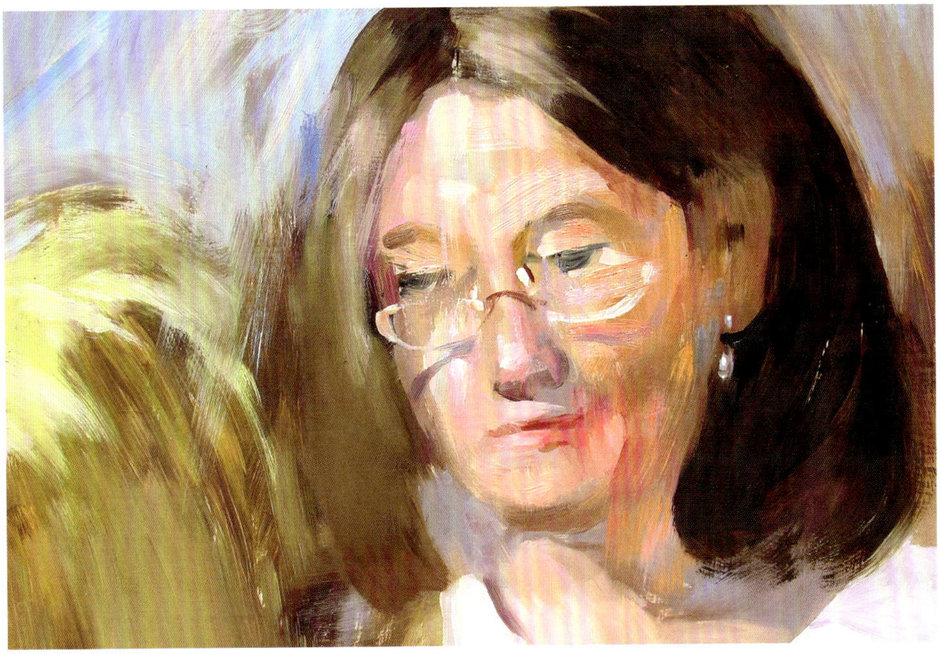

Ein zweites Porträt derselben Frau

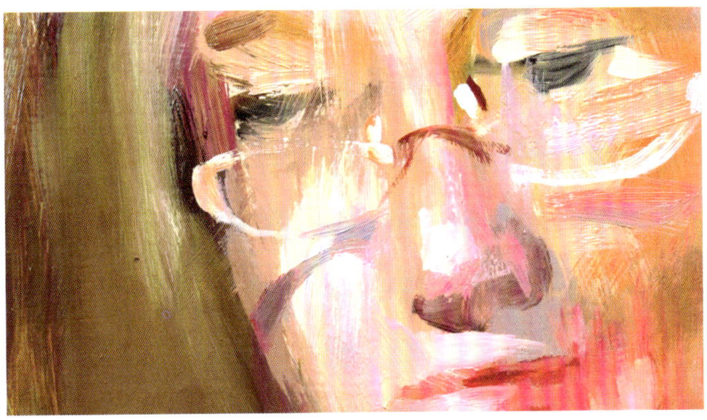

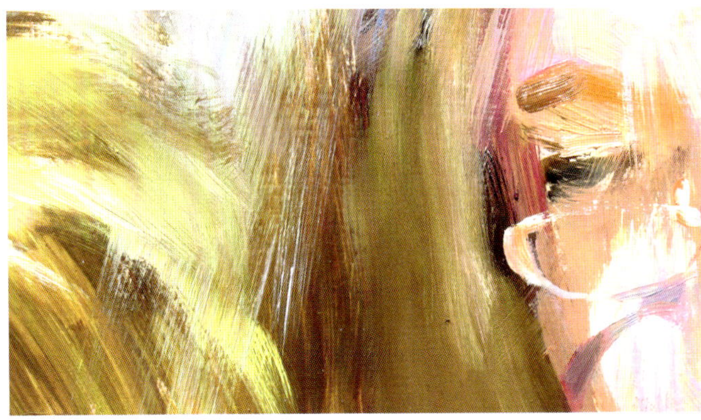

## Das expressionistische Porträt

Beim expressionistischen Porträt wird die Realität subjektiv dargestellt, wobei die Deformation sowie eine klare Abgrenzung zur Übereinstimmung mit der Darstellung des Modells eine wichtige Rolle spielen. Das Wort *expressio* bedeutet „Ausdruck", ist also der Ausdruck in der Malerei für eine Verstärkung des Themas und des Objekts. Die Vertreter des Expressionismus strebten nach dem vollen Ausdruck in der Malerei und sie nahmen wahr, was sich „hinter dem Schatten der Dinge" befindet. Sie wollten die tiefere Wahrheit der Wirklichkeit wiedergeben, die sich im Inneren des Seins verbirgt.

Die Expressionisten brachen mit der Camouflage-Technik und folgten der freien Natürlichkeit und Spontanität im Bild.

Dazu verwendeten sie ungewöhnliche Farbkombinationen, die häufig Komplementärkontraste darstellten, willkürliche Linien und Richtungen sowie fleischige Strukturen und überspitzte Formen. Die Formen in ihren Gemälden sind voller Ausdruck und emotionaler Intensität. Die Porträts sind dynamisch, bunt, oftmals unruhig, hässlich, emotional aufgeladen (Egon Schiele). Bei all der Übertreibung haben diese Bilder jedoch eine wunderbare Eigenschaft – eine außergewöhnliche Intensität der Farbe.

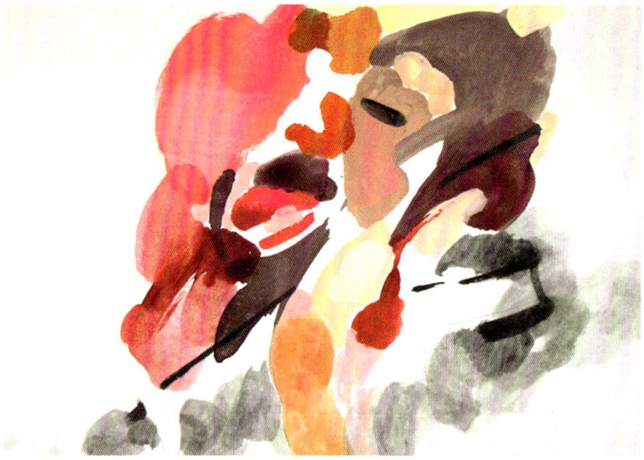

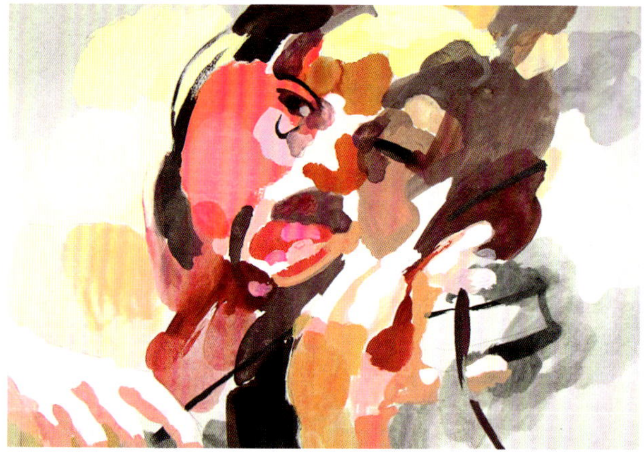

**1** In der ersten Phase bereite ich die Fläche der Leinwand mit spontanen Farbflecken vor. Ich „zeichne" die Form des Kopfes „neu", indem ich ihn schräg nach oben ziehe.

**2** Als Nächstes trage ich weitere, ähnliche Farben auf. Der Kopf des Modells lehnt sich an eine skizzierte Geige an. Die Augen sind sehr frei angedeutet. Das Gesicht ist asymmetrisch. Die Farben, die die Wangen, Lippen, die Stirn und die Augenhöhlen andeuten, sind ganz ungeordnet und unabhängig von der Form der anatomischen Details.

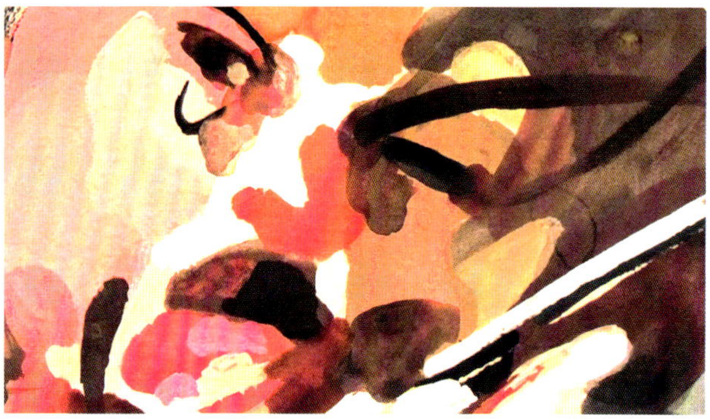

**3** In diesem Ausschnitt sieht man, wie das Gesicht gemalt wurde. Die Farbflecken suggerieren nur die Details, bilden aber keinen realistischen Ausdruck des Gesichts, in dem vieles der Fantasie überlassen wird.

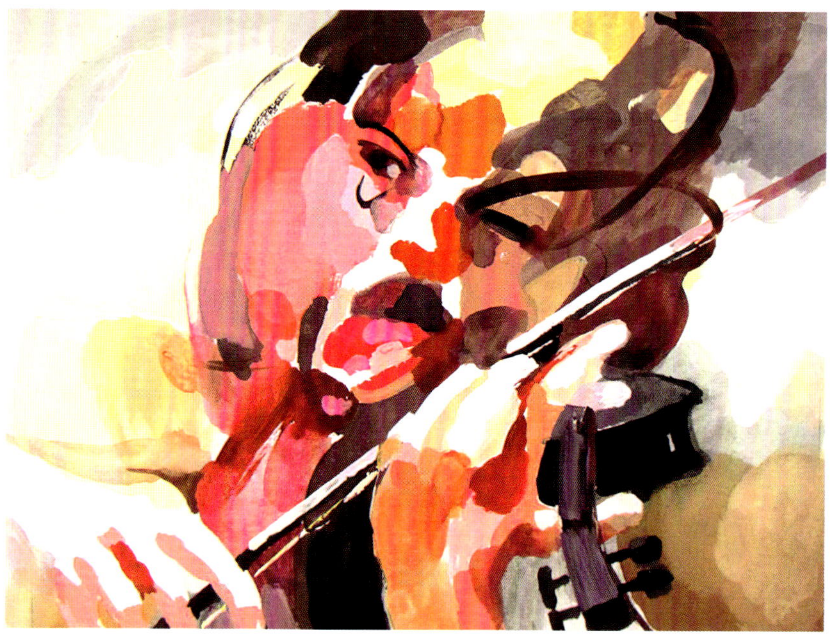

**4** Das fertige Porträt.

## Das psychologische Porträt

Das psychologische Bild kann nicht mit einer Kunstrichtung in Zusammenhang gebracht werden, sondern ist eine Art der Darstellung, die mit der menschlichen Natur verbunden und daher typisch für das Porträt ist. Zum Beispiel kann eine Landschaft oder Architektur nicht psychologisch sein, aber ein Porträt sehr wohl. In einem solchen Porträt wird die Gefühlswelt des Modells, sein emotionaler Zustand, gezeigt. Oft handelt es sich dabei um einzigartige Momentaufnahmen einer bestimmten emotionalen Situation. Das Gesicht der porträtierten Person kann Schmerzen, Trauer oder Wut ausdrücken – in jedem Fall emotionsgeladene Momente – aber es kann sich auch um eine ungewöhnliche Reaktion der Figur auf etwas handeln, z.B. ein geheimnisvolles Lächeln, ein glücklicher Blick usw. Der psychologische Ausdruck des Modells ist das Grundprinzip eines auf diese Weise erstellten Porträts.

Der Vorreiter dieser Art von Malerei war Leonardo da Vinci mit seiner berühmten *Mona Lisa* mit ihrem geheimnisvollen Lächeln, dessen Bedeutung noch heute von Kunsthistorikern untersucht wird. Jan Vermeer van Delft schuf seinerseits eine Sammlung von Frauenporträts, die erfüllt waren von tiefer Stille.

Rembrandt van Rijn malte außergewöhnliche Selbstporträts, die seinen Geisteszustand widerspiegelten; am bekanntesten sind die, die er im hohen Alter schuf, wo er ein seltsames, etwas höhnisches Lächeln hat. Die deutsche Illustratorin Käthe Kollwitz schuf wunderbare Porträts von Menschen in intimen Situationen (z.B. Mutter-Kind-Beziehungen oder von Menschen im Schlaf), in deren Gesichtern sich die Nöte des Lebens, ihre Sorgen und ihr Leid eingebrannt hatten.

Jeder Porträtist sollte ein guter Psychologe sein, um im Modell sowohl das Typische als auch das Tieferliegende zu sehen. Es ist gut, wenn er genaue Schlüsse ziehen und analysieren kann, eine Leidenschaft dafür mitbringt, zum Wesen des Menschen vorzudringen. Unabhängig davon, in welcher Kunstform er ein Porträt schafft, das Wesen des Objekts muss über der Methode stehen.

## Das Porträt einer Frau, die Schmerz und Wut empfindet

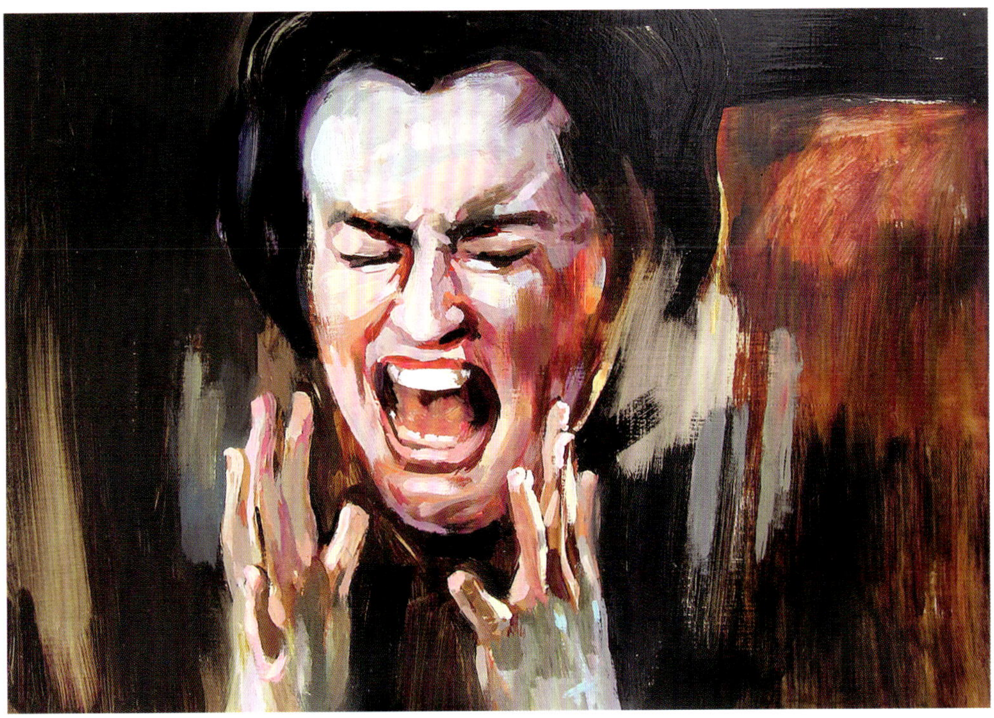

**Technik:** Ölmalerei

## Das Porträt eines verzweifelten Mannes

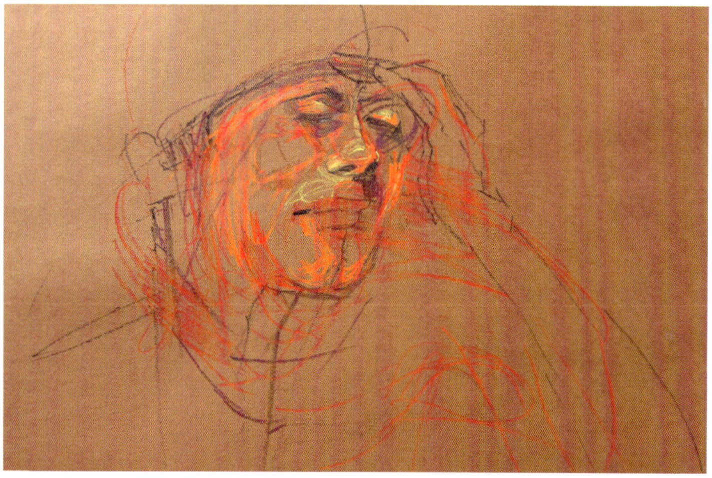

**Technik:** Ölpastellkreiden auf Karton

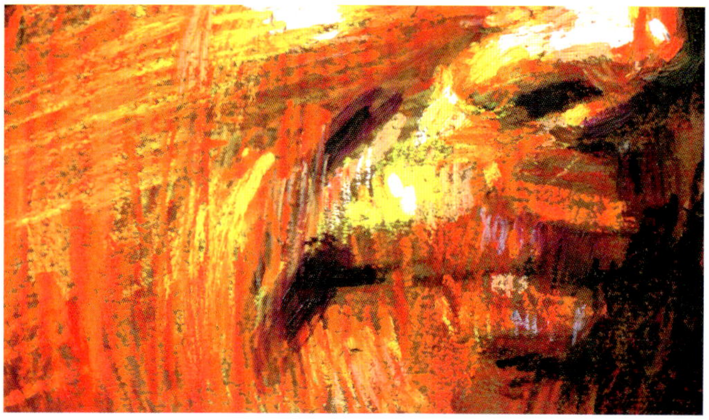

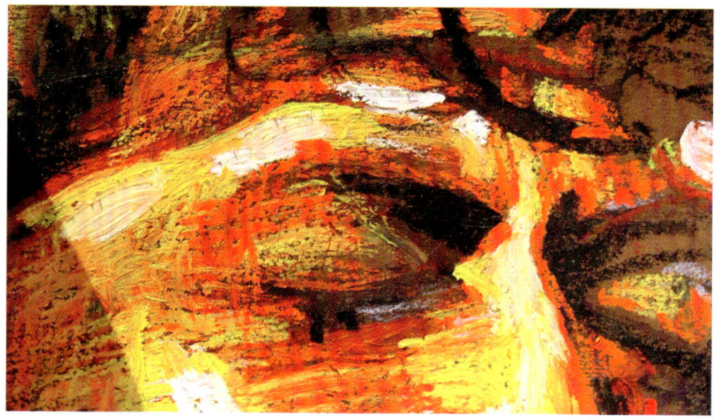

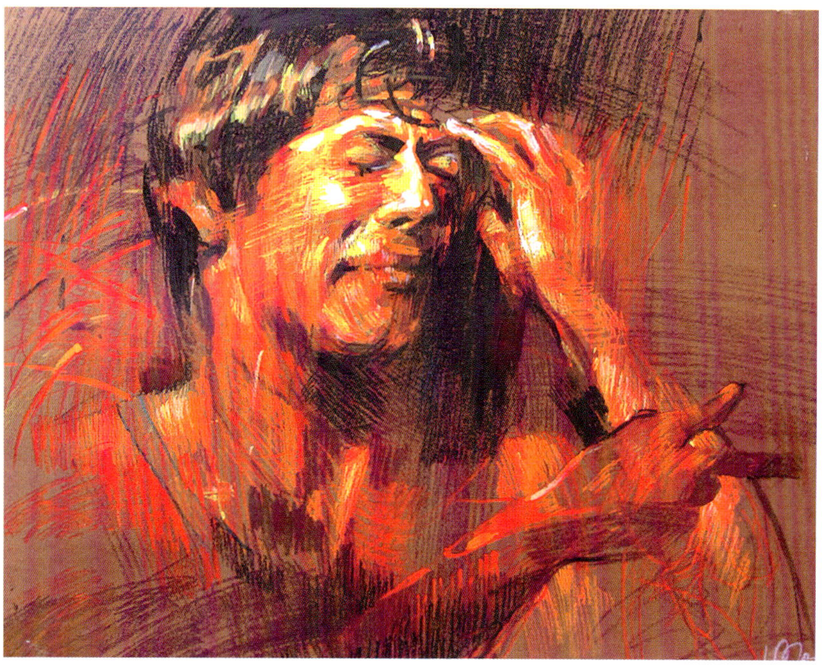

In der Vergrößerung erkennt man die anatomischen Details. Durch das großflächige Auftragen von Kreide entsteht ein Struktureffekt, ähnlich wie bei Ölfarben.

## Das Selbstporträt

Eine besondere Art der Darstellung ist das Selbstporträt, also das Porträt der eigenen Person. Es erfordert dieselbe tiefgründige Beobachtung wie das Porträtieren einer anderen Person. Wichtig ist hierbei ein frischer Blick auf die Dinge; die offensichtliche Vertrautheit mit dem eigenen Gesicht macht es häufig schwierig, das innere Wesen der eigenen Person zu erfassen. Ich empfehle daher in diesem Fall, viele Entwurfsskizzen zu erstellen, um den richtigen Gesichtsausdruck, ungewöhnliche Gesichtsausdrücke, Blicke oder die Kopfhaltungen zu ergründen. Diese Vorbereitung verläuft beim Porträt einer anderen Person meist recht zügig, bei einem Selbstporträt sollte man sich aber ruhig eine längere Findungsphase und Vorbereitung gönnen.

Für mein Selbstporträt auf dieser Seite habe ich ein Foto im Profil ausgesucht. Ich habe es nicht „live" gemalt, da das ein sehr schwieriges Unterfangen ist. Dieses Selbstporträt habe ich in der unten zu sehenden realistischen Konvention gemalt. Die Haare sind mit einer kontrastierenden kirschroten Farbe komponiert. Das Licht pulsiert auf der gesamten Fläche des Porträts: Es fällt auf die Bluse, die Wangen, auf meinen Rücken. Wichtig sind die Lichtreflexe in den Augen, auf den Wimpern. Alles, was die porträtierte Person lebendig wirken lässt. Im Hintergrund habe ich ein flaches Muster gemalt, das gut mit dem Gesicht harmoniert.

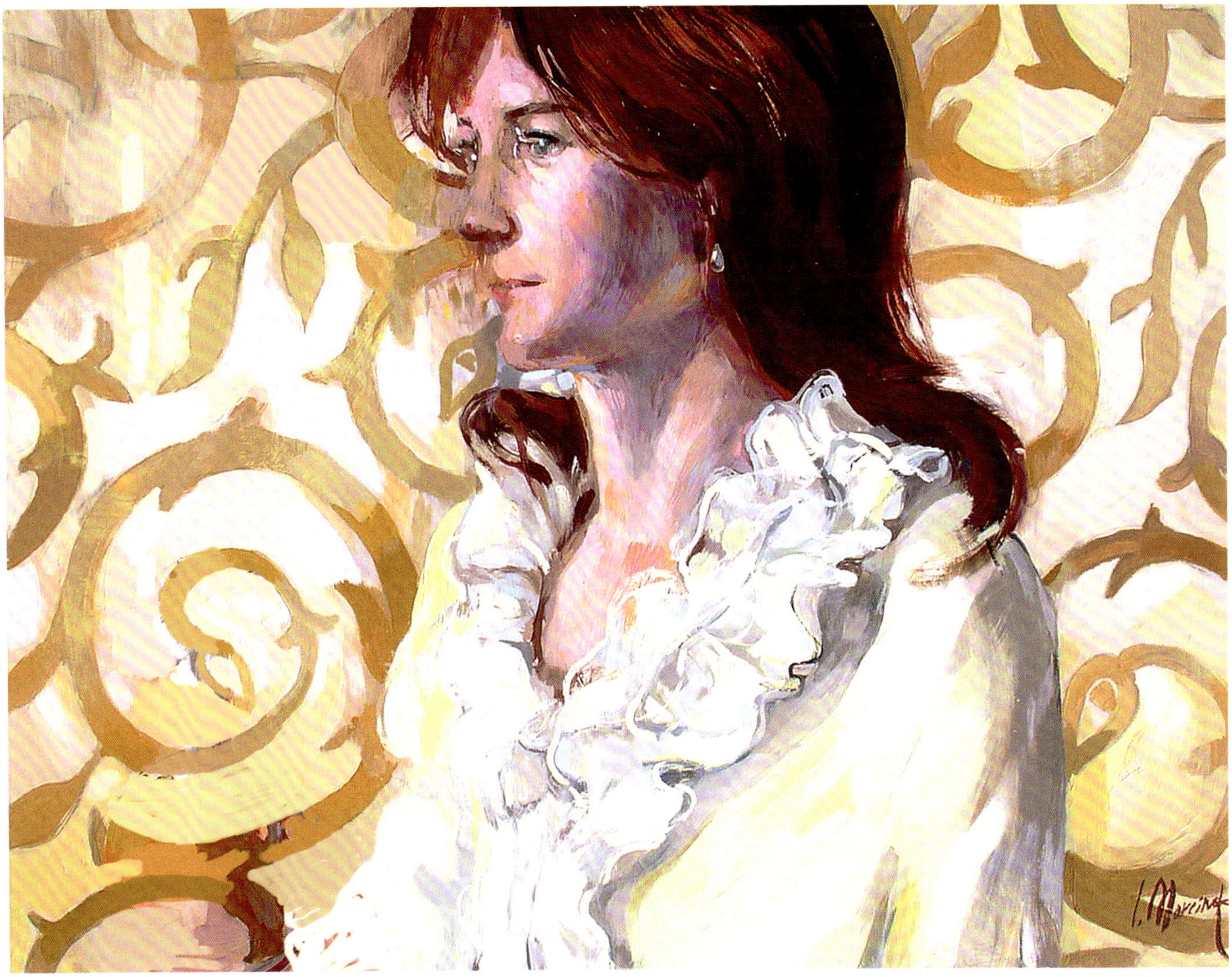

Wenn man ein Selbstporträt „live" zeichnet, sollte man eine bequeme Sitz- und Stehhaltung einnehmen. Wenn man sich vor einen Spiegel setzt, um sein eigenes Gesicht zu studieren, sollte man sich darüber im Klaren sein, dass sich das Gesicht die ganze Zeit bewegen wird, weil man die Hand bewegt. Während man sie hochhebt, sinkt der Kopf. Also muss man unentwegt zur selben Position zurückkehren. Hilfreich dabei ist, wenn man sich auf dem Spiegel einen Punkt markiert, z.B. den Scheitel, das Kinn, die Punkte der linken und rechten Seite des Kopfes. Auf diese Weise findet man immer leicht zur Ausgangsposition zurück.

Vor einem Spiegel sitzend kann man das Porträt von vorne (*en face*) oder in der Dreiviertelansicht von rechts oder links anfertigen. Man kann den Kopf nach hinten oder vorne neigen, aber die Möglichkeiten sind begrenzt, denn wir müssen uns ja noch im Spiegel sehen können.
Das Profil erhalten wir, indem wir zwei Spiegel aufstellen – das ist jedoch eine Herausforderung für Fortgeschrittene.
Als Grundübung empfehle ich die Anfertigung eines Porträts *en face*, mit einer leichten, interessanten Neigung.

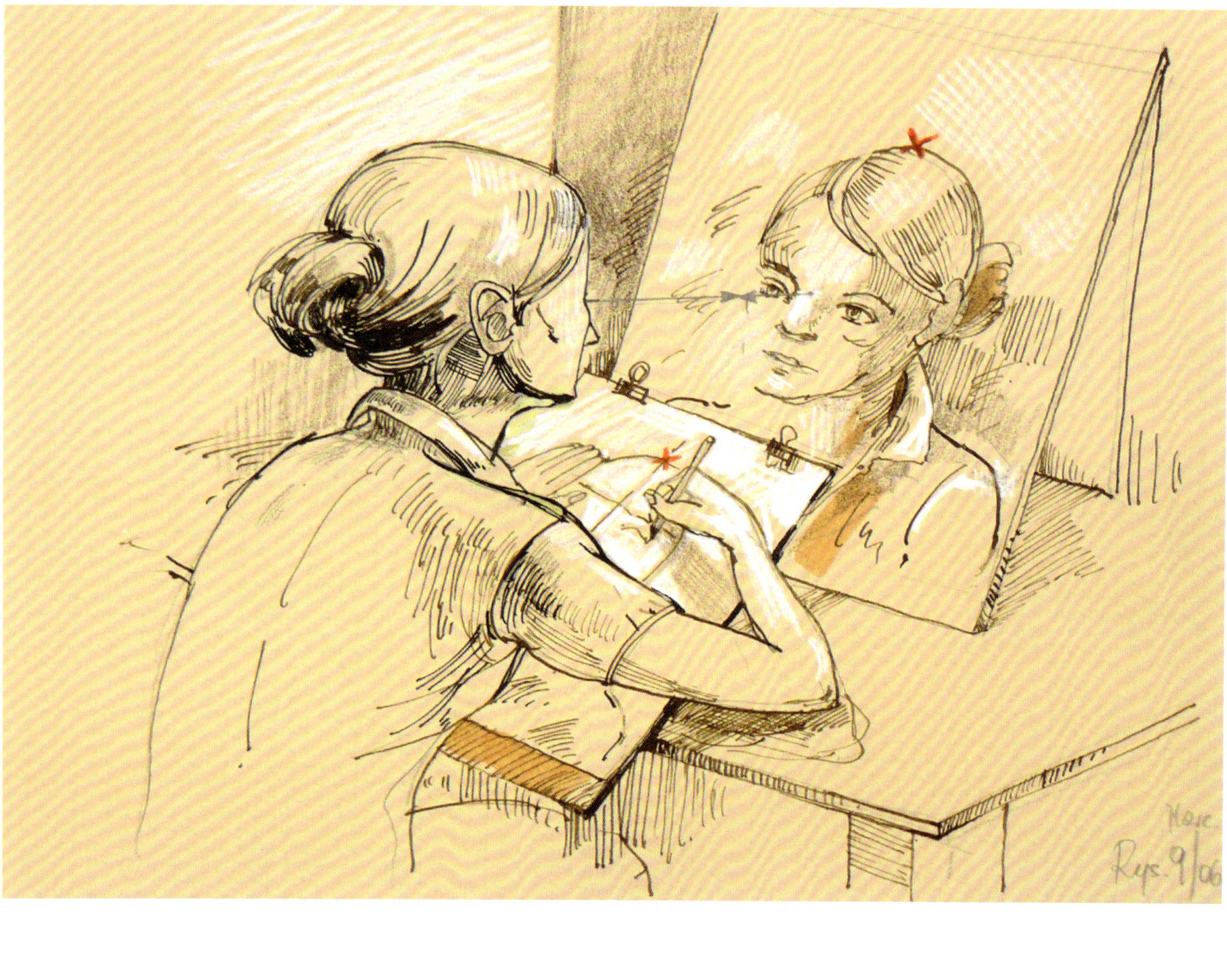

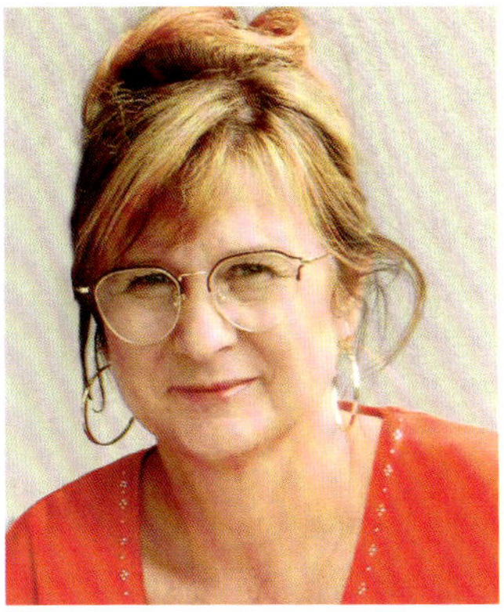

*„Das Auge ist das Licht des Leibes. Wenn dein Auge lauter ist, so wird dein ganzer Leib licht sein."*

*Evangelium des Matthäus 6,22, Lutherübersetzung*

www.isabelas-galerie.eu
Profil in LinkedIn, Facebook, Instagram

## Die Autorin

**Izabela Marcinek** (geb. Dychalska) wurde 1963 in Starachowice (Polen) geboren.
Ihre Talente wurden von klein auf in ihrem Zuhause gefördert, wo das Interesse an Kunst gepflegt wurde.
1984 begann sie ihr Studium an der Akademie der Schönen Künste in Krakau – die ersten beiden Jahre an der grafischen Fakultät und ab dem dritten Jahr an der Fakultät für Malerei im Atelier des Professors und späteren Rektors der Akademie Jan Szancenbach, einem Vertreter der Schule der polnischen Koloristen. Noch während ihres Studiums 1985 gewann sie ihren ersten Preis beim Nationalen Zeichenwettbewerb, der von der australisch-polnischen Gemeinschaft unter allen Akademien für Bildende Kunst und Hochschulen für Bildende Kunst in Polen organisiert wurde. Das Werk von Izabela Marcinek, auf Druckerpapier erstellt, wurde im Foyer der Akademie präsentiert und schließlich in der Polish Community Gallery in Sydney ausgestellt. Es zeigte ein zehn Meter hohes Mosaik von Porträts eines einzigen Gesichts, aufgenommen aus verschiedenen Winkeln und zu verschiedenen Zeiten. 1990 und 1991 erhielt die Künstlerin Stipendien des Ministeriums für Kultur und Kunst in Warschau.
1998 bis 2011 lebte und arbeitete sie in Hamburg.
2011 gründete sie in ihrer Heimatstadt Starachowice in Polen, in Zusammenarbeit mit der Stiftung *Fundacją Agencja Rozwoju Regionalnego* (Stiftung für Regionale Entwicklung), ihr eigenes Designunternehmen, Isabela Design, wo sie ihre eigenen Musterkollektionen für Einrichtungsaccessoires entwirft und herstellt.
Die Künstlerin hat sich auf die Erstellung von Porträts spezialisiert. Zu ihren wichtigsten Ausstellungen zählen: „Porträts" – 2007 im Maritim Reichshof Hotel in Hamburg, „Porträts von Kindern" – 2008 in Hamburg.
Seit 2008 unterrichtet sie Malerei und Zeichnen in Kooperation mit der Universität Hamburg, der Volkshochschule und dem deutschen Unternehmen Boesner. Seit Februar 2022 arbeitet sie mit dem Atelier Boesner in der Schweiz zusammen und unterstützt Talente in ihrem kreativen Prozess. Die Künstlerin liebt die Welt der Porträts und sucht nach dem Sinn des Menschseins und der Tiefe der Schöpfung.

# Impressum

Abbildungen:
Seiten 10–14, 43: commons.wikimedia.org
Prokuktfotos Seiten 32–42: H. Schmincke & Co. GmbH & Co. KG
Alle übrigen Abbildungen: Izabela Marcinek

Verantwortlich: Maria Möllenkamp
Übersetzung aus dem Polnischen: Emilia Gagalski
Lektorat: Beate Brix
Korrektorat: Mareike Weber
Umschlaggestaltung: Andreas Kersten
Satz: Elke Mader
Repro: Wydawnictwo BoSz | BoSz Publishing House, Polen; LUDWIG:media
Herstellung: Kathleen Baumann
Druck: C&C Offset Printing

★★★★★

Sind Sie mit diesem Titel zufrieden? Dann würden wir uns über Ihre Weiterempfehlung freuen. Erzählen Sie es im Freundeskreis, berichten Sie Ihrem Buchhändler oder bewerten Sie bei Onlinekauf. Und wenn Sie Kritik, Korrekturen, Aktualisierungen haben, freuen wir uns über Ihre Nachricht an:
Christian Verlag, Postfach 40 02 09, 80702 München oder per E-Mail an lektorat@verlagshaus.de.

Unser komplettes Programm finden Sie unter

www.christophorus-verlag.de


In diesem Buch wird aus Gründen der besseren Lesbarkeit meist das generische Maskulinum verwendet. Weibliche und anderweitige Geschlechteridentitäten werden dabei ausdrücklich mitgemeint, soweit es für die Aussage erforderlich ist.

Die Deutsche Nationalbibliothek verzeichnet diese Publikation in der Deutschen Nationalbibliografie; detaillierte bibliografische Daten sind im Internet über http://dnb.de abrufbar.



ISBN 978-3-86230-449-3

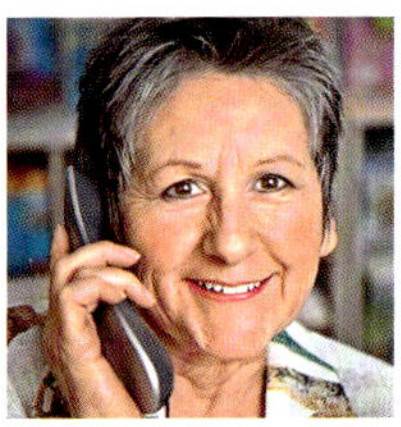

## Kreativ-Service

Sie haben Fragen zu den Büchern und Materialien? Frau Erika Noll ist für Sie da und berät Sie rund um alle Kreativthemen. Rufen Sie an! Wir interessieren uns auch für Ihre eigenen Ideen und Anregungen. Sie erreichen Frau Noll per E-Mail: kreativ-service@c-verlag.de oder Tel.: +49 (0) 89. 13 06 99 577.

Besuchen Sie uns im Internet: www.christophorus-verlag.de & www.selbstgemacht.de

# Ebenfalls erhältlich ...

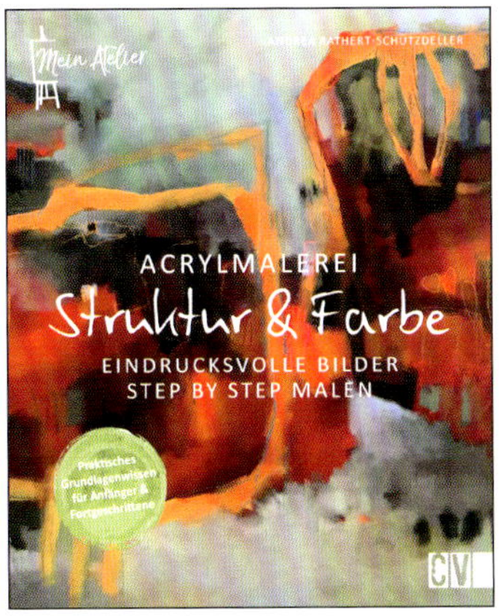


ISBN 978-3-86230-429-5

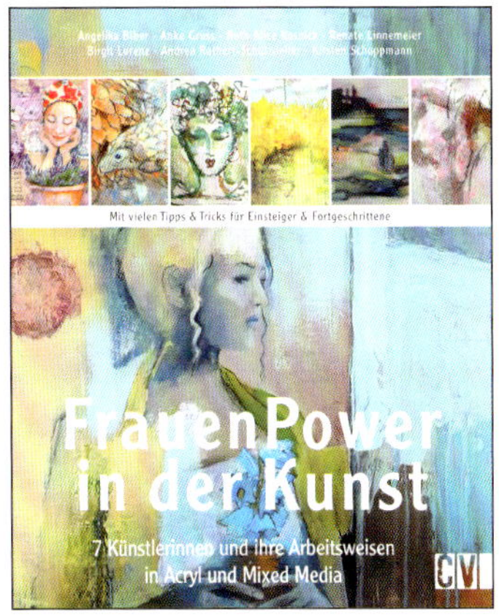


ISBN 978-3-86230-425-7

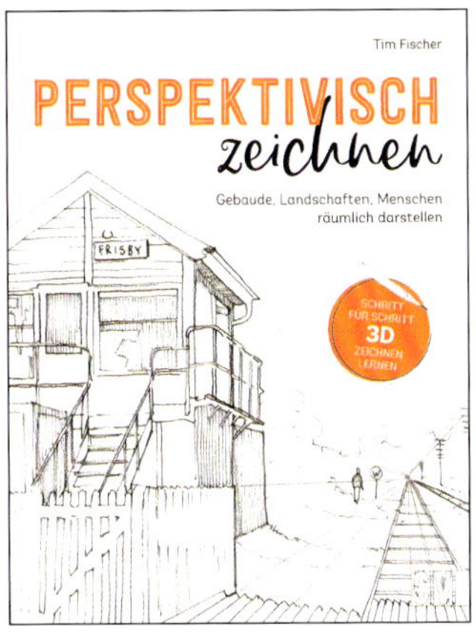


ISBN 978-3-86230-437-0

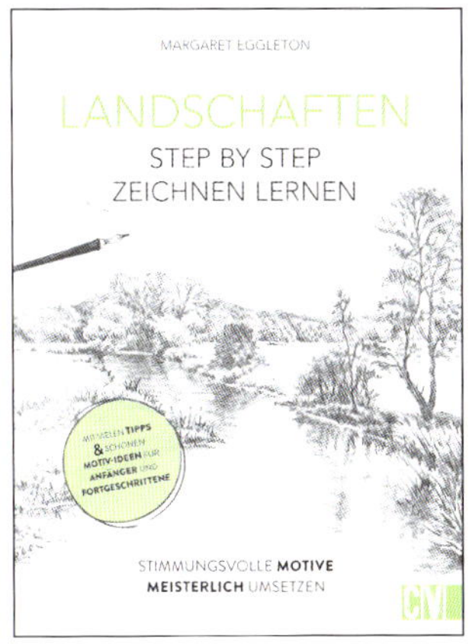


ISBN 978-3-86230-433-2

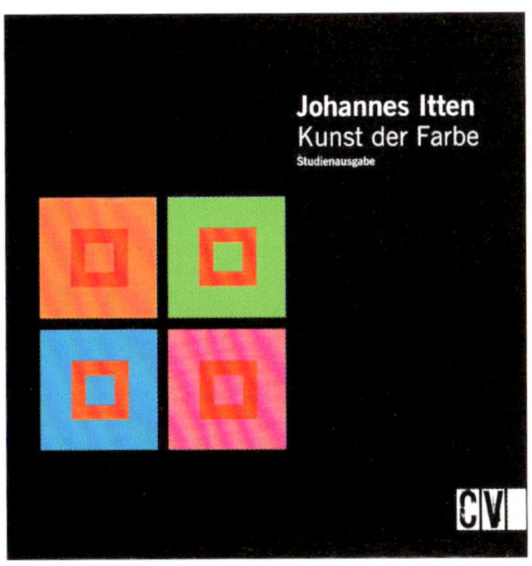


ISBN 978-3-86230-161-4

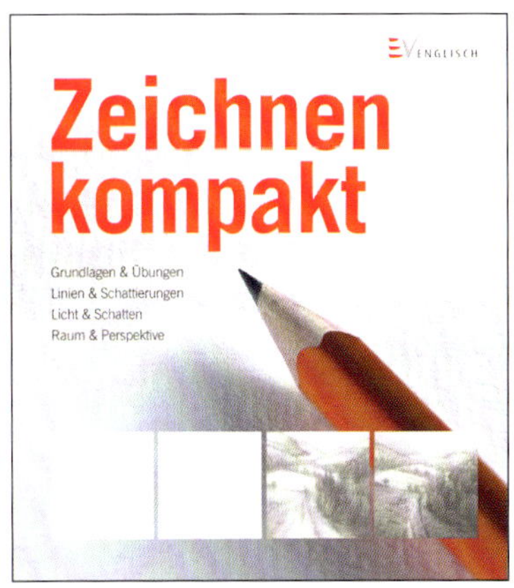


ISBN 978-3-86230-026-6